Reformüberlegungen zur Richtervorlage

Regensburger Beiträge zum Staats- und Verwaltungsrecht

Herausgegeben von Gerrit Manssen

Band 2

PETER LANG

Frankfurt am Main · Berlin · Bern · Bruxelles · New York · Oxford · Wien

Barbara Reil

Reformüberlegungen zur Richtervorlage

Beitrag zur Funktionenverteilung
zwischen Bundesverfassungsgericht
und Fachgerichtsbarkeiten bei der Kontrolle
des parlamentarischen Gesetzgebers

PETER LANG
Europäischer Verlag der Wissenschaften

Bibliografische Information Der Deutschen Bibliothek
Die Deutsche Bibliothek verzeichnet diese Publikation in der
Deutschen Nationalbibliografie; detaillierte bibliografische
Daten sind im Internet über <http://dnb.ddb.de> abrufbar.

Zugl.: Regensburg, Univ., Diss., 2005

Gedruckt auf alterungsbeständigem,
säurefreiem Papier.

D 355
ISSN 1860-319X
ISBN 3-631-54060-4

© Peter Lang GmbH
Europäischer Verlag der Wissenschaften
Frankfurt am Main 2005
Alle Rechte vorbehalten.

Printed in Germany 1 2 3 4 5   7

www.peterlang.de

VORWORT

Die vorliegende Untersuchung wurde im Wintersemester 2004/ 2005 von der Juristischen Fakultät der Universität Regensburg als Dissertation angenommen. Mein besonderer Dank gilt meinem sehr verehrten Doktorvater, Herrn Richter des Bundesverfassungsgerichts Prof. Dr. Udo Steiner, der nicht nur die Idee zu dieser Arbeit entwickelt und diese umfassend wissenschaftlich betreut hat, sondern mich während der Zeit, die ich als Mitarbeiterin seines Lehrstuhls an der Universität Regensburg verbringen durfte, auch persönlich freundlichst unterstützt hat.

Sehr herzlich danke ich auch Herrn Prof. Dr. Gerrit Manssen für die Erstellung des Zweitgutachtens. Es freut und ehrt mich, meine Arbeit in seiner Schriftenreihe veröffentlichen zu können.

Danken möchte ich auch Margit Reil, Gudrun Barthle und Kerstin Eckl, für ihre wertvolle und unverzichtbare Unterstützung, indem sie die Arbeit vor der Einreichung bei der Fakultät Korrektur lasen.

Widmen möchte ich die Arbeit meinen Eltern.

Amberg, April 2005   *Barbara Reil*

INHALTSVERZEICHNIS

EINLEITUNG

Art. 6 Abs. 1 EMRK garantiert jeder Person, dass über Streitigkeiten „innerhalb angemessener Frist" von einem unabhängigen Gericht entschieden wird. Als nicht vereinbar mit der aus dieser Garantie resultierenden völkerrechtlichen Pflicht sah der Europäische Gerichtshof für Menschenrechte im Juli 1997 die Dauer zweier Richtervorlageverfahren vor dem Bundesverfassungsgericht (BVerfG) an.[1] Die Verfahrensdauer hatte in einen Fall[2] fünf Jahre und drei Monate und im anderen[3] sieben Jahre und vier Monate betragen.[4]

Hat zwar das BVerfG die Dauer der bei ihm anhängigen Verfahren mittlerweile deutlich verringert,[5] beträgt gleichwohl die durchschnittliche Verfahrensdauer bei 12,2 % der Verfassungsbeschwerden über drei Jahre.[6] Die Arbeitsrückstände beider Senate des BVerfG sind zudem nahezu unverändert groß.[7] Die Zahl der Erledigungen blieb in den vergangenen zehn Jahren teilweise deutlich hinter der Anzahl der Eingänge zurück.[8] So betrug im Jahre 2003 die Differenz zwischen Eingängen (5200) und Erledigungen (4735) insgesamt 465 Verfahren. Dementsprechend erhöhte sich 2003 die Gesamtzahl der zum Ende des Jahres noch anhängigen Verfahren erstmals auch wieder von (Ende 2002 noch) 2244 auf insgesamt 2709 Verfahren;[9] bei den Rückständen handelt es sich in der Regel um Senatssachen, das heißt um solche Verfahren, über die zwingend die Senate des BVerfG zu entscheiden haben, zumal Kammerverfahren im Wesentlichen inner-

---

[1] Dabei wurde die grundsätzliche Anwendbarkeit des Art. 6 Abs. 1 EMRK auf Verfahren vor einem Verfassungsgericht und speziell auf ein Vorlageverfahren nach Art. 100 Abs. 1 GG bejaht. In einer Entscheidung vom 25.3.1999 – NJW 1999, S. 3545 – ist festgestellt, dass sich die Angemessenheit der Verfahrensdauer nach den Umständen des Falles, insbesondere nach dessen Schwierigkeit, nach dem Verhalten des Beschwerdeführers und nach dem der zuständigen Behörde richte. Zum Ganzen *Lansnicker/ Schwirtzek*, NJW 2001, S. 1969; *Steiner*, Richterliche Grundrechtsverantwortung, S. 1008 f.; *Wieland*, KritV 1998, S. 171 (173).
[2] Fall *Pammel*, EuGRZ 1997, S. 310.
[3] Fall *Probstmeier*, EuGRZ 1997, S. 405.
[4] Vgl. dazu auch *Limbach*, DRiZ 1998, S. 7 (8).
[5] *Lansnicker/ Schwirtzek*, NJW 2001, S. 1969 (1970).
[6] Vgl. die Statistik des BVerfG zur durchschnittlichen Verfahrensdauer von Verfassungsbeschwerden im Zeitraum der Eingangsphase 1993 bis 2003 unter http://www.bverfg.de. Danach bleiben 7,9 % der Fälle sogar länger als vier Jahre anhängig.
[7] *Wieland*, KritV 1998, S. 171 (173).
[8] *Bundesministerium der Justiz*, Entlastung des BVerfG, S. 24; *Uerpmann*, Annahme der Verfassungsbeschwerde, S. 674.
[9] Vgl. die Statistik des BVerfG zu den Verfahren von 7.9.1951 bis 31.12.2003. Die Anzahl der zum Jahresende noch anhängigen Verfahren war zunächst rückläufig gewesen: Waren es 1996 noch 3130 anhängige Verfahren, so waren es Ende 1999 nur noch 2870, Ende 2000 nur noch 2460, Ende 2001 nur noch 2267 und Ende 2002 nur noch 2244. Vgl. dazu auch *Bundesministerium der Justiz*, Entlastung des BVerfG, S. 24.

halb von zwei Jahren abgeschlossen werden.[10] Legt man die derzeitige Verfahrensgestaltung und Organisation des BVerfG zugrunde, so kann bei wohl maximal insgesamt 30 bis 60 Senatsentscheidungen pro Jahr der „Berg derjenigen Verfahren", die bereits derzeit länger als drei Jahre in Karlsruhe anhängig sind, in den kommenden zehn Jahren von den beiden Senaten nicht abgetragen werden.[11] Das Ausmaß der Belastung des BVerfG wird nicht nur deshalb als „bedrohlich"[12] bezeichnet, weil sie zu einer Überlastung der persönlichen Arbeitskraft der Richter[13] und zu einem unerwünschten Rückgang der Senatsentscheidungen gegenüber denen durch Beschluss der Kammern[14] führt, sondern auch und insbesondere wegen der damit verbundenen Gefährdung der Funktionsfähigkeit des BVerfG.[15] Das Anwachsen des „strukturellen Erledigungsdefizits"[16] beim BVerfG erfolgte dabei trotz zahlreicher gesetzgeberischer Entlastungsmaßnahmen, zuletzt durch die Fünfte Novelle zum Bundesverfassungsgerichtsgesetz (BVerfGG) vom 11.8.1993[17]. Insgesamt sechs Änderungsgesetze[18] haben zwar bereits zu einer erheblichen Entlastung des BVerfG beigetragen;[19] ange-

---

[10] *Bundesministerium der Justiz*, Entlastung des BVerfG, S. 25.

[11] *Bundesministerium der Justiz*, Entlastung des BVerfG, S. 25; vgl. zur aktuellen Belastungssituation auch *Albers*, ZRP 1997, S. 198; *Faupel*, NJ 1998, S. 57; *Uerpmann*, Annahme der Verfassungsbeschwerde, S. 673 f.

[12] So *Wahl/ Wieland*, JZ 1996, S. 1137.

[13] Vgl. hierzu *Böckenförde*, ZRP 1996, S. 281 (282), der – bezogen auf die Eingänge des Jahres 1995 und auf die Tätigkeit des Zweiten Senats – errechnet, dass wegen der zeitaufwändigen Senatssachen jeder Richter im Ergebnis 47 Fälle pro Tag hätte erledigen müssen. Dies müsse seiner Ansicht nach zum Kollaps und zum Zerfall des Gerichts führen.

[14] *Bundesministerium der Justiz*, Entlastung des BVerfG, S. 25.

[15] *Bundesministerium der Justiz*, Entlastung des BVerfG, S. 30 f.

[16] *Wieland*, KritV 1998, S. 171 (172).

[17] BGBl. I, S. 1473.

[18] Im Ersten Änderungsgesetz vom 21.7.1956, BGBl. I, S. 662 wurde insbesondere die Geschäftsverteilung der Senate reformiert, die Richterzahl in den beiden Senaten auf acht herabgesetzt und das Vorprüfungsverfahren für Verfassungsbeschwerden eingeführt. Das Zweite Änderungsgesetz vom 26.6.1959, BGBl. I, S. 297, brachte die Verlängerung der Übergangszeit für die Herabsetzung der Richterzahl. Das Dritte Änderungsgesetz vom 3.8.1963, BGBl. I, S. 589, betraf vor allem eine Neuregelung für das Vorprüfungsverfahren für Verfassungsbeschwerden, das Vierte Änderungsgesetz vom 21.12.1970, BGBl. I, S. 1765, eine Neuregelung der Gesetzeskraft der Entscheidungen des BVerfG. Das Fünfte Änderungsgesetz vom 12.12.1985, BGBl. I, S. 2226, führte insbesondere die Unterliegensgebühr ein und wandelte die bisherigen Richterausschüsse in Kammern um, bei gleichzeitiger Verlagerung der Entscheidung von offensichtlich begründeten Verfassungsbeschwerden auf die Kammern. Das Sechste Änderungsgesetz vom 11.8.1993, BGBl. I, S. 1473, schuf schließlich vor allem die gesetzliche Grundlage für die Kompetenz der Kammern, über unzulässige Richtervorlagen zu entscheiden.

[19] *Bethge*, in: Maunz u.a., BVerfGG, Vorb. Rn. 222.

sichts des Ansteigens der „Verfahrensflut" konnten sie aber die gegenwärtige Überlastung nicht verhindern.[20]

Vor diesem Hintergrund setzte das Bundesministerium der Justiz 1996 die „Kommission zur Entlastung des BVerfG"[21] ein, welche alle denkbaren Maßnahmen für eine Entlastung prüfen sollte.[22] Die Ergebnisse dieser Beratungen wurden 1997 veröffentlicht.[23] Darin rät die Kommission von einer Veränderung der Struktur des Gerichts, wie durch die Erhöhung der Anzahl der Richter, durch die Einführung eines Dritten Senats oder durch die Errichtung einer Verfassungsanwaltschaft, entschieden ab.[24] Sie spricht sich auch überwiegend gegen die stärkere Einbeziehung der Landesverfassungsgerichte,[25] gegen die Einführung eines Anwaltszwangs und gegen Gebührenregelungen[26] sowie gegen die Abschaffung der abstrakten Normkontrolle[27] aus. Während die Möglichkeit der Einführung einer Verfahrensgrundrechtsbeschwerde oder einer Anhörungsrüge von der Mehrheit der Kommissionsmitglieder ebenfalls abgelehnt wird,[28] empfiehlt die Kommission die Einführung der Annahme der Verfassungsbeschwerde nach Ermessen entsprechend dem Vorbild des „Writ of certioari" – Verfahrens des U.S. Supreme Courts.[29]

Die Reformüberlegungen der Kommission konzentrierten sich weitgehend auf eine Entlastung bei dem Verfahren der Verfassungsbeschwerde. Überlegungen hinsichtlich einer Reform des Verfahrens der Richtervorlage, welches immerhin

---

[20] *Bundesministerium der Justiz,* Entlastung des BVerfG, S. 26 f.

[21] Die elf Mitglieder der Kommission waren *Ernst Benda, Wolfgang Heyde, Wolf-Dieter Eckart, Rainer Faupel, Karin Graßhof, Dieter Grimm, Gustav Lichtenberger, Alfred Rinken, Ernst-Hasso Ritter, Kurt Schelter, Helmut Steinberger.*

[22] Hierzu *Knapp,* DRiZ 1998, S. 98 ff.; *Krämer,* KritV 1998, S. 215 (219); *Uerpmann,* Annahme der Verfassungsbeschwerde, S. 677.

[23] Vgl. hierzu *Wieland,* KritV 1998, S. 171 ff.

[24] *Bundesministerium der Justiz,* Entlastung des BVerfG, S. 96 ff.

[25] *Bundesministerium der Justiz,* Entlastung des BVerfG, S. 85 ff.; vgl. dazu ausführlich *Titje,* AöR 124 (1999), S. 282 ff.

[26] *Bundesministerium der Justiz,* Entlastung des BVerfG, S. 104 ff.

[27] *Bundesministerium der Justiz,* Entlastung des BVerfG, S. 112 f.; vgl. dazu auch *Gerontas,* EuGRZ 1982, S. 145 (151 f.).

[28] *Bundesministerium der Justiz,* Entlastung des BVerfG, S. 62 ff., vgl. dazu auch *Krämer,* KritV 1998, S. 215 ff. In seiner Plenarentscheidung vom 29.4.2003 – NJW 2003, S. 1924 – forderte das BVerfG den Gesetzgeber indessen auf, bis Ende 2004 Regelungen zu schaffen für eine umfassende Möglichkeit der Korrektur von Verstößen gegen Verfahrensgrundrechte innerhalb der Fachgerichtsbarkeiten; die Anhörungsrüge soll zu einer Entlastung des BVerfG beitragen. Vgl. dazu *Gummer,* in: Zöller, ZPO, § 567 Rn. 20; *Vollkommer,* in: Zöller, ZPO, § 321a Rn. 1a.

[29] *Bundesministerium der Justiz,* Entlastung des BVerfG, S. 32 ff. Vgl. dazu auch *Graßhof,* in: Maunz u.a., BVerfGG, § 93a Rn. 16 ff.; *Limbach,* DRiZ 1998, S. 7 (9 ff.).

das BVerfG nach der Verfassungsbeschwerde am zweitstärksten auslastet[30], nahmen dagegen vergleichsweise wenig Platz ein. Dabei ist der zeitliche Bearbeitungsaufwand bei der Entscheidung über eine Richtervorlage regelmäßig sehr hoch.[31] Die Kommission diskutierte zwar auch in diesem Zusammenhang mehrere Reformmöglichkeiten. Sie empfiehlt diesbezüglich aber letztlich keine Änderung des geltenden Rechts, zumal die Normenkontrolle „ureigene Aufgabe des BVerfG" sei.[32]

Hat sich die Richtervorlage im Ergebnis zwar im heutigen Zuschnitt „bewährt und als unentbehrlich erwiesen"[33], und wird sie auch als das „Herzstück der grundgesetzlichen Ausformung der Verfassungsstaatlichkeit"[34] bezeichnet, verschließt sich die Verfassung aber nicht schon im Grundsatz einer Reform auch in diesem Bereich. So wurde auf Anregung in der Literatur[35] hin bereits mit der Einführung des § 81a BVerfGG zur Entlastung der Senate die Kompetenz der Kammern auf die Entscheidung über die Zulässigkeit von Richtervorlagen – mit Ausnahme solcher der obersten Bundesgerichte und der Landesverfassungsgerichte – erstreckt.[36] Selbst wenn es sich bei der Normenkontrolle um ein verfassungsgerichtliches „Kerngeschäft"[37] handelt, ist es – zumindest auf den ersten Blick – auch nicht einleuchtend, weshalb der sonst an vielen Stellen in Bezug genommene Grundsatz der Subsidiarität der Verfassungsgerichtsbarkeit nicht auch im Rahmen der Richtervorlage fruchtbar gemacht werden kann und sollte.

Hinzu kommt, dass auch zunehmend Kritik geübt wird an der strengen Handhabung der Voraussetzungen für die Zulässigkeit einer Richtervorlage durch das BVerfG. Daher könnte eine diesbezügliche Reform nicht nur zu einer Entlastung des Gerichts im quantitativen Sinne beitragen, sondern gleichzeitig systematische Unsicherheiten bereinigen und auch auf diese Weise zu einer Effizienzsteigerung führen.

Die vorliegenden Reformüberlegungen beziehen sich in Teil 2) auf das Verhältnis des BVerfG zu den Fachgerichten[38] beim Verfahren der Richtervorlage. Es soll untersucht werden, ob und inwieweit es mit der grundgesetzlichen Funktio-

---

[30] *Heun,* AöR 122 (1997), S. 610 (613); *Löwer,* HStR II, § 56, Rn. 67; *Ulsamer,* in: Maunz u.a., BVerfGG, § 81a Rn. 1; *ders., EuGRZ* 1986, S. 110.

[31] *Bundesministerium der Justiz,* Entlastung des BVerfG, S. 115.

[32] *Bundesministerium der Justiz,* Entlastung des BVerfG, S. 115 ff.

[33] *Heun,* AöR 122 (1997), S. 610 (628); *Simon,* Verfassungsgerichtsbarkeit, § 34 Rn. 24.

[34] *Heun,* AöR 122 (1997), S. 610.

[35] Vgl. nur *Ulsamer, EuGRZ* 1986, S. 110 (115).

[36] Durch das Fünfte Gesetz zur Änderung des BVerfGG vom 2.8.1993, BGBl. I, S. 1442.

[37] *Steiner,* NJW 2001, S. 2919 (2921).

[38] Terminologisch sind mit den „Fachgerichten" im Folgenden die Verwaltungs-, Sozial-, Finanz- und Verwaltungsgerichte, aber auch die ordentliche Gerichte gemeint; vgl. dazu aus der Rechtsprechung des BVerfG BVerfGE 42, 243 (248); 65, 1 (38); 82, 6 (11); 94, 166 (213 f.); ferner *Rupp-v. Brünneck* im Sondervotum zu BVerfGE 42, 143 (152).

nenverteilung in Einklang steht, den Fachgerichten unter bestimmten Voraussetzungen auch die Verwerfungskompetenz für parlamentarische Gesetzgebungsakte zu überlassen. In Teil 3) wird auf Möglichkeiten einer Neuorganisation der Kammerkompetenzen im Rahmen des Verfahrens der Richtervorlage eingegangen. Denn immerhin haben Kammern auch im Rahmen des Verfassungsbeschwerdeverfahrens sehr weitgehende Sachentscheidungsbefugnisse. Es soll untersucht werden, ob nach der grundgesetzlichen Funktionenverteilung unter bestimmten Voraussetzungen die Übertragung der Verwerfungskompetenz oder aber bloß der Kompetenz zur Normbestätigung auf die Kammern sachgemäß wäre. Muss sich aber ein Reformvorschlag letztlich nahtlos in das bestehende Funktionengefüge des Grundgesetzes integrieren lassen, liegt der Ausgangspunkt der Überlegungen in einer Bestimmung der Funktion(en) des BVerfG bei dem Verfahren der Richtervorlage nach Art. 100 Abs. 1 Satz 1 GG (hierzu in Teil 1).

1. TEIL. GRUNDLAGEN

A. Gesetzliche Regelung der Richtervorlage und Reformbedarf

I. Die gesetzliche Regelung

Der praktisch bedeutsamste Fall[1] aller in Art. 100 GG geregelten Richtervorlagen betrifft die Einholung der Entscheidung des BVerfG, wenn ein Instanzgericht ein Gesetz für grundgesetzwidrig erachtet. Art. 100 Abs. 1 Satz 1, 2. HS. formuliert:

„Hält ein Gericht ein Gesetz, auf dessen Gültigkeit es bei der Entscheidung ankommt für verfassungswidrig, so ist das Verfahren auszusetzen und, [...] wenn es sich um die Verletzung dieses Grundgesetzes handelt, die Entscheidung des BVerfG einzuholen."

Es handelt sich hier um eine „konkrete Normenkontrolle", weil sie nur aus Anlass eines konkreten fachgerichtlichen Verfahrens eingeleitet werden kann.[2] Da nur Gerichte zur Vorlage berechtigt und verpflichtet sind,[3] bezeichnet man das Verfahren als „Richtervorlage".[4] Die Bestimmung beinhaltet die zentrale Schnittstelle der vom Grundgesetz vorgesehenen Funktionenverteilung zwischen Fachgerichtsbarkeit und BVerfG im Hinblick auf die richterliche Kontrolle des parlamentarischen Gesetzgebers.[5]

---

[1] So *Heun,* AöR 122 (1997), S. 610; *Wieland,* in: Dreier, GG, Art. 100 Rn. 5. Da diesem Fall zahlenmäßig die größte Bedeutung zukommt und auf der anderen Seite auch nur dieser das Verhältnis von BVerfG und Fachgerichten bei der verfassungsrechtlichen Kontrolle des parlamentarischen Gesetzgebers betrifft, wird die Untersuchung auf Vorlagen an das BVerfG wegen Verletzung des Grundgesetzes beschränkt.

[2] *Erichsen,* Jura 1982, S. 88.

[3] „Gerichte" in diesem Sinne sind „alle Spruchstellen, die sachlich unabhängig, in einem formell gültigen Gesetz mit den Aufgaben eines Gerichts betraut und als Gerichte bezeichnet sind"; vgl. nur BVerfGE 6, 55 (63); 30, 170 (171); *Heun,* AöR 122 (1997), S. 610 (614); *H. Klein,* in: Umbach/ Clemens, BVerfGG, § 80 Rn. 7 ff.; *Löwer,* HStR II, § 56 Rn. 68; *Stern,* Staatsrecht II, § 44, S. 989.

[4] *Sieckmann,* in: v. Mangoldt/ Klein/ Starck, GG, Art. 100 Rn. 1.

[5] *Sieckmann,* in: v. Mangoldt/ Klein/ Starck, GG, Art. 100 Rn. 1.

II. Geschichtliche Entwicklung und Struktur richterlicher Normprüfung und Normverwerfung

1. Die Weimarer Reichsverfassung

Während die U.S. amerikanische Verfassungstradition schon seit 1803 ein richterliches Normprüfungsrecht kennt,[6] war ein solches in Deutschland unter Geltung der Weimarer Reichsverfassung noch heftig umstritten.[7] In seiner Entscheidung vom 4.11.1925 beanspruchte das Reichsgericht für sich erstmals die materielle Prüfungs- und Verwerfungskompetenz gegenüber formellen Gesetzen.[8] Als Begründung führte das Reichsgericht dabei lapidar an, es fehle eine Bestimmung in der Reichsverfassung, nach welcher die Entscheidung über die Verfassungsmäßigkeit von Gesetzen den Gerichten entzogen wäre.[9] Damit eröffnete das Reichsgericht den Weg für die allgemeine richterliche Normenkontrolle, die jedem Gericht ein Normprüfungs- und -verwerfungsrecht einräumte.[10] Ein 1928 vom Reichsrat angenommener Gesetzentwurf, der dem einzelnen Richter zwar ein entsprechendes Prüfungsrecht zuerkennen, die Verwerfungsbefugnis aber beim StGH konzentrieren sollte, wurde vom Reichstag nie verabschiedet.[11]

2. Der Vorrang der Verfassung nach dem Grundgesetz

Nach Art. 1 Abs. 3 und Art. 20 Abs. 3 GG sind alle Staatsgewalten an die verfassungsmäßige Ordnung gebunden. Diese Bestimmungen des Grundgesetzes normieren den „Vorrang der Verfassung"[12]. Für den parlamentarischen Gesetzgeber bedeutet dies, dass unverbrüchliche Rahmenordnung für seine Gesetzge-

---

[6] In der berühmten Entscheidung des U.S. amerikanischen Supreme Court *Marbury v. Madison*, 2 Law Ed. U.S. 60, 73 (1803). Vgl. hierzu *Brugger,* Einführung in das öffentliche Recht der USA, S. 9; *Gough,* Fundamental Law in English Constitutional History, S. 2.

[7] So sah die h.L. in der Weimarer Zeit den parlamentarischen Gesetzgeber als authentischen Interpreten der Grundrechte, dem eine automatisch wirkende grundrechteschützende Funktion zugesprochen wurde, vgl. dazu *Anschütz,* Die Verfassung des Deutschen Reichs, S. 514 ff.; *Stern,* Verfassungsgerichtsbarkeit und Gesetzgebung, S. 414.

[8] RGZ 111, 320 – zur Frage der Vereinbarkeit des Aufwertungsgesetzes mit der Eigentumsgarantie in Art. 153 WRV.

[9] RGZ 111, 320 (323); vgl. dazu *H. Klein,* in: Umbach/ Clemens, BVerfGG, Vor §§ 80 ff. Rn. 6 f.

[10] Praktisch blieb die Bedeutung dieser richterlichen Verwerfungsbefugnis indes gering, vgl. hierzu *Maurer,* DÖV 1963, S. 683 (684); *Vogel,* Richtervorlage, S. 359 f.

[11] Entwurf v. 16.10.1928, Nr. 11421 - 11.10; vgl. hierzu auch *Huh,* Konkrete Normenkontrolle, S. 55 f.; *Maurer,* DÖV 1963, S. 683 (687 f.); *Wieland,* in: Dreier, GG, Art. 100 Rn. 1.

[12] Dazu *Löwer,* HStR II, § 56 Rn. 2; *Wahl,* NVwZ 1984, S. 401; *Sachs,* in: ders., GG, Art. 20 Rn. 62.

bung die Verfassung ist[13]; das Verfassungsrecht ist allen politischen Fragen vor- und übergeordnet.[14]

Auf der anderen Seite ist auch die Rechtsprechung nach Art. 1 Abs. 3, Art. 20 Abs. 3 und Art. 97 Abs. 1 GG an die Verfassung gebunden.[15] Danach dürfen die Gerichte nicht gegen die Verfassung Recht sprechen, aber auch bei ihren Entscheidungen nicht einfaches Recht anwenden, welches im Widerspruch zu den Grundrechten und zur Verfassung insgesamt steht. Die Verfassungsbindung auch der Rechtsprechung aktualisiert und effektuiert damit zugleich die Bindung des Gesetzgebers an den Vorrang der Verfassung.[16] Sie ist die Grundlage aller richterlichen Normprüfung nach dem Grundgesetz.

3. Das Normverwerfungsrecht und Art. 100 Abs. 1 Satz 1 GG

Der Gesetzgeber des Grundgesetzes beantwortet demnach die vormalige Streitfrage um ein richterliches Normprüfungsrecht mit der umfassenden Verfassungsbindung auch der Gerichte. Wesentlicher Grund für das richterliche Normprüfungsrecht ist dabei, dass ohne die wirksame und permanente richterliche Kontrolle die verfassungsrechtliche Bindung des Gesetzgebers an den Vorrang der Verfassung weitgehend wertlos wäre.[17] Sie könnte und würde sich als bloß unverbindliches Postulat erweisen.[18] Das Recht zur richterlichen Normprüfung konstituiert sich also aus einem verfassungsrechtlichen Grundmisstrauen gegenüber dem Gesetzgeber.[19]

Art. 100 Abs. 1 GG erkennt dieses richterliche Normprüfungsrecht ausdrücklich und verfassungskräftig an und aktualisiert es zugleich für die Instanzgerichte im konkreten Verfahren: Die Vorschrift erinnert den Instanzrichter zum einen an

---

[13] *Ossenbühl*, BVerfG und Gesetzgebung, S. 33; *Piazolo*, BVerfG, S. 246; *Starck*, BVerfG, S. 6 ff.

[14] *Ossenbühl*, BVerfG und Gesetzgebung, S. 34.

[15] Hierzu *H. Klein*, in: Umbach/ Clemens, BVerfGG, Vor §§ 80 ff. Rn. 8; *Maunz*, in: Maunz/ Dürig, GG, Art. 100 Rn. 2.

[16] *Steiner*, Richterliche Grundrechtsverantwortung, S. 1014.

[17] *Maunz*, in: Maunz/ Dürig, GG, Art. 100 Rn. 2 f.; *Ossenbühl*, BVerfG und Gesetzgebung, S. 34.

[18] *Maunz*, in: Maunz/ Dürig, GG, Art. 100 Rn. 3; *Säcker*, Gesetzgebung durch das BVerfG, S. 193. Ein anderer Weg zur Verfassungssicherung wäre entweder diejenige durch ein Staatsoberhaupt oder aber durch das Parlament selbst, vgl. hierzu *Böckenförde*, NJW 1999, S. 9 (10); *Voßkuhle*, in: v. Mangoldt/ Klein/ Starck, GG, Art 93 Rn. 17.

[19] *Isensee*, JZ 1996, S. 1085 (1086); *Ossenbühl*, BVerfG und Gesetzgebung, S. 34; *Schlaich*, VVDStRL Bd. 39 (1981), S. 99 (104); *Steiner*, DVP 2004, S. 177 (179). Dieses Misstrauen resultiert insbesondere aus der Zeit des Nationalsozialismus, in der der Gesetzgeber bei der Beachtung des Vorrangs der Verfassung versagt hatte; dazu *Rupp-v. Brünneck*, AöR 102 (1977), S. 1 (2); *Säcker*, Gesetzgebung durch das BVerfG, S. 219 f.

seine Prüfungspflicht. Zum anderen berechtigt und verpflichtet Art. 100 Abs. 1 GG die Instanzgerichte zu einer Vorlage an das BVerfG, wenn diese ein „Gesetz" für verfassungswidrig halten. Ist der Anwendungsbereich des Art. 100 Abs. 1 GG eröffnet, haben die Instanzgerichte eine vorläufige Nichtanwendungskompetenz insoweit, als sie das betreffende Gesetz vorübergehend außer Anwendung lassen, das Verfahren aussetzen und eine Entscheidung des BVerfG einholen.[20] Letztverbindlich entscheiden kann und muss in diesen Fällen nach der grundgesetzlichen Aufgabenverteilung aber das BVerfG. Man spricht vom „Verwerfungsmonopol" des BVerfG.[21]

Art. 100 Abs. 1 GG regelt damit einerseits das Verwerfungsmonopol des BVerfG. Andererseits beschränkt es aber zugleich die Prüfungs- und Verwerfungszuständigkeit des BVerfG, indem den Instanzgerichten die volle Entscheidungsbefugnis über solche Normen überlassen wird, die nicht „Gesetz" in diesem Sinne sind.[22] Damit bestimmt Art. 100 Abs. 1 GG zentral die verfassungsrechtliche „Konkurrenzlage"[23] zwischen BVerfG, Fachgerichten und dem Gesetzgeber. Die Abgrenzung von instanzgerichtlicher und bundesverfassungsgerichtlicher Normprüfungs- und -verwerfungskompetenz hängt daher genuin davon ab, wie weit man den Anwendungsbereich des Art. 100 Abs. 1 Satz 1 GG fasst. Entscheidend für die Auslegung der Bestimmung ist, worin Sinn und Zweck der Vorlagepflicht bestehen und welche Anforderungen man infolge dieser Funktionsbestimmung an den Vorlagegegenstand stellt.

III. Das Bedürfnis nach einer Reform des Verfahrens der Richtervorlage

Da die Sachprüfung bei der Richtervorlage regelmäßig einen sehr hohen Aufwand erfordert,[24] andererseits die hohe Anzahl von Verfahren nach Art. 100 Abs. 1 GG die Arbeitskapazität des BVerfG nach der Verfassungsbeschwerde zahlenmäßig am zweitstärksten in Anspruch nehmen,[25] trägt die Richtervorlage in großem Umfang zur Überlastung des Gerichts bei.

---

[20] BVerfGE 1, 184 (197); 3, 225 (250); 4, 331 (340); *Bettermann,* Konkrete Normenkontrolle, S. 327; *Merten,* DVBl. 1978, S. 563. *Gerontas* spricht von einem vorläufigen und auflösend bedingten Verwerfungsrecht, in: Die Prüfung der Verfassungsmäßigkeit von Gesetzen, S. 15 f.; *ders.,* DVBl. 1981, S. 1989 (1990).

[21] BVerfGE 22, 373 (378); vgl. auch die verwandten Termini „Feststellungsmonopol" – BVerfGE 2, 124 (131) – und „Entscheidungsmonopol" – BVerfGE 6, 222 (232).

[22] *Bettermann,* Konkrete Normenkontrolle, S. 329.

[23] Zum Begriff *Bogs,* DVBl. 1998, S. 516 (519).

[24] *Bundesministerium der Justiz,* Entlastung des BVerfG, S. 115; vgl. die Einleitung Fn. 31.

[25] *Heun,* AöR 122 (1997), S. 610 (613); *Löwer,* HStR II, § 56, Rn. 67; *Ulsamer,* in: Maunz u.a., BVerfGG, § 81a Rn. 1; vgl. die Einleitung Fn. 31.

1. Die Richtervorlage in der Rechtsprechung des BVerfG

Zu einer maßgeblichen Entlastung führte im Zusammenhang mit dem Verfahren der Richtervorlage bereits die Einfügung des § 81a BVerfGG.[26] Seit 1993 kann danach die Unzulässigkeit einer Vorlage[27] – mit Ausnahme von Vorlagen der Landesverfassungsgerichte und der obersten Gerichtshöfe des Bundes – durch einstimmigen Kammerbeschluss festgestellt werden. Damit haben bereits die Kammern die Kompetenz, das Verfahren förmlich zu beenden.[28] Zudem entlastet sich das BVerfG selbst, indem es die Zulässigkeitsvoraussetzungen von Richtervorlagen sehr streng handhabt und deshalb in vielen Fällen zur Feststellung der Unzulässigkeit von Vorlagen kommt, ohne in die oft sehr umfangreiche und zeitaufwändige Sachprüfung einsteigen zu müssen. In den Jahren 1994 bis 2003 wurden von insgesamt 204 Vorlagen bereits 133 durch Kammerentscheidung als unzulässig zurückgewiesen.[29]

Ob und inwieweit eine Vorlage zulässig ist, ergibt sich zunächst aus § 80 BVerfGG in Verbindung mit Art. 100 Abs. 1 GG.[30] Da aber diese Bestimmungen die einzelnen Zulässigkeitsvoraussetzungen weder abschließend normieren noch näher definieren,[31] hat es das BVerfG unternommen, aus deren Wortlaut sowie aus ihrer Bedeutung und Funktion die einzelnen Zulässigkeitserfordernisse abzuleiten.[32] Insbesondere am Erfordernis der hinreichenden Darlegung der Entscheidungserheblichkeit der betreffenden Norm und der Überzeugung von der Verfassungswidrigkeit lässt es einen Großteil der Vorlagen scheitern.[33] Für die sehr restriktive „Zulassung" von Richtervorlagen führt das BVerfG im We-

---

[26] I.d.F. der Bekanntmachung vom 11.8.1993, BGBl. I, S. 1473; vgl. hierzu Abschn. B, Art. 1 zu Nr. 17 der Begründung des Gesetzentwurfs der Bundesregierung zum Fünften Gesetz über das BVerfG, BT-Drs. 12/3628 vom 5.11.1992, S. 12; vgl. die Einleitung Fn. 35 u. 36.

[27] Das BVerfG unterscheidet auch beim Verfahren der Richtervorlage zwischen der „Zulässigkeit" und der „Begründetheit" der Vorlage, vgl. *Ulsamer,* BayVBl. 1980, S. 519. Sind die Voraussetzungen für die Zulässigkeit des Verfahrens nicht gegeben, so wird die Vorlage für unzulässig erklärt und eine Sachprüfung damit verweigert, vgl. *Ulsamer,* in: Maunz u.a., BVerfGG, § 81a Rn. 2.

[28] *Ulsamer,* in: Maunz u.a., BVerfGG, § 81a Rn. 3.

[29] Nach der Statistik des BVerfG unter http://www.bverfg.de. Hinzu kommen diejenigen Vorlagen, deren Unzulässigkeit von den Senaten festgestellt wird, weil sie von einem der obersten Gerichtshöfe des Bundes stammen, § 81a, Satz 2 BVerfGG.

[30] Art. 100 Abs. 1 GG hat neben seinem verfassungsrechtlichen Gewährleistungsgehalt prozessrechtliche Bedeutung; *Erichsen,* Jura 1982, S. 88 (89).

[31] *Zierlein,* Prozessverantwortung, S. 458.

[32] *Ulsamer,* in: Maunz u.a., BVerfGG, § 81a Rn. 2. Das BVerfG beansprucht die Kompetenz zur Auslegung des Verfassungsprozessrechts; vgl. dazu *Aretz,* JZ 1984, S. 918 (919); *E. Klein,* Verfahrensgestaltung, S. 510 ff.

[33] Vgl. zu den Anforderungen an die Begründung von Vorlagen *Baumgarten,* Richtervorlage; *Funk,* SGb 1989, S. 89 ff; *Heun,* AöR 122 (1997), S. 610 (613 ff.); *Spindler,* „Offensichtlich unhaltbar", S. 329 ff.; *Zierlein,* Prozessverantwortung, S. 457.

sentlichen drei Gründe an:[34] Zum einen verweigere der Instanzrichter mit einer Aussetzung des Verfahrens und einem Vorlagebeschluss zunächst eine Sachentscheidung, womit sich aber der Rechtsschutz für den Rechtsuchenden zunächst verzögere;[35] diese rechtsstaatlich problematische Verfahrensverzögerung sei aber nur im Ausnahmefall hinnehmbar.[36] Zum anderen erfordere der Grundgedanke des Art. 100 Abs. 1 GG, nämlich die Wahrung der Autorität des parlamentarischen Gesetzgebers im Verhältnis zur Rechtsprechung, eine so strenge Handhabung.[37] Im Übrigen sei das BVerfG um seiner Funktionsfähigkeit willen, auf die Beantwortung „wesentlicher" verfassungsrechtlicher Fragen beschränkt, seine Inanspruchnahme also gegenüber der Fachgerichtsbarkeit subsidiär.[38]

2. Notwendigkeit von Entlastungsmaßnahmen und die Subsidiarität der Verfassungsgerichtsbarkeit

Insbesondere der Gesichtspunkt der Subsidiarität der Verfassungsgerichtsbarkeit und die daraus resultierende Konzentration der Aufgabe des BVerfG auf die Beantwortung wesentlicher verfassungsrechtlicher Fragen ist auch der Anknüpfungspunkt für die folgenden Überlegungen zu einer weiteren Entlastung des Gerichts bei dem Verfahren der Richtervorlage. Entlastung könnte danach jedenfalls dort stattfinden, wo nach dem Funktionengefüge des Grundgesetzes nicht zwingend das BVerfG zu einer Entscheidung über die konkrete verfassungsrechtliche Frage berufen ist.

a. Subsidiarität der Verfassungsgerichtsbarkeit

Nach der Rechtsprechung des BVerfG obliegt es primär den Instanzgerichten, die Grundrechte zu wahren und durchzusetzen.[39] Nur wenn der fachgerichtliche Rechtsschutz ausnahmsweise der Bedeutung der Grundrechte im Allgemeinen oder im Einzelfall nicht gerecht wird, ist es Aufgabe des BVerfG, korrigierend einzugreifen.[40] Es ist also nur dann zur Entscheidung berufen, wenn dies nach der Verfassung unabdingbar ist, insbesondere wenn es um solche (verfassungs-)

---

[34] Vgl. dazu auch *Sieckmann,* in: v. Mangoldt/ Klein/ Starck, GG, Art. 100 Rn. 15.

[35] *Steiner,* BVerfG, BSG und das deutsche Sozialrecht, S. 69.

[36] BVerfGE 78, 165 (178); *Heun,* AöR 122 (1997), S. 610 (621); *Schulte,* MDR 1952, S. 520; *Sommer,* BVerwG und BVerfG, S. 25 f.; *Zierlein,* Prozessverantwortung, S. 468.

[37] BVerfG, Beschl. v. 9.3.2000 – 2 BvL 8/99.

[38] Vgl. BVerfG, 1. Senat, 2. Kammer – 1 BvL 25/97 – NZA 1999, S. 597 = ZInsO 1999, S. 350; BVerfG, Beschl. v. 20.5.1998 – 1 BvL 34/94 – NZS 1998, S. 426.

[39] Vgl. die Analyse bei *Korioth,* BVerfG und Rechtsprechung, S. 58; dazu auch *Starck,* JZ 1996, S. 1033 (1034); *Uerpmann,* Annahme der Verfassungsbeschwerde, S. 688.

[40] *Wieland,* KritV 1998, S. 171 (177).

wesentlichen Rechtsfragen geht, die nach seiner Funktion allein das BVerfG angemessen beantworten kann und daher auch beantworten muss.[41]

Der Subsidiaritätsgrundsatz wurde zunächst für die Entscheidung über Urteilsverfassungsbeschwerden entwickelt.[42] Selbst für Verfassungsbeschwerden gegen Gesetze wurde ihm lange Zeit keine Bedeutung zugemessen.[43] Mittlerweile handelt es sich aber um einen allgemeinen Grundsatz des Verfassungsrechts.[44] So wird der Subsidiaritätsgrundsatz auch beim Verfahren der Richtervorlage im Rahmen der Entscheidung über die Zulässigkeit von Vorlagen in Bezug genommen.[45]

Hält man die Zuständigkeit des BVerfG in der dargestellten Weise für subsidiär gegenüber derjenigen der Fachgerichte, so ist damit die Kompetenzverteilung und der Umfang der Entlastung des BVerfG durch die Fachgerichte aber noch nicht konkret bestimmt. Der Sachverhalt der Überlastung des BVerfG oder umgekehrt die Aufrechterhaltung seiner Funktionsfähigkeit gibt für eine Abgrenzung der „Rollen" zwar wichtige Anhaltspunkte.[46] Wie weit aber Maßnahmen zur Entlastung des BVerfG mit dem Subsidiaritätsgrundsatz gerechtfertigt werden können, hat sich im Einzelfall danach zu bestimmen, welche Funktion und Bedeutung die Verfassungsgerichtsbarkeit bei der Verfassungssicherung jeweils und konkret hat, und inwieweit eine Entlastung im Einzelnen notwendig ist.

b. Notwendigkeit der Entlastung

Dabei besteht in doppelter Hinsicht das Bedürfnis nach weiteren Entlastungsmaßnahmen.

Zum einen kann sich das Gericht entweder gar nicht oder nicht in der erforderlichen Weise den für den Grundrechtsschutz tatsächlich verfassungsrechtlich relevanten Verfahren zeitnah widmen, wenn die bestehenden Arbeitskapazitäten

---

[41] Vgl. nur BVerfGE 1, 184 (200 f.); BVerfG, Beschl. v. 8.2.1999 – 1 BvL 25/97 – ZinsO 1999, S. 350; Beschl. v. 20.5.1998 – 1 BvL 34/94 – NZS 1998, S. 426; hierzu *Sturm*, in: Sachs, GG, Art. 100 Rn. 9 Fn. 8.

[42] BVerfGE 22, 290; 39, 276; 42, 249; 63, 45 (58); 70, 180 (185 f.); 93, 1 (12); 95, 96 (127); vgl. dazu *Schlaich/ Korioth*, BVerfG, Rn. 244 ff.

[43] *Schenke*, Verfassungsgerichtsbarkeit und Fachgerichtsbarkeit, S. 17 f.

[44] *H. Klein*, Rechtssatzverfassungsbeschwerde, S. 1333.

[45] Vgl. BVerfGE 47, 146 (154); 63, 1 (22); BVerfG, Beschl. v. 8.2.1999 – 1 BvL 25/97 – ZinsO 1999, S. 350; BVerfG, Beschl. v. 20.5.1998 – 1 BvL 34/94 – NZS 1998, S. 426; dazu auch *Clemens*, BVerfG, S. 28; *Gerontas*, DVBl. 1981, S. 1089 (1092); *H. Klein*, in: Umbach/ Clemens, BVerfGG, Vor §§ 80 ff. Rn. 16; *Steiner*, Zum Entscheidungsausspruch und seinen Folgen, S. 574; *Ulsamer*, BayVBl. 1980, S. 519 (519 f.). Vgl. zur Anwendung des Subsidiaritätsgrundsatzes im Rahmen des Verfahrens der Richtervorlage kritisch *Vogel*, Richtervorlage, S. 362.

[46] *E. Klein*, in: Benda/ Klein, Verfassungsprozessrecht, Rn. 349.

über die Maßen ausgelastet werden. Je weniger Zeit beispielsweise für diejenigen Verfahren bleibt, die im Senat entschieden werden, desto schwieriger wird es nach Auffassung der Beobachter, den Qualitätsanforderungen der Öffentlichkeit und der Fachwelt gerecht zu werden.[47] Deshalb wird die Überzeugungskraft der Verfassungsgerichtsbarkeit in Frage gestellt, wenn sie ihre Arbeit „im Akkord" oder „am Fließband" zu erledigen hat.[48]

Auf der anderen Seite folgert das BVerfG in seiner Rechtsprechung selbst aus dem Rechtsstaatsprinzip die Pflicht zur Klärung strittiger Rechtsverhältnisse in angemessener Zeit.[49] Grundrechtsschutz ist in vielen Fällen nämlich nur dann sinnvoll und wirksam, wenn er auch entsprechend zeitgerecht gewährt wird;[50] je kürzer die Zeitspanne zwischen der Verfahrenseinleitung und der Entscheidung, desto wirksamer ist konkret der Rechtsschutz.[51] Die Verfassungsgerichtsbarkeit wird dieser Forderung nach einer zeitnahen Erledigung der Verfahren aber nicht gerecht, wenn eine Verfassungsfrage etwa erst zu einem Zeitpunkt entschieden wird, zu dem sie längst keine Bedeutung mehr hat. Auch mag es manchen Bürger von vornherein davon abhalten, seine Rechte geltend zu machen, wenn er, etwa wegen seines sehr hohen Lebensalters, keine realistische Chance mehr hat, von einer für ihn positiven Entscheidung zu profitieren. Insbesondere bei Richtervorlagen nach Art. 100 Abs. 1 GG kann ein einziges beim BVerfG anhängiges Verfahren auch hunderte Sachen bei anderen Gerichten und damit auch den Rechtsschutz in sehr vielen anderen fachgerichtlichen Verfahren blockieren.[52] Zudem stellt es die Akzeptanz und das Ansehen des BVerfG auch eklatant in Frage, wenn ihm wiederholt von einem internationalen Gericht die Verletzung der völkerrechtlichen Pflicht aus Art. 6 Abs. 1 EMRK wegen der zu langen Verfahrensdauer vorgeworfen wird.[53] Da das BVerfG aber in besonderem Maße von seiner Autorität und von der Akzeptanz seiner Entscheidungen sowohl durch die anderen Verfassungsorgane als auch durch die Bürger lebt, droht die Gefahr, dass es bei einer Überlastung seiner stabilisierenden Funktion im Verfassungsgefüge nicht hinreichend nachkommen kann.[54] Es kann seine Stellung nur dann effektiv ausfüllen, wenn sein Aufgabenbereich auf ein Maß beschränkt ist, das eine möglichst zeitnahe Entscheidungspraxis zulässt. Dies ist aber unter den gegebenen Umständen nur mit sehr großen Einschränkungen möglich.

---

[47] *Titje,* AöR 124 (1999), S. 288 (302); *Wahl/ Wieland,* JZ 1996, S. 1137.

[48] So *Wieland,* KritV 1998, S. 171 (175); vgl. auch *Böckenförde,* ZRP 1996, S. 281 ff.; *Lamprecht,* NJW 2001, S. 419 ff.; *Wahl/ Wieland,* JZ 1996, S. 1137 (1138).

[49] *Lansnicker/ Schwirtzek,* NJW 2001, S. 1969 (1970).

[50] Zur Notwendigkeit zeitgerechter Entscheidungen *Leisner,* NJW 2003, S. 1641; *Wieland,* KritV 1998, S. 171 (174).

[51] *Wieland,* KritV 1998, S. 171 (174).

[52] *Geiger,* Reform des BVerfGG, S. 214.

[53] *Steiner,* Richterliche Grundrechtsverantwortung, S. 1009.

[54] *Albers,* KritV 1998, S. 193 (195).

3. Begriff und Bedingungen der Entlastung

a. Der Begriff der „Entlastung"

Ziel von Entlastungsmaßnahmen ist es, die Funktionsfähigkeit des BVerfG mittel- und längerfristig zu erhalten bzw. zu steigern.[55] Dieses Ziel kann in erster Linie dadurch erreicht werden, dass rein quantitativ das Arbeitspensum des Gerichts verringert wird. Es soll dadurch jedenfalls ein Ausgleich zwischen den jährlich eingehenden und den erledigten Fällen geschaffen und die noch bestehenden Rückstände abgebaut werden.[56]

Aber auch ohne die Zahl der Verfahren zu verringern, kann durch Reformmaßnahmen direkt die Funktion des BVerfG gestärkt werden.[57] Funktionsfähig ist das Gericht, wenn es so überzeugend und nachvollziehbar entscheidet, dass die normative Kraft der Verfassung gestärkt wird.[58] Ändert man die verfassungsprozessualen Rahmenbedingungen in einer Weise, welche zu einer Abkürzung von Verfahren oder zur stärkeren Betonung der Bedeutung des BVerfG beiträgt, so kann auch dies zu einer Funktionssteigerung führen. Beispielsweise hat die Einführung der Zuständigkeit der Kammern zur Entscheidung über die Zulässigkeit von Richtervorlagen nach § 81a BVerfGG eine spürbare Entlastung des BVerfG bewirkt; die Senate können sich insoweit auf die tatsächlich wichtigen verfassungsrechtlichen Fragen beschränken,[59] ohne dass die Zahl der eingehenden Verfahren verringert werden muss.

b. Bedingungen für eine Entlastung

Unabdingbar für die Durchführung jeder Entlastungsmaßnahme ist zum einen, dass die Entlastung, also der Funktionsgewinn, tatsächlich gelingt. Die Maßnahmen müssen folglich zur spürbaren Entlastung des BVerfG führen; bloße „Pseudo-Verbesserungen" sind hierfür nicht ausreichend.[60]

Zum anderen darf die Entlastung keinen zu hohen Preis haben; eine Maßnahme darf nicht dazu führen, dass Ansehen und Akzeptanz des BVerfG, welche für seine Legitimation unabdingbar sind, gefährdet werden und dadurch der vermeintliche Funktionsgewinn wiederum ausbleibt.[61] Maßnahmen der Entlastung sind daher wegen der herausragenden Bedeutung des BVerfG am Maßstab der

---

[55] *Wieland,* KritV 1998, S. 171 (174).
[56] *Wieland,* KritV 1998, S. 171 (174).
[57] Vgl. dazu auch *Mahrenholz,* ZRP 1997, S. 129.
[58] *Wieland,* KritV 1998, S. 171 (174).
[59] Dazu *Bundesministerium der Justiz,* Entlastung des BVerfG, S. 114.
[60] *Lichtenberger,* BayVBl. 1984, S. 481.
[61] Zu den Bedingungen von Entlastungsmaßnahmen vgl. auch *E. Klein,* NJW 1993, S. 2073 (2077).

Funktion und des Ansehens des Gerichts zu messen.[62] Sein Status, seine Funktion im Verfassungsgefüge, seine Einbindung in die rechtsprechende Gewalt, sein Selbstverständnis und sein hohes Ansehen in der Bevölkerung, aber auch die Interessen und Bedürfnisse aller Staatsgewalten, legitime Ansprüche des Bürgers sowie die Vorgaben des Grundgesetzes sind bei allen Entlastungsmaßnahmen im Blick zu behalten.[63] Die bloße Formel von der Subsidiarität der Verfassungsgerichtsbarkeit kann daher nicht solche Funktionen und Aufgaben verkürzen, welche nach der grundgesetzlichen Funktionenordnung gerade zwingend dem BVerfG zukommen. Alle Entlastungsmaßnahmen setzen daher primär die Vergewisserung voraus, welche Funktion(en) dem BVerfG im Verfassungsgefüge zukomm(t/en).[64] Folgerichtig müssen sich auch Entlastungsmaßnahmen im Rahmen des Verfahrens der Richtervorlage in erster Linie daran orientieren, welche Funktion(en) das BVerfG gerade in diesem Verfahren erfüllt.

B. Die Ratio des Art. 100 Abs. 1 GG

An den Ausgangspunkt aller Überlegungen zu einer Reform des Verfahrens der Richtervorlage soll daher die Bestimmung von Sinn und Zweck der Vorschrift des Art. 100 Abs. 1 Satz 1 GG, also die Festlegung der Rolle des BVerfG bei der richterlichen Normprüfung und -verwerfung, gestellt werden. Rechtsprechung und Literatur setzen hier teilweise sehr unterschiedliche Akzente.

I. Die Rechtsprechung des BVerfG

Das BVerfG beruft sich auf die Ratio des Art. 100 Abs. 1 GG insbesondere, um die sehr restriktive Handhabung der Zulässigkeitsvoraussetzungen zu rechtfertigen, so zur Eingrenzung des Vorlagegegenstands und zur Rechtfertigung der strengen Anforderungen an die Darlegung der Entscheidungserheblichkeit einer Norm und der Überzeugung des Gerichts von der Verfassungswidrigkeit.[65]

Nach Auffassung des BVerfG dient das Verfahren des Art. 100 Abs. 1 GG in erster Linie dem Schutz des parlamentarischen Gesetzgebers vor der Missachtung seiner Gesetze durch die Gerichte.[66] Es solle „verhüten, dass jedes einzelne Gericht sich über den Willen des Bundes- oder Landesgesetzgebers hinwegsetzt, indem es die von diesen beschlossenen Gesetze nicht anwendet".[67] Das Verwer-

---

[62] *Lichtenberger,* BayVBl. 1984, S. 481.
[63] So *Lichtenberger,* BayVBl. 1984, S. 481.
[64] *Mahrenholz,* ZRP 1997, S. 129.
[65] Vgl. nur BVerfGE 86, 71 (77).
[66] BVerfGE 1, 184 (197); 22, 373 (378); 42, 42 (49); 63, 131 (141); 86, 71 (77); 90, 263 (275).
[67] BVerfGE 1, 184 (197).

fungsmonopol des BVerfG rechtfertigt sich danach aus dem „Respekt" vor dem demokratisch legitimierten, parlamentarischen Gesetzgeber.[68]

Das BVerfG nennt auf der anderen Seite aber auch als eine „wesentliche Funktion" der konkreten Normenkontrolle, „durch allgemein verbindliche Klärung verfassungsrechtlicher Fragen divergierende Entscheidungen der Gerichte, Rechtsunsicherheit und Rechtszersplitterung zu vermeiden"[69]. Daneben beruft es sich auch auf die mit seiner Entscheidung verbundene „Befriedungsfunktion"[70].

Als weiteren Zweck führt das BVerfG den Schutz der Verfassung und den des rechtsuchenden Bürgers vor der Anwendung verfassungswidriger Normen im Ausgangsverfahren an. Art. 100 Abs. 1 GG solle gewährleisten, dass im konkreten Rechtsstreit ausschließlich verfassungsgemäße Normen zur Anwendung kommen.[71]

Anders als bei der abstrakten Normenkontrolle[72] beruft sich das BVerfG dagegen bei der Richtervorlage nicht bzw. nur zurückhaltend auf seine Stellung als „Hüter der Verfassung"[73]. Wegen der Zuständigkeit auch der Fachgerichte, die Verfassungsmäßigkeit von Gesetzen zu prüfen und zu bejahen, trete diese Aufgabe im Rahmen des Art. 100 Abs. 1 GG zurück.[74]

II. Auswertung und Bewertung der Literatur

Einige Stimmen in der Literatur teilen die Ansicht des BVerfG zu Sinn und Zweck des Art. 100 Abs. 1 GG.[75] Es werden aber auch die einzelnen Ansätze abweichend akzentuiert, teils um zusätzliche Elemente ergänzt.

---

[68] Vgl. dazu *H. Klein,* in: Umbach/ Clemens, Vor §§ 80 ff. Rn. 12.

[69] BVerfGE 1, 184 (199 f.); 6, 55 (63); 22, 373 (378); 42, 42 (49 f.); 54, 47 (51); 63, 131 (141); 63, 312 (323); 97, 117 (122).

[70] BVerfGE 62, 354 (364); 75, 166 (177). Auf seine Befriedungsfunktion beruft sich das BVerfG insbesondere, wenn es auch andere als die vorgelegten Normen mit in die verfassungsrechtliche Prüfung einbezieht; vgl. BVerfGE 62, 354 (364); 71, 81 (93); 75, 166 (177); 78, 77 (83); 87, 234 (254); dazu *Rennert,* in: Umbach/ Clemens, BVerfGG, § 31 Rn. 37.

[71] BVerfGE 42, 42 (49); 43, 27 (33 f.); 67, 26 (33); kritisch insoweit *Geiger,* EuGRZ 1984, S. 409.

[72] Vgl. BVerfGE 1, 184 (196 f.); 1, 396 (413); dazu *Heun,* Normenkontrolle, S. 621; *Stern,* Staatsrecht II, § 44, S. 984; *Voßkuhle,* in: v. Mangoldt/ Klein/ Starck, GG, Art 93 Rn. 118.

[73] Vgl. zum Begriff die sog. Statusdenkschrift, JöR N.F. 6 (1957), 144 ff. sowie BVerfGE 1, 184 (195); 2, 124 (131); 40, 88 (93 f.); dazu auch *H. Klein,* in: Umbach/ Clemens, BVerfGG, § 80 Rn. 11.

[74] So BVerfGE 1,184 (197); 2, 124 (129).

[75] Vgl. *H. Klein,* in: Umbach/ Clemens, BVerfGG, Vor § 80 Rn. 12; *E. Klein.,* in: Benda/ Klein, Verfassungsprozessrecht, Rn. 770; *Meyer,* in: v. Münch/ Kunig, GG, Art. 100 Rn. 3; *Wieland,* in: Dreier, GG, Art. 100 Rn. 5.

1. Rechtssicherheit und Rechtseinheit

a. Literaturansichten

Korioth sieht Sinn und Zweck der Regelung des Art. 100 Abs. 1 GG primär und wesentlich in der „Konzentration der verbindlichen Entscheidung über die generelle Gültigkeit von Rechtssätzen bei einem einzigen Gericht"; es gehe entscheidend um die Prinzipien der Rechtssicherheit und der Rechtseinheit.[76]

In die gleiche Richtung geht die Ansicht *Löwers*[77]: Danach wird durch die Konzentration der Verwerfungskompetenz in der Hand des BVerfG in der Frage des Normgültigkeitsverdiktes „die Mühseligkeit" vermieden, „differierende instanz- und fachgerichtliche Auffassungen in der Hand eines Obergerichts durch das Rechtsmittelsystem und prozessuale Divergenzausgleichsverfahren zusammenzuführen."[78]

Auch *Geiger* stellt in den Vordergrund den Vorteil der Allgemeinverbindlichkeit der Entscheidungen des BVerfG. Die Normenkontrolle nach Art. 100 Abs. 1 GG solle verfassungswidrige gesetzliche Vorschriften aus dem Kreis des geltenden Rechts authentisch und mit verbindlicher Wirkung für alle Verfassungsorgane des Bundes und der Länder sowie für alle Gerichte und Behörden eliminieren.[79]

b. Die Bindungswirkung der Entscheidungen des BVerfG

Entscheidungen des BVerfG haben im Vergleich zu denen der Fachgerichte eine besondere Bindungswirkung, die Rechtssicherheit und Rechtseinheit in Verfassungsfragen herstellt.

aa. Formelle und materielle Rechtskraft

Sie erwachsen zunächst im Interesse der Rechtssicherheit und des Rechtsfriedens[80] in formelle und materielle Rechtskraft.[81] Formelle Rechtskraft bedeutet die Unanfechtbarkeit von Entscheidungen, welche beim BVerfG regelmäßig mit

---

[76] *Schlaich/ Korioth*, BVerfG, Rn. 138; so auch *Heun*, Normenkontrolle, S. 622.

[77] *Löwer*, HStR II, § 56 Rn. 66.

[78] *Friesenhahn* spricht in diesem Zusammenhang von den „Misshelligkeiten des richterlichen Prüfungsrechts", in: Verfassungsgerichtsbarkeit, S. 53.

[79] *Geiger*, EuGRZ 1984, S. 409 (410 f.); dem folgend *Zierlein*, Prozessverantwortung, S. 464. Den gesetzgeberischen Grund für das Verwerfungsmonopol sieht letzterer aber dennoch in der Wahrung der Autorität des Gesetzgebers, S. 465 Fn. 34.

[80] *Ziekow*, Jura 1995, S. 522 (523).

[81] BVerfGE 4, 31 (38); 20, 56 (86 f.); 69, 92 (103); *Bethge*, in: Maunz u.a., BVerfGG, § 31 Rn. 27 ff.; *E. Klein*, in: Benda/ Klein, Verfassungsprozessrecht, Rn. 1289; *Lange*, JuS 1978, S. 1 (2); *Löwer*, HStR II, § 56 Rn. 90; *Schlaich/ Korioth*, BVerfG, Rn. 476.

deren Verkündung oder Zustellung eintritt, da ein Appellationsgericht insoweit nicht existiert.[82] Materielle Rechtskraft heißt, die in einem Entscheidungstenor ausgesprochene konkrete Rechtsfolge ist der Disposition des BVerfG entzogen[83] und kann in einem neuen Verfahren grundsätzlich nicht wieder in Frage gestellt werden.[84]

Auch Normenkontrollentscheidungen des BVerfG werden formell und materiell rechtskräftig;[85] denn der rechtskraftfähige Gegenstand der Entscheidung besteht hier darin, dass die betreffende Norm an der Verfassung als Obersatz gemessen wird.[86] Die materielle Rechtskraft einer Normenkontrollentscheidung findet ihre zeitliche Grenze aber an entscheidungserheblichen tatsächlichen Veränderungen.[87] So sieht sich das BVerfG dann nicht mehr an die eigene Entscheidung zur Verfassungsmäßigkeit einer Norm gebunden und erachtet daher zum Beispiel eine erneute Vorlage nach Art. 100 Abs. 1 GG der betreffenden Norm für zulässig, wenn tatsächliche oder rechtliche Veränderungen eingetreten sind, welche die Grundlage der früheren Entscheidung berühren und deren Überprüfung nahelegen.[88]

bb. Bindungswirkung gemäß § 31 Abs. 1 BVerfGG

Über die formelle und materielle Rechtskraft hinaus entfalten Entscheidungen des BVerfG gemäß § 31 Abs. 1 BVerfGG eine spezifische Bindungswirkung für

---

[82] *E. Klein,* in: Benda/ Klein, Verfassungsprozessrecht, Rn. 1292 ff.; *Schlaich/ Korioth,* BVerfG, Rn. 478; *Ziekow,* Jura 1995, S. 522. Der EGMR ist kein echtes Appellationsgericht, auch wenn sich die Individualbeschwerde gegen Entscheidungen des BVerfG wenden kann; vgl. *Schlaich/ Korioth,* BVerfG, Rn. 367 ff.

[83] *Bethge,* in: Maunz u.a., BVerfGG, § 31 Rn. 6.

[84] *E. Klein,* in: Benda/ Klein, Verfassungsprozessrecht, Rn. 1296; *Ziekow,* Jura 1995, S. 522 (523).

[85] Vgl. *Bethge,* in: Maunz u.a., BVerfGG, § 31 Rn. 50; *Detterbeck,* Streitgegenstand und Entscheidungswirkungen, S. 330; *E. Klein,* in: Benda/ Klein, Verfassungsprozessrecht, Rn. 1297; *Rennert,* in: Umbach/ Clemens, BVerfGG, § 31 Rn. 29; *Sachs,* Verbindlichkeit bundesverfassungsgerichtlicher Entscheidungen, S. 435 ff.; *Schnapp/ Henkenötter,* JuS 1994, S. 121 (122); *Vogel,* Rechtskraft, S. 604 f.; a.A. BayVerfGHE 5 (1966), 183 f.; *Friesenhahn,* Inhalt, S. 697 ff. mit der Begründung, Rechtskraft setze die Anwendung einer Norm auf einen konkreten Fall voraus.

[86] *E. Klein,* in: Benda/ Klein, Verfassungsprozessrecht, Rn. 1297.

[87] *Erichsen,* Jura 1982, S. 88 (92); *Lange,* JuS 1978, S. 1 (3); *Rennert,* in: Umbach/ Clemens, BVerfGG, § 31 Rn. 47 ff.; *Vogel,* Rechtskraft, S. 598.

[88] Vgl. BVerfGE 33, 199 (203 f.); 39, 169 (181); 78, 38 (48); 82, 198 (207 f.); 87, 341 (346). Zur Begründung der grundsätzlichen Unzulässigkeit einer Zweitvorlage beruft sich das BVerfG indes nur zum Teil auf die „Rechtskraft", so BVerfGE 79, 256 (264). Es stellt teilweise auch auf die „Bindungswirkung" – BVerfGE 39, 169 (181); 65, 179 (181); 78, 38 (48); 82, 198 (205 f.) – oder auf die „Gesetzeskraft" – BVerfGE 26, 44 (56) – ab.

alle Verfassungsorgane des Bundes und der Länder sowie für alle Gerichte und Behörden. Rechtssicherheit und Rechtseinheit wird durch diese Bestimmung insoweit hergestellt, als darin allen Trägern öffentlicher Gewalt untersagt wird, von den bindenden Elementen einer Entscheidung des BVerfG abzuweichen,[89] und es damit von Rechts wegen zur einheitlichen Anwendung und Auslegung des Verfassungsrechts im gesamten räumlichen Anwendungsbereich des Grundgesetzes kommt. In der Nichtbeachtung dieser Bindungswirkung liegt ein Verfassungsverstoß durch den einzelnen Träger öffentlicher Gewalt, welchen der Betroffene im Rahmen einer Verfassungsbeschwerde als Verletzung des Art. 20 Abs. 3 GG[90] oder des Art. 19 Abs. 4 GG[91] rügen kann.[92]

(1) Bindung des Gesetzgebers

Nach § 31 Abs. 1 BVerfGG gebunden sind alle Verfassungsorgane und damit grundsätzlich auch der parlamentarische Gesetzgeber. Daher geht der Zweite Senat des BVerfG streng nach dem Wortlaut des § 31 BVerfGG vom „Normwiederholungsverbot" aus, das heißt, eine normverwerfende Entscheidung bindet den Gesetzgeber insofern, als „ein Bundesgesetz desselben Inhalts nicht noch einmal erlassen werden kann".[93] Dagegen hindert nach Meinung des Ersten Senats die Rechtskraft einer Entscheidung des BVerfG den Gesetzgeber nicht daran, eine inhaltsgleiche oder inhaltsähnliche Neuregelung zu beschließen.[94] Der demokratisch legitimierte Gesetzgeber sei gemäß Art. 20 Abs. 3 GG nur an die Verfassung gebunden, nicht aber an bloß einfachgesetzlich bindende Präjudizien.[95] Er dürfe angesichts seiner Gestaltungsverantwortung nicht durch eine der rechts- und sozialstaatlichen Demokratie abträgliche Erstarrung der Rechtsentwicklung seiner Aktionsfähigkeit beraubt werden.[96]

Wird auch die Position der beiden Senate teilweise als einander widersprechend angesehen,[97] ist diese Schlussfolgerung nicht zwingend. Denn beide Senate des BVerfG anerkennen eine gewisse Offenheit der Verfassungsinterpretation, wenn sie wegen veränderter Umstände beispielsweise die erneute Vorlage einer Ge-

---

[89] *Lange,* JuS 1978, S. 1 (4).
[90] So BVerfGE 40, 88 (93 f.); Beschl. v. 10.3.1988 – 1 BvR 894/87 – BB 1988, S. 2469; *E. Klein,* in: Benda/ Klein, Verfassungsprozessrecht, Rn. 1348.
[91] So BVerfG, Beschl. v. 13.8.1990 – 2 BvR 104/87 – NJW 1991, S. 249.
[92] *Bethge,* in: Maunz u.a., BVerfGG, § 31 Rn. 20; *E. Klein,* in: Benda/ Klein, Verfassungsprozessrecht, Rn. 1348.
[93] BVerfGE 1, 14 (37); 69, 112 (115).
[94] BVerfGE 77, 84 (103 f.); 102, 127 (141 f.); dem zustimmend *Rennert,* in: Umbach/ Clemens, BVerfGG, § 31 Rn. 67; *Schlaich/ Korioth,* BVerfG, Rn. 484.
[95] BVerfGE 77, 84 (104).
[96] Hierzu *Ziekow,* Jura 1995, S. 522 (526).
[97] Vgl. nur *Schlaich/ Korioth,* BVerfG, Rn. 484.

setzesbestimmung zulassen, und daher ihre Entscheidungen nicht für immer als absolut betrachtet. Daher ist der Meinung des Ersten Senats darin zuzustimmen, dass der Gesetzgeber dann nicht der Bindungswirkung nach § 31 Abs. 1 BVerfGG unterliegt, wenn gegenüber der damaligen Rechtslage eine wesentliche Änderung der für die verfassungsrechtliche Beurteilung maßgeblichen tatsächlichen oder rechtlichen Verhältnisse oder der ihr zugrunde liegenden Anschauungen eingetreten ist,[98] wobei die Einschätzung, ob und inwieweit eine solche Veränderung eingetreten ist, dem Gesetzgeber obliegt. Der Gesetzgeber als der „gestaltende Erstinterpret"[99] ist zwar gemäß § 31 Abs. 1 BVerfGG im Grundsatz an die Entscheidungen des BVerfG gebunden, aber nur insoweit, als er nicht besondere Gründe für eine neue verfassungsrechtliche Beurteilung für gegeben sieht.[100]

(2) Bindung an die „tragenden Gründe der Entscheidung"

Gegenständlich bezieht sich die Bindung jedenfalls auf den Tenor der Entscheidung, der gegebenenfalls unter Heranziehung der Entscheidungsgründe auszulegen ist.[101] Das BVerfG erstreckt die Bindungswirkung daneben in ständiger Rechtsprechung auf die „tragenden Entscheidungsgründe".[102] Tragend in diesem Sinne sind all diejenigen Elemente der Entscheidung, welche Ausführungen zur Auslegung und Anwendung der Verfassung über den konkreten Einzelfall hinaus enthalten,[103] und damit richtungsweisend für die künftige Verfassungsauslegung sein können. Mag auch die Abgrenzung im Einzelfall schwierig sein, welche Erwägungen des Gerichts konkret zu den tragenden Gründen gehören,[104] so ist der Rechtsprechung zuzustimmen. Denn es würde der Funktion des BVerfG als dem maßgeblichen Hüter und Interpreten der Verfassung widersprechen, wenn die öffentlichen Entscheidungsträger von den tragenden Gründen seiner Entscheidungen abweichen könnten.[105]

---

[98] *E. Klein,* in: Benda/ Klein, Verfassungsprozessrecht, Rn. 1344.
[99] *Kirchhof,* Verfassungsverständnis, S. 74.
[100] *E. Klein,* Verfahrensgestaltung, S. 528; *Schlaich/ Korioth,* BVerfG, Rn. 484; vgl. zur Bindung des Gesetzgebers auch *Stern,* Verfassungsgerichtsbarkeit und Gesetzgebung, S. 421.
[101] Dies ist unumstritten; vgl. nur *Schlaich/ Korioth,* BVerfG, Rn. 485; *Ziekow,* Jura 1995, S. 522 (526).
[102] BVerfGE 1, 14 (37); 19, 377 (391 f.); 20, 56 (87); 24, 289 (297); 40, 88 (93); *Lange,* JuS 1978, S. 1 (5); *Rennert,* in: Umbach/ Clemens, BVerfGG, § 31 Rn. 72; *Steiner,* BVerfG, BSG und das deutsche Sozialrecht, S. 66 Fn. 23; *Vogel,* Rechtskraft, S. 571; *Ziekow,* Jura 1995, S. 522 (527); kritisch insoweit *Bettermann,* DVBl. 1982, S. 91 (95); *Schlaich/ Korioth,* BVerfG, Rn. 485 ff.
[103] BVerfGE 1, 14 (37); 19, 377 (392); 20, 56 (87); *Geiger,* NJW 1954, S. 1057; *Lange,* JuS 1978, S. 1 (5); *Ziekow,* Jura 1995, S. 522 (528).
[104] Vgl. hierzu *Ziekow,* Jura 1995, S. 522 (527).
[105] BVerfGE 40, 88 (93); *Lange,* JuS 1978, S. 1 (5).

cc. Gesetzeskraft gemäß § 31 Abs. 2 BVerfGG

Gemäß § 31 Abs. 2 BVerfGG haben die Entscheidungen des BVerfG über die Vereinbarkeit oder Unvereinbarkeit einer Norm mit der Verfassung zudem Gesetzeskraft;[106] sie sind – wie die Gesetze selbst – vom Bundesministerium im Bundesgesetzblatt zu veröffentlichen (§ 31 Abs. 2 Satz 3 BVerfGG).[107] Mit der gesetzeskräftigen Wirkung verfassungsgerichtlicher Erkenntnisse ist zwar eine Durchbrechung des Gewaltenteilungsgrundsatzes verbunden; dies ist aber für das BVerfG im Grundgesetz ausdrücklich vorgesehen (Art. 94 Abs. 2 Satz 1 GG).[108]

Gesetzeskraft in diesem Sinne bedeutet aber nicht, dass eine verfassungsgerichtliche Entscheidung dem Gesetz gleichgestellt wird.[109] Vielmehr besteht die Funktion des § 31 Abs. 2 BVerfGG wesentlich darin, die materielle Rechtskraft der Entscheidungen, die grundsätzlich nur inter partes wirkt, und auch nach § 31 Abs. 1 BVerfGG nur auf die Träger *öffentlicher* Gewalt erstreckt wird, auf alle Bürger auszudehnen.[110] Gesetzeskraft heißt daher Verbindlichkeit der Entscheidungen unmittelbar – und nicht nur mittelbar über die Vermittlung durch die Träger öffentlicher Gewalt – gegenüber jedermann.[111] Der Bürger kann daher keine neue abweichende Entscheidung über die Verfassungsmäßigkeit des betreffenden Gesetzes beanspruchen (es sei denn, er macht solche veränderte Verhältnisse geltend, die eine neue verfassungsrechtliche Prüfung erfordern).[112]

---

[106] Da § 31 Abs. 2 Satz 1 BVerfGG auch auf § 13 Nr. 6 BVerfGG verweist, mithin auch Entscheidungen im Rahmen von abstrakten Normkontrollen einbezieht, umfasst die Vorschrift nicht bloß formelle Bundesgesetze, sondern auch bloß materielle und Landesrecht; *Sachs,* NVwZ 2003, S. 442 (443). Jedoch können Entscheidungen über Verordnungen nur Verordnungsrang haben, solche über Landesgesetze nur den Rang von Landesgesetzen, vgl. *Rennert,* in: Umbach/ Clemens, BVerfGG, § 31 Rn. 101. Zur fehlenden Gesetzeskraft der Entscheidungen der Kammern des BVerfG vgl. Teil 3, A.V.3.

[107] Die Veröffentlichungspflicht besteht auch in Bezug auf Landesgesetze; vgl. *Bethge,* in: Maunz u.a., BVerfGG, § 31 Rn. 311.

[108] *Gusy,* Gesetzgeber, S. 246; *Rennert,* in: Umbach/ Clemens, BVerfGG, § 31 Rn. 11a.

[109] BVerfGE 1, 89 (90); *Bettermann,* DVBl. 1982, S. 91; *E. Klein,* in: Benda/ Klein, Verfassungsprozessrecht, Rn. 1313; *Lange,* JuS 1978, S. 1 (2).

[110] So die überwiegende Ansicht; vgl. *E. Klein,* in: Benda/ Klein, Verfassungsprozessrecht, Rn. 1313; *Lange,* JuS 1978, S. 1 (6); *Löwer,* HStR II, § 56 Rn. 98; *Schlaich/ Korioth,* BVerfG, Rn. 496.

[111] *E. Klein,* in: Benda/ Klein, Verfassungsprozessrecht, Rn. 1313; *Rennert,* in: Umbach/ Clemens, BVerfGG, § 31 Rn. 102; *Schlaich/ Korioth,* BVerfG, Rn. 496; *Ziekow,* Jura 1995, S. 522 (524).

[112] *Lange,* JuS 1978, S. 1 (6).

dd. Die faktische Bindungswirkung

Neben die formal-rechtliche Bindung tritt die faktische Bindungs- und Steuerungswirkung der Entscheidungen des BVerfG.[113] Kraft der Autorität des BVerfG werden dessen Entscheidungen oft bereits unabhängig von der formal-rechtlichen Bindung über das gesetzliche Maß hinaus als maßgeblich betrachtet.[114] Man spricht sogar davon, das Institut der „Bindungswirkung" sei von der „faktischen Maßgeblichkeit" verfassungsgerichtlicher Entscheidungen „überholt und aufgesogen worden".[115]

Die faktische Bindungswirkung gilt dabei insbesondere auch für den parlamentarischen Gesetzgeber, welcher im Bestreben nach „Verhaltenssicherheit" den Entscheidungen des BVerfG auch bereits „präsumtive Bindungswirkung" beimisst und die Auslegung durch das BVerfG in der Regel als verbindlich akzeptiert.[116] So sind zum Beispiel obiter dicta zwar rechtlich nicht verbindlich; sie werden aber selbst vom Gesetzgeber als „willkommene Hilfestellung" verstanden, zumal die Befolgung der unverbindlichen Ratschläge zu verhindern hilft, dass man erneut vor dem BVerfG scheitert.[117]

c. Stellungnahme

Mit den Entscheidungen des BVerfG ist eine gegenüber den Fachgerichten wesentlich gesteigerte Bindungswirkung – erga omnes – verbunden, welche in besonderem Maße geeignet ist, verfassungsrechtliche Rechtssicherheit und Rechtseinheit her- und sicherzustellen.[118] Die Bindungswirkung des § 31 Abs. 1 und 2 BVerfGG dient aber nicht in erster Linie der Rechtseinheitlichkeit. § 31 Abs. 1 BVerfGG ist vielmehr primär Ausdruck der autoritativen Stellung des BVerfG im Verfassungsgefüge als des obersten Hüters des Vorrangs der Verfassung.[119] Denn die Verfassungsgerichtsbarkeit kann bei ihrer Aufgabe, den Vorrang der Verfassung zu sichern, nur effektiv sein, wenn auch die Durchsetzbar-

---

[113] *E. Klein*, in: Benda/ Klein, Verfassungsprozessrecht, Rn. 1290; *Luetjohann*, Nicht-normative Wirkungen des BVerfG.

[114] *Hesse*, JZ 1995, S. 265 (268).

[115] *Luetjohann*, Nicht-normative Wirkungen des BVerfG, S. 40; *Rennert*, in: Umbach/ Clemens, BVerfGG, § 31 Rn. 54; *Scholz*, Verfassungsgerichtsbarkeit, S. 24; *Ziekow*, Jura 1995, S. 522; kritisch zum Ansatz einer „faktischen Präzedenzwirkung" *Bethge*, in: Maunz u.a., BVerfGG, § 31 Rn. 26.

[116] *Luetjohann*, Nicht-normative Wirkungen des BVerfG, S. 43. *Starck* spricht von der „Vorwirkung" der Entscheidungen des BVerfG auf das Gesetzgebungsverfahren, in: BVerfG, S. 11.

[117] *Brohm*, NJW 2001, S. 1; dazu auch *Säcker*, Gesetzgebung durch das BVerfG, S. 221.

[118] Hierzu *Bleckmann*, Staatsrecht I, Rn. 2012.

[119] *Bethge*, in: Maunz u.a., BVerfGG, § 31 Rn. 3; *Löwer*, HStR II, § 56 Rn. 92; *Wieland*, KritV 1998, S. 171 (174).

keit ihrer Entscheidungen durch eine entsprechende Bindung der anderen Staatsgewalten gewährleistet ist.[120]

Bestünde der wesentliche Zweck der Vorlagepflicht nach Art. 100 Abs. 1 Satz 1 GG in der Herstellung verfassungsrechtlicher Rechtssicherheit und Rechtseinheit, so müsste man auch Rechtsverordnungen, Satzungen, vorkonstitutionelles Recht und das Recht der ehemaligen DDR einbeziehen.[121] Denn auch bei deren unterschiedlicher Anwendung durch die Instanzgerichte besteht die Gefahr einer Rechtszersplitterung in Verfassungsfragen. Verneint man die Vorlagefähigkeit von Untergesetzesrecht, vorkonstitutionellem Recht und dem Recht der ehemaligen DDR aber noch wegen anderer Gesichtspunkte,[122] so kann auch aus anderen Gründen die Herstellung und Wahrung von Rechtssicherheit und Rechtseinheit nicht der vordergründige Zweck des Art. 100 Abs. 1 Satz 1 GG sein:

Zum einen könnte man verfassungsrechtliche Rechtssicherheit und Rechtseinheit in vollem Umfang nur dann herstellen, wenn in allen Fällen von Meinungsverschiedenheiten hinsichtlich der Verfassungsmäßigkeit parlamentarischer nachkonstitutioneller Gesetze eine Vorlagepflicht bestünde, und nicht nur, wie Art. 100 Abs. 1 GG normiert, wenn das Gericht ein Gesetz für verfassungswidrig *hält*.[123] Ginge es schlicht um eine Vermeidung von Divergenzen, dann sollte es genügen, dass – wie bei der abstrakten Normenkontrolle nach Art. 93 Abs. 1 Nr. 2 GG[124] – Meinungsverschiedenheiten, Zweifel oder Streit über diese Rechtsfrage herrschen,[125] auch wenn jene Zweifel letztlich verworfen werden.

Zudem besteht bei der verfassungskonformen Auslegung einer Vorschrift durch den Instanzrichter eine noch größere Gefahr der Rechtsunsicherheit und der Rechtszersplitterung. Denn diese eröffnet in vielen Fällen dem Instanzrichter sogar viel breitere Interpretationsmöglichkeiten.[126] Das BVerfG lehnt es aber in ständiger Rechtsprechung gerade ab, die verfassungskonforme Auslegung einer

---

[120] *Bethge*, in: Maunz u.a., BVerfGG, § 31 Rn. 3.

[121] Vgl. hierzu *Schlaich/ Korioth*, BVerfG, Rn. 130; vgl. zur Auslegung des Art. 100 Abs. 1 GG durch das BVerfG ausführlich Teil 2, D.

[122] So ist eine Einbeziehung von vorkonstitutionellem Recht in die Vorlagepflicht bereits deshalb nicht nötig, weil der vorkonstitutionelle Gesetzgeber nicht an das Grundgesetz gebunden war, damit auch nicht gegen die Verfassung verstoßen konnte. Die Ausklammerung von Rechtsverordnungen und Satzungen lässt sich mit der Beschränkung des BVerfG auf wesentliche Aufgaben, mit dessen grundsätzlich subsidiärer Inanspruchnahme rechtfertigen; denn die „(grundrechts-) wesentlichen" Dinge muss der Gesetzgeber ohnehin in parlamentarischen Gesetzen festlegen; vgl. zu diesem Aspekt Teil 2, D.III.

[123] Vgl. *Bettermann*, Konkrete Normenkontrolle, S. 328.

[124] Dazu *Rupp-v. Brünneck*, AöR 102 (1977), S. 1 (11); *Stern*, Staatsrecht II, § 44, S. 986.

[125] So *Bettermann*, Konkrete Normenkontrolle, S. 328.

[126] Zur Problematik der verfassungskonformen Auslegung eingehend *Bettermann*, Verfassungskonforme Auslegung; *Hesse*, Verfassungsrecht, Rn. 79 ff.; *Vosskuhle*, AöR 125 (2000), S. 177 ff.; *Zierlein*, Prozessverantwortung, S. 474.

24

Norm durch die Fachgerichte als Gegenstand einer Richtervorlage anzuerkennen.[127] Vielmehr muss das Instanzgericht, bevor es an das BVerfG vorlegt, selbst jede nur denkbare Möglichkeit einer verfassungskonformen Auslegung der Norm erwägen, um nicht die Abweisung einer Vorlage als unzulässig zu riskieren.[128]

Nicht zuletzt ist das BVerfG nach seiner Stellung im Grundgesetz gerade nicht oberstes Revisionsgericht oder „Superrevisionsinstanz"[129], die dafür zuständig ist, Rechtseinheit herzustellen. Es hat vielmehr als Verfassungsgericht eine Sonderstellung[130] außerhalb der Instanzenzüge. In erster Linie sind die Fachgerichte – dort insbesondere die Berufungs- und Revisionsgerichte – dazu berufen, Rechtseinheit und Rechtssicherheit innerhalb ihrer Gerichtsbarkeit herzustellen;[131] dies gilt auch für verfassungsrechtliche Fragen.[132] Haben die Entscheidungen der obersten Gerichtshöfe des Bundes auch nicht die Allgemeinverbindlichkeit wie die des BVerfG, so wird ihre Autorität kraft der Stellung als Revisions- und damit letztinstanzliches Gericht zumindest innerhalb der jeweiligen Fachgerichtsbarkeit regelmäßig ausreichen, um eine § 31 Abs. 1 BVerfGG entsprechende Bindungswirkung herbeizuführen.[133] Soweit der betroffenen Rechtsfrage Bindungswirkung über die eigene Fachgerichtsbarkeit hinaus beigemessen werden soll, stellt Art. 95 Abs. 3 GG die Möglichkeit der Anrufung des sog. Gemeinsamen Senats zur Verfügung.[134] Dass das Verfahren der Anrufung des Gemeinsamen Senats oftmals ein „mühseliger Prozess"[135] sein mag, rechtfertigt allein eine Zuweisung der Aufgabe an das BVerfG nicht, da Rechtsfindung, zumal in verfassungsrechtlichen Fragen, häufig ein ebenso mühseliger und zeitaufwändiger Prozess ist. Vielmehr bedarf eine entsprechende Funktionszuweisung zumindest auch anderer Gründe.[136]

---

[127] BVerfGE 70, 134 (137); vgl. dazu *Roth*, NVwZ 1998, S. 563 (565).

[128] Vgl. hierzu BVerfGE 1, 299 (312); 10, 234 (244); 62, 1 (45); 90, 145 (170).

[129] BVerfGE 7, 198 (207); 101, 239 (257); *Piazolo*, BVerfG, S. 253; *Sturm*, in: Sachs, GG, Art. 93 Rn. 16.

[130] *Menne*, JuS 2003, S. 26 (27).

[131] Vgl. BSG, Beschl. v. 29.4.1999 – B 2 U 178/98 B – RegNr. 24517 = HVBG-INFO 1999, S. 2943; *Kummer*, Nichtzulassungsbeschwerde, Rn. 141; *Schmidt*, in: Eyermann/ Fröhler, VwGO, § 132 Rn. 1.

[132] Vgl. BVerwGE 78, 347 (352) = NVwZ 1988, S. 527; BVerwGE 90, 147 (149 f.) = NVwZ 1992, S. 1208; BVerwGE 96, 293 (295); *Pietzner*, in: Schoch/ Schmidt-Aßmann, VwGO, § 132 Rn. 42.

[133] So *Steiner*, BVerfG, BSG und das deutsche Sozialrecht, S. 71.

[134] Vgl. zur Herstellung verfassungsrechtlicher Rechtssicherheit und Rechtseinheit ausführlich in Teil 2, E.I.

[135] So *Schlaich/ Korioth*, BVerfG, Rn. 138.

[136] Dazu im Folgenden.

d. Ergebnis

Nach hier vertretener Ansicht vermögen die Prinzipien der Rechtssicherheit und der Rechtseinheit das Verwerfungsmonopol des BVerfG nicht zentral zu rechtfertigen. Da es sich aber bei diesen Prinzipien um unverzichtbare rechtsstaatliche Postulate handelt, wäre eine Auslegung des Art. 100 Abs. 1 Satz 1 GG, nach der Rechtszersplitterung oder Rechtsunsicherheit drohen würden, verfassungsrechtlich verfehlt. Aus diesem Grunde sollen die Grundsätze der Rechtssicherheit und Rechtseinheit als positive Effekte einer konzentrierten Normverwerfung im Rahmen der Auslegung des Art. 100 Abs. 1 Satz 1 GG mitberücksichtigt werden.

2. Wahrung der Autorität des parlamentarischen Gesetzgebers

a. Literaturansichten

Nach Ansicht *Bettermanns* – und ihm folgend die wohl herrschende Meinung in der Literatur[137] – besteht die einzig wesentliche Funktion des Art. 100 Abs. 1 GG darin, den nachkonstitutionellen Gesetzgeber „vor der Missachtung oder dem Ungehorsam der Gerichte durch Nichtanwendung seiner Gesetze" zu schützen.[138] Schutzobjekte seien dagegen weder die Rechtssicherheit noch die Einheitlichkeit der Rechtsprechung, der Verfassungsauslegung oder der Rechtsanwendung, Schutzsubjekte weder die Rechtssuchenden und die Organe der Rechtspflege noch der Staat oder die Allgemeinheit.

Bettermann wirft folgerichtig der Rechtsprechung des BVerfG dann mangelnde Stringenz vor, wenn es den Schutz der Autorität des Parlaments wiederum beschränkt, indem es auch solche Verordnungen für nicht vorlagefähig hält, die der Zustimmung des Parlaments unterliegen. Denn hier desavouiere das Instanzgericht nicht nur den Verordnungsgeber, sondern auch das Parlament, das die Verordnung durch seine Zustimmung demokratisch legitimiert habe.[139]

---

[137] *Friesenhahn*, Verfassungsgerichtsbarkeit, S. 52; *Geiger*, EuGRZ 1984, S. 409; *Heun*, AöR 122 (1997), S. 610 (612); *ders.*, Normenkontrolle, S. 622; *H. Klein*, in: Umbach/Clemens, BVerfGG, § 80 Rn. 11; *Rieger*, NVwZ 2003, S. 17 (22); *Rupp-v. Brünneck*, AöR 102 (1977), S. 1 (11); *Simon*, Verfassungsgerichtsbarkeit, Rn. 24; *Stern*, Staatsrecht II, § 44, S. 988.

[138] *Bettermann*, Konkrete Normenkontrolle, S. 328.

[139] *Bettermann*, Konkrete Normenkontrolle, S. 335 f.; so auch *Gerontas*, DVBl. 1981, S. 1089 (1990 Fn. 9). Dem entgegnet indes *Erichsen*, die Zustimmung zu einer Verordnung stelle lediglich einen Kontrollakt gegenüber der Exekutive dar, nicht dagegen materiell Gesetzgebung; Art. 100 Abs. 1 GG schütze das Parlament aber nur in seiner Funktion als Gesetzgeber, Jura 1982, S. 88 (91).

b. Stellungnahme

Kritisch wäre in diesem Zusammenhang auch festzustellen, dass das BVerfG es auch ablehnt, die verfassungskonforme Auslegung einer Vorschrift im Rahmen einer Richtervorlage zu überprüfen,[140] und damit zugleich, sich in diesen Fällen ebenfalls schützend vor die Autorität des Gesetzgebers zu stellen. Eine verfassungskonforme Auslegung kann aber – werden ihre Grenzen im Einzelfall nicht beachtet – dem Willen des parlamentarischen Gesetzgebers sogar entgegenstehen oder diesen zumindest nicht vollkommen treffen, und damit die Gestaltungsfreiheit des Gesetzgebers in sehr viel stärkerem Maße beeinträchtigen als die schlichte Nichtanwendung einer Norm oder ihre förmliche Beanstandung.[141] Die Autorität des Gesetzgebers ist daher bei der verfassungskonformen Auslegung, die ihm eine Norm „aufdrängt", welche er erkennbar nicht erlassen wollte, mindestens in gleichem Umfang gefährdet wie bei deren Verwerfung. *Löwer* meint daher auch, die Funktion des Art. 100 Abs. 1 GG könne von vornherein nicht darin bestehen, die Autorität des parlamentarischen Gesetzgebers zu schützen.[142] Denn das Grundgesetz wolle gerade, dass jeder einzelne Richter sich über den Willen des Gesetzgebers hinwegsetze, dass er sich selbst eine abschließende Überzeugung bilde; lediglich eine letztverbindliche Antwort auf die Gültigkeitsfrage vermöge der Instanzrichter nicht zu geben.[143]

Dem ist zuzugeben, dass tatsächlich nicht wenige Richter von ihrem Vorlagerecht Gebrauch machen und auf diese Art und Weise ihre Meinung von der Verfassungswidrigkeit einer gesetzlichen Vorschrift klar und öffentlich zum Ausdruck bringen[144] und damit den Gesetzgeber offensichtlich, öffentlich – und von der Verfassung gewollt – „desavouieren".

Darüber hinaus vermag die förmliche und verbindliche Entscheidung durch das BVerfG über die Verfassungswidrigkeit einer Norm keineswegs immer nur und ausschließlich die Autorität des Gesetzgebers zu schützen und zu stärken. Jede verfassungsgerichtliche Entscheidung im Normenkontrollverfahren ist vielmehr geeignet, in den Augen des Bürgers die Vertrauenswürdigkeit und das Ansehen des Gesetzgebers zu mindern.[145] Denn das Entscheidungsinstrumentarium[146] des

---

[140] Vgl. zur verfassungskonformen Auslegung bereits oben unter 1.c.

[141] Vgl. *Steiner*, BVerfG, BSG und das deutsche Sozialrecht, S. 72. Zur Problematik der verfassungskonformen Auslegung vgl. auch *Bethge*, in: Maunz u.a., BVerfGG, Vorb. Rn. 183; *Bettermann*, Verfassungskonforme Auslegung; *Hesse*, Verfassungsrecht, Rn. 79 ff.; *Ossenbühl*, BVerfG und Gesetzgebung, S. 47; *Zierlein*, Prozessverantwortung, S. 474.

[142] *Löwer*, HStR II, § 56, Rn. 66; dazu auch *H.P. Schneider*, NJW 1980, S. 2103 (2109).

[143] *Löwer*, HStR II, § 56, Rn. 66; ebenso *Schlaich/Korioth*, BVerfG, Rn. 138.

[144] So auch *Schlaich/Korioth*, BVerfG, Rn. 138.

[145] *Geiger*, EuGRZ 1985, S. 401 (403).

[146] Hierzu *Sachs*, NVwZ 1982, S. 657 ff.; *Schulte*, DVBl. 1988, S. 1200 ff.; *Steiner*, NJW 2001, S. 2919 (2922).

BVerfG reicht von der Nichtig- oder Unvereinbarerklärung über die Appellent-scheidung bis zu der Schaffung von Übergangsrecht[147]. Seine Entscheidungen ergehen gemäß § 31 Abs. 1 BVerfGG allgemeinverbindlich, gemäß § 31 Abs. 2 BVerfGG mit Gesetzeskraft und binden auch den Gesetzgeber formal-rechtlich. Mag es zwar durchaus dem Gesetzgeber in manchen Fällen eine willkommene Hilfe sein, wenn das BVerfG ihm detaillierte Vorgaben macht, wie eine zu er-lassende Norm ausgestaltet werden muss, um der Verfassung zu entsprechen.[148] Die Autorität des Gesetzgebers wird aber wohl nicht gestärkt, wenn er vom BVerfG als „praeceptor legislatoris"[149] auf diese Weise „mikroskopisch be-lehrt"[150] wird und sich damit „in der Rolle des Mündels" wieder findet.[151] In-dem das BVerfG das Verfassungsrecht im Einzelfall gegenüber dem Gesetzge-ber allgemeinverbindlich durchsetzt, wird dessen Autorität sogar ausdrücklich in Frage gestellt.[152] So wäre es in vielen Fällen – zumindest für die Autorität und den Respekt vor dem Gesetzgeber – schonender, wenn ein Instanzgericht selbst die für verfassungswidrig befundene Norm außer Anwendung lassen könnte; denn eine solche Entscheidung hat weder die Wirkungen des § 31 BVerfGG noch erregt sie die Aufmerksamkeit einer so breiten Öffentlichkeit[153] wie eine Entscheidung des BVerfG.[154] Daher ist die konzentrierte Verwerfungsbefugnis für die Autorität des Gesetzgebers nicht bloß von Vorteil, sondern vielmehr „ambivalent".[155] Sie bietet zwar die Chance, dass die Norm allgemeinverbind-lich für mit der Verfassung vereinbar erklärt und damit verfassungsrechtlich „legalisiert" wird; im gleichen Zug ist sie aber mit der Gefahr verbunden, dass das BVerfG das von ihm erlassene Gesetz allgemeinverbindlich und grundsätzlich unanfechtbar[156] kassiert.[157]

---

[147] Vgl. hierzu *Ossenbühl,* BVerfG und Gesetzgebung, S. 43.

[148] Hierzu *Ossenbühl,* BVerfG und Gesetzgebung, S. 43.

[149] *Ossenbühl,* BVerfG und Gesetzgebung, S. 42 f.

[150] *Bethge,* in: Maunz u.a., BVerfGG, Vorb. Rn. 168.

[151] So *Bull,* NJW 1996, S. 281 (282); vgl. dazu auch *Ossenbühl,* BVerfG und Gesetzgebung, S. 43; *Schulze-Fielitz,* AöR 122 (1997), S. 1 (8).

[152] *Steiner,* Zum Entscheidungsausspruch und seinen Folgen, S. 580.

[153] Die Öffentlichkeit der Verfassungsgerichtsbarkeit ist andererseits gerade wesentlicher In-tegrationsfaktor, fördert die Akzeptanz der Entscheidungen des BVerfG und macht deshalb gerade dessen Legitimation aus, vgl. hierzu *Benda,* NJW 1980, S. 2097 (2102); *Engel-mann,* Prozessgrundsätze im Verfassungsprozessrecht, S. 53; *E. Klein,* in: Benda/ Klein, Verfassungsprozessrecht, Rn. 246 ff. Zur Legitimation des BVerfG näher unter 4.f.

[154] *Bettermann,* Konkrete Normenkontrolle, S. 329.

[155] So *Bettermann,* Konkrete Normenkontrolle, S. 329.

[156] Zur Rechtskraft der Entscheidungen des BVerfG vgl. *Bethge,* in: Maunz u.a., BVerfGG, § 31 Rn. 40. Das BVerfG sieht sich dann nicht an die Rechtskraft einer früheren Entschei-dung gebunden, wenn eine normerhebliche Änderung der Verhältnisse eingetreten ist, vgl. nur BVerfGE 20, 56 (86 f.); 33, 199 (203 f.); 39, 169 (181 ff.).

[157] *Bettermann* meint, diese Gefahr werde durch die Chance genereller Konfirmation der Norm aufgewogen, in: Konkrete Normenkontrolle, S. 329.

c. Ergebnis

Dem Schutz der Autorität des Gesetzgebers dient eine verbindliche Entscheidung des BVerfG also nur insoweit, als sie die Verfassungsmäßigkeit einer
Norm bestätigt und durch ihre Bindungswirkung gemäß § 31 BVerfGG künftige
Angriffe außer Frage stellt.[158] Ferner wird durch diese „kooperative" Verfassungssicherung verhindert, dass die Fachgerichte Gesetze allein auf Grundlage
ihrer eigenen verfassungsrechtlichen Beurteilung im Einzelfall außer Anwendung lassen, sondern nur „im Einvernehmen" mit dem BVerfG. In Folge der
Ambivalenz des Art. 100 Abs. 1 Satz 1 GG in Bezug auf die Autorität des Gesetzgebers kann nach der hier vertretenen Ansicht auch nicht der Hauptzweck
der Bestimmung im Schutz der Autorität des parlamentarischen Gesetzgebers
bestehen.

3. Personelle Besetzung des BVerfG

a. Literaturansichten

Cappeletti und *Ritterspach* formulieren als weiterer Beweggrund für die Letzt-
entscheidungskompetenz des BVerfG bei der verfassungsrechtlichen Kontrolle
des parlamentarischen Gesetzgebers, dass der Berufsrichter – jedenfalls der unteren Instanzen – zur Auslegung und Anwendung der Verfassungsnormen weniger geeignet sei, weil „dessen Leben sich in der Abgeschlossenheit der Gerichts-
säle abgespielt habe, wohin die Wirrnisse des gesellschaftlichen Lebens und die
gebieterisch vorgetragenen Forderungen der einzelnen Gruppen oft nur als
schwaches Echo dringen."[159] Bereits *Heuss* sprach in der Sitzung des
Grundsatzausschusses ebenfalls skeptisch von der „mittleren Begabung eines
Amtsrichters"[160], womit er seine Zweifel daran auszudrücken versuchte, ob die
Fachgerichte mit der Verfassungsauslegung sachgerecht umzugehen verstehen.[161]

Auch *Bachof* hält nicht jeden Instanzrichter zur Verfassungsinterpretation geeignet. Unerlässlich sei dafür „eine gewisse kontinuierliche Nähe zum Verfas-
sungsleben und zum Verfassungsrecht, ein ständiger Umgang mit der Verfassung."[162] *Rupp-v. Brünneck* fügt dem hinzu, im BVerfG säßen Persönlichkeiten,
die sich der oft weittragenden Folgen und politischen Wirkungen der Verfas-

---

[158] So auch *Bettermann,* Konkrete Normenkontrolle, S. 329.
[159] *Cappeletti/ Ritterspach,* JöR N.F. 20 (1971), S. 65 (90 f.).
[160] *Heuss* in der Sitzung des 26. Grundsatzausschusses am 30.11.1948.
[161] Hierzu *H.P. Schneider,* NJW 2003, S. 1845.
[162] *Bachof,* Richterliche Kontrollfunktion, S. 41.

sungsentscheidungen bewusst seien und eine vertiefte Kenntnis des „politischen Rahmens" mitbrächten, in dem sich ihre Entscheidungen bewegen.[163]

b. Stellungnahme

Die gesetzlichen Voraussetzungen für die Wahl der Richter des BVerfG stellen durchaus sicher, dass im BVerfG nur Persönlichkeiten sitzen, die vor allem den Richtern der unteren Instanzen an juristischer Erfahrung und Lebenserfahrung überlegen sind.[164] So müssen gemäß § 3 BVerfGG die Richter des BVerfG mindestens 40 Jahre alt sein. Zudem stammen drei Richter jedes Senats aus den Reihen der Richter an den obersten Gerichtshöfen des Bundes (Art. 94 Abs. 1 Satz 1 GG; § 2 Abs. 3 BVerfGG). Jedoch haben jedenfalls die Richter an den obersten Bundesgerichten neben der allgemeinen juristischen Bildung im Laufe ihrer richterlichen Karrieren ebenfalls ein hohes Maß an Kenntnis des Fachrechts und der davon beherrschten Lebensverhältnissen erworben.[165] Auch sie sind hoch gebildet und oft erfahren in der Grundrechtsauslegung und der Grundrechtsfortbildung sowie der praktischen Grundrechtsdurchsetzung.[166] Daher könnten allein nach der personellen Besetzung der Gerichte zu urteilen auch diese über die Verfassungsmäßigkeit der Gesetze entscheiden. Dabei wird zwar nicht berücksichtigt, dass die Richter des BVerfG durch ein besonderes Verfahren von Bundestag und Bundesrat gewählt werden. Jenes Wahlverfahren stellt aber nicht die persönliche Qualifikation der jeweiligen Persönlichkeiten in Frage oder sicher, die ja bereits Grundvoraussetzung der Wählbarkeit ist.[167] Vielmehr bringt dieses politisierte Verfahren die außerordentliche Stellung des BVerfG als Verfassungsorgan[168] mit den entsprechenden Kompetenzen zum Ausdruck[169] und ist damit mit eine tragende Voraussetzung seiner Autorität.

4. Art. 100 Abs. 1 GG als Ausdruck der Funktion des BVerfG als „oberster Hüter der Verfassung"[170]

Stellt man den Schutz der Autorität des Gesetzgebers nicht in den Mittelpunkt der Auslegung des Art. 100 Abs. 1 Satz 1 GG,[171] soll damit nicht gesagt sein, die

---

[163] *Rupp-v. Brünneck,* Darf das BVerfG an den Gesetzgeber appellieren?, S. 378.

[164] Vgl. dazu *Schlaich/ Korioth,* BVerfG, Rn. 41.

[165] *Starck,* BVerfG, S. 13.

[166] *Bogs,* DVBl. 1998, S. 516 (519).

[167] Vgl. *Benda,* in: Benda/ Klein, Verfassungsprozessrecht, Rn. 124.

[168] *Böttcher,* in: Umbach/ Clemens, BVerfGG, § 1 Rn. 9; *Schlaich/ Korioth,* BVerfG, Rn. 26 ff.; *Sturm,* in: Sachs, GG, Art. 93 Rn. 6..

[169] Vgl. zur Richterwahl *Schlaich/ Korioth,* BVerfG, Rn. 42 ff.

[170] BVerfGE 1, 184 (195 ff.); 2, 124 (131); 6, 300 (304); 40, 88 (93).

[171] Hierzu oben unter 2.

Bestimmung habe nichts mit Autoritätsgesichtspunkten im Verfassungsgefüge zu tun. Denn Art. 100 Abs. 1 Satz 1 GG formuliert die Kompetenz des BVerfG zur allgemeinverbindlichen und gesetzeskräftigen Normverwerfung. Die Vorschrift ist damit ein Element seiner hervorgehobenen – „autoritären" – Stellung im Verfassungsgefüge. Das BVerfG hat nach dem Grundgesetz die Letztverantwortung bei der Sicherung des Vorrangs der Verfassung – und zwar auch und insbesondere gegenüber dem Gesetzgeber. Das Gericht soll nach seiner Stellung als der „oberste Hüter der Verfassung" den Vorrang der Verfassung gegenüber allen Staatsgewalten wirksam sichern.[172] Das Grundgesetz stattet es – gerade auch im Hinblick auf diese Aufgabe – mit einer einzigartigen Fülle von Kompetenzen „zur Hütung, Pflege und Ausformung des Verfassungsrechts"[173] aus, die für die effektive und legitime Sicherung des Vorrangs der Verfassung auch grundlegende Voraussetzung sind.

a. Die Doppelstellung des BVerfG als Gericht und Verfassungsorgan

Seiner Stellung nach ist das BVerfG als Gericht konstituiert und in die rechtsprechende Gewalt eingebunden (vgl. Art. 92 GG).[174] Damit ist das BVerfG in erster Linie ein „Organ des Rechts".[175] Der Verfassungsgeber richtete gerade an ein Gericht die Erwartung der unbeeinflussten Sicherung des Vorrangs der Verfassung: Während es den parlamentarischen Akteuren um die Verwirklichung (rechts-) politischer Ziele geht, soll die Verfassungsgerichtsbarkeit ausschließlich auf die Verwirklichung des Rechts hinwirken.[176] Das justizförmige Verfahren und die sachliche und persönliche Unabhängigkeit der Richter versprechen nur am Recht orientierte und frei von politischen Zwängen gewonnene Entscheidungen.[177] Verfassungsgerichtsbarkeit kann zudem unabhängig von einer Kontrolle durch die anderen Staatsgewalten Recht über den Inhalt und die Auslegung der Verfassung sprechen.[178] Anders als die parlamentarische Gesetzge-

---

[172] *Ossenbühl,* BVerfG und Gesetzgebung, S. 33; *Starck,* BVerfG, S. 4.

[173] So *Ossenbühl,* BVerfG und Gesetzgebung, S. 33.

[174] So die herrschende Meinung, vgl. *Bethge,* in: Maunz u.a., BVerfGG, Vorb. Rn. 18; *Hesse,* JZ 1995, S. 265 (267); *ders.,* Verfassungsrecht, Rn. 561 und 566; *Roellecke,* HStR II, § 53 Rn. 9; *Rupp-v. Brünneck,* AöR 102 (1977), S. 1 (3); *Schulze-Fielitz,* AöR 122 (1997), S. 1 (14); *Siedler,* Gesetzgeber und BVerfG, S. 19, 23 ff.; *Stern,* Staatsrecht II, § 44 II 1; *Sturm,* in: Sachs, GG, Art. 93 Rn. 6. Andere Ansichten lehnen dagegen eine Einordnung des BVerfG in die Rechtsprechung insgesamt ab: *Zuck* spricht von einer dritten Kammer der Legislative, DVBl. 1979, S. 383 (386); *Roellecke* ist der Ansicht, das BVerfG sei Vierte Gewalt, in: Gesetzgebung, S. 34.

[175] *Clemens,* BVerfG, S. 16.

[176] *Haller,* DÖV 1980, S. 465 (468).

[177] *Simon,* Verfassungsgerichtsbarkeit, Rn. 43; *Voßkuhle,* in: v. Mangoldt/ Klein/ Starck, GG, Art 93 Rn. 17.

[178] *Böckenförde,* ZRP 1996, S. 281 (284).

bung ist sie nicht den Regeln der Politik unterworfen und wirkt auf diese Weise ausgleichend und stabilisierend.[179] Den Grundrechten werden im „lobbyfreien Raum" der Verfassungsgerichtsbarkeit daher auch bessere Durchsetzungschancen zugesprochen als in der parlamentarischen Auseinandersetzung.[180] Nicht zuletzt erleichtert Verfassungsgerichtsbarkeit die politische Arbeit sogar teilweise:[181] So kann sie etwa den politischen Widerstand gegen verfassungskonforme Lösungen überwinden und damit politisch unpopulären Problemlösungen letztlich auch im Nachgang der parlamentarischen Auseinandersetzung zur Durchsetzung verhelfen.[182]

Die Besonderheit der Rechtsprechungsaufgabe des BVerfG gegenüber den anderen Organen der Rechtspflege besteht darin, dass seine Kompetenzen auf Verfassungsfragen konzentriert sind und die Entscheidungen spezifische Bindungswirkung des § 31 Abs. 1 BVerfGG, zum Teil sogar Gesetzeskraft (§ 31 Abs. 2 BVerfGG) haben.[183] Das BVerfG hat das Monopol zu autoritativer Verfassungsauslegung und zu allgemeinverbindlicher Entscheidung in allen verfassungsrechtlichen Streitigkeiten.[184] Zudem hat es umfassende Zuständigkeiten, nach denen ihm auch im Verfassungsvergleich mit anderen Demokratien eine besondere Stellung zukommt.[185] Insbesondere kann es die Maßnahmen aller anderen Verfassungsorgane auf ihre Verfassungsmäßigkeit hin kontrollieren und korrigieren und damit in deren Aufgabenbereiche eingreifen.[186] Die stärkste Wirkung geht dabei von der Befugnis zur Prüfung und Verwerfung parlamentarischer Gesetze aus,[187] welche dem BVerfG in Art. 93 Abs. 1 Nr. 2 und Art. 100 GG ausdrücklich zugewiesen wird.

Wegen der mit dieser Kompetenzfülle verbundenen „staatsleitenden" Funktion des BVerfG[188] und der Gleichrangigkeit mit den anderen obersten Verfassungs-

---

[179] *Albers*, KritV 1998, S. 193 (203).

[180] So *Steiner*, NJW 2001, S. 2919 (2921); ders., DVP 2004, S. 177 (178).

[181] *Walter*, AöR 125 (2000), S. 517 (548).

[182] *Steiner*, NJW 2001, S. 2919 (2921).

[183] *Albers*, KritV 1998, S. 193 (203); zur Bindungswirkung der Entscheidungen des BVerfG unter 1.b.

[184] BVerfGE 67, 26 (34); *Bethge*, in: Maunz u.a., BVerfGG, Vorb. Rn. 57; *Löwer*, HStR II, § 56, Rn. 4 ff.

[185] *Clemens*, BVerfG, S. 15; *Piazolo*, Mittlerrolle, S. 7; *Wahl*, JuS 2001, S. 1041 (1042).

[186] *Albers*, KritV 1998, S. 193 (203); *Geiger*, EuGRZ 1985, S. 401 (402); *Hesse*, Verfassungsrecht, § 14 Rn. 564 ff.; *Piazolo*, BVerfG, S. 245; *Scheuner*, DÖV 1980, S. 473; *Starck*, BVerfG, S. 5.

[187] *Rupp-v. Brünneck*, AöR 102 (1977), S. 1 (9); *Säcker*, Gesetzgebung durch das BVerfG, S. 219.

[188] Vgl. dazu *Benda*, ZRP 1977, S. 1 (3); *Engelmann*, Prozessgrundsätze im Verfassungsprozessrecht, S. 98 ff.; *Maunz*, in: Maunz/ Dürig, Art. 94 Rn. 2; *Sturm*, in: Sachs, GG, Art. 93 Rn. 7; *Wahl/ Wieland*, JZ 1996, S. 1137; kritisch hinsichtlich eines solchen „staatsleitenden Aspekts" *Brohm*, NJW 2001, S. 1 (9); *Großfeld*, NJW 1998, S. 3544 (3545).

organen erlangt das BVerfG selbst die Stellung eines Verfassungsorgans.[189] Nach § 1 BVerfGG ist es „ein allen übrigen Verfassungsorganen gegenüber selbständiger und unabhängiger Gerichtshof". Das BVerfG hat damit höchste Autorität.[190] Seine Funktion wird deshalb auch umschrieben als die „verbindliche Instanz in Verfassungsfragen"[191], als „Hüter der Verfassung"[192], als der „oberste Hüter der Verfassung"[193] oder als das „Fachgericht für Verfassungsrecht"[194].

b. Zum Gegenstand der Verfassungsgerichtsbarkeit bei der Gesetzeskontrolle

Grundsätzlich ist Gegenstand der Rechtsprechung im Sinne des Art. 92 GG die Entscheidung *rechtlicher* Streitigkeiten nach dem Maßstab des *Rechts*.[195] Dem Verfassungsrecht eigentümlich ist aber gerade auch die Besonderheit, dass unmittelbarer oder mittelbarer Gegenstand des Rechtsstreits eine *politische* Meinungsverschiedenheit, eine *politische* Auseinandersetzung oder ein *politischer* Streit ist.[196] Mit der Einflussnahme auf die politische Auseinandersetzung durch Anwendung und Auslegung des Verfassungsrechts wird deshalb der politische Prozess kontrolliert, reguliert und dadurch mitbestimmt.[197] Es werden Machtpositionen verteilt und gegeneinander abgegrenzt,[198] und zwar sowohl hinsichtlich des Verhältnisses der Staatsorgane untereinander als auch desjenigen der Staatsorgane gegenüber dem Bürger. Wegen dieses politischen Bezugs der Verfassungsgerichtsbarkeit[199] wird sie auch bezeichnet als „politische Justiz"[200] und sieht sich dem Verdacht des Politikersatzes ausgesetzt.[201]

---

[189] So die Denkschrift des BVerfG vom 27.6.1952 an die Obersten Bundesorgane (sog. Statusdenkschrift), in: JöR N.F. Bd. 6 (1957), S. 145. Vgl. zur Stellung des BVerfG als Verfassungsorgan auch BVerfGE 3, 225 (235 f.); 36, 1 (13 ff.); dazu *Bethge*, in: Maunz u.a., BVerfGG, Vorb. Rn. 5; *Brohm*, NJW 2001, S. 1 (3); *Roellecke*, HStR II, § 53 Rn. 10; *Voßkuhle*, in: v. Mangoldt/ Klein/ Starck, GG, Art 93 Rn. 27 ff.

[190] *Bethge*, in: Maunz u.a., BVerfGG, Vorb. Rn. 5; *Leibholz*, JöR N.F. Bd. 6 (1957), 127.

[191] BVerfGE 40, 88 (94); 67, 26 (34).

[192] BVerfGE 6, 300 (304); 40, 88 (93).

[193] *Sturm*, in: Sachs, GG, Art. 93 Rn. 4; *Voßkuhle*, in: v. Mangoldt/ Klein/ Starck, GG, Art. 93 Rn. 18.

[194] *Löwer*, HStR II, § 56 Rn. 33;

[195] Vgl. *Böckenförde*, NJW 1999, S. 9 (11); *Isensee*, JZ 1996, S. 1085 (1091); *Piazolo*, BVerfG, S. 245.

[196] *Geiger*, EuGRZ 1984, S. 401; *Rupp-v. Brünneck*, AöR 102 (1977), S. 1 (3); *H.P. Schneider*, NJW 1980, S. 2103 (2104); *Stern*, Staatsrecht II, § 44, S. 944.

[197] Dazu *Roellecke*, HStR II, § 53 Rn. 25; *Schulze-Fielitz*, AöR 122 (1997), S. 1 (14).

[198] *Böckenförde*, NJW 1999, S. 9 (11); *Haller*, DÖV 1980, S. 465 (467).

[199] *Böckenförde*, NJW 1999, S. 9 (11).

[200] *H.P. Schneider*, NJW 1980, S. 2103 (2104).

[201] *Steiner*, DVP 2004, S. 177 (178).

Eine besonders brisante Schnittstelle zwischen Recht und Politik[202] im Hinblick auf das Demokratieprinzip und den Grundsatz der Gewaltenteilung ist Verfassungsrechtsprechung im Hinblick auf die Gesetzgebung.[203] Denn das Grundgesetz normiert das sog. parlamentarische System; das heißt, der politische Entscheidungsprozess und damit die Gesetzgebung findet ausschließlich im demokratisch legitimierten Parlament statt.[204] Wertentscheidungen für das Zusammenleben der Staatsbürger, die häufig auch politische Kompromisse voraussetzen, gehören nach diesem demokratischen Prinzip in die Verantwortung des vom Volk unmittelbar legitimierten Gesetzgebers.[205] Verfassungsgerichtliche Kontrolle von Parlamentsgesetzen am Maßstab der Verfassung ist ein „Störfaktor" in dieser Demokratie.[206] Sie berührt die verfassungsrechtliche Gewaltenteilung zwischen der politischen Gestaltungsfunktion des Parlaments und der rechtlichen Kontrollfunktion der Verfassungsgerichte.[207]

Der Grundsatz der Gewaltenteilung ist indessen nicht im Sinne einer strikten Trennung und Monopolisierung der einzelnen Staatsfunktionen zu verstehen.[208] Aus dem Gewaltenteilungsgrundsatz resultiert vielmehr auch die gegenseitige Hemmung und Kontrolle der Staatsgewalten.[209] Zur Sicherung des Vorrangs der Verfassung sind daher gewisse Grenzüberschreitungen auch im Hinblick auf das Demokratieprinzip erforderlich und zulässig, was aber unvermeidlich einen Eingriff in die Politik und damit die Wahrnehmung einer auch politischen Aufgabe bedeutet.

c. Verantwortung der Verfassungsgerichtsbarkeit bei der Gesetzeskontrolle

Mit dieser politikbezogenen Aufgabe ist aber andererseits auch eine besondere Verantwortung verbunden. Verfassungsgerichtsbarkeit soll die Verfassungsmäßigkeit des Staatshandelns sicherstellen, den Vorrang der Verfassung sichern.[210] Dabei muss sie im besonderen Maße der politik- und sozialgestaltenden Funktion gerecht werden.[211] Im „politischen Spannungsfeld"[212] hat Verfassungsrecht-

---

[202] Zur Stellung des BVerfG zwischen Recht und Politik *Haller*, DÖV 1980, S. 465 (468), sowie *Ossenbühl*, Tatsachenfeststellungen und Prognoseentscheidungen, S. 503.

[203] *Zierlein*, Prozessverantwortung, S. 496.

[204] *Geiger*, EuGRZ 1985, S. 401; *Gerontas*, EuGRZ 1982, S. 145.

[205] *Brohm*, NJW 2001, S. 1 (9); *Casper*, ZRP 2002, S. 214 (216); *Säcker*, Gesetzgebung durch das BVerfG, S. 192.

[206] *Lamprecht*, NJW 1994, S. 3272.

[207] *Starck*, JZ 1996, S. 1033.

[208] *Walter*, AöR 125 (2000), S. 517 (534).

[209] *Muckel*, NJW 1993, S. 2283 (2285).

[210] *Isensee*, JZ 1996, S. 1085 (1092); *Muckel*, NJW 1993, S. 2283 (2285); vgl. hierzu a. und b.

[211] *Böckenförde*, NJW 1999, S. 9 (12).

[212] *Böckenförde*, NJW 1999, S. 9 (12); *Piazolo*, Mittlerrolle, S. 8.

sprechung also die politische und damit auch die soziale Bedeutung im besonderen Maße in ihre Überlegungen einzubeziehen.[213] Politikbezogene Rechtsprechung muss immer auch ihre Folgen abwägen, abschätzen und kontrollieren.[214] Zumal die Verwerfung von Gesetzen einen besonders weit gehenden Eingriff in den politischen Prozess bedeutet, ist in diesem Zusammenhang auch die Verantwortung der Verfassungsgerichtsbarkeit zur Abwägung der politischen Dimension und der Folgen einer Entscheidung besonders groß.

d. Grenzen der Verfassungsgerichtsbarkeit bei der Gesetzeskontrolle

Bei der Wahrnehmung dieser Folgenverantwortung muss die Verfassungsgerichtsbarkeit die nach dem Grundsatz der Gewaltenteilung bestehenden Grenzen gegenüber der parlamentarischen Gesetzgebung beachten. Autorität und Ansehen des BVerfG hängen gerade von der Einhaltung solcher Grenzen ab.[215] Verfassungsgerichtsbarkeit darf sich insbesondere nicht an die Stelle des Gesetzgebers setzen. Sie muss die gesetzgeberischen Prognosen hinnehmen, darf sie nicht durch eigene ersetzen[216] und hat keine aktive und präventive Gestaltungsbefugnis.[217] Denn der politische Prozess verlangt, dass substanzielle Fragen der Mehrheitsentscheidung unterworfen werden und dass nicht alles durch Interpretation der Verfassung entschieden wird.[218] Dem BVerfG wird daher ein „judicial self-restraint" empfohlen.[219] Die Grenzen der Verfassungsgerichtsbarkeit sind aber bis heute nicht eindeutig bestimmt, bewegen sich vielmehr innerhalb eines gewissen Spielraums.[220]

Das BVerfG selbst lehnt bei der Ziehung der Kompetenzgrenzen der Verfassungsgerichtsbarkeit die „Political question – Doktrin",[221] also die Vorstellung vom justizfreien politischen Hoheitsakt,[222] ab. Es übt vielmehr richterliche

---

[213] *Muckel*, NJW 1993, S. 2283 (2285); *Wank*, Grenzen, S. 219.

[214] Vgl. dazu auch *Hassemer*, DRiZ 1998, S. 391 (393); *Schulze-Fielitz*, AöR 122 (1997), S. 1 (14).

[215] *H.P. Schneider*, NJW 1980, S. 2103 (2104); vgl. dazu auch *Scherzberg*, DVBl. 1999, S. 356 ff..

[216] *Hesse*, JZ 1995, S. 265 (272).

[217] *Scholz*, Verfassungsgerichtsbarkeit, S. 22.

[218] *Walter*, AöR 125 (2000), S. 517 (534).

[219] *Heun*, Normenkontrolle, S. 617; *Piazolo*, Mittlerrolle, S. 7; *ders.*, BVerfG, S. 247; *Schuppert*, DVBl. 1988, S. 1191; *Stern*, Verfassungsgerichtsbarkeit und Gesetzgebung, S. 418.

[220] *Schulze-Fielitz*, AöR 122 (1997), S. 1 (10).

[221] Vgl. dazu *Piazolo*, BVerfG, S. 244 ff.; *Robbers*, NJW 1998, S. 935 (937); *H.P. Schneider*, NJW 1980, S. 2103 (2104); *Starck*, BVerfG, S. 9; *Stern*, Staatsrecht II, § 44, S. 961 ff.; *Voßkuhle*, in: v. Mangoldt/ Klein/ Starck, GG, Art 93 Rn. 22; *Wassermann*, RuP 92 (1996), S. 61 (62); *Wieland*, KritV 1998, S. 171 (187).

[222] *Steiner*, NJW 2001, S. 2919 (2922); *ders.*, Ersatzgesetzgeber, S. 34.

Selbstbeschränkung,[223] indem es auf der einen Seite weitgehende, politische Spielräume des Gesetzgebers anerkennt[224] und mit differenzierenden Kontrollmaßstäben[225] der Eigenart der jeweiligen politischen Frage Rechnung trägt. Es findet danach eine Kontrolle abgestuft nach einem Evidenz-, einem Vertretbarkeits- und einem inhaltlichen Maßstab statt.[226] Auf der anderen Seite ist es auch ein Ausdruck der richterlichen Zurückhaltung, wenn es mit seinem breiten Entscheidungsinstrumentarium bei der Gesetzeskontrolle die notwendige „Feinsteuerung"[227] betreibt.[228]

e. Entscheidungsinstrumentarium bei der Gesetzeskontrolle

Selbst wenn das BVerfG die Vorlage eines Fachgerichts für zulässig hält und die Überzeugung des Fachgerichts von der Verfassungswidrigkeit einer Norm teilt, kommt es in den wenigsten Fällen zu einer Nichtigerklärung. Da weder das Grundgesetz noch das BVerfGG eine eindeutige Aussage über die Rechtsfolge der Verfassungswidrigkeit einer Norm treffen,[229] ist das BVerfG auch nicht an einen bestimmten Kanon von Entscheidungs- und Interpretationsmöglichkeiten gebunden.[230] In den §§ 78, Satz 1, 82 BVerfGG ist die Nichtigerklärung der betreffenden geprüften Normen nur als Regelfolge vorgesehen. Die Nichtigerklärung ist unter dem Aspekt der Wahrung der Grenzen der Verfassungsgerichtsbarkeit problematisch, wenn diese zu weit in die Gestaltungsfreiheit des Gesetzgebers eingreift.[231] Zu einer wirksamen Verfassungssicherung führt sie zudem dann nicht, wenn dadurch ein Rechtszustand herbeigeführt würde, welcher der verfassungsmäßigen Ordnung noch weniger entspräche als die angegriffene Regelung.[232] Das BVerfG hat daher bereits sehr früh vielfach von der Regelfolge der Nichtigerklärung einer verfassungswidrigen Norm abgesehen und zahlreiche Spielarten unterschiedlicher Entscheidungs- und Tenorierungsva-

---

[223] *Piazolo,* BVerfG, S. 247.

[224] *Steiner,* NJW 2001, S. 2919 (2922).

[225] Hierzu *Ossenbühl,* BVerfG und Gesetzgebung, S. 52 f.; *ders.,* Tatsachenfeststellungen und Prognoseentscheidungen, S. 502 ff.; *H.P. Schneider,* NJW 1980, S. 2103 (2105); *Stettner,* NVwZ 1989, S. 806 (808).

[226] Dazu *Gusy,* ZRP 1985, S. 291 (293); *Starck,* BVerfG, S. 8 f.; *Stern,* Verfassungsgerichtsbarkeit und Gesetzgebung, S. 419; kritisch *Scherzberg,* DVBl. 1999, S. 356 (362).

[227] *Steiner,* NJW 2001, S. 2919 (2922); *ders.,* DVP 2004, S. 177 (181).

[228] *Rupp-v. Brünneck,* AöR 102 (1977), S. 1 (19); *H.P. Schneider,* NJW 1980, S. 2103 (2109).

[229] *Maunz,* BayVBl. 1980, S. 513 (516).

[230] *Böckenförde,* NJW 1999, S. 9 (13).

[231] BVerfGE 28, 227 (242 f.); 78, 350 (363); 87, 153 (178); 99, 280 (298); vgl. dazu auch *E. Klein,* in: Benda/ Klein, Verfassungsprozessrecht, Rn. 1269.

[232] BVerfGE 8, 1 (19); 32, 199 (217 f.); 33, 303 (347); 34, 9 (43 f.); 83, 130 (194); *Heußner,* NJW 1982, S. 257 ff.; *Maunz,* BayVBl. 1980, S. 513 (517).

rianten entwickelt.[233] Sein Entscheidungsinstrumentarium reicht von der Feststellung, eine Norm sei noch verfassungsgemäß, von dem Gesetzgeber aber nachzubessern, bis hin zu einer eigenen Übergangsregelung.[234] Sind auch die Voraussetzungen der einzelnen Varianten bis heute nicht gesetzlich fixiert, so anerkannte der Gesetzgeber 1970 die Praxis der sog. Unvereinbarerklärung mit einer entsprechenden Neuregelung des BVerfGG[235], indem in den Wortlaut des § 31 Abs. 2 BVerfGG das „unvereinbare" Gesetz aufgenommen wurde.[236]

aa. Verfassungskonforme Auslegung

Ist eine Vorlage wegen der Möglichkeit verfassungskonformer Auslegung nicht bereits unzulässig, so stellt das BVerfG vielfach selbst im Tenor die Vereinbarkeit einer geprüften Norm mit dem Grundgesetz fest, „in der sich aus den Gründen ergebenden Auslegung" bzw. „nach Maßgabe der Gründe".[237] Dadurch wird die Nichtigerklärung einer Norm vermieden.[238] Hinter dem Gedanken der verfassungskonformen Auslegung steht der Gedanke des „favor legis"[239], also die widerlegliche Vermutung, dass jedes Gesetz mit dem Grundgesetz vereinbar ist.[240] Ein Gesetz darf nur dann förmlich verworfen werden, wenn es in keiner denkbaren Auslegung mit der Verfassung in Einklang gebracht werden kann.[241] Die verfassungskonforme Auslegung ist damit eine Möglichkeit, die Verfassung durchzusetzen, ohne dabei den parlamentarischen Gesetzgeber dadurch zu „desavouieren", dass eine von ihm erlassene Regelung förmlich für nichtig erklärt wird.[242]

---

[233] Dazu *Burghart*, NVwZ 1998, S. 1262 (1264); *Schulte*, DVBl. 1988, S. 1200.

[234] Zu den Entscheidungsvarianten vgl. *Blüggel*, SGb 2003, S. 507 (509) Fn. 29; *Böckenförde*, NJW 1999, S. 9 (13); *Sachs*, NVwZ 1982, S. 657 ff.; *Schulte*, DVBl. 1988, S. 1200 ff.; *Schwenke*, DStR 1999, S. 404 ff.; *Steiner*, Zum Entscheidungsausspruch und seinen Folgen, S. 569 ff.; *ders.*, NJW 2001, S. 2919 (2922).

[235] Durch das Vierte Änderungsgesetz zum BVerfGG, BGBl. I, S. 1765.

[236] *Erichsen*, Jura 1982, S. 88 (94); *Schulte*, DVBl. 1988, S. 1200 (1201).

[237] Vgl. nur BVerfGE 30, 1 (3); 64, 229. Die verfassungskonforme Auslegung hat damit Teil an der besonderen Bindungswirkung der Entscheidungen des BVerfG, vgl. dazu auch *Schlaich/ Korioth*, BVerfG, Rn. 440 ff. Diese Formel muss sich aber nicht auf die Auslegung der Norm beziehen.

[238] *E. Klein*, in: Benda/ Klein, Verfassungsprozessrecht, Rn. 1284.

[239] *H. Klein*, in: Umbach/ Clemens, BVerfGG, § 80 Rn. 51; *Rupp-v. Brünneck*, AöR 102 (1977), S. 1 (19); *Voßkuhle*, AöR 125 (2000), S. 177 (183); *Zippelius*, Verfassungskonforme Auslegung, S. 110 ff.

[240] BVerfGE 2, 266 (288); *Gerontas*, DVBl. 1981, S. 1089 (1094); *E. Klein*, in: Benda/ Klein, Verfassungsprozessrecht, Rn. 1286.

[241] *E. Klein*, in: Benda/ Klein, Verfassungsprozessrecht, Rn. 1286.

[242] *Steiner*, Zum Entscheidungsausspruch und seinen Folgen, S. 572.

Ist Grenze der verfassungskonformen Auslegung nach der Rechtsprechung des BVerfG einerseits der Wortlaut der betreffenden Vorschrift und andererseits die darin zum Ausdruck kommende Grundentscheidung des Gesetzgebers,[243] so wird ihm selbst die Überschreitung dieser Grenzen vorgeworfen.[244] Denn das Gericht führt zum Teil auch dann eine teleologische Auslegung von Gesetzen durch, wenn das Ergebnis deren ausdrücklichem Wortlaut widerspricht.[245] Mit der weiten Auslegungspraxis sei aber die Gefahr verbunden, dass das an sich mit der verfassungskonformen Auslegung verbundene Grundanliegen, nämlich der Respekt vor dem parlamentarischen Gesetzgeber, in sein Gegenteil verkehrt werde.[246] Denn die – erga omnes – bindende Festlegung einer bestimmten Auslegung kann zum Teil stärker in den Gestaltungsspielraum des Gesetzgebers eingreifen als die förmliche Nichtigerklärung einer Norm.[247]

Bei aller Berechtigung dieser Kritik ist die verfassungskonforme Auslegung vielfach aber nicht nur die praktikabelste Lösung, sondern die einzig mögliche, um den Rechtsuchenden zu ihren verfassungsmäßigen Rechten zu verhelfen und damit den Vorrang der Verfassung zu sichern.[248] Für das Sozialrecht wird insbesondere darauf verwiesen, dass oft eine Generation betroffen sei, die nicht mehr ausreichend Lebenszeit hat, um noch in den Genuss einer verfassungsgerechten Regelung zu kommen, die der Gesetzgeber erst vorzunehmen habe.[249]

So betraf das Urteil des Ersten Senats vom 8. April 1998[250] die Frage, ob es verfassungsrechtlich zulässig ist, früheren Beamtinnen, die wegen ihrer Eheschließung aus dem Beamtenverhältnis unter Gewährung einer Abfindung ausgeschieden, aber später sozialversicherungspflichtig beschäftigt gewesen sind, die Nachentrichtung freiwilliger Beiträge in der gesetzlichen Rentenversicherung für die Dauer ihres Beamtenverhältnisses vorzuenthalten. Art. 2 § 27 Abs. 1 Satz 1 des Gesetzes zur Neuregelung des Rechts der Rentenversicherung der Angestellten[251] wurde „mit der Maßgabe" für mit dem Grundgesetz vereinbar

---

[243] Vgl. nur BVerfGE 63, 131 (147 f.); 64, 229 (241); 62, 117 (166); 69, 1 (55); zu den Grenzen verfassungskonformer Auslegung auch *H. Klein*, in: Umbach/ Clemens, BVerfGG, § 80 Rn. 52 ff.

[244] *Steiner*, Zum Entscheidungsausspruch und seinen Folgen, S. 572.

[245] BVerfGE 88, 145 (166 f.); 90, 263 (274 f.); 94, 64 (93).

[246] Kritisch daher *Simon*, Verfassungsgerichtsbarkeit, Rn. 53; *Voßkuhle*, AöR 125 (2000), S. 185 ff.

[247] *Schlaich/ Korioth*, BVerfG, Rn. 451; vgl. hierzu auch 2.b.

[248] *Steiner*, BVerfG, BSG und das deutsche Sozialrecht, S. 72.

[249] So *Steiner*, Zum Entscheidungsausspruch und seinen Folgen, S. 574 mit Verweis auf den Beschl. des 1. Senats v. 8.4.1998 – 1 BvL 16/90.

[250] BVerfG, Urt. v. 8.4.1998 – 1 BvL 16/90 – veröffentlicht unter http://www.bverfg.de; hierzu *Steiner*, Zum Entscheidungsausspruch und seinen Folgen, S. 573 f. Fn. 34; *ders.*, Sozialversicherungsrecht, S. 36 Fn. 6.

[251] In der Fassung des Art. 2 § 2 Nr. 6 des Gesetzes zur Änderung von Vorschriften der gesetzlichen Rentenversicherungen und über die Zwölfte Anpassung der Renten aus den ge-

erklärt, dass er auf frühere Beamtinnen entsprechend zur Anwendung komme, die vor dem 1.9.1977 aus Anlass ihrer Eheschließung aus dem Beamtenverhältnis unter Gewährung einer Abfindung ausgeschieden sind und wegen Vollendung des 65. Lebensjahrs nicht zur Beitragszahlung berechtigt waren. Es gebe keinen Hinweis darauf, dass der Gesetzgeber diesen Personenkreis ausdrücklich vom Anwendungsbereich habe ausschließen wollen. Die entsprechende Anwendung der vorgelegten Vorschrift sei eher geeignet, den gleichheitswidrigen Zustand zu beseitigen als die Verpflichtung des Gesetzgebers, eine entsprechende Bestimmung zu schaffen. Die Personengruppe, zu der die Klägerin des Ausgangsverfahrens gehöre, sei zum einen sehr klein; zum anderen hätten die davon Betroffenen bereits ein relativ hohes Lebensalter, so dass sie von einer Beseitigung der Benachteiligung durch den Gesetzgeber angesichts dessen Zeitbedarfs für eine Neuregelung eventuell nicht mehr profitieren könnten.[252]

Es gibt demnach Konstellationen im Verfassungsprozess, in denen die verfassungskonforme Auslegung die einzig wirksame Entscheidungsmöglichkeit ist und zudem den Gesetzgeber stärker schont als dessen förmliche Verpflichtung zu einer Neuregelung.

bb. Unvereinbarerklärung

In zahlreichen Fällen, in denen das BVerfG ein Gesetz für verfassungswidrig erklärt und auch eine verfassungskonforme Auslegung nicht für möglich hält, sieht es von der Nichtigerklärung ab und belässt es bei der bloßen Unvereinbarerklärung des betreffenden Gesetzes mit dem Grundgesetz. Dadurch wird das verfassungswidrige Gesetz nicht aus der Rechtsordnung ausgeschieden, sondern besteht formell fort.[253] Den Gesetzgeber trifft aber „unverzüglich"[254] die „Pflicht zur Herstellung einer der Verfassung entsprechenden Gesetzeslage",[255] in der Regel auch für die Vergangenheit.[256] Die Verpflichtung des Gesetzgebers wird häufig präzisiert, indem ihm eine Frist gesetzt wird, binnen derer eine verfassungsgemäße Rechtslage herzustellen ist.[257] Zur bloßen Unvereinbarerklärung kommt es, wenn der Gesetzgeber mehrere Möglichkeiten hat, einen verfassungswidrigen Zustand zu beseitigen;[258] eine Nichtigerklärung würde dann dem

---

setzlichen Rentenversicherungen sowie über die Anpassung der Geldleistung aus der gesetzlichen Unfallversicherung vom 28.7.1969.

[252] BVerfG, Urt. v. 8.4.1998 – 1 BvL 16/90 – veröffentlicht unter http://www.bverfg.de.

[253] *Heußner*, NJW 1982, S. 257 (258).

[254] BVerfGE 32, 199 (218); 34, 9 (44); 81, 363 (384).

[255] BVerfGE 55, 100 (110); 81, 363 (384); 99, 202 (216).

[256] *Heußner*, NJW 1982, S. 257 (260).

[257] BVerfGE 33, 303 (305); 72, 330 (333); 100, 104 (136 f.).

[258] BVerfGE 28, 227 (242 f.); 78, 350 (363); 99, 280 (298).

Gesetzgeber vorgreifen.[259] Dies betrifft vor allem Vorschriften, welche gegen Art. 3 GG verstoßen, weil bestimmte Personen gleichheitswidrig von einer gewährten Begünstigung ausgeschlossen werden.[260] Auch bei Verstößen gegen Freiheitsrechte sind aber solche Fälle denkbar, wenn verschiedene Möglichkeiten für die Beseitigung des Verfassungsverstoßes bestehen.[261] So verfügt der Gesetzgeber zum Beispiel dann über einen besonders weiten Gestaltungsspielraum, wenn es um die Umsetzung einer aus den Grundrechten resultierenden Regelungspflicht geht.[262]

Erklärt das BVerfG im Verfahren nach Art. 100 Abs. 1 GG eine Norm für unvereinbar mit der Verfassung, so hat das vorlegende Gericht das Ausgangsverfahren auszusetzen, bis eine entsprechende Neuregelung erfolgt ist, damit den Rechtsuchenden die Chance erhalten bleibt, davon zu profitieren.[263] Die Aussetzungspflicht gilt infolge des § 31 Abs. 1 und Abs. 2 BVerfGG auch für sog. Parallelverfahren.[264]

Nach der Rechtsprechung des BVerfG dient die Unvereinbarerklärung vor allem der Respektierung der Gestaltungsfreiheit des Gesetzgebers und ist damit Ausdruck richterlicher Zurückhaltung.[265] Denn insbesondere einen Gleichheitsverstoß könne der Gesetzgeber auf verschiedene Art und Weise heilen: Eine Vergünstigung kann etwa insgesamt beseitigt werden, oder der Kreis der Begünstigten wird in anderer – Art. 3 GG entsprechender – Weise bestimmt. Die Rechtfertigung der Unvereinbarerklärung mit der Gestaltungsfreiheit des Gesetzgebers wird in der Literatur teilweise bestritten, da der Gesetzgeber genauso wenig in seiner Gestaltungsfreiheit beeinträchtigt sei, würde das BVerfG die betreffende Regelung für nichtig erklären.[266] Der Gesetzgeber erhält aber dennoch allein durch den Entscheidungstypus der Unvereinbarerklärung die umfassende Regelungskompetenz zurück. Dazu trägt auch bei, dass bei der Nichtigerklärung einer Norm das BVerfG häufig auch eine Aussage darüber treffen muss, welcher Rechtszustand bis zu einer entsprechenden Neuregelung zu gelten habe; andernfalls käme es zu einem unerträglichen Rechtsvakuum.[267]

---

[259] *Völlmeke*, NJW 1992, S. 1345 (1346).

[260] BVerfGE 22, 349 (359); 57, 335 (346); 62, 256 (289).

[261] BVerfGE 85, 226 (237 f.); 96, 260 (264); 99, 202 (215 f.).

[262] *Steiner*, Zum Entscheidungsausspruch und seinen Folgen, S. 570.

[263] Vgl. BVerfGE 37, 217 (261); 100, 59 (103). Eine entsprechende Neuregelung ist freilich nicht erforderlich, wenn die betreffende Norm kraft Verfassungsrechts ersatzlos wegfällt.

[264] *E. Klein*, in: Benda/ Klein, Verfassungsprozessrecht, Rn. 1275.

[265] Vgl. BVerfGE 82, 60, 198; 84, 348.

[266] *Gerontas*, DVBl. 1982, S. 486 (490); *Sachs*, NVwZ 1982, S. 652 (660); *Stern*, in: BK, GG, Art. 93 Rn. 282.

[267] Die kritischen Stimmen sehen den maßgeblichen Grund für den Verzicht auf eine Nichtigerklärung in der Verhinderung dieses Vakuums, vgl. nur *Gerontas*, Die Prüfung der Verfassungsmäßigkeit von Gesetzen, S. 261.

Die Schaffung solchen Übergangsrechts würde aber, auch wenn es nur um einen begrenzten Zeitraum geht, sehr viel stärker in die Gestaltungsfreiheit des Gesetzgebers eingreifen als die Unvereinbarerklärung mit der Rückgabe der Regelungsverantwortung an den Gesetzgeber.

cc. Unvereinbarerklärung und Anordnung der vorübergehenden Weitergeltung

Die Unvereinbarerklärung bewirkt grundsätzlich, dass das für verfassungswidrig erklärte Recht nicht mehr angewendet werden darf. Betroffen sind davon regelmäßig alle noch nicht rechts- und bestandskräftigen Entscheidungen (vgl. § 79 BVerfGG), aber auch die künftige Rechtsanwendung. Ausnahmsweise kommt das BVerfG aber auch zu der Anordnung einer interimistischen Weiteranwendung des für mit der Verfassung unvereinbar erklärten Gesetzes.[268] Der Gesetzgeber wird dann erst für die Zukunft zur Herstellung einer verfassungskonformen Rechtslage verpflichtet. Dies ist dann erforderlich, wenn die Besonderheit der für verfassungswidrig erklärten Norm es aus verfassungsrechtlichen Gründen, insbesondere aus solchen der Rechtssicherheit, notwendig macht, die Regelung für eine Übergangszeit bestehen zu lassen, damit in dieser Zeit nicht ein Zustand besteht, der von der verfassungsmäßigen Ordnung noch weiter entfernt ist als der bisherige.[269] Diese Entscheidungsvariante betrifft daher vor allem Normen, die den Status von Personen, etwa die Staatsangehörigkeit, die Besoldung von Beamten oder die Diäten von Abgeordneten regeln,[270] kann aber auch allgemein aus übergeordneten Gründen des Gemeinwohls zum Zuge kommen.

Das BVerfG hat in seiner Entscheidung zu den in den Einkommensteuertarif eingearbeiteten Grundfreibeträgen für die Veranlagungszeiträume 1978 bis 1984[271] den Gesetzgeber nicht zu einer rückwirkenden Neuregelung verpflichtet, sondern eine Neuregelung erst ab dem Veranlagungszeitraum 1996 gefordert.[272] Bis zum Inkrafttreten einer Neuregelung bleibe es bei der Anwendbarkeit der für verfassungswidrig befundenen Regelungen. Gesichtspunkte einer verlässlichen Finanz- und Haushaltsplanung stünden einer rückwirkenden Neuregelung entgegen.

---

[268] Vgl. hierzu *Steiner*, Zum Entscheidungsausspruch und seinen Folgen, S. 570.

[269] BVerfGE 37, 217 (262 f); 61, 319 (356 f.); 73, 40 (101 f.); *Heußner*, NJW 1982, S. 257 (263).

[270] *Heußner*, NJW 1982, S. 257 (259).

[271] Vgl. die zur Überprüfung gestellten Vorschriften der § 32a Abs. 1 Satz 2 EStG i.V.m. § 38c EStG in der für die Jahre 1978 bis 1984 geltenden Fassung, § 32 Abs. 8 EStG in der Fassung des Art. 1 Nr. 4a des Gesetzes zur Steuerentlastung und Investitionsförderung vom 4.11.1977 und § 32a Abs. 1 Satz 2 EStG in der für 1978 bis 1984 geltenden Fassung.

[272] BVerfG, Urt. v. 25.9.1992 – 2 BvL 5/91 – BVerfGE 87, 153 (181) = WM 1992, S. 1874.

In ähnlicher Weise hat der Erste Senat in einem Urteil vom 22. Februar 1994[273] den Zustimmungsbeschluss des Landtags des Freistaats Bayern vom 14.6.1983 betreffend die Höhe der Rundfunkgebühren und den Finanzausgleich zwischen den Rundfunkanstalten[274] trotz Unvereinbarkeit mit Art. 5 Abs. 1 Satz 2 GG bis zu einer Neuregelung für weiterhin anwendbar erklärt. Zwar sei Regelfolge der Verfassungswidrigkeit die Nichtigkeit der betreffenden Vorschrift. Diese trete aber dann nicht ein, wenn der durch die Nichtigkeit herbeigeführte Zustand dem Grundgesetz noch ferner stünde als der bisherige.[275] Dies sei hier der Fall; denn bei Nichtigkeit der jetzigen Regelung entfiele die Rechtsgrundlage für die Einziehung der Rundfunkgebühr. Ein solcher Zustand, der sich nicht binnen kürzester Frist und jedenfalls nicht für die Vergangenheit korrigieren ließe, stünde den verfassungsrechtlichen Anforderungen noch ferner als der jetzige. Die Länder seien aber von Verfassungs wegen gehalten, „alsbald" für eine verfassungsmäßige Regelung der Rundfunkfinanzierung zu sorgen. Inzwischen bleibe es bei der Anwendbarkeit der bisherigen Regelung; dies gelte auch für das Ausgangsverfahren. Weitere Beispiele ließen sich anführen.

dd. Übergangsrecht

Gestützt auf § 35 BVerfGG oder eine Art „Notkompetenz"[276] erlässt das BVerfG selbst eine Übergangsregelung, wenn es ein Gesetz für nichtig oder für mit der Verfassung unvereinbar erklärt, die bloße Weitergeltung der Altvorschrift aber zu neuen Verfassungsverstößen führen würde, welche durch eine spätere Neuregelung nicht mehr rückgängig gemacht werden können,[277] wenn also die Ausübung der Regelungsbefugnis bis zu einem erneuten Tätigwerden des Gesetzgebers unerlässlich ist.[278] So wird etwa bestimmt, dass der Kläger bis zum Inkrafttreten einer Neuregelung entsprechend dem Rechtszustand zu behandeln sei, der vor Erlass der für verfassungswidrig befundenen Norm geherrscht habe.[279]

Teilweise werden auch die Fachgerichte ermächtigt, die betroffene Regelung bis zu einer Neuregelung durch den Gesetzgeber den tatsächlichen Bedürfnissen in

---

[273] 1 BvL 30/88 – BVerfGE 90, 60.

[274] Zustimmungsbeschluss zu dem zwischen dem 6.7. und dem 26.10.1982 unterzeichneten Staatsvertrag über die Höhe der Rundfunkgebühr und zur Änderung des Staatsvertrags über einen Finanzausgleich zwischen den Rundfunkveranstaltern, GVBl. 1983, S. 379.

[275] Verweisung auf BVerfGE 83, 130 (154); 85, 386 (401).

[276] So *Lerche,* Gewaltenteilung, S. 93; *Säcker,* Gesetzgebung durch das BVerfG, S. 208.

[277] Vgl. hierzu *Bethge,* in: Maunz u.a., BVerfGG, § 31 Rn. 235; *Säcker,* Gesetzgebung durch das BVerfG, S. 208.

[278] *Säcker,* Gesetzgebung durch das BVerfG, S. 208.

[279] BVerfGE 32, 1 (37 f.).

einer Weise anzupassen, dass die Verfassungsmäßigkeit gesichert ist.[280] So hat zum Beispiel der Zweite Senat des BVerfG im Urteil vom 10. November 1998[281] nach Feststellung der partiellen Verfassungswidrigkeit der Vorschrift des § 32 Abs. 6 EStG[282] den BFH zur Prüfung aufgefordert, ob „im Ausgangsverfahren und in allen bei ihm anhängigen Parallelverfahren eine verfassungsrechtlich veranlasste Herabsetzung der Steuerschuld" möglich sei, „die auch ohne die Durchführung eines getrennten Billigkeitsverfahrens den dort das Revisionsverfahren führenden Eltern ihr verfassungsrechtlich gebotenes Kinderexistenzminimum gewährt und damit eine gesetzliche Neuregelung mit Wirkung für zurückliegende Veranlagungsjahre und für wenige Fälle erübrigt." In jedem Fall stehe es dem Gesetzgeber aber frei, die verfassungsrechtlich gebotene Änderung durch eine Anhebung des einkommensteuerrechtlichen Kinderfreibetrages, durch eine Anhebung des Kindergeldes oder durch eine anderweitige Ausgleichsregelung vorzunehmen.

ee. Noch verfassungsgemäße Rechtslagen; Appellentscheidung

Das BVerfG sieht sowohl von einer Nichtig- als auch von einer Unvereinbarerklärung ab, wenn bloß ein „verfassungsimperfekter Zustand" vorliegt, wenn sich also eine Rechtslage zwar ersichtlich auf dem Weg in die Verfassungswidrigkeit befindet, aber diese noch nicht erreicht hat.[283] Es belässt es dann bei einer „Appellentscheidung"[284], in der die noch-verfassungsgemäße Rechtslage zwar anerkannt, aber zugleich der bevorstehende Umschlag in die Verfassungswidrigkeit angekündigt und dem Gesetzgeber ein entsprechender Verfassungsauftrag dargelegt wird.[285] Es handelt sich um eine Bestätigung des betreffenden Gesetzes nur „auf Zeit".[286] Der Appell kann sich dabei pauschal auf die Erinnerung an die gesetzgeberische Beobachtungs- und Nachbesserungspflicht[287] beschränken,[288]

---

[280] *Steiner,* Zum Entscheidungsausspruch und seinen Folgen, S. 576.

[281] 2 BvL 42/93 – BStBl. 1999 II, S. 174 = BVerfGE 99, 216 = NJW 1999, S. 561; vgl. dazu auch *Bethge,* in: Maunz u.a., BVerfGG, § 31 Rn. 245.

[282] Einkommensteuergesetz in der Fassung vom 26.6.1985.

[283] *Maunz,* BayVBl. 1980, S. 513 (518); *Pestalozza,* Noch verfassungsgemäße Rechtslagen, S. 540.

[284] Begrifflich wird mit der sog Appellentscheidung teilweise auch eine solche bezeichnet, mit der das BVerfG die Verfassungswidrigkeit einer Norm feststellt und an den Gesetzgeber appelliert, den Rechtszustand (innerhalb einer bestimmten Frist) neu zu regeln; vgl. hierzu *Schulte,* DVBl. 1988, S. 1200 (1201).

[285] Vgl. hierzu insbesondere *Gusy,* Gesetzgeber, S. 205 ff.; *Pestalozza,* Noch verfassungsgemäße Rechtslagen, S. 540 ff; *Schlaich/ Korioth,* BVerfG, Rn. 431 ff.; *Schulte,* DVBl. 1988, S. 1200; *Stern,* in: BK, GG, Art. 93 Rn. 317.

[286] *Steiner,* NJW 2001, S. 2919 (2921).

[287] Zur gesetzgeberischen Nachbesserungspflicht vgl. *Mayer,* Die Nachbesserungspflicht des Gesetzgebers.

kann aber auch die konkrete Formulierung des Verfassungsauftrags beinhalten oder zu einer Fristsetzung verdichtet werden.[289] Bei einer solchen Appellentscheidung belässt es das BVerfG zum einen unter dem Aspekt des gesetzgeberischen Prognose- und Beurteilungsspielraums[290] oder der fehlenden Evidenz eines Verfassungsverstoßes.[291] Zum anderen wird eine Rechtslage an der Grenze der Noch-Verfassungsmäßigkeit toleriert, wenn es um unerfüllte Gesetzgebungsaufträge geht, um „tolerierte Übergänge"[292] oder aber um Normen, die aufgrund einer Änderung der Verhältnisse in die Verfassungswidrigkeit umzuschlagen drohen.[293]

Die Appellentscheidung durch das BVerfG ist insofern eine schwierige Gratwanderung zwischen notwendiger verfassungsgerichtlicher Aufgabenerfüllung und unzulässiger Kompetenzüberschreitung im Verhältnis zum Gesetzgeber, als dadurch präventiv in die (Verfassungskonkretisierungs-)Verantwortung des Gesetzgebers eingegriffen wird.[294] Wegen der damit verbundenen Usurpation gesetzgeberischer Befugnisse wird dieser Entscheidungstypus in der Literatur attackiert.[295]

Andererseits werden die Appellentscheidungen aber auch als Beleg für die richterliche Zurückhaltung des BVerfG gegenüber dem Gesetzgeber angesehen.[296] Denn wenn das Gericht so verfährt, vermeidet es gerade die formelle und verbindliche Feststellung der Nichtigkeit und äußert nur seine Bedenken gegen die Verfassungsmäßigkeit eines bestimmten Rechtszustands. Es bleibt dem Gesetzgeber grundsätzlich selbst überlassen, wie er die künftige Verfassungswidrigkeit vermeidet.[297] Soll demnach durch die Appellentscheidung bloß der politische Prozess angeregt werden, erweist sie gerade den größtmöglichen Respekt gegenüber der Gesetzgebung.

ff. Zusammenfassung

Die Kontrollpraxis des Gerichts und insbesondere die dargestellten Entscheidungspraktiken des BVerfG werden in der Literatur wegen der vermeintlichen

---

[288] Vgl. BVerfGE 87, 348 (358).

[289] *Schlaich/ Korioth*, BVerfG, Rn. 438.

[290] Dazu *Ossenbühl*, Tatsachenfeststellungen und Prognoseentscheidungen, S. 517.

[291] *Pestalozza*, Noch verfassungsgemäße Rechtslagen, S. 541 ff., 551.

[292] Zum Begriff *Pestalozza*, Noch verfassungsgemäße Rechtslagen, S. 545

[293] Zu den einzelnen Fallgruppen vgl. *Pestalozza*, Noch verfassungsgemäße Rechtslagen, S. 540 ff.; *Schulte*, DVBl. 1988, S. 1200 (1201 ff.).

[294] Zur Kritik an der Appellentscheidung vgl. *Schulte*, DVBl. 1988, S. 1200 (1203 ff.).

[295] Vgl. *Achterberg*, DÖV 1977, S. 649 (655 f.); *E. Klein*, Verfahrensgestaltung, S. 526 f.

[296] *Gerontas*, Die Prüfung der Verfassungsmäßigkeit von Gesetzen, S. 249; *Rupp- v. Brünneck*, AöR 102 (1977), S. 1 (20).

[297] *Gerontas*, Die Prüfung der Verfassungsmäßigkeit von Gesetzen, S. 251.

Überschreitung der Grenzen zwischen Verfassungsgerichtsbarkeit und Gesetzgebung teilweise scharf angegriffen.[298] Indessen sind gerade die Entscheidungsvarianten Ausdruck des Bestrebens nach einer Zurückhaltung gegenüber dem Gesetzgeber.[299] Sie ermöglichen dem BVerfG die erforderliche, besonders (folgen-)verantwortungsvolle Handhabung der Gesetzeskontrolle[300] und vermeiden damit gerade eine „quasi-legislatorische" Kompetenzanmaßung[301]. Grenzüberschreitungen durch die Verfassungsgerichtsbarkeit im Einzelfall gehören zum immanenten Fehlerrisiko, das mit der Einrichtung einer so starken Verfassungsgerichtsbarkeit wie der auf der Grundlage des Grundgesetzes zwangsläufig verbunden ist.[302] Als Alternative bestünde nur die Möglichkeit, dass sich das BVerfG insgesamt einer Rechtsprechung mit Berührungspunkten zum politischen Bereich enthält. Da aber Verfassungsrecht immer politische Bezüge aufweist, könnte es dann seiner Funktion bei der Sicherung des Vorrangs der Verfassung nicht mehr im erforderlichen Maße nachkommen.

f. Die Legitimation des BVerfG

Die Kompetenz des BVerfG zu dem weitgehenden Eingriff in die parlamentarische Gesetzgebung wird vor allem auch deshalb in Frage gestellt, weil das Gericht die „schwächste Wahllegitimation gegenüber den anderen Verfassungsorganen"[303] habe, und andererseits auch keine Instanz vorhanden sei, die seine Rechtsprechung kontrolliere, sanktioniere und damit die „Macht" des BVerfG wiederum begrenze.[304] Insbesondere gebe es auch keine „Wechselkontrolle" durch die anderen Verfassungsorgane.[305] Angesichts der weitgehenden Befugnisse bei der Bestimmung der Rechtsfolgen der Verfassungswidrigkeit parlamentarischer Gesetze, stellt sich daher die Frage nach seiner Legitimation hierzu.[306]

---

[298] *Böckenförde* verweist auf die Gefahr des Übergangs zu einem „verfassungsrechtlichen Jurisdiktionsstaat", in: Der Staat 29 (1990), S. 1 (25); *Brohm* spricht von der „Richteroligarchie", NJW 2001, S. 1 ff.

[299] *Sturm*, in: Sachs, GG, Art. 93 Rn. 15.

[300] Dazu auch *Bethge*, in: Maunz u.a., BVerfGG, Vorb. Rn. 178.

[301] *Steiner*, NJW 2001, S. 2919 (2922); *ders.*, DVP 2004, S. 177 (179).

[302] *Säcker*, Gesetzgebung durch das BVerfG, S. 223; *Zierlein*, Prozessverantwortung, S. 496.

[303] *Großfeld*, NJW 1998, S. 3544 (3545); dazu auch *Ossenbühl*, BVerfG und Gesetzgebung, S. 34.

[304] *Großfeld*, NJW 1998, S. 3544; *Lichtenberger*, BayVBl. 1984, S. 481 (484).

[305] *Großfeld*, NJW 1998, S. 3544 (3545).

[306] *Böckenförde*, NJW 1999, S. 9 (15); zur nur schwachen demokratischen Legitimation des BVerfG vgl. *Geck*, Wahl und Amtsrecht, S. 66; *Meyn*, Kontrolle, S. 398 f.

aa. Verfassungsbindung und Kontrolle

Die sachliche Legitimation des BVerfG liegt darin, dass es unabhängig von politischen Zielvorstellungen und allein nach verfassungsrechtlichen Maßstäben entscheidet.[307] Wegen der strikten Verfassungsbindung ist es beschränkt auf solche Lösungen, die auf der Basis der Verfassung erreicht werden können.[308] Ist das BVerfG aber selbst der Interpret derselben Verfassung, so scheint diese Bindung angesichts fehlender Kontrollmechanismen für sich wertlos.

Außen- bzw. Fremdkontrolle der Rechtsprechung des BVerfG findet aber zum einen statt durch das gesteigerte öffentliche Interesse, das der Politikbezug der Verfassungsrechtsprechung mit sich bringt.[309] Dieser öffentlichen Aufmerksamkeit wird durch eine vergleichsweise transparente Veröffentlichungspraxis des BVerfG Rechnung getragen: Soweit es um die Vereinbarkeit eines Gesetzes mit der Verfassung geht, ist die Entscheidungsformel nach § 31 Abs. 2 Satz 3 und 4 BVerfGG im Bundesgesetzblatt zu veröffentlichen.[310] Die Entscheidungen des Plenums und der Senate werden zudem in der vom Gericht autorisierten Sammlung (BVerfGE) publiziert.[311] Die Entscheidungen vom Jahr 1998 an sind im Internet abrufbar.[312] Abweichend von § 169 Satz 2 GVG sind weiterhin Ton- und Filmaufnahmen durch die Presse zum Zwecke der öffentlichen Vorführung oder der Veröffentlichung ihres Inhalts weitgehender zulässig als vor den Fachgerichten.[313]

Die Transparenz der Entscheidungspraxis des BVerfG ist eine wesentliche Grundlage der Legitimation des BVerfG.[314] Denn die besondere Aufmerksamkeit, die das BVerfG damit auf sich lenkt, sichert angesichts der Notwendigkeit, Ansehensverluste zu vermeiden, die ständige politische und rechtswissenschaftliche „Qualitätskontrolle".[315] Karlsruhe wird daher auch als ein „Forum der geistigen und politischen Auseinandersetzung"[316] bezeichnet. Nicht-juristische Ar-

---

[307] *Albers*, KritV 1998, S. 193 (204); *E. Klein*, Verfahrensgestaltung, S. 531; *Geck*, HStR II, § 55 Rn. 17.

[308] *Steiner*, NJW 2001, S. 2919 (2923); *Wieland*, KritV 1998, S. 171 (182).

[309] *Roellecke*, NJW 2001, S. 2924 (2929); dazu auch *Isensee*, JZ 1996, S. 1085 (1087); *Starck*, BVerfG, S. 23.

[310] Vgl. hierzu *E. Klein*, in: Benda/ Klein, Verfassungsprozessrecht, Rn. 1317; *Rennert*, in: Umbach/ Clemens, BVerfGG, § 31 Rn. 110 ff.

[311] *Pestalozza*, Verfassungsprozessrecht, § 20 Rn. 46.

[312] Auf der Seite des BVerfG http://www.bverfg.de.

[313] Vgl. die Anlage zur Pressemitteilung Nr. 51/ 2004 vom 14.5.2004. Zulässig sind solche Aufnahmen danach in der mündlichen Verhandlung bis das Gericht die Anwesenheit der Beteiligten festgestellt hat sowie bei der öffentlichen Verkündung der Entscheidung.

[314] *Lamprecht*, NJW 2001, S. 2942 (2945).

[315] *Steiner*, NJW 2001, S. 2919 (2920); *ders.*, Ersatzgesetzgeber, S. 27; vgl. dazu auch *Roellecke*, NJW 2001, S. 2924 (2929 f.); ders., HStR II, § 53 Rn. 23.

[316] *Lamprecht*, NJW 2001, S. 2942 (2945).

gumentation oder vorzeitige Ergebnisfestlegung werden in dieser Auseinandersetzung jedenfalls gerichtsintern durch Ansehens- und Einflussverlust sanktioniert.[317]

Qualitätskontrolle findet aber auch durch die Möglichkeit der Publizierung einer „Innenrevision"[318] des Gerichts in Form der Niederlegung und Veröffentlichung von Sondervoten statt.[319] Nach § 30 Abs. 2 BVerfGG können Richter, die zu einer Entscheidung oder zu deren Begründung eine abweichende Ansicht vertreten, diese in einem Sondervotum niederlegen, das der Entscheidung anzuschließen ist. Grund für die Einführung des Sondervotums war, „dass dieses Verfahren die der Verfassungsrechtsprechung angemessene Offenheit der Entscheidungen und Auffassung des Gerichts und eine bessere Fortentwicklung und Anpassung des Verfassungsrechts verspricht".[320]

Zusätzlicher interner Kontrollmechanismus ist die Einrichtung des Plenums, das gemäß § 16 Abs. 1 BVerfGG entscheidet, wenn ein Senat in einer Rechtsfrage von der in einer Entscheidung des anderen Senats enthaltenen Rechtsauffassung abweichen will. Die Senate des BVerfG sind wiederum an die Entscheidungen des Plenums innerprozessual gebunden.[321] Das Plenum hat damit die Aufgabe, die Konsistenz der Rechtsprechung des BVerfG auch angesichts der zwei Senate zu erhalten.[322]

Zudem kann das BVerfG die Prüfung von Gesetzen nicht von sich aus, als unkontrollierte „Rasterfahndung"[323], durchführen.[324] Es wird nur auf entsprechenden Antrag nach Art. 100 Abs. 1 GG der Gerichte, nach Art. 93 Abs. 1 Nr. 2 GG einer Regierung oder der Mitte des Bundestages oder nach Art. 93 Abs. 1 Nr. 4a GG eines Grundrechtsbetroffenen tätig.[325] Der jeweilige Antragsteller

---

[317] *Steiner,* NJW 2001, S. 2919 (2923).

[318] *Isensee,* JZ 1996, S. 1085 (1087).

[319] *Steiner,* NJW 2001, S. 2919 (2920); *ders.,* Ersatzgesetzgeber, S. 27; *Schulze-Fielitz* spricht von der Möglichkeit einer „In-Sich-Kritik", AöR 122 (1997), S. 1 (31); kritisch zur Möglichkeit von Sondervoten *Stern,* Staatsrecht II, § 44, S. 1042 f.

[320] Hierzu *Heyde,* Bundesverfassungsgerichtsgesetz, S. 236 f; *Schlaich/ Korioth,* BVerfG, Rn. 51.

[321] *Bethge,* in: Maunz u.a., BVerfGG, § 31 Rn. 39.

[322] Die Notwendigkeit in sich konsistenter, das heißt einheitlicher und kontinuierlicher Verfassungsrechtsprechung ergibt sich aus der Verfassungsbindung des BVerfG; vgl. *Albers,* KritV 1998, S. 193 (204); *Walter,* AöR 125 (2000), S. 517 (549); *Wieland,* KritV 1998, S. 171 (182). Deshalb wird auch überwiegend die Erhöhung der Anzahl der Richter oder die Einführung eines Dritten Senats als Entlastungsmaßnahme abgelehnt; hierzu *Limbach,* DRiZ 1998, S. 7 (8); *Wieland,* KritV 1998, S. 171 (176).

[323] *Steiner,* Ersatzgesetzgeber, S. 27.

[324] *Lange,* JuS 1978, S. 1.

[325] *Bethge,* in: Maunz u.a., BVerfGG, § 31 Rn. 16; *Voßkuhle,* in: v. Mangoldt/ Klein/ Starck, GG, Art 93 Rn. 21; *Wahl,* JuS 2001, S. 1041 (1047); vgl. dazu auch *Steiner,* NJW 2001, S. 2919.

bestimmt zugleich den Verfahrensgegenstand.[326] Damit kontrollieren aber auch die jeweiligen Antragsteller ein Stück weit die Verfassungsrechtsprechung, indem sie nur bestimmte Fragen dem BVerfG zur Beantwortung stellen.[327]

bb. Das besondere Verfahrensrecht des BVerfG

Zu der Legitimation des BVerfG trägt auch die besondere Art seines Verfahrens bei. Handelt es sich nämlich beim Gegenstand der Verfassungsgerichtsbarkeit um politische Fragen, so müssen gerade hier die Beteiligten und andere von den Verfahren betroffene Staats- und Verfassungsorgane im besonderen Maße Gelegenheit haben, ihre Rechtsauffassungen vorzutragen und unter Leitung des Gerichts miteinander zu erörtern.[328]

So ist beim Verfahren der Richtervorlage das BVerfG zur Einbeziehung der Verfassungsorgane verpflichtet. Nach § 82 Abs. 1 i.V.m. § 77 BVerfGG gibt es dem Bundestag, dem Bundesrat, der Bundesregierung, den betroffenen Landesregierungen und landesrechtlichen Volksvertretungen Gelegenheit zur Stellungnahme. Nach § 82 Abs. 2 BVerfGG können die genannten Verfassungsorgane dem Verfahren in jeder Lage beitreten; das beigetretene Verfassungsorgan kann an Beweisterminen teilnehmen (§ 23 BVerfGG) sowie durch seinen Prozessbevollmächtigten Anträge stellen.[329] Mit der verfahrensrechtlichen Beteiligung können die Verfassungsorgane den Verfassungsprozess beeinflussen und damit kontrollieren; sie ist daher prozessualer Ausdruck des Systems der Gewaltenteilung.[330]

Nach § 82 Abs. 4 Satz 1 BVerfGG kann das BVerfG zudem die obersten Gerichtshöfe des Bundes um Mitteilung ersuchen, wie und aufgrund welcher Erwägungen sie das Grundgesetz in der streitigen Frage bisher ausgelegt, ob und wie sie die in ihrer Gültigkeit strittige Rechtsvorschrift in ihrer Rechtsprechung angewandt haben und welche damit zusammenhängenden Rechtsfragen zur Entscheidung anstehen. Es kann sie ferner gemäß § 82 Abs. 4 Satz 2 BVerfGG ersuchen, ihre Erwägungen zu einer für die Entscheidung erheblichen Rechtsfrage darzulegen.[331] Damit hat das BVerfG die Möglichkeit, sich über die fachgerichtliche Perspektive der Auslegung und Anwendung der betreffenden Rechtsvor-

---

[326] *Isensee*, Verfassungsgerichtsbarkeit, S. 54; *Säcker*, Gesetzgebung durch das BVerfG, S. 222.

[327] *Heun*, Normenkontrolle, S. 617.

[328] *Wieland*, KritV 1998, S. 171 (175).

[329] *H. Klein*, in: Umbach/ Clemens, BVerfGG, § 82 Rn. 9.

[330] *Stuth*, in: Umbach/ Clemens, BVerfGG, § 77 Rn. 3; vgl. zur Einbeziehung der Verfassungsorgane auch *Häberle*, Grundprobleme der Verfassungsgerichtsbarkeit, S. 38 f.

[331] Vgl. dazu *Gerontas*, Die Prüfung der Verfassungsmäßigkeit von Gesetzen, S. 20; *Peters*, ZZP 89 (1976), S. 1 (27).

schriften sowie über die einfachrechtlichen Konsequenzen etwa der Nichtiger-klärung einer Norm zu informieren.[332] Davon macht das BVerfG auch in ent-sprechend großem Umfang Gebrauch;[333] damit wird der Verfassungsprozess zum notwendig „öffentlichen Gespräch mit den für das jeweilige Gebiet relevan-ten politischen Kräften".[334]

Ferner besteht beim BVerfG die Möglichkeit der Verbindung von Richtervorla-ge und Verfassungsbeschwerdeverfahren, die in der gleichen Sache anhängig sind. Auch auf diese Weise kann das Gericht die „für das Verfassungsgericht immer wichtige Auffassung" des jeweiligen Fachgerichts zu den jeweiligen ver-fassungsrechtlichen Fragen „in die verfassungsgerichtliche Entscheidung" über eine Richtervorlage einbeziehen.[335]

Diese Möglichkeiten des BVerfG, die Ansichten der Fachgerichte, der Verfas-sungsorgane und aller relevanten gesellschaftlichen Gruppen zu den tatsächli-chen und den rechtlichen Grundlagen einzuholen, dient dazu, die vom BVerfG letztlich selbst zu treffende Entscheidung gegen entsprechende Defizite bei der Rechts- und Tatsachenfindung abzusichern.[336] Damit tragen diese umfassenden Beteiligungsmöglichkeiten bei Verfahren vor dem BVerfG in sehr großem Um-fang zu dessen Legitimation zu der letztverbindlichen Verfassungsinterpretation bei.[337]

cc. Pluralistische Besetzung der Senate des BVerfG

Problematisch bleibt bei der Entscheidung politischer Streitigkeiten durchwegs, dass es oft verschiedene, juristisch gleichermaßen vertretbare, aber politisch un-terschiedlich wirkende Lösungen gibt, zwischen welchen dann eine Entschei-dung getroffen werden muss. Gerade in diesem Zusammenhang wird angesichts der fehlenden Rückbindung an das Wählervolk dem BVerfG die Legitimation abgesprochen, sich bindend für oder gegen die eine oder andere der jeweils rechtlich haltbaren Lösungen auszusprechen.[338]

Gegen eine Besetzung der Richterbank nach den jeweiligen Mehrheitsverhält-nissen im demokratisch legitimierten Parlament spricht aber wesentlich der Hin-tergrund der Einrichtung einer Verfassungsgerichtsbarkeit: Die von der Verfas-sung bezweckte Selbstbeschränkung des Gesetzgebers kann nämlich gerade nur dann aufrechterhalten werden, wenn ihre Überwachung in die Hände von Perso-

---

[332] Dazu *H. Klein*, in: Umbach/ Clemens, BVerfGG, § 82 Rn. 11.

[333] Vgl. auch *Sommer*, BVerwG und BVerfG, S. 22.

[334] *Schlaich/ Korioth*, BVerfG, Rn. 66.

[335] So *Steiner*, BVerfG, BSG und das deutsche Sozialrecht, S. 70.

[336] *E. Klein*, Verfahrensgestaltung, S. 514.

[337] *Schlaich/ Korioth*, BVerfG, Rn. 65.

[338] Hierzu *Schulze-Fielitz*, AöR 122 (1997), S. 1 (4).

nen gelegt wird, die von der parlamentarischen Mehrheit unabhängig sind.[339] Daher kann Verfassungsgerichtsbarkeit denknotwendig nicht in dem Maße demokratisch legitimiert sein wie der politische Apparat.[340]

Berührt Verfassungsgerichtsbarkeit aber andererseits zentral den Bereich des Politischen, so ist es unvermeidlich, dass für die Besetzung der Richterstellen Vorschläge durch unterschiedliche politische Kräfte gemacht werden.[341] Angesicht des engen Bezugs der Verfassungsrechtsprechung zum politischen Leben muss sich nämlich in der Zusammensetzung der Richter der Erfahrungs-, Meinungs- und Wertepluralismus der Gesellschaft widerspiegeln.[342]

Dem Bedürfnis nach weltanschaulicher Pluralität bei der Besetzung und der Bedeutung des BVerfG entspricht das besondere Wahlverfahren nach Art. 94 Abs. 1 Satz 2 GG und den §§ 5 ff BVerfGG.[343] Danach werden die Mitglieder beider Senate je zur Hälfte von Bundestag und Bundesrat gewählt. Die Senatsbesetzung wird dabei insofern vom politischen Kompromiss getragen,[344] als die Politik das Besetzungsverfahren relativ stark beeinflusst: Die beiden großen Parteien haben sich nämlich auf eine Quotierung der Sitze verständigt, mit internen Vorschlagsrechten der jeweils einen oder der anderen Seite.[345]

Die Objektivität des Wahlverfahrens bleibt aber dabei dennoch weitgehend gewährleistet:[346] Nach Art. 94 Abs. 1 Satz 3 GG dürfen die Mitglieder des BVerfG weder dem Bundestag, dem Bundesrat, der Bundesregierung noch einem entsprechenden Organ eines Landes angehören. Zudem ist zu den Wahlen durch Bundesrat und Bundestag jeweils die Zweidrittel-Mehrheit der Stimmen erforderlich (§§ 6 Abs. 5, 7 BVerfGG).[347] Die Amtszeit der Richter ist außerdem

---

[339] *Walter,* AöR 125 (2000), S. 517 (545).

[340] *Roellecke,* NJW 2001, S. 2924 (2929); *Stern,* Verfassungsgerichtsbarkeit und Gesetzgebung, S. 412.

[341] *Isensee,* JZ 1996, S. 1085 (1092); *Limbach,* DRiZ 1998, S. 7 (10); *Wassermann,* RuP 80 (1984), S. 5.

[342] *Steiner,* ZFIS 1998, S. 3 (5); ders., DVP 2004, S. 177 (182).

[343] Vgl. hierzu *Brocker,* DRiZ 1997, S. 164; *Geck,* Wahl und Amtsrecht, S. 31 ff; *ders.,* HStR II, § 55 Rn. 6.

[344] *Heuveldop,* NJW 1990, S. 28; *Roellecke,* JZ 2001, S. 114 (115).

[345] *Böckenförde,* NJW 1999, S. 9 (16) Fn. 31; *Brocker,* DRiZ 1997, S. 164 (165); dazu auch *Steiner,* DVP 2004, S. 177 (178). Zum Vorschlagsverfahren kritisch und zu entsprechenden Reformvorschlägen *Geck,* HStR II, § 55 Rn. 9; *Rupp-v. Brünneck,* AöR 102 (1977), S. 1 (23).

[346] *Steiner,* NJW 2001, S. 2919 (2923) Fn. 55; ders., DVP 2004, S. 177 (182).

[347] Vgl. hierzu *Geck,* Wahl und Amtsrecht, S. 31 ff.; *Steiner,* DVP 2004, S. 177 (178). *Starck* sieht durch das besondere Wahlverfahren sogar die *demokratische* Legitimation der Verfassungsrichter als gesichert an, „und zwar mit Rücksicht auf den föderalistischen Aufbau der Staatsgewalt in doppelter Weise", in: BVerfG, S. 31.

zeitlich begrenzt und ihre Wiederwahl unzulässig (§ 4 Abs. 1 und Abs. 2 BVerfGG).[348]

Einen gewissen Ausgleich für die Entfaltung individueller, persönlicher Rechtsauffassungen im Spruchkörper bzw. eine etwaige politisch-weltanschaulich Vorprägung[349] der Richter bei Entscheidungen bietet beim Verfahren vor dem BVerfG die kollegiale Entscheidungsfindung.[350] Jede (das Ergebnis bestimmende) Verfassungsauslegung muss nämlich zumindest von einer Mehrheit von fünf Richtern eines Senats getragen werden:[351] Nach § 15 Abs. 4 Satz 3 BVerfGG kann bei Stimmengleichheit ein Verstoß gegen das Grundgesetz nicht festgestellt werden.

dd. Vertrauen, Akzeptanz und die verfassungsrechtliche Konstituierung

Nicht zuletzt legitimieren sich die weitreichenden Entscheidungskompetenzen des BVerfG aus der Akzeptanz seiner Entscheidungen in der Bevölkerung und bei den anderen Verfassungsorganen sowie aus dem Vertrauen in die Institution, das ihm vor allem der Grundgesetzgeber durch die verfassungsrechtliche Konstituierung entgegenbringt.[352] So bezeichnet *Roellecke* das Grundgesetz sogar als die einzige wirkliche Autorität, auf die sich das BVerfG bei seinen Entscheidungen berufen kann.[353]

(1) Verfassungsrechtliche Konstituierung

Die Verfassungsgeber schufen bewusst mit dem BVerfG eine Institution, welche nach ihrer Stellung befugt ist, als gleichsam „politische Macht im Konzert der obersten Staatsorgane"[354] zu judizieren. Ihre Überlegungen gingen in folgende Richtung: „Entweder wird das Recht tatsächlich als die Grundlage der menschlichen Gesellschaft anerkannt und dann auch mit den notwendigen Garantien zu seiner Verwirklichung ausgestattet. Oder aber die politische Zweckmäßigkeit wird zum höchsten Prinzip erhoben, was dann wieder zu den gefährlichen

---

[348] Dazu *Roellecke*, Ansehen des BVerfG, S. 34; *Steiner*, NJW 2001, S. 2919 (2923) Fn. 55; kritisch zur Amtszeitregelung *Geck*, HStR II, § 55 Rn. 21 ff.

[349] *Steiner*, NJW 2001, S. 2919 (2923).

[350] Vgl. auch *Wollweber*, DÖV 1999, S. 413 Fn. 1.

[351] *Walter*, AöR 125 (2000), S. 517 (541 f.).

[352] Vgl. dazu auch *Böckenförde*, ZRP 1996, S. 281 (284); *Wahl/ Wieland*, JZ 1996, S. 1137 (1144).

[353] *Roellecke*, Ansehen des BVerfG, S. 45.

[354] So *Geiger*, EuGRZ 1984, S. 401 (407).

Grunddogmen einer vergangenen Epoche hinführen würde, wonach eben Recht ist, was dem Volke oder der Regierung oder dem Staate nutzt."[355] Sowohl die Existenz als auch der Status und die wesentlichen Kompetenzen des BVerfG ergeben sich aus der Verfassung selbst.[356] Sie normiert als verfassungsrechtliche „Normalität"[357] ausdrücklich das Verfahren der Normkontrolle vor dem BVerfG (Art. 93 Abs. 1 Nr. 2, 100 GG) und legitimiert das Gericht damit ausdrücklich zum Eingriff in den politischen Prozess.[358] Sie weist dem BVerfG auch die Aufgabe zu, über (politische) Organstreitigkeiten (Art. 93 Abs. 1 Nr. 1 GG) zu entscheiden und damit – als eine den anderen Staatsfunktionsträgern e-benbürtige Instanz[359] – die Verteilung der politischen Macht an den verfassungsrechtlichen Maßstäben zu messen und damit mit zu verteilen. Das Grundgesetz selbst bestellt damit das BVerfG als den obersten Hüter der Verfassung (Art. 92 GG)[360] und bringt dem Gericht allein schon durch diese Konstituierung das notwenige (Ur-)Vertrauen entgegen, das es letztlich für seine Entscheidungen legitimiert.[361]

(2) Akzeptanz und Vertrauen durch die Verfassungsorgane und die Öffentlichkeit

Zudem besitzt das BVerfG selbst keine Mittel, um seine Entscheidungen gegenüber den anderen Verfassungsorganen durchzusetzen,[362] und ist damit auf deren Konsens und Gehorsam angewiesen.[363] Seine Autorität konstituiert sich daher auch aus der Akzeptanz seiner Entscheidungen durch die anderen Staatsorgane und durch die Bürger.[364]

---

[355] So *Süsterhenn* in der Zweiten Sitzung des Parlamentarischen Rats am 8.9.1948, Plenum, Stenographische Berichte, S. 25.

[356] *Starck,* BVerfG, S. 5.

[357] *Geiger,* EuGRZ 1985, S. 401 (402).

[358] *Clemens,* BVerfG, S. 18; *Piazolo,* BVerfG, S. 243.

[359] BVerfGE 7, 1 (14); 65, 152 (154); Statusdenkschrift des Plenums des BVerfG vom 27.6.1952, in: JöR N.F. Bd. 6 (1957), 145; vgl. auch *Bethge,* in: Umbach/ Clemens, BVerfGG, Vorb. Rn. 5. Zur Stellung des BVerfG als Verfassungsorgan ferner oben unter a.

[360] *Großfeld,* NJW 1998, S. 3544 (3545).

[361] Dazu *Großfeld,* NJW 1998, S. 3544 (3546); *Ossenbühl,* BVerfG und Gesetzgebung, S. 35.

[362] *Isensee,* Verfassungsgerichtsbarkeit, S. 53.

[363] *Heun,* Normenkontrolle, S. 617; *Rupp-v. Brünneck,* AöR 102 (1977), S. 1 (3 f.); *Schulze-Fielitz,* AöR 122 (1997), S. 1 (2, 27); *Voßkuhle,* in: v. Mangoldt/ Klein/ Starck, GG, Art 93 Rn. 34.

[364] *Isensee* spricht vom „Plebiszit des Vertrauens", JZ 1996, S. 1085 (1086).

Angesichts heftiger Kritik an der Rechtsprechung des BVerfG[365] wird zwar heute eine „Akzeptanzerosion"[366] oder die Krise der Autorität des BVerfG[367] beklagt. Kritisiert wird aber meist das Ergebnis einer bestimmten politisch missliebigen Entscheidung;[368] es sind häufig die jeweiligen „Verlierer" eines Verfahrens, welche die Kompetenzen des Gerichts in Frage stellen.[369] Auch erscheint es zweifelhaft, ob einige politisch besonders umstrittene Entscheidungen des BVerfG Anlass dafür bieten dürfen, generell auf die Integrationsunfähigkeit des Gerichts zu schließen.[370]

Das Vertrauen in die Verfassungsinterpretation durch das BVerfG sowohl bei den anderen Verfassungsorganen als auch in der Öffentlichkeit ist vielmehr ungebrochen groß.[371] Dies zeigt sich nicht zuletzt an der nach wie vor immens hohen Anzahl an Verfassungsbeschwerden.[372] Im Jahre 2003 wurden allein 5055 neue Verfassungsbeschwerdeverfahren anhängig; insgesamt gingen 5200 Anträge auf Entscheidung des Gerichts ein.[373] Zudem vertraut auch der Gesetzgeber gelegentlich darauf, dass die verfassungskonforme Rechtslage, welche wegen eines zu großen politischen Widerstands nicht im parlamentarischen Prozess hergestellt werden kann, durch das BVerfG herbeigeführt werde.[374] Das BVerfG ist damit die unverändert „anerkannteste staatliche Institution".[375] Für viele ist

---

[365] In der Öffentlichkeit besonders umstrittene Entscheidungen waren insbesondere die *Kruzifix-Entscheidung* – BVerfGE 93, 1, die *Soldaten sind Mörder-Entscheidung* – BVerfGE 93, 266, die *Sitzblockade-Entscheidung* – BVerfGE 92, 1, *Schwangerschaftsabbruch-Entscheidung* – BVerfGE 88, 203, die *Entscheidung zum AWACS-Einsatz* – BVerfGE 90, 286 sowie die *Entscheidungen zum Einheitswert bei der Vermögensbesteuerung* – BVerfGE 93, 121; 93, 165; vgl. dazu *Isensee*, JZ 1996, S. 1085 (1086, 1088 f.); *Piazolo*, Mittlerrolle, S. 9; *Scherzberg*, DVBl. 1999, S. 356 ff.; *Schulze-Fielitz*, AöR 122 (1997), S. 1 (2 ff); *Voßkuhle*, AöR 125 (2000), S. 177 (189). Vgl. zu dem Widerstand des sog. Präsidenten-Sentas des OVG Münster gegen die Kammerrechtsprechung des BVerfG zur Versammlungsfreiheit *Hoffmann-Riem*, NJW 2004, S. 2777 (2780) Fn. 12.

[366] *Wassermann*, RuP 92 (1996), S. 61 (61 f.).

[367] *Isensee*, JZ 1996, S. 1085 ff.

[368] Zu dieser sog. „Ergebniskritik" *Schulze-Fielitz*, AöR 122 (1997), S. 1 (11).

[369] *Leutheusser-Schnarrenberger*, Gesetzgeber, S. 43; *Steiner*, NJW 2001, S. 2919 (2920); *ders.*, Ersatzgesetzgeber, S. 29.

[370] *Walter*, AöR 125 (2000), S. 517 (546).

[371] Vgl. dazu *Casper*, ZRP 2002, S. 214 (215), der auf eine Studie des Allensbach-Instituts verweist, nach der 1998 nur 14 % der westdeutschen Bevölkerung befand, dass es sich bei den verfassungsgerichtlichen Entscheidungen um politische handle, welche man nicht einem Gericht überlassen sollte. Danach hatten 1992 die 16-29jährigen mehr Vertrauen in Gerichte als in die anderen staatlichen Institutionen. Vgl. auch *Albers*, KritV 1998, S. 193 (204); *Clemens*, BVerfG, S. 28; *Roellecke*, Ansehen des BVerfG, S. 33, 39.

[372] Begründung des Gesetzentwurfs der Bundesregierung vom 5.11.1992, BT-Drs. 12/3628, S. 7; *Isensee*, JZ 1996, S. 1085 (1086); *Roellecke*, HStR II, § 53 Rn. 27.

[373] Statistik des BVerfG zu den Eingängen 2003 unter http://www.bverfg.de.

[374] Hierzu *Roellecke*, HStR II, § 53 Rn. 25; *Steiner*, Ersatzgesetzgeber, S. 32.

[375] *Faupel*, NJ 1998, S. 57.

das Gericht ein „Symbol der Herrschaft des Rechts"[376], der „Hort letzter irdischer rechtlicher Hoffnung"[377]. Dieses große Ansehen des BVerfG hat mit dazu beigetragen, dass viele „Bauelemente" der Institution in der ganzen Welt rezipiert werden[378] und die Rechtsprechung des Gerichts weltweit als vorbildlich anerkannt wird.[379]

ee. Ergebnis

Vor allem aus der verfassungsrechtlichen Konstituierung und dem weitgehenden Vertrauen sowohl der Öffentlichkeit als auch der Verfassungsorgane ergibt sich demnach die Legitimation des BVerfG als dem obersten Hüter der Verfassung. Diese umfassende Legitimation durch das Grundgesetz spiegelt sich wider in den der Stellung entsprechenden institutionellen Vorkehrungen: so in dem besonderen Verfahrensrecht, den spezifischen Kontrollmechanismen sowie in der pluralistischen Besetzung der Senate.

g. Zur Funktion des BVerfG als oberstem Hüter der Verfassung als Auslegungsdirektive für Art. 100 Abs. 1 GG

Damit ist das BVerfG auch hinreichend legitimiert für den sensiblen Bereich der Kontrolle und Kassation parlamentarischer Gesetzgebung. Denn gerade aufgrund seiner speziellen grundgesetzlichen Funktion als oberster Hüter der Verfassung hat es besondere Kompetenzen auch gegenüber dem Gesetzgeber, die es ihm erlauben, bei der Normprüfung und Normverwerfung die jeweiligen Folgen angemessen zu berücksichtigen, ohne dabei den Verfassungsauftrag zur Sicherung des Vorrangs der Verfassung zu vernachlässigen. Gerade deshalb weist auch Art. 100 Abs. 1 Satz 1 GG allein dem BVerfG die Befugnis zu, über die Verfassungsmäßigkeit oder -widrigkeit parlamentarischer Gesetze letztverbindlich zu entscheiden. Denn allein das BVerfG kann als die den anderen Verfassungsorganen ebenbürtige Einrichtung mit seiner institutionellen, verfahrensrechtlichen und kompetenziellen Ausstattung angemessene Entscheidungen bei der Verwerfung parlamentarischer Gesetze treffen.

---

[376] *Casper,* ZRP 2002, S. 214.

[377] *Eschen,* NJ 1998, S. 351.

[378] Dazu *Casper,* ZRP 2002, S. 214 (215).

[379] *Roellecke,* Ansehen des BVerfG, S. 39.

aa. Rechtsprechung des BVerfG

Das BVerfG selbst rekurriert – wie bereits hervorgehoben – bei der Auslegung des Art. 100 Abs. 1 Satz 1 GG auf seine Stellung als Hüter der Verfassung nicht bzw. nur sehr zurückhaltend. Bei der Richtervorlage trete die Aufgabe, Hüter der Verfassung zu sein, zurück. Denn auch die Fachgerichte seien zur Normprüfung befugt und verpflichtet. Damit sei die Normprüfungszuständigkeit gerade nicht beim BVerfG monopolisiert.[380] Die Verantwortung für die Vorlage einer für verfassungswidrig gehaltenen Norm und damit die Initiierung der Gesetzeskontrolle im Rahmen des Art. 100 Abs. 1 Satz 1 GG liegt tatsächlich in Händen des Instanzrichters.[381] Denn das BVerfG kann in dem Verfahren nur dann entscheiden, wenn ein entsprechender Antrag vorliegt.

bb. Stellungnahme

(1) Die Sicherung des Vorrangs der Verfassung durch Art. 100 Abs. 1 Satz 1 GG

Art. 100 Abs. 1 Satz 1 GG ist im besonderen Maße Ausdruck und Ausprägung des Vorrangs der Verfassung,[382] den das BVerfG als oberster Hüter der Verfassung letztverbindlich zu sichern berufen ist. Sicherung des Vorrangs der Verfassung meint in diesem Zusammenhang zum einen den Schutz des rechtsuchenden Bürgers vor der Anwendung verfassungswidriger Normen im Ausgangsverfahren, zum anderen das Allgemeininteresse an der Verwirklichung und Effektuierung des Verfassungsstaates.[383] So wird Art. 100 Abs. 1 GG auch bezeichnet als „Ausprägung eines die besonderen Schwächen der Gesetzgebung kompensierenden Kontrollgedankens", der der Bindung des Gesetzgebers an die Grundrechte und der sonstigen verfassungsmäßigen Ordnung außerordentlich Nachdruck verleihe.[384]

In vielen Fällen sind es nämlich gerade Richtervorlagen, welche als „Trägerverfahren" für die verfassungsgerichtliche Gesetzeskontrolle eine unentbehrliche Funktion erfüllen, weil abstrakte Normenkontrollen nach Art. 93 Abs. 1

---

[380] BVerfGE 1, 184 (197); 2, 124 (129). Hierzu bereits oben unter I.

[381] *Geiger*, EuGRZ 1984, S. 409 (411).

[382] *Sommer*, BVerwG und BVerfG, S. 20; *Wahl*, JuS 2001, S. 1041 (1047); *Wieland*, in: Dreier, GG, Art. 100 Rn. 5; *Zierlein*, Prozessverantwortung, S. 496.

[383] BVerfGE 42, 42 (49); 43, 27 (33 f.); 67, 26 (33); kritisch insoweit *Geiger*, EuGRZ 1984, S. 409.

[384] *Gerontas*, Die Prüfung der Verfassungsmäßigkeit von Gesetzen, S. 15; *ders.*, DVBl. 1981, S. 1089.

Nr. 2 GG sehr selten eingeleitet werden.[385] Spezifikum der abstrakten Normenkontrolle ist gegenüber der Richtervorlage nämlich, dass in erster Linie gerade die in der Demokratie bereits im Rahmen des Gesetzgebungsverfahrens für die Verfassungsmäßigkeit der erlassenen Gesetze verantwortlichen Verfassungsorgane diese beantragen können.[386] Ist die abstrakte Normenkontrolle daher nur „Fortsetzung der Politik", bloß „mit verfassungsrechtlichen Mitteln"[387], so findet dann keine entsprechende Überprüfung statt, wenn sich der politische Gegner nicht mehr für den betreffenden Rechts-/ Politikbereich interessiert, weil sich etwa eine bestimmte politische Situation, beispielsweise als Folge eines Regierungswechsels, grundlegend geändert oder sich eine Problemlage oder das Interesse an einer Problemlage erledigt hat.

Art. 100 Abs. 1 GG soll hingegen umfassend sicherstellen, dass in Entscheidungen aller Gerichte nur verfassungsgemäßes Recht zu Anwendung kommt. Denn die konkrete Normkontrolle findet statt auf den Antrag der Gerichte hin,[388] also unabhängig von dem Interesse der politischen Akteure. Damit ist die konkrete Normenkontrolle wesentliche Ausprägung und ein entscheidender Schutzmechanismus des Vorrangs der Verfassung.

(2) Bedeutung der Fachgerichte im Rahmen des Verwerfungsmonopols

Der kritische und kooperative Dialog von Fachgerichten und BVerfG, den Art. 100 Abs. 1 GG sicherstellt, bietet im besonderen Maße die Möglichkeit, unabhängig von politischen Zwängen und Ambitionen die Grundrechte weiterzuentwickeln.[389] *Löwer* sieht daher auch eine wesentliche Funktion des Art. 100 Abs. 1 GG darin, die diffuse richterliche Normprüfung[390] und die konzentrierte Normverwerfung zu verteilen und dadurch einen offenen, plural angelegten Dialog der Fachgerichtsbarkeiten aller Instanzen zu sichern „aus der Sicht der die Norminhalte erst wirklich entfaltenden Arbeit am konkreten Fallmaterial".[391] BVerfG und die Fachgerichte werden durch die Vorschrift des Art. 100

---

[385] So *Steiner* jedenfalls für sozialrechtliche Verfassungsfragen; als Folge der bisher traditionell großen Koalitionen in der Sozialpolitik der Bundesrepublik erreichten abstrakte Normenkontrollen in Verfassungsfragen des Sozialrechts das BVerfG kaum, in: BVerfG, BSG und das deutsche Sozialrecht, S. 68; *ders.,* Sozialstaat und Verfassungsrecht, FAZ v. 3.6.2003, S. 7.

[386] *Geiger,* EuGRZ 1984, S. 409 (419).

[387] *Gerontas,* EuGRZ 1982, S. 145 (151); *Mahrenholz,* ZRP 1997, S. 129 (132); *Rühl,* KritV 1998, S. 156; *H.P. Schneider,* NJW 1996, S. 2630.

[388] *Geiger,* EuGRZ 1984, S. 409 (419).

[389] *Bogs,* DVBl. 1998, S. 516 (520).

[390] Zum Begriff des „diffusen richterlichen Prüfungsrechts" vgl. *Friesenhahn,* Verfassungsgerichtsbarkeit, S. 53.

[391] *Löwer,* HStR II, § 56, Rn. 66.

Abs. 1 GG also „funktionell verschränkt"[392], indem dem BVerfG durch die Vorprüfung und den Antrag der Fachgerichte Gelegenheit gegeben wird, die Rechtsauffassung der spezialisierten Fachgerichte zur Kenntnis zu nehmen.[393]

(3) BVerfG als oberster Hüter der Verfassung im Rahmen des Art. 100 Abs. 1 Satz 1 GG

Die Kompetenz zur formal-verbindlichen Entscheidung über die Verfassungsmäßigkeit eines parlamentarischen Gesetzes hat aber im Funktionengefüge des Grundgesetzes allein das BVerfG, das hierfür entsprechend legitimiert und ausgestattet ist. Eine wirksame Sicherung der Verfassung kann also im Rahmen der Normprüfung nur durch die beim BVerfG konzentrierte Entscheidung stattfinden. Hat danach Art. 100 Abs. 1 Satz 1 GG den Zweck, den Vorrang der Verfassung gegenüber dem parlamentarischen Gesetzgeber umfassend zu sichern, und zwar durch die kooperative Kontrolle von Fachgerichtsbarkeiten und BVerfG, so ist die Richtervorlage auch gleichzeitig Ausdruck der Aufgabe des BVerfG als dem obersten Hüter der Verfassung.[394] Durch das darin geregelte institutionelle Zusammenwirken von BVerfG und Fachgerichten wird es in die Lage versetzt, die parlamentarische Gesetzgebung zu überprüfen und dadurch effektiv seinen Verfassungsauftrag als der oberste Hüter der Verfassung zu verwirklichen. Art. 100 Abs. 1 Satz 1 GG ist daher so auszulegen, dass das BVerfG dieser Funktion und Stellung im Gefüge der Staatsfunktionen wirksam, umfassend und sachgemäß nachkommen kann.

5. Ergebnis

Nach der hier vertretenen Ansicht hat sich die Auslegung des Art. 100 Abs. 1 Satz 1 GG in erster Linie an der Zielvorgabe zu orientieren, wie das BVerfG seiner Stellung als oberste Autorität zur Sicherung des Vorrangs der Verfassung – sowohl dem Einzelnen gegenüber als auch im Allgemeininteresse – so gut und effektiv wie möglich nachkommen und damit seine ihm im Gefüge der Staatsfunktionen zuerkannte Aufgabe erfüllen kann. Die ihm in dieser Position vom Grundgesetz übertragene einzigartige Kompetenz im Vergleich zu denen der Fachgerichte ist dabei Anhaltspunkt dafür, wie sich die Stellung des BVerfG von derjenigen der anderen Gerichte unterscheidet. Art. 100 Abs. 1 GG dient insoweit auch dem Schutz der Autorität des parlamentarischen Gesetzgebers, als die Verwerfung von Gesetzen auf eine im kooperativen Dialog von Fachgerich-

---

[392] *Zierlein,* Prozessverantwortung, S. 464.

[393] *H. Klein,* Rechtssatzverfassungsbeschwerde, S. 1334.

[394] Nach *Sturm* geht es in Art. 100 Abs. 1 GG im besonderen Maße um die Aufgabe des BVerfG als des obersten Hüters der Verfassung, in: Sachs, GG, Art. 100 Rn. 4 und Fn. 3.

ten und BVerfG gewonnene Entscheidung beschränkt wird, und durch eine allgemeinverbindliche Vereinbarerklärung gemäß § 31 Abs. 1 BVerfGG künftige Angriffe gegen ein Gesetz grundsätzlich außer Frage gestellt werden. Rechtseinheit und Rechtssicherheit in verfassungsrechtlichen Fragen zu sichern sind daneben zwar nicht grundlegende Ziele des Verwerfungsmonopols, aber positive Effekte konzentrierter und autoritativer Entscheidungen in Verfassungsfragen und sollen deshalb bei der Auslegung mit berücksichtigt werden.

C. Reformmöglichkeiten – Überblick

Angesichts dieser Funktionsbestimmung des Art. 100 Abs. 1 Satz 1 GG sollen im Folgenden mehrere Reformmöglichkeiten in Bezug auf das Verfahren der Richtervorlage dargestellt und ihre verfassungsrechtliche Realisierbarkeit erörtert werden.

I. Von der Kommission erörterte Entlastungsmöglichkeiten

Von der Kommission zur Entlastung des BVerfG wurden mehrere Möglichkeiten einer Änderung des Verfahrens der Richtervorlage diskutiert. Sowohl eine Beschränkung der Vorlagekompetenz auf die Obergerichte und die Mitwirkung der Obergerichte als Zwischeninstanz im Vorlageverfahren als auch die Annahme nach Ermessen wurden aber im Ergebnis abgelehnt.[395]

1. Beschränkung der Vorlagekompetenz auf die Obergerichte

Ein Entlastungsvorschlag ging dahin, die Vorlagebefugnis nicht mehr jedem Instanzgericht, sondern nur noch den obersten Gerichtshöfen des Bundes und den obersten Landesgerichten – jedenfalls nur noch letztinstanzlich zuständigen Gerichten – zuzuerkennen.[396] An einen solchen Vorschlag ist die Erwartung einer wesentlichen Entlastung des BVerfG geknüpft. Denn die relativ hohe Zahl unzulässiger Vorlagen stammt überwiegend von den unteren Instanzgerichten.[397]

Eine solche Beschränkung würde allerdings eine Änderung des Art. 100 Abs. 1 GG erfordern; nach der Bestimmung ist bislang jedes „Gericht" unmittelbar[398]

---

[395] *Bundesministerium der Justiz,* Entlastung des BVerfG, S. 113 ff.

[396] Vgl. zu diesem Vorschlag auch *Lichtenberger,* BayVBl. 1984, S. 481 (485); *Kutscher,* Maßnahmen zur Minderung der Geschäftslast, S. 146; *Roellecke,* Ansehen des BVerfG, S. 36 f.; *Scholz,* Erklärung im Bundesrat, Protokolle, 546. Sitzung, S. 51; *Steiner,* BVerfG, BSG und das deutsche Sozialrecht, S.69; *Wöhrmann,* Änderungsnovellen, Rn. 38; *ders.,* Reformvorschläge, S. 1359.

[397] Vgl. hierzu *Zierlein,* Prozessverantwortung, S. 497.

[398] *Sommer,* BVerwG und BVerfG, S. 22.

zu der Vorlage befugt und verpflichtet.[399] Zudem würde sich das Verhältnis des Instanzrichters zur Verfassung durch die Beschränkung seiner Vorlagekompetenz grundlegend verändern. Denn nach der Verfassung ist gerade jeder Richter zur Prüfung der Verfassungsmäßigkeit des angewandten Rechts verpflichtet (vgl. die Art. 1 Abs. 3; 20 Abs. 3 GG).[400] Die Konzentration der Vorlagepflicht auf die Obergerichte würde aber bedeuten, dass den anderen Gerichten dieses Prüfungsrecht genommen wäre.[401] Nach seiner Stellung im Verfassungsgefüge kann aber nach dem Art. 100 Abs. 1 GG zugrunde liegenden Verständnis kein Richter gezwungen werden, Recht, das er für verfassungswidrig hält, anzuwenden, ohne Möglichkeit einer Klärung der für ihn problematischen verfassungsrechtlichen Frage.

Eine Beschränkung auf die Obergerichte würde auch die „Kontrollsubstanz" des BVerfG – als des obersten Hüters der Verfassung – in verfassungsrechtlich problematischer Weise einschränken.[402] Es sind nämlich gerade die Instanzrichter, die aufgrund ihrer weitreichenden Erfahrungen in der gerichtlichen Alltagspraxis besonders prädestiniert sind, Inhalt und Auswirkungen eines Gesetzes im täglichen Leben zu beurteilen.[403] So sind auch viele bedeutsame Entscheidungen des BVerfG auf Vorlagen von Gerichten unterer Instanzen hin ergangen.[404] Daher wird die dargestellte Beschränkung als „Rückschritt für die eindrucksvolle Kooperation" der Fachgerichte mit dem BVerfG angesehen.[405] Insbesondere seien fachgerichtliche Vorlagen auch dort, wo sie nach Auffassung des BVerfG unzulässig sind, regelmäßig überlegt und fundiert; sie brächten bestimmte Verfassungsfragen verhältnismäßig schnell zur Verfassungsgerichtsbarkeit.[406]

2. Mitwirkung der Obergerichte als Zwischeninstanz

Nach einem weiteren Vorschlag sollten die Obergerichte als Zwischeninstanz eingeschaltet werden; entweder umfassend in dem Sinne, dass diese sowohl über die Zulässigkeit als auch über die Verfassungsfrage entscheiden, oder aber nur über die Zulässigkeit.[407] Damit wäre die Eigenständigkeit der Instanzgerichte

---

[399] Vgl. dazu auch *Wöhrmann,* Änderungsnovellen, Rn. 38.

[400] Hierzu bereits oben unter A.II.2.

[401] *Bundesministerium der Justiz,* Entlastung des BVerfG, S. 115.

[402] *Bundesministerium der Justiz,* Entlastung des BVerfG, S. 115 f.

[403] *Zierlein,* Prozessverantwortung, S. 497.

[404] *Sommer,* BVerwG und BVerfG, S. 23; *Zierlein,* Prozessverantwortung, S. 497.

[405] So *Steiner* im Hinblick auf die Kooperation von Sozialgerichten und BVerfG, in: BVerfG, BSG und das deutsche Sozialrecht, S. 70.

[406] *Steiner,* BVerfG, BSG und das deutsche Sozialrecht, S. 70.

[407] Es ist daran zu erinnern, dass nach früherer Rechtslage gemäß § 80 Abs. 1 BVerfGG vom 12.3.1951 – BGBl. I, S. 243 – nur die obersten Bundesgerichte zu einer Vorlage an das BVerfG befugt waren. Alle übrigen Gerichte konnten das BVerfG nur über das jeweils zu-

insofern nicht berührt, als das richterliche Normprüfungsrecht an sich nicht beeinträchtigt würde; eingeschränkt wäre nur die Unmittelbarkeit der Vorlagen.

Indessen erhielten damit die Obergerichte eine Stellung, die von der Verfassung nicht vorgegeben ist: Die Obergerichte sind gerade nicht eine Vorprüfungsinstanz des BVerfG. Die Interpretationsprärogative des BVerfG als dem obersten Hüter der Verfassung würde – so ist argumentiert worden – in systemwidriger Weise eingeschränkt.[408] Auch würde die Reform dem System der Prozessordnungen der Fachgerichtsbarkeiten widersprechen. Denn für das Vorlageverfahren müsste ein Instanzenzug bis zu den Obergerichten auch in den Fällen bestehen, in denen der Rechtsmittelzug bislang nicht eröffnet ist.[409] Zudem würde die Einschaltung der Obergerichte als Zwischeninstanz zu einer erheblichen Verfahrensverzögerung führen.[410]

3. Annahme nach Ermessen

Eine Annahme nach Ermessen nach dem Vorbild des Annahmeverfahrens für Verfassungsbeschwerden nach §§ 93a ff. BVerfGG oder nach dem U.S. amerikanischen „Writ of certiorari" – Verfahrens[411], ohne den Fachgerichten zusätzlich die Verwerfungskompetenz für parlamentarische Gesetze zu übertragen, kommt für das Verfahren der Richtervorlage nach der Verfassung von vornherein nicht in Betracht. Denn die Instanzrichter sind bei jeder Entscheidung an die Verfassung gebunden, gleich ob einer Rechtsfrage grundsätzliche Bedeutung zukommt oder deren Beantwortung zur Durchsetzung der Grundrechte angezeigt ist. Ließe aber das BVerfG die Beantwortung einer Vorlagefrage offen – für deren Beantwortung es nach wie vor allein zuständig bliebe –, so müsste der Instanzrichter gerade das Gesetz anwenden, das er nach dieser Vorlage für verfassungswidrig hält.[412] Das BVerfG würde aber dann seiner Funktion als der oberste Hüter der Verfassung, in der es letztverantwortlich dafür ist, dass nur verfassungsgemäßes Recht zur Anwendung kommt, nicht mehr genügen.

---

ständige oberste Bundesgericht anrufen. Das betreffende Obergericht hatte nach allgemeiner Ansicht die Vorlage zwar in jedem Fall an das BVerfG weiterzuleiten, konnte aber nach zunächst auch vom BVerfG vertretener Auffassung eine eigene gutachtliche Stellungnahme zu dem Vorlagebeschluss beifügen; vgl. BVerfGE 1, 202 (204 f.); 2, 136 (138); sowie *Sommer*, BVerwG und BVerfG, S. 22; *Zierlein*, Prozessverantwortung, S. 498.

[408] *Bundesministerium der Justiz*, Entlastung des BVerfG, S. 116 f.

[409] *Bundesministerium der Justiz*, Entlastung des BVerfG, S. 116.

[410] *Bundesministerium der Justiz*, Entlastung des BVerfG, S. 117.

[411] Hierzu *Bundesministerium der Justiz*, Entlastung des BVerfG, S. 38 ff.

[412] *Bundesministerium der Justiz*, Entlastung des BVerfG, S. 117.

II. Die zur Untersuchung gestellten Entlastungsmöglichkeiten

Da demnach sämtliche von der Kommission zur Entlastung des BVerfG diskutierten Vorschläge für Reformmaßnahmen im Bereich der Richtervorlage aus grundlegenden verfassungsrechtlichen Gründen ausscheiden, sollen vorliegend andere Entlastungsmöglichkeiten untersucht werden:

- Ein Ansatz soll dabei sein das Verhältnis von BVerfG und den Fachgerichtsbarkeiten, konkret die Erweiterung der Verwerfungskompetenz der Fachgerichte, indem man die Zulässigkeitsvoraussetzungen für eine Vorlage „tatbestandlich" verschärft bzw. neu akzentuiert. Es soll im Weiteren untersucht werden, ob bestimmte Normtypen, die keine grundsätzlichen verfassungsrechtlichen Fragen für die Zukunft aufwerfen, wie aufgehobene, ausgelaufene oder auslaufende Gesetze oder nicht „nachhaltig" aufwerfen, wie etwa Übergangsbestimmungen oder Experimentiergesetze, als Vorlagegegenstände im Rahmen einer Richtervorlage ausgeschieden werden können.[413] (hierzu im 2. Teil)

- Ein zweiter Ansatzpunkt soll die Geschäftsverteilung innerhalb des BVerfG sein, konkret, ob den Kammern angesichts der Aufgabe des BVerfG als oberstem Hüter der Verfassung mehr Aufgaben im Rahmen von konkreten Normenkontrollen übertragen werden können, ohne die Autorität des Gerichts und die Funktion der Richtervorlage zu beeinträchtigen. Dabei soll zum einen untersucht werden, ob den Kammern die Entscheidung über solche Vorlagen übertragen werden kann, die keine grundsätzlichen verfassungsrechtlichen Fragen im oben genannten Sinne zum Gegenstand haben, zum anderen die Übertragbarkeit der Normerhaltungskompetenz, also der Befugnis, über zulässige, aber unbegründete Vorlagen zu entscheiden. (hierzu im 3. Teil)

Da die vorliegende Untersuchung aber nicht beabsichtigt, das verfassungsrechtliche Funktionengefüge in Frage zu stellen, soll Ausgangpunkt dieser Untersuchungen die vom Grundgesetz vorgesehene Trennung und Verteilung der Normprüfungs- und Normverwerfungskompetenzen sein. Insbesondere die Bestimmung des Art. 100 Abs. 1 GG, die das Verhältnis von BVerfG und Fachgerichten im Zusammenhang der Normprüfung im Wesentlichen regelt, soll in ihrem Bestand und ihrer Bedeutung unangetastet bleiben. Daher müssen sich sämtliche Überlegungen an der grundgesetzlichen Funktionenverteilung bei der richterlichen Normprüfung orientieren.

---

[413] Vgl. hierzu *Steiner,* BVerfG, BSG und das deutsche Sozialrecht, S. 70 f.

2. TEIL. ERWEITERUNG DER NORMVERWERFUNGSKOMPETENZ DER FACHGERICHTE

A. Überblick

Besteht der wesentlichste Zweck (auch) des Verwerfungsmonopols nach Art. 100 Abs. 1 Satz 1 GG darin, den Vorrang der Verfassung möglichst effektiv durch die autoritativen Entscheidungen des dafür eingerichteten und mit entsprechenden Kompetenzen und verfahrensrechtlichen Möglichkeiten ausgestatteten BVerfG zu sichern, so stellt sich die Frage, inwieweit diese Autorität bei der richterlichen Normprüfung und -verwerfung in Anspruch genommen werden darf und muss. So liegt der Gedanke nahe, das Verwerfungsmonopol des BVerfG – wie im Recht der Revisionszulassung oder der Annahme von Verfassungsbeschwerden – auf solche Normen zu beschränken, welche grundsätzliche verfassungsrechtliche Fragen aufwerfen (zu diesem Reformmodell unter C).[1] Sowohl die grundsätzliche verfassungsrechtliche Bedeutung bei der Annahme der Verfassungsbeschwerde als auch die grundsätzliche Bedeutung im Revisionsrecht wird nämlich in der Regel verneint, wenn es um die Verfassungsmäßigkeit solcher Normgruppen bzw. Normsituationen geht, welche nur einen begrenzten Wirkungsgrad haben, die also nur noch einen kleinen und überschaubaren Personenkreis betreffen, wie dies meist bei Gesetzen der Fall ist, welche bereits vom Gesetzgeber aufgehoben oder für die Zukunft geändert wurden.

Gleichermaßen zu überprüfen ist die Notwendigkeit einer beim BVerfG konzentrierten Normverwerfung, wenn es um Gesetze geht, die von Anfang an nur befristet gelten, wie Übergangsbestimmungen, Experimentiergesetze oder unter Umständen auch Maßnahmegesetze. Zur Überprüfung steht auch an das Verwerfungsmonopol für solche Normen, die ursprünglich verfassungsgemäß waren, und erst aufgrund einer Veränderung der tatsächlichen oder rechtlichen Umstände verfassungswidrig geworden sind. Im folgenden Teil der Arbeit soll die Übertragbarkeit der Verwerfungsbefugnis auf die Fachgerichte in allen diesen Normsituationen untersucht werden. Dazu wird in einem ersten Schritt der Gegenstand der Untersuchung definiert, sowie dargestellt, wie sich die Verfassungsrechtsprechung bislang in Bezug auf diese Normen und Normsituationen verhielt (hierzu unter B). Im Weiteren werden die untersuchungsgegenständlichen Normkomplexe mit den Normgruppen verglichen, die das BVerfG schon bislang nicht seinem Verwerfungsmonopol unterwirft (hierzu unter D). Sodann soll anhand von Sinn und Zweck des Art. 100 Abs. 1 Satz 1 GG erwogen und entschieden werden, ob überhaupt und inwieweit eine Übertragung der Verwerfungsbefugnis auf die Fachgerichte verfassungsrechtlich zulässig ist (hierzu unter E).

---

[1] Vgl. hierzu *Steiner,* BVerfG, BSG und das deutsche Sozialrecht, S. 70 f.

B. Die Untersuchungsgegenstände

I. Definition der Untersuchungsgegenstände

Der Untersuchung unterliegen im Ansatz all jene Normgruppen und Normsituationen, deren Geltung der Gesetzgeber selbst relativiert, entweder von Anfang an oder im Laufe der Zeit, also die Gesetze, welche er von vornherein einer zeitlichen oder thematischen Geltungsbefristung unterzieht oder von denen er sich später durch Aufhebung oder Abänderung „distanziert". Denn solche Gesetze sind oft nur noch auf wenige Fälle anwendbar und werfen daher unter Umständen auch keine grundsätzlichen Fragen (mehr) auf. Ebenso wenig willentlich vom Gesetzgeber getragen und verursacht sind „Verfassungsbrüche", die durch eine Veränderung der rechtlichen Rahmenbedingungen oder aber der verfassungsrechtlichen oder gesellschaftlichen Verhältnisse erst im Laufe der Geltung von Gesetzen entstehen; deshalb bezieht sich die Untersuchung auch auf derartige Normsituationen.

1. Vom Gesetzgeber aufgehobene oder geänderte Gesetze

Ist das Ende der Geltungsdauer eines Gesetzes nicht in diesem selbst bestimmt, so gilt es grundsätzlich auf unbestimmte Zeit. Es kann nur durch einen neuen Gesetzgebungsakt außer Kraft gesetzt werden, sei es durch ausdrückliche Aufhebung, sei es durch Ersetzung.[2] Vom Grundsatz her und vom Standpunkt der klassischen Gesetzgebungslehre aus sollten Parlamentsgesetze auf Dauer angelegt sein, im Sinne rechtlicher Kontinuität, zeitlicher Allgemeinheit und normativer Verbindlichkeit.[3] Diese klassische Vorstellung von der Konstanz und Dauerhaftigkeit eines allgemein geltenden Gesetzes[4] hat sich aber im Laufe der Zeit als lebensfremdes Ideal herausgestellt, das im Gesetzgebungsalltag, zumal in zentralen wirtschafts-, sozial- und steuerpolitischen Bereichen keinen Bestand hat.[5] Da in den vielfach sehr komplexen Fragen der Gesetzgebung die Wirkungen eines Gesetzes einerseits erst nach einer bestimmten Laufzeit eingeschätzt werden können, andererseits gerade in diesen sehr komplexen und häufig politisch brisanten Bereichen oft parteipolitische Wert- und Ordnungsvorstellungen mit bestimmten Gesetzen verbunden sind, ist Konstanz und Dauerhaftigkeit der Regelungen eher zum seltenen Fall geworden. Auch andere Ursachen, wie bei-

---

[2] *H. Schneider,* Gesetzgebung, Rn. 550 ff.

[3] Vgl. dazu *Dreier,* in: ders., GG, Art. 19 Rn. 2; *Chanos,* Befristung parlamentarischer Gesetzgebung, S. 11 f.; *Leisner,* DVBl. 1981, S. 849 (851).

[4] *Kägi,* Die Verfassung als rechtliche Grundordnung des Staates, S. 111; *Leisner,* DVBl. 1981, S. 849 (851); vgl. dazu auch *Stettner,* NVwZ 1989, S. 806.

[5] *Esser,* Gesetzesrationalität, S. 241.

spielsweise die Einwirkung europäischen Rechts, führen häufig zur Aufhebung, Ersetzung bzw. Abänderung geltender Gesetze.

Sofern die Aufhebung oder Abänderung ohne Rückwirkung oder nur partiell rückwirkend erfolgt, ist die vorherige Rechtslage aber noch für die sog. Altfälle entscheidungserheblich im Sinne des Art. 100 Abs. 1 GG, das heißt für solche Fälle, die tatbestandlich in den Anwendungsbereich des früheren Gesetzes fallen. Das BVerfG hat sich deshalb häufig – bei Zulässigkeit der Vorlage im Senat – mit der Frage zu befassen, ob ein Gesetz, das bereits außer Kraft gesetzt wurde und nur noch auf einen sehr kleinen Kreis von Personen – unter Umständen nur noch auf einen einzigen Fall oder ganz wenige Fälle – anwendbar ist, verfassungsgemäß ist.[6] Daher stellt sich die Frage, ob es noch zum Aufgabenkreis des BVerfG zählen kann, sich mit der Verfassungsmäßigkeit von Normen zu beschäftigen, die vom Willen des Gesetzgebers selbst nicht mehr gedeckt sind, wenn andererseits die Funktion des Gerichts auf die Klärung grundsätzlicher und wesentlicher verfassungsrechtlicher Fragen beschränkt ist.

2. Befristete Gesetze; auslaufendes Recht; Übergangsbestimmungen

Denkt man diesen Gedanken konsequent weiter, so fragt sich auch, ob es zu diesen grundsätzlichen verfassungsrechtlichen Fragen zählt, wenn es um die Verfassungsmäßigkeit zeitlich befristeter Gesetze geht. Legt der Gesetzgeber von vornherein den Zeitpunkt des Außerkrafttretens einer Regelung fest, so ist dies besonderer Ausdruck der (zeitlich) begrenzten Verbindlichkeit und Geltung der Norm.[7] Das Zeitgesetz hat damit oft nur einen sehr überschaubaren, klar eingrenzbaren und eingegrenzten Anwendungsbereich.[8]

Zeitlich befristet geltende Gesetze finden sich insbesondere in Form sog. *Übergangsbestimmungen*. Bei diesen ergibt sich aus der Natur der Sache, dass sie nur für einen bestimmten Zeitraum gelten sollen:[9] Echte Übergangsvorschriften bestimmen in der Regel, ob und inwieweit unter einem früheren Rechtszustand entstandene und noch nicht abgewickelte Rechtsverhältnisse weiterhin nach altem Recht zu beurteilen oder einer neuen Rechtslage zu unterstellen sind.[10] Oftmals handelt es sich um Stichtagsregelungen als Kompromisslösungen im Rahmen noch zulässiger gesetzlicher Typisierung.[11] Andererseits gibt es aber auch bis ins Einzelne ausdifferenzierte und abgewogene Übergangsregelungen, die

---

[6] Vgl. zu diesen Normsituationen *Steiner,* Sozialversicherungsrecht, S. 36; *ders., NJW* 2001, S. 2919 (2921).

[7] *Chanos,* Befristung parlamentarischer Gesetzgebung, S. 15.

[8] *H. Schneider,* Gesetzgebung, Rn. 550 ff.

[9] *Heitmann,* NJW 1997, S. 1488 (1489).

[10] *H. Schneider,* Gesetzgebung, Rn. 543 ff.

[11] Vgl. nur BVerfGE 72, 248; 79, 219; hierzu *H. Schneider,* Gesetzgebung, Rn. 547.

besonderen politischen oder gesellschaftlichen Situationen Rechnung tragen sollen.[12] So hatten beispielsweise die Übergangsregelungen zur Erstreckung des Bundesrechts auf das Gebiet der ehemaligen DDR die Intention, der besonderen Situation in jedem einzelnen Rechtsgebiet so gut wie möglich zu begegnen.[13]

Übergangsbestimmungen sind indes nur eine Untergruppe von befristeten Gesetzen. Allgemein haben Gesetzgebungsakte, die selbst den Zeitpunkt ihres Außerkrafttretens bestimmen, in den vergangenen zehn Jahren beachtliche gesetzgebungs- und rechtspolitische Aktualität erlangt.[14] Man will sogar ganz allgemein einen Trend vom dauerhaften Recht zum Recht auf Zeit konstatieren.[15] „Zeitgesetze" gelten als besonderer Ausdruck der Zeitbezogenheit heutiger Gesetzgebung,[16] das heißt als Folge einer größer werdenden Anpassungsnotwendigkeit an sich immer schneller wandelnde Verhältnisse, vor allem im Technologiebereich, aber auch allgemein in der Wirtschaftgesetzgebung, wie auch im Rahmen des Sozial- und Steuerrechts.[17] Gesetzgebung soll auf diese Weise – wirklichkeitsnah – für eine entsprechende wirtschafts- oder sozialpolitische Situation geschaffen werden; nach Fristablauf soll erneut über sie beschlossen werden. Sinn der generellen Befristung von Gesetzen ist die – über die politische Absicht hinausgehende – Selbstverpflichtung des Gesetzgebers zu einer periodischen Erfolgs- und Wirkungskontrolle seiner Gesetze; denn eine Verlängerung der gesetzlichen Regelung kommt – idealiter – nur dann in Betracht, wenn der angestrebte Erfolg eingetreten ist und weiterhin ein Bedürfnis nach der Regelung besteht.[18]

In vielen Fällen, in denen im geltenden Recht zeitlich befristete Gesetze Entscheidungsgrundlage für die Gerichte sind, handelt es sich, wenn diese im Rahmen des Art. 100 Abs. 1 GG dem BVerfG vorgelegt werden, um Normen, die

---

[12] *Heitmann*, NJW 1997, S. 1488 (1489).

[13] Vgl. hierzu *H. Schneider*, Gesetzgebung, Rn. 549.

[14] So wurde vom Sachverständigenrat „Schlanker Staat", der am 21.9.1995 zusammentrat, beschlossen, es solle verstärkt die Möglichkeit befristeter Gesetzgebung in Betracht gezogen werden; vgl. Sachverständigenrat „Schlanker Staat" (Hg.), Abschlussbericht, S. 21. Die Landesregierungen von Thüringen, Nordrhein-Westfalen und Hessen haben kürzlich weitreichende Grundsatzbeschlüsse gefasst, nach denen zukünftig Gesetze, Rechtsverordnungen und Verwaltungsvorschriften in der Regel mit einem Verfallsdatum versehen werden und unbefristete Regelungen nur noch die Ausnahme sein sollen. Vgl. zum ganzen *Zimmermann*, DÖV 2003, 940 ff. Zur Problematik der Befristung parlamentarischer Gesetzgebung vgl. auch *Benda*, NJW 1996, S. 2282 ff.; *Chanos*, Befristung parlamentarischer Gesetzgebung; *Heitmann*, NJW 1997, S. 1488 ff.

[15] *Ritter*, Das Recht als Steuerungsmedium im kooperativen Staat, S. 83.

[16] *Chanos*, Befristung parlamentarischer Gesetzgebung, S. 14.

[17] Kritisch wegen der mit Zeitgesetzen verbundenen Rechtsunsicherheit *Heitmann*, NJW 1997, S. 1488 (1489).

[18] Dazu Sachverständigenrat „Schlanker Staat" (Hg.), Abschlussbericht, S. 23; *Chanos*, Befristung parlamentarischer Gesetzgebung, S. 11.

nur einen noch sehr beschränkten sachlichen und zeitlichen Anwendungsbereich haben. Vielfach sind diese Gesetze zum Zeitpunkt der Vorlage – oder aber zum Zeitpunkt einer Entscheidung des BVerfG – bereits ausgelaufen, das heißt über das Ausgangsverfahren hinaus sind sie – abstrakt gesehen – bedeutungslos oder bedeutungsarm. Auch handelt es sich häufig um (schon) *auslaufendes Recht*, das heißt die betreffende Bestimmung verliert in absehbarer Zeit ihre Geltung und gilt dementsprechend nur noch für einen überschaubaren Zeitraum und Personenkreis.

3. Experimentiergesetze

Von den „normalen" Zeitgesetzen sind die sog. *Experimentiergesetze oder Experimentierklauseln* zu unterscheiden. Das BVerfG anerkennt im Experimentiergesetz einen eigenständigen Gesetzestypus gegenüber dem normalen Zeitgesetz.[19] Das Experimentiergesetz ist nicht von Anfang an als endgültig verbindlich konzipiert. Vielmehr ist sich hier der Gesetzgeber bei gegebenem Regelungsbedarf über die endgültig zu treffende Regelung noch nicht im Klaren.[20] Voraussetzung für ein Experimentiergesetz in diesem technischen Sinne ist zum einen – wie beim normalen Zeitgesetz – die zeitliche Befristung der Regelung; hinzukommen muss aber die Gewährleistung einer angemessenen Evaluation bis hin zur Begleitforschung.[21] Das Gesetzgebungsexperiment dient damit der Sammlung von Erfahrungen vor der Umwandlung in eine verbindliche gesetzliche Regelung.[22] Es eignet sich zur Folgenreduzierung gesetzgeberischer Fehlprognosen, wenn die Auswirkungen tief greifender rechts-, sozial- oder wirtschaftspolitischer gesetzlicher Reformen nicht von vornherein abgeschätzt werden können.[23]

Prominentes Beispiel für Experimentiergesetzgebung ist die Experimentierklausel zur Einphasenjuristenausbildung. Durch Bundesgesetz wurde damit den Ländern die Möglichkeit eröffnet, mit Modellen einer einstufigen Juristenausbildung zu experimentieren: „Ob einem solchen einstufigen Ausbildungsgang der Vorzug vor dem herkömmlichen Ausbildungssystem zu geben ist, lässt sich ohne eine praktische Erprobung einstufiger Ausbildungsmodelle nicht entscheiden. Diese Erprobung ermöglicht der vorliegende Entwurf durch die Einfügung einer Experimentierklausel in das Deutsche Richtergesetz."[24] In insgesamt sechs

---

[19] BVerfGE 43, 291 (321); 57, 295 (325); 68, 155 (174); 70, 1 (34); 74, 297 (339); 75, 108 (162).

[20] *Horn,* Experimentelle Gesetzgebung unter dem Grundgesetz, S. 26.

[21] *Messerschmidt,* Gesetzgebungsermessen, S. 1017.

[22] *Horn,* Experimentelle Gesetzgebung unter dem Grundgesetz, S. 24.

[23] Vgl. *Chanos,* Befristung parlamentarischer Gesetzgebung, S. 33 f.

[24] Amtliche Begründung, BT-Drs. 6/1380, S. 5; vgl. auch den schriftlichen Bericht des Rechtsausschusses vom 7.6.1971, BT-Drs. 6/2269, S. 2.

Bundesländern wurden auf dieser Grundlage Modellstudiengänge zur einstufigen Juristenausbildung eingerichtet.[25]

In der neueren Gesetzgebung findet sich ein Beispiel für Experimentiergesetzgebung in § 119 Abs. 3 bis 6 GVG. Diese Experimentierklausel ermöglicht es den Ländern, für eine Übergangszeit vom 1.1.2002 bis zum 31.12.2007 eine Konzentration der Berufungs- und Beschwerdeverfahren bei den Oberlandesgerichten einzuführen und damit zu erproben, welcher Instanzenweg die größeren Vorteile bietet.[26] Wollte man bei der ZPO-Reform zum 1.1.2002 schließlich doch nicht – wie ursprünglich geplant – zum zweistufigen Instanzenzug übergehen, so gab man den Ländern damit immerhin die Möglichkeit, in einer Art Testphase die Vor- und Nachteile der geplanten Reform zu evaluieren.[27]

4. Normen, die aufgrund „neuer Verhältnisse" verfassungswidrig werden

Eine weitere Normsituation, die untersucht werden soll, ist gekennzeichnet nicht durch die ursprüngliche Beschaffenheit oder Eigenart des betreffenden Gesetzes, sondern durch einen „Alterungsprozess"[28], der eine neue verfassungsrechtliche Beurteilung aufgrund einer Änderung der Rechtslage oder allgemein der für das Gesetz maßgeblichen Verhältnisse notwendig macht.[29] So kann ein Gesetz, das ursprünglich (oft sogar erklärtermaßen durch das BVerfG) verfassungsgemäß war, durch spätere Entwicklungen überholt werden, und sich daraus eine abweichende verfassungsrechtliche Beurteilung ergeben.[30] Gründe, die ein Gesetz ursprünglich legitimierten, können im Laufe der Zeit wegfallen.[31] Es können sich die gesellschaftlichen Verhältnisse so grundlegend ändern, dass eine neue Verfassungsinterpretation nunmehr zur Verfassungswidrigkeit einer ursprünglich verfassungsgemäßen Vorschrift führt.[32] So anerkennt das BVerfG im Bereich des Steuerrechts, dass ein grundlegender Wandel der Verhältnisse, der nicht nur vorübergehend ist, ehemals sachgemäße Unterscheidungen oder Gleichbehandlungen sachwidrig machen kann.[33] Im Sozialrecht nahm es zum Beispiel einen

---

[25] Vgl. den Bericht der Bundesregierung v. 7.5.1975, BT-Drs. 7/3604, S. 6 ff.

[26] *Hüßtege,* in: Thomas/ Putzo, ZPO, § 119 GVG Rn. 21.

[27] Dazu *Gummer,* in: Zöller, ZPO, § 119 GVG Rn. 20. Vgl. zur Experimentiergesetzgebung jüngst auch das Gesetz zur optionalen Trägerschaft von Kommunenen nach dem SGB II vom 30.7.2004, BGBl. I, S. 2014.

[28] *Steiner,* NJW 2001, S. 2919 (2921).

[29] Vgl. dazu *Bettermann,* Konkrete Normenkontrolle, S. 332, 367; *Steiner,* Sozialstaat und Verfassungsrecht, FAZ v. 3.6.2003, S. 7.

[30] *Benda,* NJW 1996, S. 2282.

[31] *Bettermann,* Konkrete Normenkontrolle, S. 332.

[32] Vgl. zum Ganzen *Bethge,* in: Maunz u.a., BVerfGG, § 31 Rn. 7; *Kummer,* Nichtzulassungsbeschwerde, Rn. 123; *Walter,* AöR 125 (2000), S. 517 (535).

[33] BVerfGE 12, 341 (353 f.).

Verfassungswandel insoweit an, als sich die Rolle der Frau in Ehe und Familie sowie die Lebensumstände erheblich geändert hätten, so dass die Verschiedenbehandlung von Mann und Frau bei der Hinterbliebenenrente nicht mehr sachlich gerechtfertigt sei.[34]

Ein Unterfall der Konstellation einer Verfassungswidrigkeit aufgrund eines Wandels der Verhältnisse ist die zeitliche Entwicklung eines sog. *Maßnahmegesetzes*.[35] Darunter versteht das BVerfG solche Gesetze, die „konkrete Maßnahmen verwirklichen wollen und gegenstandslos werden, nachdem diese durchgeführt sind".[36] Sie erwachsen aus einer bestimmten konkreten Situation und stehen zu dieser in einem überschaubaren und nicht auflösbaren Verhältnis.[37] Kennzeichnend für das Maßnahmegesetz ist also die größere Zwecknähe und geringere Abstraktheit gegenüber der typischen abstrakt-generellen Regelung, da es gerichtet ist auf die Bewältigung der spezifischen Situation durch genau definierte Maßnahmen.[38] Es ist demnach situationsgebunden, und verliert seinen Sinn, wenn der Zweck, dem allein es dient, erreicht ist oder unerreichbar wird.[39]

Beim sog. Mühlengesetz von 1957, welches durch Prämien für die Stilllegung von Mühlen die überhöhte Mahlkapazität vermindern sollte, handelte es sich um ein solches (wirtschaftslenkendes) Maßnahmegesetz. Es sollte der augenblicklichen Krisensituation im betreffenden Wirtschaftszweig begegnen. Nach der Beurteilung des BVerfG rechtfertigten hier Gemeinwohlbelange die regulierenden Maßnahmen.[40]

Maßnahmegesetze treten – wie alle anderen Gesetze - nicht automatisch außer Kraft, auch dann nicht, wenn ihr Zweck erfüllt ist oder nicht mehr erfüllt werden kann[41] (es sei denn der Zweck ist so spezifiziert, dass das Gesetz seinen Regelungsgrund unzweifelhaft verliert, sobald der damit intendierte Zustand erreicht ist[42]). Denn Maßnahmegesetze sind nicht per se auch Zeitgesetze mit befristeter

---

[34] BVerfGE 39, 169 (187 ff.).
[35] Vgl. zum Maßnahmegesetz *Ballerstedt,* Über wirtschaftliche Maßnahmegesetze, S. 369 ff.; *Forsthoff,* Über Maßnahmegesetze, S. 221 ff.
[36] BVerfGE 4, 7 (18).
[37] *H. Schneider,* Gesetzgebung, Rn. 195 ff.
[38] *Chanos,* Befristung parlamentarischer Gesetzgebung, S. 28.
[39] *H. Schneider,* Gesetzgebung, Rn. 196.
[40] BVerfGE 25, 1 (23). Weitere Beispiele für Maßnahmegesetze waren beispielsweise das Berlinförderungsgesetz, das Gesetz zur Verbesserung und Ergänzung sozialer Maßnahmen in der Landwirtschaft, das Wohnungsbaugesetz, das Gesetz zum Abbau von Subventionen und sonstigen Vergünstigungen, das Vermögensbildungsgesetz, das Maßnahmegesetz zum Baugesetzbuch 1990 oder etwa das Energieeinsparungsgesetz, vgl. dazu *H. Schneider,* Gesetzgebung, Rn. 195.
[41] *Benda,* NJW 1996, S. 2282 (2283); *H. Schneider,* Gesetzgebung, Rn. 560.
[42] *Chanos,* Befristung parlamentarischer Gesetzgebung, S. 29 f.

Geltung, werden also auch nicht nach einer bestimmten Zeit funktionslos.[43] Sie bedürfen vielmehr zu ihrem Außerkrafttreten entweder einer entsprechenden Befristung im Gesetz selbst oder der ausdrücklichen Aufhebung durch den Gesetzgeber.

Von manchen Literaturstimmen wird zwar in Zusammenhang mit Maßnahmegesetzen und allgemein solchen Gesetzen, die durch eine Veränderung der Verhältnisse verfassungswidrig geworden sind, die Rechtsregel „cessante ratione legis cessat lex ipsa" herangezogen:[44] Danach verliert ein Gesetz mit dem Wegfall seines ursprünglichen Zwecks oder seiner Rechtfertigung die Grundlage und darf damit von den Gerichten nicht mehr als Entscheidungsgrundlage herangezogen werden. Ein Gesetz kann aber nicht automatisch seine Geltungskraft einbüßen, wenn es seinen Zweck erfüllt hat oder sich die Umstände wesentlich geändert haben.[45] Die schlichte Nichtanwendbarkeit von überholten Gesetzen nach der „Cessante-Regel" würde vielmehr eine Überforderung der massenhaften Verwaltung darstellen; denn diese müsste in jedem Einzelfall Gesetze auf ihre Verfassungsmäßigkeit hin überprüfen.[46] Die Verwaltung braucht vielmehr klare und einfache Kriterien.[47] Bei tatsächlich veränderten Umständen, die ein Gesetz verfassungswidrig haben werden lassen, ist daher der Gesetzgeber gehalten, seiner Nachbesserungspflicht[48] nachzukommen, indem er das Gesetz entsprechend anpasst oder aufhebt.[49] Kommt der Gesetzgeber seiner Nachbesserungspflicht nicht nach, so stellt das Gesetz einen – nicht mehr gerechtfertigten – Eingriff in Grundrechte dar und ist damit verfassungswidrig.[50]

II. Bisherige Rechtsprechung des BVerfG bei Vorliegen dieser Normsituationen

In der Rechtsprechung des BVerfG werden Richtervorlagen, welche eine der dargestellten Normsituationen zum Gegenstand haben, im Grundsatz nicht anders behandelt als alle anderen Vorlagen formeller, nachkonstitutioneller Gesetze. Für den zulässigen Vorlagegegenstand ist danach insbesondere nicht Voraussetzung, dass und wie lange das betreffende Gesetz noch in Kraft ist. Aufmerksamkeit verdient aber die mittelbare Relevanz einer solchen Normlage oder

---

[43] *Chanos,* Befristung parlamentarischer Gesetzgebung, S. 29 f.; vgl. auch *Heckmann,* Geltungskraft und Geltungsverlust von Rechtsnormen.

[44] Vgl. dazu *Bettermann,* Konkrete Normenkontrolle, S. 333 Fn. 20; *H. Schneider,* Gesetzgebung, Rn. 559.

[45] *H. Schneider,* Gesetzgebung, Rn. 559 f.

[46] *Maunz,* BayVBl. 1980, S. 513 (515).

[47] *Benda,* NJW 1996, S. 2282.

[48] Zu gesetzgeberischen Nachbesserungspflicht vgl. *Benda,* NJW 1996, S. 2282 (2283); *Gusy,* ZRP 1985, S. 291 (294 f.); *Mayer,* Die Nachbesserungspflicht des Gesetzgebers.

[49] *Benda,* NJW 1996, S. 2282.

[50] BVerfGE 25, 1 (23); dazu *Benda,* NJW 1996, S. 2282.

Normeigenschaft im Rahmen der Zulässigkeitsbeurteilung. Die Vorlagen betreffend solche Normen laufen in der Regel eher die Gefahr, dass sie unzulässig sind, etwa weil die verfassungskonforme Auslegung der Vorschrift anhand einer Nachfolgeregelung durch das Instanzgericht unterblieben war und damit die Darlegung der Überzeugung von der Verfassungswidrigkeit der Norm als unzureichend angesehen wird. Insbesondere sind aber die Vorlagen oft unbegründet, insbesondere weil dem Gesetzgeber bei eng zeitbezogenen Gesetzen ein besonders weiter Gestaltungsspielraum eingeräumt wird.[51]

1. Rechtsprechung zum Vorlagegegenstand

Argumentativ auseinandergesetzt hat sich das BVerfG in seiner Rechtsprechung indessen bislang nie mit der Frage, ob Instanzgerichte ein für verfassungswidrig gehaltenes Gesetz auch dann gemäß Art. 100 Abs. 1 GG vorlegen müssen, wenn eine der angesprochenen Normsituationen gegeben ist. Es hat aber in ständiger Spruchpraxis die Zulässigkeit einer Vorlage ausdrücklich weder von der Fortgeltung des Gesetzes noch von dessen Dauerhaftigkeit abhängig gemacht. Auch zum Zeitpunkt einer Vorlage bzw. verfassungsgerichtlichen Entscheidung außer Kraft getretenes Recht kann nach der Rechtsprechung des BVerfG zulässiger Gegenstand der konkreten Normenkontrolle sein, solange es für die Entscheidung im Ausgangsverfahren entscheidungserheblich bleibt.[52] Dieser Grundsatz wird auch immer wieder bestätigt, und zwar sowohl für ersatzlos aufgehobene Vorschriften (wie zum Beispiel § 32 Abs. 8 EStG[53]) und geänderte Vorschriften (wie zum Beispiel § 39a Abs. 1 Nr. 6 Satz 1 EStG[54]) als auch für

---

[51] Vgl. hierzu die Übersicht zu den Entscheidungen des BVerfG zu Vorlagen betreffend die untersuchten Normsituationen im Anhang, S. 213 ff.

[52] BVerfGE 47, 46 (64); BVerfG, Urt. v. 17.7.2003 – 2 BvL 1/99 u.a. – BGBl. I 2003, S. 1728; dazu *E. Klein,* in: Benda/ Klein, Verfassungsprozessrecht, Rn. 787 Fn. 74; *Löwer,* HStR II, § 56 Rn. 76; *Sieckmann,* in: v. Mangoldt/ Klein, Starck, GG, Art. 100 Rn. 19 Fn. 93 u. Rn. 46; *Steiner,* BVerfG, BSG und das deutsche Sozialrecht, S. 70; *Sturm,* in: Sachs, GG, Art. 100 Rn. 10; *Zierlein,* Prozessverantwortung, S. 462 Fn. 20. Durch das Außerkrafttreten einer Vorschrift kann sich allerdings das Ausgangsverfahren erledigen; vgl. *Sieckmann,* in: v. Mangoldt/ Klein/ Starck, GG, Art. 100 Rn. 19 Fn. 93 u. Rn. 63. Gleiches gilt im Übrigen für aufgehobene Gesetze, die im Rahmen einer abstrakten Normenkontrolle zur Überprüfung gestellt werden, wenn diese noch Rechtswirkungen entfalten können, vgl. hierzu nur BVerfGE 5, 25 (28); 20, 56 (94); 79, 311 (328); 97, 198 (214 f.); 100, 249 (257); hierzu auch *Pestalozza,* Verfassungsprozessrecht, § 8 Rn. 9; *Ulsamer,* in: Maunz u.a., BVerfGG, § 76 Rn. 18.

[53] In der Fassung des Haushaltsbegleitgesetzes 1983, hierzu BVerfGE 82, 198; vgl. auch die Entscheidung zu § 2 Abs. 1 und 2, § 28 Abs. 1, 3 und 4 und § 33 Nr. 2 RhPf Krankenhausreform G, hierzu BVerfGE 83, 363.

[54] In der Fassung des Art. 5 Nr. 10 des Gesetzes zur Stärkung der Wettbewerbsfähigkeit der Wirtschaft und zur Einschränkung von steuerlichen Vorteilen vom 22.12.1983, hierzu BVerfGE 84, 348.

Übergangsregelungen (wie zum Beispiel § 33a Abs. 2 Satz 1 Nr. 1b EStG[55]). Indes werfen die angesprochenen Normsituationen häufig Probleme im Rahmen der anderen Zulässigkeitsvoraussetzungen auf.

2. Darlegungsvoraussetzungen für die Zulässigkeit einer Vorlage

Das Recht und die Pflicht zur Vorlage sind nach Art. 100 Abs. 1 Satz 1 GG an zwei Voraussetzungen geknüpft, die nach der Rechtsprechung des BVerfG eingehender Darlegung bedürfen: die Entscheidungserheblichkeit sowie die instanzrichterliche Überzeugung von der Verfassungswidrigkeit der Norm. An diesen beiden Voraussetzungen scheitern insbesondere auch viele Vorlagen im Zusammenhang mit den dargestellten Normsituationen.

a. Darlegung der Überzeugung von der Verfassungswidrigkeit einer Norm

Der vorlegende Richter muss von der Verfassungswidrigkeit des Gesetzes überzeugt sein. Angesichts des Wortlauts von Art. 100 Abs. 1 GG („hält [...] für verfassungswidrig") lässt das BVerfG bloße Zweifel an der Verfassungsmäßigkeit nicht ausreichen.[56] Es akzeptiert – zumindest im Grundsatz – die Auffassung des Instanzgerichts, wenn diese nicht in offensichtlichem Widerspruch zur seiner eigenen Rechtsprechung steht.[57] Das Instanzgericht hat sich aber jedenfalls mit nahe liegenden tatsächlichen und rechtlichen Gesichtspunkten auseinanderzusetzen.[58] Es muss die in Rechtsprechung und Literatur vertretenen Ansichten berücksichtigen und auf unterschiedliche Auslegungsmöglichkeiten der Norm eingehen, soweit diese für deren Verfassungsmäßigkeit von Bedeutung sein können.[59]

Hat das BVerfG über die betreffende Norm bereits in einem früheren Verfahren entschieden, so müssen – angesichts der grundsätzlichen Bindungswirkungen einer solchen vorgängigen Entscheidung gemäß § 31 Abs. 1 BVerfGG – „neue

---

[55] In der Fassung von Art. 1 Nr. 8a des Gesetzes zur Wiederbelebung der Wirtschaft und Beschäftigung und zur Entlastung des Bundeshaushalts vom 20.12.1982, hierzu BVerfGE 89, 346. Vgl. aus der neueren Rspr. auch das Urteil des 2. Senats zur Besteuerung von Spekulationsgewinnen in den Jahren 1997 und 1998, v. 9.3.2004 – 2 BvL 17/02 – veröffentlicht unter http://www.bverfg.de.

[56] BVerfGE 1, 184 (189); 16, 188 (189 f.); 78, 20 (24); 80, 54 (58 f.); 87, 234 (254); *H. Klein,* in: Umbach/ Clemens, BVerfGG, § 80 Rn. 60; *Wieland,* in: Dreier, GG, Art. 100 Rn. 16.

[57] BVerfGE 77, 340 (344).

[58] BVerfGE 86, 52 (57); 86, 71 (78); 94, 315 (325).

[59] BVerfGE 79, 245 (249); 86, 71 (77); 97, 49 (60).

Tatsachen" oder „veränderte Umstände" vorliegen, die eine abweichende Beurteilung rechtfertigen könnten.[60]

Eine Vorlage muss auch dann unterbleiben, wenn das Instanzgericht die Möglichkeit der verfassungskonformen Auslegung der betreffenden Norm hat, und damit die Feststellung der Verfassungswidrigkeit der Norm vermieden werden kann.[61] Es hat – evtl. unter Zusammenschau aller zusammenwirkenden Bestimmungen des einfachen Rechts – im gebotenen Umfang alle Auslegungsvarianten selbst zu ermitteln und diese seiner Entscheidung zugrunde zu legen.[62]

Den genannten Voraussetzungen entsprechen sehr hohe Anforderungen an die Begründung der Vorlagebeschlüsse, die das BVerfG aus § 80 Abs. 2 Satz 1 BVerfGG ableitet: Das Instanzgericht muss den verfassungsrechtlichen Prüfungsmaßstab nennen und die für seine Überzeugung maßgebenden Erwägungen umfassend und nachvollziehbar darlegen.[63] Die Darlegung hat – nicht unproblematisch – alle in Rechtsprechung und Literatur vertretenen Auffassungen zu berücksichtigen und auf unterschiedliche Auslegungsmöglichkeiten der Norm einzugehen.[64]

aa. Einschätzungs- und Prognosespielraum des Gesetzgebers

Bei *Übergangsregelungen*, aber auch bei *zeitlich befristeten Regelungen* und *Experimentiergesetzen* haben die Instanzgerichte insbesondere zu berücksichtigen, dass das BVerfG hier dem Gesetzgeber einen besonders großen Einschätzungs- und Prognosespielraum zuerkennt sowie das verfassungsrechtliche Interesse an „stetiger Rechtsentwicklung" betont; dies müssen auch die Gerichte, bevor sie ein Verfahren nach Art. 100 Abs. 1 GG aussetzen, in ihre Erwägungen einstellen.

Wegen unzureichender Darlegung der Verfassungswidrigkeit wurde infolgedessen eine Vorlage der Übergangsregelung des § 85 Abs. 7 Satz 1 BeamtVG[65] von der 1. Kammer des Zweiten Senats mit Beschluss vom 13. Januar 2003 zurückgewiesen.[66] Nach dieser Regelung richtete sich die Berücksichtigung von Zeiten

---

[60] BVerfGE 33, 199; 39, 169 (181); 65, 179 (181); 70, 242 (249); 80, 182 (186); BVerfG, Beschl. v. 14.10.2003 – 2 BvL 19/02.

[61] Vgl. hierzu BVerfGE 1, 299 (312); 10, 234 (244); 62, 1 (45); 85, 329; 96, 315 (324). Allgemein zur Problematik verfassungskonformer Auslegung von Gesetzen durch die Rechtsprechung vgl. *Sieckmann*, in: v. Mangoldt/ Klein/ Starck, GG, Art. 100 Rn. 34 sowie *Zierlein*, Prozessverantwortung, S. 474 f.

[62] Vgl. dazu insbesondere BVerfGE 22, 373; 48, 40 (45); 78, 20 (24).

[63] BVerfGE 86, 52 (57); 86, 71 (78); 94, 315 (325).

[64] BVerfGE 79, 245 (249); 86, 71 (77); 97, 49 (60).

[65] Beamtenversorgungsgesetz in der Fassung vom 16.3.1999 – BGBl I, S. 322.

[66] 2 BvL 9/00 – FamRZ 2003, S. 834 = ZBR 2003, S. 247.

der Kindererziehung bei der Berechnung der ruhegehaltfähigen Dienstzeit für ein vor dem 1. Januar 1992 geborenes Kind weiterhin nach § 6 Abs. 1 Sätze 4 und 5 BeamtVG[67]. Das vorlegende Gericht hätte berücksichtigen müssen, dass es sich bei der Norm um eine Stichtags- und Übergangsregelung handelt, die noch nicht bereits wegen solcher Härten verfassungswidrig sei, die daraus resultieren, dass die tatsächliche Situation derjenigen Personen, die durch Erfüllung der Stichtagsvoraussetzungen gerade noch in den Genuss der Neuregelung gelangen, sich von der Lage derjenigen unterscheidet, bei denen diese Voraussetzungen fehlten. In einem solchen Fall sei es unmöglich, die unter altem Recht entstandenen Rechtsverhältnisse vollständig dem neuen Recht zu unterstellen; der Grundsatz der Rechtssicherheit verlange vielmehr klare schematische Entscheidungen über die zeitliche Abgrenzung zwischen altem und neuem Recht.[68] *(Fall 1)*

Direkt an der zeitlich begrenzten Geltungsdauer einer Vorschrift setzt der Beschluss der 2. Kammer des Ersten Senats vom 20. Mai 1998 an.[69] Die entsprechende Richtervorlage betraf die Frage, ob vom Anspruch auf Schlechtwettergeld die jeweils erste Stunde an einem Ausfalltag durch § 85 Abs. 5 AFG[70] mit Wirkung vom 1. Januar 1994 ausgenommen werden konnte. Die Vorlage wurde mit der Begründung zurückgewiesen, es liege einerseits möglicherweise eine unbedenkliche typisierende Regelung vor; der Einkommensverlust, den der genannte Arbeitnehmer erlitten habe, könne auf einer im Einzelfall hinzunehmenden unvermeidlichen Härte beruhen. Andererseits sei das Gericht auch nicht auf die nahe liegende Frage eingegangen, ob und wie sich die auf zwei Jahre begrenzte Geltungsdauer der Regelung auf die verfassungsrechtliche Beurteilung, insbesondere unter dem Gesichtspunkt der Verhältnismäßigkeit, auswirke.[71] *(Fall 2)*

Als unzulässig angesehen wurde auch die Vorlage des Art. 2 Nr. 1 KündFG[72] im Beschluss der 2. Kammer des Ersten Senats vom 25. Januar 1994.[73] Die Vorschrift sei eine „Neuorientierung im Sinne eines mittleren Weges zwischen den derzeitig kürzeren Fristen für Arbeiter und den längeren für Angestellte". Die mit der Vorschrift einhergehende Ungleichbehandlung sei weniger gewichtig als

---

[67] Beamtenversorgungsgesetz in der bis zum 31.12.1991 geltenden Fassung.

[68] Mit Verweisung auf BVerfGE 13, 31 (36 ff.); 44, 1 (20 ff.); 49, 260 (275 f.).

[69] NZS 1998, S. 426.

[70] Arbeitsförderungsgesetz in der Fassung des Art. 1 Nr. 32 des Ersten Gesetzes zur Umsetzung des Spar-, Konsolidierungs- und Wachstumsprogramms vom 21.12.1993.

[71] BVerfG, Beschl. v. 20.5.1998 – 1 BvL 34/94 – NZS 1998, S. 426.

[72] Gesetz zur Vereinheitlichung der Kündigungsfristen von Arbeitern und Angestellten – Kündigungsfristengesetz vom 7.10.1993, soweit dadurch nach Art. 221 des Einführungsgesetzbuchs zum Bürgerlichen Gesetzbuch Art. 222 Eingangssatz und Nr. 2a eingefügt worden ist.

[73] 1 BvL 26/93 – NJW 1994, S. 1340 = NZA 1994, S. 499.

diejenige der Vorgängerregelung. Außerdem bestehe sie nur noch temporär und betreffe die kleine Gruppe der Arbeitnehmer, deren Kündigungssachen bei Inkrafttreten des Gesetzes noch anhängig waren. Eine solche Norm sei im Interesse einer stetigen und schrittweisen Rechtsentwicklung sinnvoll und somit verfassungsgemäß.[74] *(Fall 3)*

Auch im Bereich der Experimentiergesetzgebung wird dem Gesetzgeber die Befugnis zu „gröberen Typisierungen und Generalisierungen" zugesprochen.[75] Das Experimentiergesetz ist gekennzeichnet durch die Situation der Ungewissheit, aus der es entsteht; es ist gerade auf Vorläufigkeit, Erprobung und Auswertung angelegt, wobei ein Scheitern möglich bleibt.[76] Das Gesetzgebungsexperiment wird zwar dadurch nicht zum „gerichtsfreien Reservatbezirk" für verfassungswidrige Normierungen, da die nicht disponiblen Anforderungen des Verfassungsrechts auch im Erprobungsbereich beachtet werden müssen.[77] Aus der Erprobungssituation resultiert aber eine Abschwächung verfassungsrechtlicher Anforderungen im Hinblick auf den gesetzgeberischen Prognosespielraum.[78]

bb. Verfassungskonforme Auslegung

Insbesondere bei außer Kraft getretenen Vorschriften betont das BVerfG die Möglichkeit einer verfassungskonformen Auslegung durch die Fachgerichte, sei es anhand einer Nachfolgeregelung, sei es auch sonst, um dem Willen des Gesetzgebers Geltung zu verschaffen. Dies hat das Gericht im Vorlagebeschluss umfassend darzulegen.

So wurde durch Beschluss der 1. Kammer des Ersten Senats vom 6. April 2000[79] die Vorlage des § 17 Abs. 3 Satz 1 Nr. 3 BAföG[80] als unzulässig zurückgewiesen. Die Vorschrift sah vor, dass auch Auszubildende, die in Gremien mitgewirkt haben, nach Überschreiten der Förderungshöchstdauer – im Gegensatz zur vorherigen Rechtslage – nur noch eine Förderung nach dem BAföG durch ein privatrechtliches, verzinsliches Darlehen erhalten können; ergänzt wurde sie durch die Übergangsbestimmung des Art. 6 Abs. 2 Satz 1 des 18. BAföG-ÄndG[81], der die gesetzliche Neuregelung nur für Bewilligungszeiträume ab Juli

---

[74] BVerfG, Beschl. v. 25.1.1994 – NJW 1994, S. 1340 = NZA 1994, S. 499.

[75] BVerfGE 16, 147 (188); 68, 155 (174); 70, 1 (34); 75, 108 (162).

[76] *Messerschmidt,* Gesetzgebungsermessen, S. 1017.

[77] Vgl. *Stettner,* NVwZ 1989, S. 806 ff.

[78] Vgl. hierzu *Stettner,* NVwZ 1989, S. 806 ff.

[79] 1 BvL 18/99 – FamRZ 2000, S. 947 = NVwZ 2000, S. 910.

[80] Bundesausbildungsförderungsgesetz in der Fassung von 1996.

[81] Achzehntes Gesetz zur Änderung des Bundesausbildungsförderungsgesetzes vom 17.7.1996, BGBl. I, S. 1006.

1996 für anwendbar erklärte. Durch Art. 1 Nr. 6 des 20. BAföGÄndG[82] wurde die Vorschrift dahin geändert, dass Auszubildende, die eine Gremientätigkeit ausgeübt haben und deswegen nach Überschreiten der Förderungshöchstdauer eine weitere Förderung nach dem BAföG erhalten, wieder mittels Zuschuss und zinslosem öffentlich-rechtlichem Darlehen gefördert werden können. Gemäß Art. 8 Abs. 2 Satz 1 des 20. BAföGÄndG sollte die Änderung aber explizit nur die Bewilligungszeiträume ab 30. Juni 1999 betreffen. Das vorlegende Verwaltungsgericht hatte demnach eine verfassungskonforme Auslegung des § 17 Abs. 3 Satz 1 Nr. 3 BAföG[83] im Sinne einer rückwirkenden Anwendung des Art. 1 Nr. 6 des 20. BAföGÄndG angesichts des eindeutigen Wortlauts der Änderungsvorschrift und den insoweit klaren Vorstellungen des Gesetzgebers abgelehnt. Das BVerfG hat dagegen eine teleologische Reduktion der Übergangsvorschrift des Art. 6 Abs. 2 Satz 1 BAföGÄndG für möglich gehalten. Denn die Nachfolgeregelung ändere zwar nicht die Übergangsregelung, bestätige diese aber auch nicht ausdrücklich. Die verfassungskonforme Auslegung bewirke daher lediglich die Fortgeltung einer Regelung, die der Gesetzgeber selbst zu einem späteren, aber doch verhältnismäßig nahen Zeitpunkt wieder in Kraft gesetzt habe. *(Fall 4)*

cc. Anforderungen an die Zweitvorlage einer Norm

Hat das BVerfG über eine Vorschrift bereits entschieden, so ist eine erneute Vorlage nicht zulässig, wenn sie lediglich damit begründet wird, es sei ein bestimmter verfassungsrechtlicher Gesichtspunkt nicht erörtert worden. Denn eine Entscheidung des BVerfG bindet alle Gerichte nach § 31 Abs. 1 BVerfGG.[84] Das BVerfG sieht sich aber dann zu einer erneuten Prüfung der betreffenden Norm berufen, wenn inzwischen eingetretene Veränderungen die erneute verfassungsgerichtliche Prüfung veranlassen.[85] Diese Veränderungen können rechtlicher oder tatsächlicher Art sein[86] oder einen grundlegenden Wandel der allgemeinen Rechtsauffassung betreffen.[87] Die Vorlage muss darlegen, inwiefern tatsächliche oder rechtliche Veränderungen eingetreten sind, welche die Grundlage der früheren Entscheidung berühren und deren Überprüfung nahe legen.

---

[82] Zwanzigstes Gesetz zur Änderung des Bundesausbildungsförderungsgesetzes vom 7.5.1999, BGBl. I, S. 850.

[83] Bundesausbildungsförderungsgesetz in der Fassung von 1996.

[84] BVerfGE 26, 44 (56); BVerfG, Beschl. v. 7.10.1999 – 1 BvL 7/93 – DVBl. 2000, S. 39; vgl. zur Bindungswirkung der Entscheidungen des BVerfG in Teil 1, B.II.1.b.

[85] BVerfGE 65, 179 (181); 87, 341 (346); BVerfG, Beschl. v. 7.10.1999 – 1 BvL 7/93 – DVBl. 2000, S. 39; *Erichsen,* Jura 1982, S. 88 (92); *Zierlein,* Prozessverantwortung, S. 470 f.

[86] BVerfGE 33, 199 (203 f.); 39, 169 (181); 78, 38 (48); 82, 198 (207 f.); 87, 341 (346).

[87] So *E. Klein,* in: Benda/ Klein, Verfassungsprozessrecht, Rn. 1335; vom BVerfG wurde diese Frage bisher offengelassen, vgl. BVerfGE 20, 56 (88 f.); 33, 199 (203 f.).

Dementsprechend hat die 2. Kammer des Ersten Senats in ihrem Beschluss vom 7. Oktober 1999[88] eine Richtervorlage als unzulässig zurückgewiesen. Diese betraf die Frage, ob es verfassungsrechtlich zulässig ist, Auszubildende, die bereits eine Ausbildung berufsqualifizierend abgeschlossen haben, auch dann von der Gewährung elternunabhängiger Ausbildungsförderung auszuschließen, wenn die Eltern den nach § 11 Abs. 3 Satz 3 BAföG angerechneten Unterhaltsbetrag nicht leisten. Das BVerfG hatte aber die vorgelegte Vorschrift bereits mit Beschluss vom 10. November 1998[89] für mit Art. 3 Abs. 1 GG unvereinbar erklärt und es dem Gesetzgeber darin freigestellt, wie er eine verfassungskonforme Rechtslage herbeiführen wolle. Halte es das Instanzgericht aus Gründen der Gewährung effektiven Rechtsschutzes nicht für zumutbar, den Kläger des Ausgangsverfahrens auf eine ungewisse Regelung durch den Gesetzgeber zu einem zudem ungewissen Zeitpunkt zu verweisen, so müsse es im Vorlagebeschluss Gesichtspunkte aufzeigen, inwiefern sich die für die verfassungsrechtliche Beurteilung maßgebliche Rechtslage verändert haben soll. *(Fall 5)*

b. Entscheidungserheblichkeit

Das betreffende Gesetz muss auch entscheidungserheblich sein, das heißt es muss im Ausgangsverfahren auf die Gültigkeit des Gesetzes ankommen.[90] Dies ist nur dann der Fall, „wenn das Instanzgericht bei Ungültigkeit der Norm anders entscheiden müsste, als bei deren Gültigkeit"[91]. Das BVerfG legt zwar im Grundsatz für die Beurteilung der Entscheidungserheblichkeit die Rechtsauffassung und die Tatsachenwürdigung der Instanzgerichte zugrunde.[92] Hält es die Auffassung des vorlegenden Gerichts aber für „offensichtlich unhaltbar oder nicht nachvollziehbar"[93], so prüft es selbst die Anwendung und Auslegung des einfachen Rechts und zeigt dem Instanzgericht Entscheidungsmöglichkeiten auf.[94] In der Begründung der Entscheidungserheblichkeit hat sich das Instanzgericht mit der Rechtslage auseinanderzusetzen und dabei die in Rechtsprechung

---

[88] 1 BvL 7/93 – DVBl. 2000, S. 39.

[89] 1 BvL 50/92 – BVerfGE 99, 165.

[90] Hierzu *Erichsen*, Jura 1982, S. 88 (92 f.).

[91] BVerfGE 7, 171 (173 f.); 22, 175 (176 f.); 65, 265 (277); 66, 1 (16); 74, 182 (193); 79, 240 (243 f.); 84, 233 (237). Vgl. dazu *E. Klein*, in: Benda/ Klein, Verfassungsprozessrecht, Rn. 765 ff.; *Heun*, AöR 122 (1997), S. 610 ff; *Pestalozza*, Verfassungsprozessrecht, § 13 Rn. 20; *Schlaich/ Korioth*, BVerfG, Rn. 146 ff. Problematische Fälle unter dem Stichwort Entscheidungserheblichkeit sind insbesondere die Verletzung des Gleichbehandlungsgebots, die Verletzung von Leistungs- oder Teilhaberechten oder aber Entscheidungen im vorläufigen Rechtsschutz, vgl. dazu *Sieckmann*, in: v. Mangoldt/ Klein/ Starck, GG, Art. 100 Rn. 52 ff.

[92] BVerfGE 2, 181 (190 f.); 81, 40 (49).

[93] BVerfGE 57, 295 (315); 87, 114 (133); 88, 187 (194); 97, 49 (62).

[94] Hierzu kritisch *Hermes*, Senat und Kammern, S. 746 ff.

und Literatur entwickelten Rechtsauffassungen zu berücksichtigen, die für Auslegung und Prüfung der vorgelegten Norm von Bedeutung sind.[95]

aa. Ersetzung durch rückwirkende Nachfolgeregelung

Die Entscheidungserheblichkeit entfällt, wenn eine außer Kraft gesetzte Vorschrift durch eine Nachfolgeregelung rückwirkend ersetzt wird.[96] So wurden beispielsweise Vorlagen zu Regelungen des NSpielbankG[97] mit Beschluss vom 28. April 2003 als unzulässig zurückgewiesen.[98] Denn nach Erlass der jeweiligen Vorlagebeschlüsse war rückwirkend (auch für den vorliegend entscheidungserheblichen Zeitraum) das Gesetz zur Ergänzung abgaberechtlicher Vorschriften für öffentliche Spielbanken in Kraft gesetzt worden. Das Finanzgericht hatte aber nicht dargelegt, inwiefern auch danach noch die Entscheidungserheblichkeit der vorgelegten Normen in Betracht zu ziehen sei. *(Fall 6)*

Ebenso wurde eine Vorlage des § 13 Abs. 1 Satz 3 PersStdG[99], welcher die örtliche Zuständigkeit des Standesbeamten für die Fortführung des Familienbuchs im Falle des Getrenntlebens der Ehegatten regelte, mangels Entscheidungserheblichkeit als unzulässig zurückgewiesen.[100] Denn die geänderte Fassung enthalte eine entsprechende Altfallregelung. Mit der Frage, ob diese Altfallregelung auch im vorliegenden Fall anzuwenden sei, habe sich das vorlegende Gericht aber nicht auseinandergesetzt. *(Fall 7)*

bb. Gestaltungsspielraum bei Gleichheitsverstoß

Auch im Zusammenhang mit der Entscheidungserheblichkeit beruft sich das BVerfG ferner auf den gesetzgeberischen Gestaltungsspielraum, den das Instanzgericht in seiner Vorlage nicht entsprechend gewürdigt habe. Problematische Fälle sind dabei insbesondere solche Vorlagen, welche die Verletzung des Gleichbehandlungsgebots rügen. Zwar wird es vom BVerfG für die Entscheidungserheblichkeit einer für gleichheitswidrig gehaltenen Norm mittlerweile als ausreichend angesehen, wenn die Verfassungswidrigerklärung der betreffenden

---

[95] BVerfGE 65, 308 (316); 74, 236 (242); 78, 1 (5); 80, 96 (100); 86, 52 (57); 88, 198 (201).

[96] *Zierlein,* Prozessverantwortung, S. 478.

[97] Niedersächsisches Gesetz über die Zulassung öffentlicher Spielbanken vom 25.7.1973, Nds. GVBl., S. 253.

[98] Vgl. BVerfG – 1 BvL 4/01 zu § 7 Satz 1 Nr. 2 SpielbankG ND und BVerfG – 1 BvL 3 /01 zu § 3 Abs. 1 Satz 2 SpielbankG ND – veröffentlicht in Juris.

[99] Personenstandsgesetz in der bis zum 30.6.1998 geltenden Fassung.

[100] BVerfG, Beschl. v. 9.7.2002 – 1 BvL 5/99 – veröffentlicht in Juris.

Norm dem Kläger die Chance offen hielte, von einer für ihn günstigeren Neuregelung durch den Gesetzgeber zu profitieren.[101]

Jedoch hat die 4. Kammer des Zweiten Senats im Beschluss vom 27. Februar 2000[102] die Vorlage des § 55 Abs. 5 Satz 6 BBesG[103] als unzulässig zurückgewiesen. Nach dieser (zum Zeitpunkt der Entscheidung bereits außer Kraft getretenen) Vorschrift sollten Soldaten, die im Ausland unter Fortzahlung ihrer Dienstbezüge *in* integrierten militärischen Stäben verwendet werden, in den Genuss eines erhöhten Auslandszuschlags kommen, während Soldaten, die im Ausland unter Fortzahlung ihrer Dienstbezüge *bei* integrierten militärischen Stäben verwendet werden, diese Leistung nicht erhalten sollten. Eine Unvereinbarerklärung würde hier dem Kläger im Ausgangsverfahren nicht die Chance eröffnen, eine für ihn günstigere Regelung durch den Gesetzgeber zu erreichen. Möglich sei zwar eine gesetzgeberische Regelung dergestalt, dass auch den *bei* integrierten Stäben eingesetzten Soldaten rückwirkend der erhöhte Auslandszuschlag gezahlt werde. Aber die Heilung des Gleichheitsverstoßes könne auch ohne rückwirkende Aufhebung der begünstigenden Norm erfolgen. Denn es reiche grundsätzlich aus, wenn der Verstoß gegen Art. 3 Abs. 1 GG vom Gesetzgeber erst für die Zukunft beseitigt werde. Der Gesetzgeber müsse die unanfechtbaren Entscheidungen der Verwaltung und der Gerichte entsprechend § 79 Abs. 2 BVerfGG nicht mehr berücksichtigen. Dem Gesetzgeber werde nur auf diese Weise sein Gestaltungsspielraum bei der Beseitigung eines verfassungswidrigen Zustands erhalten.[104] *(Fall 8)*

3. Rechtsprechung zur Begründetheit der Vorlagen

Selbst bei Zulässigkeit einer Vorlage verhilft die Entscheidung des BVerfG dem Kläger im Ausgangsverfahren aber oft nicht zu dem von ihm erstrebten Ziel. Zum einen sind Vorlagen in den angesprochenen Normsituationen häufig unbegründet, zumal – wie schon erwähnt – bei außer Kraft gesetzten oder von vornherein zeitlich befristet geltenden Regelungen im besonderen Maße der gesetzgeberische Einschätzungs- und Gestaltungsspielraum hervorgehoben wird, der einer Kassation der Normen entgegensteht. Hält das BVerfG die verfassungsrechtlichen Bedenken des Instanzgerichts indessen für begründet, so kommt es dennoch in den wenigsten Fällen zur Nichtigerklärung der Norm; vielmehr er-

---

[101] BVerfGE 61, 138 (146); 71, 224 (228); 74, 182 (195); 93, 386 (395); entgegen der früheren Rechtsprechung, vgl. nur BVerfGE 8, 28 (33 ff.); 15, 121 (125 f.); dazu auch *Funk,* SGb 1989, S. 89 (92); *H. Klein,* in: Umbach/ Clemens, BVerfGG, § 80 Rn. 58; *Völlmeke,* NJW 1992, S. 1345 (1346).

[102] ZTR 2000, S. 283 = ZBR 2001, S. 172.

[103] Bundesbesoldungsgesetz in der Fassung von Art. 2 Nr. 4b) des dienst- und besoldungsrechtlichen Begleitgesetzes zum Gesetz über den auswärtigen Dienst vom 20.8.1990.

[104] BVerfG, Beschl. v. 27.2.2000 - ZTR 2000, S. 283 = ZBR 2001, S. 172.

klärt es diese häufig bloß für unvereinbar mit der Verfassung.[105] Letzteres hilft dem Kläger des Ausgangsverfahrens aber in vielen Fällen nicht weiter. Der Kläger kommt nicht zum erstrebten Erfolg, wenn eine Vorschrift bis zu einer Neuregelung durch den Gesetzgeber weiterhin für anwendbar befunden wird, häufig auch dann nicht, wenn eine Norm für mit dem Grundgesetz unvereinbar erklärt wird.

a. Aufgehobene oder geänderte Gesetze

Rechtszustände betreffend „konzeptionell überholte"[106] Gesetze, also solche, in denen nur noch eine geringe Anzahl von Altfällen am Maßstab einer zwischenzeitlich aufgehobenen oder in Richtung Verfassungsmäßigkeit abgeänderten Vorschrift zu entscheiden sind, kennzeichnen sich dadurch, dass ein Regelungsbedürfnis allenfalls noch für die Vergangenheit besteht; für die künftige Rechtsanwendung ist der beanstandete Zustand bereinigt. Hier kommen daher technisch nur solche Entscheidungsvarianten in Betracht, die entweder die Verfassungsmäßigkeit der Rechtslage bestätigen oder solche, welche die Nichtigkeit oder Unvereinbarkeit feststellen, aber zugleich eine Neuregelung durch den Gesetzgeber anmahnen oder selbst entsprechendes Übergangsrecht beinhalten. Eine Appellentscheidung, aber auch eine Aufforderung, für die Zukunft einen verfassungskonformen Rechtszustand herzustellen, scheiden in diesen Fällen logisch zwingend aus, weil es gerade nur um die Regelung für tatbestandlich in der Vergangenheit ansetzende Sachverhalte geht. Indes geben letztere Entscheidungsvarianten auch hier Aufschluss darüber, in welchem Umfang die jeweiligen Bestimmungen als „noch-verfassungsgemäß" angesehen werden können, eine entsprechende Vorlage deshalb von vornherein unbegründet ist.

aa. Unbegründetheit

Sofern die entsprechenden Vorlagen nicht bereits mangels hinreichender Darlegung der Überzeugung von der Verfassungswidrigkeit einer Norm als unzulässig zurückgewiesen werden, kommt das BVerfG bei aufgehobenen oder geänderten Normen unter Berufung auf den gesetzgeberischen Einschätzungs- und Prognosevorrang häufig zur Unbegründetheit der Vorlage; es teilt also im Ergebnis die Bedenken des vorlegenden Gerichts nicht. Insbesondere gebühre auf dem Gebiet der Arbeitsmarkt-, Sozial- und Wirtschaftsordnung dem Gesetzge-

---

[105] BVerfGE 28, 227 (242 f.); 33, 303 (305, 347 f.); 61, 43 (68); 61, 319 (356); 73, 40 (101 f.); 78, 350 (363); 82, 60 (97).

[106] *Steiner,* Zum Entscheidungsausspruch und seinen Folgen, S. 574.

ber ein besonders weitgehender Einschätzungs- und Prognosevorrang.[107] Es sei vornehmlich Sache des Gesetzgebers, auf der Grundlage seiner wirtschafts-, arbeitsmarkt- und sozialpolitischen Vorstellungen und Ziele, freilich unter Beachtung der Gesetzlichkeiten des betreffenden Sachgebiets, zu entscheiden, welche Maßnahmen er im Interesse des Gemeinwohls ergreifen wolle.[108] In der Sache handelt es sich dabei wohl häufig um Fälle, in denen es bei – hypothetischer – Fortgeltung der Bestimmung zu einer bloßen Appellentscheidung kommen würde oder zur Anmahnung einer Neuregelung nur für die Zukunft, mithin um zum Zeitpunkt ihrer Geltung „noch verfassungsmäßige" Rechtslagen.

So hielt der Zweite Senat im Urteil vom 17. Juli 2003[109] mehrere Vorlagen landesrechtlicher Bestimmungen über sog. Altenpflegeumlagen[110] für unbegründet. Zwar sei hinsichtlich der Höhe der Ausbildungsvergütungen in Thüringen für das Jahr 1997 unter dem Gesichtspunkt der hinreichenden Bestimmtheit problematisch, dass die betreffende Regelung darüber keine ausdrückliche Aussage treffe. Diese Situation könne aber bis zur Nachbesserung des Gesetzes im Jahre 1999 verfassungsrechtlich noch hingenommen werden. Auch in Bezug auf die Zahl der Vergütungsberechtigten, die gesetzlich nicht ausdrücklich festgelegt war, sei zu berücksichtigen, dass die „Offenheit auch dieses Bemessungsfaktors" deshalb zwingend erforderlich war, weil der Gesetzgeber zum Zeitpunkt des Erlasses der Umlageregelung noch nicht über exakte Zahlen verfügte. *(Fall 9)*

Unter Berufung auf den gesetzgeberischen Beurteilungsspielraum erklärte der Erste Senat im Urteil vom 3. April 2001[111] die Regelung des § 10 Abs. 1 Satz 1 BUrlG[112] „für die Dauer seiner Geltung" für mit dem Grundgesetz vereinbar. Die Vorschrift galt von 1996 bis 1998 und bestimmte, dass der Arbeitgeber berechtigt ist, von je fünf Tagen, an denen der Arbeitnehmer infolge einer Maßnahme der medizinischen Vorsorge oder Rehabilitation an seiner Arbeitsleistung verhindert ist, die ersten zwei Tage auf den tarifvertraglichen Erholungsurlaub anzurechnen. Auf dem Gebiet der Arbeitsmarkt-, Sozial- und Wirtschaftsordnung gebühre dem Gesetzgeber ein besonders weitgehender Einschätzungs- und Prognosevorrang. Hieran gemessen erscheine die Regelung nicht „grundsätzlich ungeeignet". Hinsichtlich der Verhältnismäßigkeit sei zu berücksichtigen, dass

---

[107] BVerfGE 25, 1 (17, 19 f.); 37, 1 (20); 50, 290 (338); 51, 193 (208); 77, 84 (106 f.); 87, 363 (383).

[108] BVerfG, Urt. v. 3.4.2001 – 1 BvL 32/97 – veröffentlicht unter http://www.bverfg.de.

[109] 2 BvL 1/99 u.a. – NVwZ 2003, S. 1241 = DVBl. 2003, S. 1388.

[110] Hierbei handelt es sich um Umlagen, die von Pflegeeinrichtungen und Heimen für alte Menschen erhoben werden, um die Erstattung der Kosten der Ausbildungsvergütungen von Schülern oder Auszubildenden in der Altenpflege zu finanzieren.

[111] 1 BvL 32/97 – veröffentlicht unter http://www.bverfg.de.

[112] Bundesurlaubsgesetz in der Fassung des Arbeitsrechtlichen Gesetzes zur Förderung von Wachstum und Beschäftigung vom 25.9.1996.

die Vorschrift „in den praktischen Auswirkungen eher geringfügiger Teil eines verhältnismäßig umfassenden Maßnahmekatalogs gewesen ist und der Gesetzgeber sie schon nach kurzer Zeit wieder aufgehoben hat". *(Fall 10)*

bb. Verfassungskonforme Auslegung

Durch die verfassungskonforme Auslegung eines zwischenzeitlich überholten Rechtszustands wird zum einen dem Gesetzgeber eine Neuregelung für die Vergangenheit erspart; die Nachbesserung in dem oft langwierigen Gesetzgebungsverfahren erscheint oft weniger praktikabel und zumutbar als die verfassungskonforme Auslegung, auch wenn der Gesetzgeber mehrere Möglichkeiten zur Beseitigung einer verfassungswidrigen Rechtslage hätte.[113] Zudem ist die Gestaltungsfreiheit des Gesetzgebers häufig durch die verfassungskonforme Auslegung nicht beeinträchtigt, wenn es um eine zwischenzeitlich aufgehobene oder abgeänderte Regelung geht. Dies gilt vor allem dann, wenn eine verfassungskonforme Auslegung nach Maßgabe einer Nachfolgeregelung durchgeführt wird, damit also der aktuelle gesetzgeberische Wille sogar mitberücksichtigt wird.[114]

So kam der Erste Senat im Urteil vom 27. Januar 1998[115] zur verfassungskonformen Auslegung der sog. Kleinbetriebsklausel § 23 Abs. 1 Satz 3 KSchG[116]. Das Verfahren betraf die Frage, ob es mit dem Grundgesetz vereinbar war, dass die bis zum 30.9.1996 geltende Vorschrift auch solche Betriebe vom gesetzlichen Kündigungsschutz freistellte, bei denen eine beliebig große Zahl von Arbeitnehmern beschäftigt war, die wöchentlich zehn Stunden oder weniger arbeiteten. Dies sei sachlich nicht gerechtfertigt. Die Regelung erlaube aber – auch entgegen ihrem Wortlaut – eine einschränkende Auslegung in der Weise, dass sie einer Prüfung an Art. 3 Abs. 1 GG standhalte. Der Gesetzgeber brauche nämlich bei komplexen Sachverhalten häufig eine gewisse Zeit, um Erfahrungen für eine völlig sachangemessene Regelung zu finden. Auf der Grundlage neuerer Einsichten habe er insbesondere inzwischen eine Neuregelung für künftige Sachverhalte getroffen. Die in der Neuregelung bezeichnete Anrechnungsmodalität könne auch auf die Altfälle angewendet werden. *(Fall 11)*

Im Einzelfall führt aber das BVerfG bei zwischenzeitlich ersetzten Vorschriften auch eine verfassungskonforme Auslegung einer Altvorschrift gegen den Wortlaut einer Nachfolgeregelung durch. So ging es im Urteil des Ersten Senats vom 14. Oktober 1997[117] um die Verfassungsmäßigkeit der Ungleichbehandlung von

---

[113] Hierzu *Steiner,* Zum Entscheidungsausspruch und seinen Folgen, S 573 f.

[114] *Steiner,* Zum Entscheidungsausspruch und seinen Folgen, S. 574.

[115] 1 BvL 22/93 – BVerfGE 97, 186 = NJW 1998, S. 1478.

[116] Kündigungsschutzgesetz in der Fassung des Gesetzes vom 25.4.1985, BGBl. I, S. 710.

[117] 1 BvL 5/89 – BVerfGE 96, 315 = DVBl. 1998, S. 491.

Studierenden und Empfängern von Wohngeld durch die unterschiedliche Ausgestaltung der Förderungsvoraussetzungen. Der Senat stellte fest, die Vorschrift des § 41 Abs. 3 Satz 1 WoGG[118], welche solche Studenten vom Wohngeldbezug ausschloss, denen Leistungen nach dem BAföG zustanden, beinhalte eine sachlich nicht gerechtfertigte Ungleichbehandlung. Die Vorschrift sei indes verfassungskonform dahin auszulegen, dass ein Wohngeldanspruch auch dann bestehe, wenn ein Antrag auf Förderung nach dem BAföG nicht gestellt worden sei. Die abweichende Nachfolgeregelung lasse dabei die Möglichkeit der verfassungskonformen Auslegung der früheren Gesetzesfassung unberührt. *(Fall 12)*

cc. Unvereinbarerklärung

Auch bei den hier untersuchten Normsituationen stehen oftmals solche Rechtszustände zur Entscheidung an, bei denen der Gesetzgeber die Verfassungswidrigkeit auf mehreren Wegen beseitigen kann, also eine bloße Unvereinbarerklärung der betreffenden Normen angezeigt ist.[119]

So hat der Erste Senat im Urteil vom 21. November 2001[120] § 9 Abs. 1 Nr. 2 Satz 2 AAÜG[121] und § 11 Abs. 2 und Abs. 5 Satz 2 AAÜG[122] für mit Art. 3 Abs. 1 GG unvereinbar erklärt, soweit danach Dienstbeschädigungsteilrenten nicht gewährt wurden. Die Verfahren betrafen die Frage, ob es verfassungsrechtlich zulässig war, Dienstbeschädigungsteilrenten, die neben Alters- oder Invalidenrenten in Sonderversorgungssystemen der DDR gewährt wurden, ab 1. August 1991 auf Renten wegen verminderter Erwerbsfähigkeit anzurechnen oder einzustellen; es ging um die Gesetzeslage zwischen 1991 und 1996. Der Erste Senat hielt die Normen für verfassungswidrig. Auch führe die Verfassungswidrigkeit gesetzlicher Vorschriften im Regelfall zu deren Nichtigkeit. Da dem Gesetzgeber hier aber mehrere Möglichkeiten zur Verfügung stünden, den verfassungswidrigen Zustand zu beseitigen, komme nur eine Unvereinbarerklärung in Betracht. Insbesondere habe sich der Gesetzgeber dafür entschieden, die mit dem Wegfall der Dienstbeschädigungsteilrenten aufgetretenen Härten durch die Einführung des Dienstbeschädigungsausgleichs ab 1.1.1997 zu beseitigen; es bleibe ihm unbenommen, diese Regelung auch auf den davor liegenden Zeitraum zu erstrecken. *(Fall 13)*

---

[118] Wohngeldgesetz in der Fassung des Sechsten Gesetzes zur Änderung des Wohngeldgesetzes vom 11.7.1985, BGBl. I, S. 1318.

[119] Vgl. zur Unvereinbarerklärung in Teil 1, B.II.e.bb.

[120] 1 BvL 19/93 u.a. – BVerfGE 104, 126.

[121] Gesetz zur Überführung der Ansprüche und Anwartschaften aus Zusatz- und Sonderversorgungssystemen des Beitrittsgebiets in der Fassung vom 25.7.1991, BGBl. I, S. 1606, 1677.

[122] In der Fassung des Gesetzes zur Änderung und Ergänzung des Anspruchs- und Anwartschaftsüberführungsgesetzes vom 11.11.1996, BGBl. I, S. 1674.

Ebenso erklärte der Erste Senat durch Urteil vom 29. Oktober 2002[123] § 3 Abs. 3 Satz 1 BKGG[124] für mit Art. 3 Abs. 1 GG unvereinbar. Das Verfahren betraf die von 1994 bis 1995 geltenden Regelung des BKGG, nach der nur miteinander verheiratete und zusammenlebende Eltern bestimmen durften, wem von ihnen Kindergeld zu gewähren war. Eltern, die diese Voraussetzungen nicht erfüllten, konnten diese „Berechtigtenbestimmung" nicht vornehmen, wodurch ihnen aber Vorteile hinsichtlich der Höhe des Kindergeldes verloren gingen. Diese Regelung verstoße zwar gegen Art. 3 Abs. 1 GG. Da der Gesetzgeber aber bei Verstößen gegen den Gleichheitssatz verschiedene Möglichkeiten habe, den verfassungswidrigen Zustand zu beseitigen, sei die zur Prüfung vorgelegte Norm nicht für nichtig, sondern für mit dem Grundgesetz unvereinbar zu erklären.[125] *(Fall 14)*

b. Befristete Gesetze; Übergangsbestimmungen

Insbesondere bei Übergangsbestimmungen und sonstigen befristeten Gesetzen wird der Gestaltungsspielraum des Gesetzgebers hervorgehoben, um die Verfassungsmäßigkeit eines Rechtszustands zu begründen. Einerseits mache die Befristung den Übergangscharakter eines Eingriffs deutlich und mindere dadurch dessen Schwere.[126] Zum anderen wird ein „verfassungsimperfekter Zustand"[127] im Gewand einer befristeten Bestimmung verfassungsrechtlich dann toleriert, wenn es sich um einen Schritt im Rahmen einer (verzögerten) Gesamtreform handelt, wenn die Rechtslage damit der Verfassung angenähert wird. *Pestalozza* nennt in diesem Zusammenhang fünf Kriterien, nach denen ein verfassungsimperfekter Zustand verfassungsgemäß ist: Der Gesetzgeber dürfe nicht unverzichtbare Verfassungsnormen einschränken, er müsse den (politischen) Handlungsspielraum ausschöpfen und die Rechtslage näher an das Grundgesetz heranrücken, die Einbuße müsse in unmittelbarem Zusammenhang mit der Gesamtannäherung an die Verfassung stehen, und es müsse sich schließlich um eine bloße Übergangslösung handeln.[128]

Als „derzeit noch gerechtfertigt" beurteilte der Zweite Senat dementsprechend auch in seiner Entscheidung vom 12. Februar 2003[129] die Vorschrift des § 73 BBesG[130]. Nach den aufgrund dieser Bestimmung erlassenen besoldungsrechtli-

---

[123] 1 BvL 16/95 – veröffentlicht unter http://www.bverfg.de.

[124] Bundeskindergeldgesetz in der Fassung des Ersten Gesetzes zur Umsetzung des Spar-, Konsolidierungs- und Wachstumsprogramms vom 21.12.1993, BGBl. I, S. 2353.

[125] Mit Verweisung auf BVerfGE 28, 324 (363).

[126] BVerfGE 25, 1 (23 f.); 39, 210 (235 ff.).

[127] So *Pestalozza,* Noch verfassungsgemäße Rechtslagen, S. 545 ff.

[128] *Pestalozza,* Noch verfassungsgemäße Rechtslagen, S. 547.

[129] 2 BvL 3/00 – veröffentlicht unter http://www.bverfg.de.

[130] In der seit 1.1.1996 geltenden Fassung.

chen Übergangsregelungen erhalten Beamte, Richter und Soldaten, die von ihrer erstmaligen Ernennung an im Beitrittsgebiet verwendet werden, lediglich abgesenkte Dienstbezüge. Denn beim Erlass besoldungsrechtlicher Vorschriften habe der Gesetzgeber einen weiten Spielraum politischen Ermessens, innerhalb dessen er das Besoldungsrecht den tatsächlichen Notwendigkeiten und der fortschreitenden Entwicklung anpassen und verschiedenartige Gesichtspunkte berücksichtigen dürfe. In der historischen Ausnahmesituation der Vereinigung der beiden Teile Deutschlands dürfe der Gesetzgeber auf die beschränkte Leistungskraft der öffentlichen Haushalte in den neuen Ländern durch eine allgemeine Absenkung der Besoldung Rücksicht nehmen. Insbesondere stehe dem Gesetzgeber beim Erlass von Übergangsvorschriften wegen deren zeitlich begrenzter Geltung eine besondere Gestaltungsfreiheit zu.[131] Das BVerfG verweist also in diesem Zusammenhang ausdrücklich darauf, dass entscheidender Gesichtspunkt für diesen weiten gesetzgeberischen Beurteilungsspielraum die zeitlich befristete Geltung der Übergangsbestimmung sei. Der aus dem Rechtsstaatsprinzip abzuleitende Grundsatz der Normenwahrheit habe aber zur Folge, dass sich der Gesetzgeber an dem für den Normadressaten ersichtlichen Regelungsgehalt der Norm festhalten lassen müsse; eine dauerhafte Aufrechterhaltung der als Übergangsbestimmung bezeichneten Regelung sei daher nicht zulässig.[132] *(Fall 15)*

c. Experimentiergesetze

Dem Gesetzgeber kommt auch dann eine erheblich größere Gestaltungsfreiheit zu, wenn und soweit er mit Gesetzgebung experimentiert. Denn zeitlich und räumlich begrenzte Gesetzgebungsversuche dienen gerade dazu, Erfahrungen zu gewinnen.[133] Zwar kann Ungewissheit als solche nicht schon ausreichen, um einen der verfassungsgerichtlichen Kontrolle nicht zugänglichen Prognosespielraum des Gesetzgebers zu begründen.[134] Das bedeutet insbesondere, dass Voraussetzung für ein Experimentiergesetz eine genuine Versuchssituation ist: Es müssen ein Testbedürfnis, die Testgeeignetheit und die Testerforderlichkeit gegeben sein.[135] Die verfassungsrechtlichen Anforderungen an den experimentierenden Gesetzgeber sind aber erheblich geringere. Gibt es zwar keine „verfassungsfreien Räume für Gesetzgebungsexperimente"[136], sind andererseits verfassungsrechtliche Lockerungen im Bereich der Experimentiergesetzgebung funk-

---

[131] BVerfG, Urt. v. 12.2.2003 – 2 BvL 3/00 – veröffentlicht unter http://www.bverfg.de; mit Verweisung auf BVerfGE 44, 283 (287).

[132] BVerfG, Urt. v. 12.2.2003 – 2 BvL 3/00 – veröffentlicht unter http://www.bverfg.de.

[133] BVerfGE 54, 173 (202); 57, 295 (325).

[134] *Stettner*, NVwZ 1989, S. 806 (807).

[135] Vgl. zu den einzelnen Voraussetzungen näher *Kloepfer*, VVDStRL 40 (1982), S. 63 (94); *Messerschmidt*, Gesetzgebungsermessen, S. 1026.

[136] *Kloepfer*, VVDStRL 40 (1982), S. 63 (95).

tionsnotwendig.[137] Eine Ermessenserweiterung des experimentierenden Gesetz-gebers wird insbesondere im Rahmen der Geeignetheit der betreffenden Gesetz-gebungsmaßnahme angenommen. Soll das Experiment nämlich der Gewinnung einer sicheren Prognose für eine endgültige Entscheidung des Gesetzgebers die-nen, so muss die Zwecktauglichkeit des Experimentiergesetzes für dessen Durchführung zunächst einmal unterstellt werden.[138] Auch sind die Anforderun-gen an die Bestimmtheit eines Experimentiergesetzes geringere, so wie bei je-dem befristeten Gesetz dem Gesetzgeber die Befugnis zu gröberen Typisierun-gen und Generalisierungen eingeräumt wird.[139]

d. Gesetze, die aufgrund neuer Verhältnisse verfassungswidrig werden

Bei Gesetzen, die aus Anlass eines Wandels der Lebensverhältnisse oder der Verfassungsinterpretation verfassungswidrig geworden sind oder sich auf dem Weg in die Verfassungswidrigkeit befinden, sieht das BVerfG häufig von der Nichtigerklärung bzw. von einer formalen Feststellung der Verfassungswidrig-keit überhaupt ab und belässt es bei einem bloßen Appell an den Gesetzgeber.[140] Denn auch der Gesetzgeber kann sich auf einen – zumal noch in der Entwick-lung befindlichen – Wandel schwer einstellen. Ihm müsse daher noch Zeit gelas-sen werden, um auf den Wandel entsprechend reagieren zu können.[141] Das Ge-setz befinde sich oftmals erst an der Grenze zwischen „Noch-Ver-fassungsmäßigkeit" und „Bloß-Verfassungswidrigkeit"[142]. Um den Umschlag in die Verfassungswidrigkeit der betreffenden Norm zu verhindern, wird in diesen Fällen häufig, ohne förmlich die Verfassungswidrigkeit und in der Folge die Nichtigkeit oder Unvereinbarkeit festzustellen, an die Nachbesserungspflicht des Gesetzgebers appelliert.[143] Ist die bloße Ankündigung der Verfassungswidrigkeit einer Norm für den Gesetzgeber zwar nicht verbindlich, so wird er in den meis-ten Fällen dennoch daran interessiert sein, einer förmlichen Nichtigerklärung zuvorzukommen und die Rechtslage von sich aus zu perfektionieren.[144] Auch ohne die Verfassungswidrigkeit einer Norm mit der Verfassung förmlich festzu-stellen, bringt damit das BVerfG (wirkungsvoll) seine Überzeugung von der Verfassungswidrigkeit einer Norm in den Entscheidungsgründen zum Aus-

---

[137] *Messerschmidt*, Gesetzgebungsermessen, S. 1034.
[138] *Messerschmidt*, Gesetzgebungsermessen, S. 1036.
[139] Vgl. BVerfGE 75, 108 (162).
[140] Vgl. hierzu *Pestalozza*, Noch verfassungsgemäße Rechtslagen, S. 548 ff.; *Schulte,* DVBl. 1988, S. 1200 (1201 ff.).
[141] *Pestalozza*, Noch verfassungsgemäße Rechtslagen, S. 549.
[142] Zu diesen Begriffen vgl. *Pestalozza*, Noch verfassungsgemäße Rechtslagen, S. 519 ff.
[143] *Schulte*, DVBl. 1988, S. 1200 (1202); dazu auch *Mayer*, Die Nachbesserungspflicht des Gesetzgebers, S. 141.
[144] *Pestalozza*, Noch verfassungsgemäße Rechtslagen, S. 556.

druck.[145] Offen bleibt aber meist, ob das BVerfG selbst die betreffende Norm im Moment der Entscheidung tatsächlich für noch verfassungsgemäß hält, oder aber nicht die Grenze zur Verfassungswidrigkeit bereits überschritten ist.[146]

4. Zusammenfassung

Das BVerfG stellt demnach in seiner Rechtsprechung betreffend die hier untersuchten Normsituationen insbesondere den gesetzgeberischen Einschätzungs- und Gestaltungsspielraum heraus, und zwar sowohl, wenn es eine Vorlage als unzulässig zurückweist, als auch wenn es in der Sache über sie entscheidet. In die vorliegende Untersuchung wurden insgesamt 60 Entscheidungen des BVerfG aus den Jahren 1990 bis 2003 einbezogen, welche die dargestellten Normgruppen und Normsituationen betrafen, das heißt entweder Gesetze, welche zum Zeitpunkt der Entscheidung bereits außer Kraft getreten waren, die sonst nur noch auf einen überschaubaren Personenkreis anwendbar waren oder aber Übergangsbestimmungen. In 17 Verfahren wurden die Bedenken der Instanzgerichte in den Vorlagen als unbegründet beurteilt. Lediglich in zwei Fällen wurde die Nichtigkeit der betreffenden Norm festgestellt. 30 Richtervorlagen wurden bereits als unzulässig zurückgewiesen.[147]

C. Neue Interpretation des Art. 100 Abs. 1 Satz 1 GG in Anlehnung an das Revisionszulassungsrecht und an das Recht der Annahme von Verfassungsbeschwerden

Angesichts der Tatsache, dass bei den untersuchten Normgruppen die Vorlagen oft als unzulässig oder aber zumindest unbegründet beurteilt werden, soll mit dem Ziel einer Entlastung des BVerfG die Möglichkeit untersucht werden, Art. 100 Abs. 1 Satz 1 GG in dem Sinne zu interpretieren, dass die Vorlagepflicht in den dargestellten besonderen Normsituationen nicht mehr besteht, insbesondere weil die Zuständigkeit der Verfassungsgerichtsbarkeit gegenüber derjenigen der Fachgerichte nur subsidiär eröffnet ist.[148]

I. Zur Notwendigkeit einer gesetzlichen Regelung der Restriktion

Da das grundgesetzliche Funktionengefüge – nach der selbst gesetzten Vorgabe der vorliegenden Untersuchung – bei einer solchen Reform unangetastet bleiben

---

[145] *Pestalozza,* Noch verfassungsgemäße Rechtslagen, S. 551.

[146] *Pestalozza,* Noch verfassungsgemäße Rechtslagen, S. 550 f.

[147] Vgl. die Übersicht zu den Entscheidungen des BVerfG zu den Vorlagen betreffend die untersuchten Normsituationen im Anhang, S. 213 ff.

[148] Vgl. in Teil 1, A.III.2.a.

soll, kommt eine entsprechende Neuformulierung des Art. 100 Abs. 1 GG von vornherein nicht in Betracht. Die Vorschriften der §§ 80 ff. BVerfGG nehmen auf die Grundgesetzbestimmung Bezug (vgl. § 80 Abs. 1 BVerfGG: „Sind die Voraussetzungen des Artikels 100 Abs. 1 des Grundgesetzes gegeben, so..."), enthalten also keinerlei Regelung darüber, wann die Vorlagepflicht gesetzlich besteht. Auch die bisher vom BVerfG statuierten Ausnahmen (für Untergesetzesrecht, vorkonstitutionelle Gesetze und das ehemalige Recht der DDR)[149], ergeben sich weder aus dem Wortlaut der §§ 80 ff. BVerfGG, noch werden sie unter Auslegung dieser Vorschriften davon abgeleitet. Vielmehr werden alle diese Ausnahmen mit der teleologischen Auslegung des Art. 100 Abs. 1 GG gerechtfertigt. Daher bedürfte auch eine entsprechende weitere Beschränkung des Vorlagegegenstands keiner gesetzlichen Neuregelung. Vielmehr müsste sich die betreffende Restriktion mittels Auslegung der Bestimmung des Art. 100 Abs. 1 Satz 1 GG ableiten lassen.

II. Zum möglichen Entlastungseffekt für das BVerfG

Im Jahre 2003 betrafen von insgesamt 16 Entscheidungen der Senate und Kammern über Richtervorlagen[150] sieben eine der vorliegend untersuchten Normsituationen.[151] Könnten also über alle Fälle von aufgehobenen, befristet geltenden Gesetzen oder von Experimentiergesetzen, und/ oder solchen, bei denen die Verfassungswidrigkeit auf veränderten rechtlichen oder tatsächlichen Umständen beruht, die Fachgerichte selbst entscheiden, so würde dies die Kapazitäten des BVerfG tatsächlich erheblich entlasten.

Akzeptierten die Fachgerichte die Restriktion und legten daher in diesen Fällen auch nicht mehr vor, müsste sich das BVerfG in keiner Weise mit der Sache befassen.[152] Damit würde die Anzahl der eingehenden Normkontrollverfahren entsprechend verringert und damit für das BVerfG eine tatsächliche Entlastung eintreten.

Legten die Instanzgerichte trotz einer solchen restriktiven Interpretation des Art. 100 Abs. 1 Satz 1 GG an das BVerfG vor, so wäre zwar das BVerfG mit der Sache befasst. Allerdings fehlte es dann an einem zulässigen Vorlagegegens-

---

[149] Vgl. hierzu ausführlich unter D.

[150] Nach der Statistik des BVerfG über Senats- und Kammerentscheidungen 2003 unter http://www.bverfg.de.

[151] Bei diesen Zahlen handelt es sich nicht um Durchschnittswerte, vielmehr nur um ein besonders illustratives Beispiel. 1/6 bis 1/4 der Entscheidungen betreffen aber regelmäßig eine der hier behandelten besonderen Normsituationen.

[152] Zumindest nicht im Rahmen einer Richtervorlage. Nicht ausgeschlossen ist, dass die Norm auf anderem Weg zum BVerfG gelangt: So kann das Urteil, in dem die betreffende Norm entscheidungserheblich war, dennoch Gegenstand einer Verfassungsbeschwerde sein.

tand, so dass die betreffende Vorlage gemäß § 81a BVerfGG durch Kammerbeschluss als unzulässig zurückgewiesen würde. Der mit einer Kammerentscheidung verbundene Aufwand darf zwar nicht gänzlich unterschätzt werden. Indes ist die zeitliche und personelle Belastung durch eine Kammerentscheidung sehr viel geringer als diejenige bei einer Senatsentscheidung: Zum einen sind mit der betreffenden Rechtssache dann statt der acht Mitglieder des Senats nur drei Richter befasst.[153] Zum anderen bringt das vereinfachte, regelmäßig schriftliche Verfahren in den Kammern auch eine erhebliche Verfahrensbeschleunigung mit sich, ganz abgesehen davon, dass mündliche Verhandlung zum Teil mehrere Tage dauern können.[154] Also würde, selbst wenn es in den betreffenden Fällen zu einer Vorlage kommt, eine Entscheidung durch das BVerfG sehr viel schneller erfolgen, und damit zum einen das Verfahren beim BVerfG zügiger beendet und zum anderen dem Rechtsuchenden schnellerer und damit auch effektiverer Rechtsschutz geboten.

Trotz der mit einer restriktiven Auslegung des Art. 100 Abs. 1 Satz 1 GG verbundenen Entlastung darf diese freilich weder zu einem Ansehens- und Autoritätsverlust beim BVerfG noch zu einer Verschiebung der grundgesetzlichen Funktionenverteilung führen. Das heißt, die Verwerfungsbefugnis für die Gesetze in den hier interessierenden Normsituationen kann nur dann auf die Fachgerichte übertragen werden, wenn dies auch im Einklang steht mit Sinn und Zweck des Art. 100 Abs. 1 Satz 1 GG.

III. Das Reformmodell in Anlehnung an das Revisionszulassungsrechts und an das Recht der Annahme von Verfassungsbeschwerden

Das hier zur Diskussion gestellte Reformmodell soll dahin gehen, die Funktion des BVerfG auch im Rahmen seiner Zuständigkeit nach Art. 100 Abs. 1 Satz 1 GG auf die Beantwortung grundsätzlicher verfassungsrechtlicher Fragen zu beschränken. Der Begriff der „grundsätzlichen Bedeutung" oder der „grundsätzlichen verfassungsrechtlichen Bedeutung" dient auch im Prozessrecht der Fachgerichtsbarkeiten zur Begrenzung der Appellationsbefugnis. So beschränkt die „grundsätzliche Bedeutung" einer Rechtssache die Funktion der Berufungs- und Revisionsgerichte in den Verfahrensordnungen der Fachgerichtsbarkeiten.[155] Zudem ist auch eine Verfassungsbeschwerde nur zur Entscheidung anzunehmen,

---

[153] Vgl. die Begründung des Referentenentwurfs aus dem Bundesjustizministerium zur Änderung des BVerfGG vom 10.7.1984, EuGRZ 1984, S. 518 (521).
[154] *Mahrenholz*, ZRP 1997, S. 129 (132).
[155] Vgl. §§ 511 Abs. 4 Nr. 1; 543 Abs. 2 Nr. 1 ZPO; 132 Abs. 2 Nr. 1 VwGO; 115 Abs. 2 Nr. 1 FGO; 160 Abs. 2 Nr. 1 SGG; 72 Abs. 2 Nr. 1 ArbGG.

soweit ihr „grundsätzliche verfassungsrechtliche Bedeutung zukommt" (§ 93a Abs. 2 lit. a) BVerfGG).[156]

1. Das Revisionszulassungsrecht

a. Die Rechtsprechung von BVerwG, BSG und BFH

BVerwG, BSG und BFH als oberste Gerichtshöfe des Bundes messen in übereinstimmender und ständiger Rechtsprechung solchen Verfahren, die aufgehobenes, auslaufendes oder Übergangsrecht betreffen, regelmäßig keine „grundsätzliche Bedeutung" im Sinne der jeweiligen Verfahrensordnung zu, und zwar selbst dann nicht, wenn verfassungsrechtliche Einwände erhoben werden. Die Begründung für die Nichtzulassung einer Revision wegen grundsätzlicher Bedeutung in den angesprochenen Normsituationen stimmt im Wesentlichen überein und unterscheidet sich lediglich in den Detailformulierungen.

aa. Zur Grundsatzrevision

Gemäß § 132 Abs. 2 Nr. 1 VwGO hat das OVG oder das BVerwG die Revision dann zuzulassen, wenn die betreffende Rechtssache grundsätzliche Bedeutung hat. Die Begründung einer Nichtzulassungsbeschwerde hat gemäß § 133 Abs. 3 Satz 3 VwGO die grundsätzliche Bedeutung der Rechtssache darzulegen. Dem entsprechen § 160 Abs. 2 Nr. 1 und § 160a Abs. 2 Satz 3 SGG für die Sozialgerichtsbarkeit sowie § 115 Abs. 2 Nr. 1 und § 116 Abs. 3 Satz 3 FGO für die Finanzgerichtsbarkeit.

(1) Die grundsätzliche Bedeutung der Rechtssache

Nach der Rechtsprechung der Revisionsgerichte ist das die Zulassung der Revision rechtfertigende Ziel, eine für die Zukunft geltende und richtungsweisende Klärung einer Rechtsfrage herbeizuführen.[157] Deshalb hat eine Rechtssache grundsätzliche Bedeutung nur dann, wenn im konkreten Verfahren eine Frage entscheidungserheblich ist, die im künftigen Revisionsverfahren dazu dienen kann, die Einheitlichkeit der Rechtsprechung in ihrem Bestand zu erhalten oder

---

[156] Allerdings ist eine Verfassungsbeschwerde auch anzunehmen, wenn die Annahme zur Durchsetzung der Grundrechte oder grundrechtsgleichen Rechte „angezeigt ist" (§ 93a Abs. 2 lit. b) BVerfGG).

[157] BVerwG, Beschl. v. 25.5.2000 – 4 BN 17/00 – NVwZ 2000, S. 1053; Beschl. v. 12.3.2001 – 2 B 2/01 – veröffentlicht in Juris; Beschl. v. 16.5.2001 – 2 B 19/01 – veröffentlicht in Juris; BFH, Beschl. v. 11.4.1996 – 5 B 133/95 – BB 1996, S. 2130; *Czybulka,* in: Sodan/Ziekow, VwGO, § 132 Rn. 60; *Schmid,* DStR 1993, S. 1284 (1286).

die Weiterentwicklung des Rechts fördern.[158] Die Rechtsfrage muss klärungsfähig und klärungsbedürftig[159] und über den konkreten Einzelfall hinaus von Bedeutung sein.[160]

Um *Erhaltung der Einheitlichkeit der Rechtsprechung* geht es bei Rechtsfragen, die im abstrakten Interesse an Rechtseinheit und Rechtssicherheit eine einheitliche Anwendung und Auslegung des Rechts erfordern.[161] Die Beantwortung der Rechtsfrage dient dann der *Weiterentwicklung des Rechts*, wenn sie aus rechtssystematischen Gründen bedeutsam ist und damit die Fortbildung des Rechts gefördert wird. [162] *Klärungsbedürftig* ist die Rechtsfrage, wenn die Antwort zweifelhaft[163] und nicht bereits höchstrichterlich geklärt ist.[164] Eine bereits existente höchstrichterliche Entscheidung über eine Norm steht der Klärungsbedürftigkeit dann nicht entgegen, wenn die Frage klärungsbedürftig geblieben oder wieder geworden ist, etwa wenn der höchstrichterlichen Entscheidung in der Literatur wesentlich widersprochen wird oder wenn Gesichtspunkte geltend gemacht werden, die bisher noch nicht berücksichtigt wurden.[165]

---

[158] Ständige Rechtsprechung von BVerwG, BSG und BFH; vgl. nur BVerwG, Beschl. v. 11.12.1997 – 2 B 79/97 – veröffentlicht in Juris; Beschl. v. 26.2.2002 – 6 B 63/01 – Buchholz 422.2 Rundfunkrecht Nr. 36; BSG, Beschl. v. 29.4.1999 – B 2 U 178/98 B – RegNr. 24517 = HVBG-INFO 1999, S. 2943; BFH, Beschl. v. 7.8.2000 – I B 122/99 – veröffentlicht in Juris; vgl. dazu *Gräber/ Ruban,* FGO, § 115 Rn. 7.

[159] BVerwG, Beschl. v. 28.6.1996 – 1 B 126/96 – veröffentlicht in Juris; BFH, Beschl. v. 26.9.1991 – 8 B 41/91 – BFHE 165, 287 = BStBl. II 1991, S. 924; Beschl. v. 21.4.1999 – 1 B 99/98 – BFHE 188, 372 = BStBl. 2000 II, S. 254; Beschl. v. 2.4.2002 – 7 B 66/01 – BFH/NV 2002, S. 1308; Beschl. v. 16.4.2002 – 10 B 102/01 – BFH/NV 2002, S. 1045; Beschl. 23.11.2002 – 11 B 126/02 – veröffentlicht in Juris; Beschl. v. 18.2.2003 – 10 B 58/02 – BFH/NV 2003, S. 622.

[160] BVerwG, Beschl. v. 8.3.2000 – 2 B 64/99 – Buchholz 310 § 132 Abs. 2 Ziff. 1 VwGO Nr. 21; *Kopp/ Schenke,* VwGO, § 132 Rn. 12.

[161] BFH, Beschl. v. 28.12.2001 – 6 B 65/97 – BFH/NV 2002, S. 644; Beschl. v. 18.2.2003 – 10 B 58/02 – BFH/NV 2003, S. 622; *Kopp/ Schenke,* VwGO, § 132 Rn. 9.

[162] BVerwG, Beschl. v. 20.7.1994 – 8 B 92/94 – LKV 1995, S. 369; Beschl. v. 11.12.1997 – 2 B 79/97 – veröffentlicht in Juris; BSG, SozR 1500 § 160a Nr. 7; BFH, Beschl. v. 27.6.1985 – 1 B 27/85 – BFHE 144, 137 = BStBl. 1985 II, S. 625; Beschl. v. 23.6.1995 – 8 B 141/94 – BFH/NV 1996, S. 164.

[163] Das ist dann nicht der Fall, wenn die Antwort unmittelbar aus dem Gesetz zu ersehen ist; vgl. BSG, Beschl. v. 13.8.2002 – B 2 U 104/02 B – HVBG-INFO 2002, S. 2548.

[164] BVerwG, Beschl. v. 31.7.1987 – 5 B 49.87 – Buchholz 310 § 132 VwGO Nr. 249; BSG, Beschl. v. 14.8.1981 – 12 BK 15/81 – SozR 1300 § 13 Nr. 1; Beschl. v. 21.11.1983 – 9a BVi 7/83 – SozR 1500 § 160 Nr. 51; Beschl. v. 13.8.2002 – B 2 U 104/02 B – HVBG-INFO 2002, S. 2548; BFH, Beschl. v. 21.9.1979 – 6 B 91/79 – BFHE 128, 538 (539); Beschl. v. 29.7.1987 – 2 B 57/87 – BFHE 150, 366 (367); *Redeker/ v. Oertzen,* VwGO, § 132 Rn. 7; *Sendler,* DVBl. 1992, S. 240; *Weyreuther,* Revisionszulassung, Rn. 66.

[165] BFH, Beschl. v. 20.11.1969 – 1 B 34/69 – BFHE 97, 281 (284) = BStBl. II 1970, S. 133; BSG, Beschl. v. 25.9.1975 – 12 BJ 94/75 – SozR 1500 § 160a Nr. 13 = FamRZ 1976, S. 272; hierzu *Kummer,* Nichtzulassungsbeschwerde, Rn. 119.

Die Rechtsfrage muss in *rechtlicher* Hinsicht über den konkreten Einzelfall hinaus gehende Bedeutung haben.[166] Allein die *tatsächliche* Betroffenheit einer Mehrzahl gleichgelagerter Fälle reicht nicht.[167] Da der Zweck der Revisionszulassung nicht darin besteht, materielle Einzelfallgerechtigkeit zu gewährleisten,[168] ist auch nicht das Rechtsschutzinteresse des Einzelnen maßgeblich, sondern das abstrakte Interesse der Allgemeinheit an der Einheit und Weiterentwicklung des Rechts.[169] Ein solches Allgemeininteresse besteht nur dann, wenn die gleiche Rechtsfrage noch für eine unbestimmte Vielzahl von Fällen relevant ist.[170]

(2) Die grundsätzliche Bedeutung bei den untersuchten Normgruppen

(a) Aufgehobenes und auslaufendes Recht

Das Ziel der Revision, der Erhaltung der Rechtseinheit oder der Weiterentwicklung des Rechts zu dienen, kann in der Regel nicht mehr erreicht werden, wenn sich eine Rechtsfrage im Zusammenhang mit nicht mehr geltendem Recht stellt.[171] Nach der übereinstimmenden und ständigen Rechtsprechung von BVerwG[172], BSG[173] und BFH[174] fehlt daher Fragen, die ausschließlich aufgeho-

---

[166] BSG, Beschl. v. 4.6.1975 – 11 BA 4/75 – SozR 1500 § 160a Nr. 4 = BSGE 40, 40.

[167] BVerwG, Beschl. v. 21.5.1960 – 5 B 5/60 – Buchholz 310 § 132 VwGO Nr. 1 = BJW 1960, S. 1587; BFH, Beschl. v. 18.1.1968 – 5 B 45/67 – BFHE 90, 369 (370) = BStBl. 1968 III, S. 98; Beschl. v. 20.4.1977 – 1 B 65/76 – 1 B 65/76 – BFHE 122, 119 (120) = BStBl. 1977 II, S. 608; *Redeker/ v. Oertzen*, VwGO, § 132 Rn. 8.

[168] BVerwG, Beschl. v. 17.10.2001 – 9 B 62/01 – veröffentlicht in Juris; *Pietzner*, in: Schoch/ Schmidt-Aßmann/ Pietzner, VwGO, § 132 Rn. 34.

[169] BSG, Beschl. v. 19.1.1981 – 7 Bar 69/80 – SozR 1500 § 160a Nr. 39; Beschl. v. 14.6.1984 – 1 BJ 72/84 – SozR 1500 § 160 Nr. 53; BFH, Beschl. v. 4.6.1969 – 6 B 98/68 – BFHE 96, 41 (42) = BStBl. 1969 III, S. 532; Beschl. v. 27.6.1985 – 1 B 27/85 – BFHE 144, 137 = BStBl. 1985 II, S. 625; Beschl. v. 7.6.2000 – 3 B 44/98 – BFH/NV 2001, S. 337; *Neumann*, Erfahrungen mit der Nichtzulassungsbeschwerde, S. 525; *Schäfer*, NZA 1986, S. 249 (250).

[170] BVerwG, Beschl. v. 25.1.1962 – 7 B 40/61 – Buchholz 310 § 132 VwGO Nr. 26 = MDR 1962, S. 511; *Müller*, NJW 1960, S. 515 (516).

[171] BVerwG, Beschl. v. 22.12.1999 – 10 B 6/98 – veröffentlicht in Juris; Beschl. v.17.10.2001 – 9 B 62/01 – veröffentlicht in Juris; Beschl. v. 4.2.2003 – 6 B 68/02 – NJW 2003, S. 1135; Hierzu *Kopp/ Schenke*, VwGO, § 132 Rn. 11; *Offerhaus*, in: Hübschmann/ Hepp/ Spitaler, AO-FGO, § 115 FGO Rn. 39; *Pietzner*, in: Schoch/ Schmidt-Aßmann/ Pietzner, VwGO, § 132 Rn. 54; *Schmidt*, in: Eyermann/ Fröhler, VwGO, § 132 Rn. 11.

[172] BVerwG, Beschl. v. 31.5.1967 – 2 B 3/67 Buchholz 310 § 132 VwGO Nr. 53; Beschl. v. 20.12.1996 – 6 B 35/95 – Buchholz 310 § 132 Abs. 2 Ziff. 1 Nr. 9 = NVwZ-RR 1996, S. 712; Beschl. v. 14.7.1999 – 2 B 87/98 – veröffentlicht in Juris; Beschl. v. 25.5.2000 – 4 BN 17/00 – NVwZ 2000, S. 1053; Beschl. v. 26.2.2002 – 6 B 63/01 – Buchholz 422.2 Rundfunkrecht Nr. 36; Beschl. v. 4.2.2003 – 6 B 68/02 – NJW 2003, S. 1135.

benes Recht betreffen, trotz etwaig anhängiger Fälle[175] in der Regel die grundsätzliche Bedeutung im dargelegten Sinn. Gleiches gilt für auslaufendes Recht;[176] denn auch insoweit kann die Beantwortung von Rechtsfragen in der Regel nicht (mehr) für die Zukunft richtungsweisend sein.[177]

Lässt aber die Beantwortung einer Rechtsfrage eine für die Zukunft richtungsweisende Klärung erwarten, so bejaht man auch im Falle aufgehobener oder auslaufender Normen die grundsätzliche Bedeutung ausnahmsweise.[178] Dies ist aber nur in Konstellationen der Fall, in denen sich die Rechtsfrage auch künftig noch in solchem Umfang stellt, wie dies bei weiterhin geltendem Recht der Fall ist:[179] So bleibt die Rechtsfrage dann im Revisionsverfahren klärungsbedürftig, wenn die außer Kraft getretene Vorschrift aufgrund einer Übergangsbestimmung Geltung auch noch für die Zukunft behält[180] bzw. wenn sonst noch eine erhebliche Anzahl von Altfällen nach der betreffenden Norm zu entscheiden sind.[181] Dass

---

[173] BSG, Beschl. v. 28.11.1975 – 12 BJ 150/75 – SozR 1500 § 160a Nr. 19; Beschl. v. 23.8.1996 – 2 BU 149/96 –; Beschl. v. 26.10.1998 – B 2 U 252/98 –; Beschl. v. 29.4.1999 – B 2 U 178/98 B – RegNr. 24517 = HVBG-INFO 1999, S. 2943; Beschl. v. 23.5.2001 – B 11 AL 41/01 B – RegNr. 25368; Beschl. v. 13.8.2002 – B 2 U 104/02 B – HVBG-INFO 2002, S. 2548.

[174] BFH, Beschl. v. 5.2.1992 – 1 B 93/91 – BFH/NV 1992, S. 646; Beschl. v. 23.2.2001 – 3 B 99/00 – BFH/NV 2001, S. 1033; Beschl. v. 28.12.2001 – 6 B 65/97 – BFH/NV 2002, S. 644; Beschl. v. 18.9.2002 – 4 B 110/00 – BFH/NV 2003, S. 186; Beschl. 23.11.2002 – 11 B 126/02 – veröffentlicht in Juris; Beschl. v. 19.12.2002 – 5 B 61/02 – BFH/NV 2003, S. 638; Beschl. v. 30.4.2003 – 8 B 240/02 – veröffentlicht in Juris; Beschl. v. 5.6.2003 – 9 B 209/02 – BFH/NV 2003, S. 1147.

[175] BVerwG, Beschl. v. 25.5.2000 – 4 BN 17/00 – NVwZ 2000, S. 1053.

[176] BVerwG, Beschl. v. 31.5.1967 – 2 B 3/67 – Buchholz 310 § 132 VwGO Nr. 53; Beschl. v. 20.9.1995 – 6 B 11/95 - Buchholz 310 § 132 Abs. 2 Ziff. 1 VwGO Nr. 6; Beschl. v. 14.11.2001 – 6 B 60/01 – NVwZ-RR 2002, S. 187; Beschl. v. 4.2.2003 – 6 B 68/02 – NJW 2003, S. 1135; BSG, Beschl. v. 29.4.1999 – B 2 U 178/98 B – RegNr. 24517 = HVBG-INFO 1999, S. 2943; BFH, Beschl. v. 18.9.2002 – 4 B 110/00 – BFH/NV 2003, S. 186.

[177] BVerwG, Beschl. v. 31.5.1967 – 2 B 3/67 – Buchholz 310 § 132 VwGO Nr. 53; Beschl. v. 8.3.2000 – 2 B 64/99 – Buchholz 310 § 132 Abs. 2 Ziff. 1 VwGO Nr. 21; Beschl. v. 4.2.2003 – 6 B 68/02 – NJW 2003, S. 1135; BFH, Beschl. v. 18.9.2002 – 4 B 110/00 – BFH/NV 2003, S. 186.

[178] BVerwG, Beschl. v. 31.8.1993 – 9 B 393/93 – Buchholz 412.3 § 11 BVFG Nr. 5.

[179] BVerwG, Beschl. v. 28.6.1996 – 1 B 126/96 – veröffentlicht in Juris; Beschl. v. 9.6.2000 – 4 B 19/00 – veröffentlicht in Juris.

[180] BVerwG, Beschl. v. 31.8.1993 – 9 B 393/93 – Buchholz 412.3 § 11 BVFG Nr. 5; Beschl. v. 20.12.1995 – 6 B 35/95 – Buchholz 310 § 132 Abs. 2 Ziff. 1 VwGO Nr. 9 = NVwZ-RR 1996, S. 712; Beschl. v. 23.4.1996 – 11 B 96/95 – Buchholz 310 § 132 Abs. 2 Ziff. 1 VwGO Nr. 10; Beschl. v. 8.3.2000 – 2 B 64/99 – Buchholz 310 § 132 Abs. 2 Ziff. 1 VwGO Nr. 21; BVerwG, Beschl. v. 9.6.2000 – 4 B 19/00 – veröffentlicht in Juris.

[181] BVerwG, Beschl. v. 20.12.1995 – 6 B 35/95 – Buchholz 310 § 132 Abs. 2 Ziff. 1 VwGO Nr. 9 = NVwZ-RR 1996, S. 712; Beschl. v. 27.2.1997 – 5 B 145/96 – Buchholz 310 § 132

überhaupt noch Fälle nach altem Recht abzuwickeln sind, reicht aber nicht aus.[182] Für den Bereich des Sozial- und des Steuerrechts wird in diesem Zusammenhang darauf verwiesen, dass jedenfalls bei in der Praxis häufig angewandten Rechtsvorschriften regelmäßig noch eine erhebliche Anzahl von Fällen nach bisherigem Recht anhängig ist. Die Klärungsbedürftigkeit solle daher jedenfalls entfallen, wenn die betreffende Norm schon seit längerem (etwa zwei bis drei Jahre) außer Kraft ist.[183]

Obwohl eine Norm aufgehoben oder auslaufend ist, wird die grundsätzliche Bedeutung einer durch sie aufgeworfenen Rechtsfrage auch dann anerkannt, wenn diese nachwirkt in dem Sinne, dass sie Grundlage für weiterhin geltendes Satzungsrecht ist.[184] Klärungsbedürftig bleibt die Rechtsfrage auch dann, wenn eine Norm durch eine Nachfolgeregelung ersetzt wurde, sich die streitige Frage aber bei der Neuregelung in gleicher Weise stellt, die Rechtsfrage also für das geltende Recht weiterhin von Bedeutung ist.[185]

(b) Befristete Gesetze

Die genannten obersten Gerichtshöfe des Bundes wenden die gleichen Grundsätze auch bei Rechtsfragen betreffend *Übergangsvorschriften* an.[186] Danach

---

Abs. 2 Ziff. 1 VwGO Nr. 15; Beschl. v. 22.12.1999 – 10 B 6/98 – veröffentlicht in Juris; BSG, Beschl. v. 29.4.1999 – B 2 U 178/98 B – RegNr. 24517 = HVBG-INFO 1999, S. 2943; Beschl. v. 10.8.2000 – B 6 KA 24/00 B – RegNr. 25021; Beschl. v. 23.5.2001 – B 11 AL 41/01 B – RegNr. 25368; Beschl. v. 13.8.2002 – B 2 U 104/02 B – HVBG-INFO 2002, S. 2548; BFH, Beschl. v. 7.8.2000 – 1 B 122/99 – veröffentlicht in Juris; Beschl. v. 18.9.2002 – 4 B 110/00 – BFH/NV 2003, S. 186; Beschl. v. 30.4.2003 – 8 B 240/02 – veröffentlicht in Juris.

[182] BVerwG, Beschl. v. 28.6.1996 – 1 B 126/96 – veröffentlicht in Juris; Beschl. v. 9.6.2000 – 4 B 19/00 – veröffentlicht in Juris.

[183] *Krasney/ Udschnig,* Handbuch des sozialgerichtlichen Verfahrens, Rn. 61; *Kummer,* Nichtzulassungsbeschwerde, Rn. 142.

[184] BVerwG, Beschl. v. 29.1.1975 – 4 B 60/74 – Buchholz 310 § 132 VwGO Nr. 129; Beschl. v. 9.12.1994 – 11 PKH 28/94 – Buchholz 310 § 132 Abs. 2 Ziff. 1 VwGO Nr. 4; Beschl. v. 31.8.1993 – 9 B 393/93 – Buchholz 412.3 § 11 BVFG Nr. 5; *Kummer,* Nichtzulassungsbeschwerde, Rn. 142.

[185] BVerwG, Beschl. v. 9.9.1988 – 4 B 37/88 – Buchholz 310 § 132 VwGO Rn. 267; Beschl. v. 9.6.2000 – 4 B 19/00 – veröffentlicht in Juris; Beschl. v. 26.2.2002 – 6 B 63/01 – Buchholz 422.2 Rundfunkrecht Nr. 36; BSG, Beschl. v. 10.8.2000 – B 6 KA 24/00 B – RegNr. 25021; Beschl. v. 23.5.2001 – B 11 AL 41/01 B – RegNr. 25368; Beschl. v. 13.8.2002 – B 2 U 104/02 B – HVBG-INFO 2002, S. 2548; BFH, Urt. v. 28.7.1994 – 3 R 47/92 – DStR 1994, S. 1652; Beschl. v. 18.9.2002 – 4 B 110/00 – BFH/NV 2003, S. 186; Beschl. v. 30.4.2003 – 8 B 240/02 – veröffentlicht in Juris.

[186] BVerwG, Beschl. v. 8.7.1980 – 8 B 10/80 Buchholz 310 § 132 VwGO Nr. 188; Beschl. v. 23.2.1999 – 2 B 11/99 – veröffentlicht in Juris; Beschl. v. 8.3.2000 – 2 B 64/99 – Buchholz 310 § 132 Abs. 2 Ziff. 1 VwGO Nr. 21; BFH, Beschl. v. 7.6.2000 – 3 B 44/98 –

fehlt der Auslegung und Anwendung von Übergangsregelungen in aller Regel die grundsätzliche Bedeutung, weil sie von vornherein nur begrenzte Geltung und einen eingeschränkten Anwendungsbereich haben und damit nicht auf die für die Zukunft richtungsweisende Klärung von Rechtsfragen des geltenden Rechts gerichtet sind.[187] Allerdings gelten auch hier die dargelegten Ausnahmen entsprechend, so dass in vielen Bereichen des Sozial- und Steuerrechts angesichts der großen Anzahl von Personen, welche von den Übergangsbestimmungen betroffen werden, die grundsätzliche Bedeutung dennoch zu bejahen sein wird.[188]

Der Gesichtspunkt der *zeitlichen Befristung* einer Bestimmung allein rechtfertigt den Ausschluss der Grundsatzrevision dagegen nach der revisionsrechtlichen Rechtsprechung nicht.[189]

(c) Erneute Vorlage bei veränderten Umständen

Grundsätzlich sind auch bereits höchstrichterlich entschiedene Rechtsfragen nicht mehr revisionsrechtlich klärungsbedürftig.[190] Allerdings kann eine Rechtsfrage dadurch wieder klärungsbedürftig werden, dass sich die Gesetzeslage oder aber die Lebensverhältnisse grundlegend ändern.[191] Eine Gesetzesänderung kann die erneute Klärungsbedürftigkeit einer Rechtslage dann zur Folge haben, wenn sich dadurch Inhalt und Auslegung der bereits höchstrichterlich ausgelegten Norm ändern.[192]

(3) Die Darlegungserfordernisse

Der Revisions- bzw. Nichtzulassungsbeschwerdeführer hat die grundsätzliche Bedeutung der Rechtssache substantiiert darzulegen. Der Umfang dieser Begründung hängt im Einzelfall davon ab, wie zweifelhaft die Voraussetzungen der Zulassung der Grundsatzrevision konkret sind.[193] Die bloße Behauptung, der Rechtssache komme grundsätzliche Bedeutung zu, genügt aber in keinem

---

BFH/NV 2001, S. 337; Beschl. v. 26.2.2003 – 5 B 159/02 – veröffentlicht in Juris; *Kummer*, Nichtzulassungsbeschwerde, Rn. 144.

[187] BVerwG, Beschl. v. 27.4.1979 – 7 B 106/79 – Buchholz 310 § 132 VwGO Nr. 174; Beschl. v. 10.7.1986 – 5 B 99/85 – Buchholz 310 § 132 VwGO Nr. 246; Beschl. v. 8.3.2000 – 2 B 64/99 – Buchholz 310 § 132 Abs. 2 Ziff. 1 VwGO Nr. 21.

[188] *Kummer*, Nichtzulassungsbeschwerde, Rn. 144.

[189] *Kummer*, Nichtzulassungsbeschwerde, Rn. 144.

[190] Vgl. hierzu bereits oben unter aa.

[191] Hierzu BSG, Beschl. v. 6.5.1999 – B 11 AL 209/98 B – RegNr. 24964; zum Ganzen auch *Kummer*, Nichtzulassungsbeschwerde, Rn. 123.

[192] *Kummer*, Nichtzulassungsbeschwerde, Rn. 123.

[193] *Kummer*, Nichtzulassungsbeschwerde, Rn. 107.

Fall.[194] Zu formulieren ist vielmehr eine bestimmte, höchstrichterlich noch ungeklärte und für die Revisionsentscheidung erhebliche Rechtsfrage des revisiblen Rechts, der grundsätzliche Bedeutung beigemessen wird.[195] Betrifft die Rechtsfrage aufgehobenes, auslaufendes oder Übergangsrecht, so unterliegt der Beschwerdeführer einer gesteigerten Darlegungspflicht:[196] Die Beschwerdebegründung muss hinreichend berücksichtigen, dass die Revision hier nur ausnahmsweise zulässig sein kann.[197] Eine Beschwerde genügt den Begründungsanforderungen nicht, wenn bloß die Möglichkeit dargelegt wird, dass die erwartete Entscheidung sich auch für andere gleichartige Fälle auswirken kann,[198] oder dass noch eine „nennenswerte Zahl von Fällen" einer Entscheidung harren.[199]

Vielmehr müssen konkrete Anhaltspunkte entweder für eine erhebliche – genau und im Einzelnen zu bezeichnende[200] – Anzahl von Altfällen dargelegt werden,[201] oder aber dafür, dass die Entscheidung auf andere Art und Weise nach-

---

[194] BVerwG, Beschl. v. 2.10.1961 – 8 B 78/61 – Buchholz 310 § 132 VwGO Nr. 18 = MDR 1962, S. 73; BFH, Beschl. v. 3.4.1992 – 3 B 525/90 – BFH/NV 1993, S. 243; Beschl. v. 23.6.1995 – 8 B 141/94 – BFH/NV 1996, S. 164; Beschl. v. 21.1.2000 – 3 B 84/99 – BFH/NV 2000, S. 1242; Beschl. v. 13.6.2002 – 3 B 14/01 – veröffentlicht in Juris; Beschl. v. 18.2.2003 – 10 B 58/02 – BFH/NV 2003, S. 622.

[195] BSG, Beschl. v. 10.8.2000 – B 6 KA 24/00 B – RegNr. 25021; Beschl. v. 13.8.2002 – B 2 U 104/02 B – HVBG-INFO 2002, S. 2548.

[196] BVerwG, Beschl. v. 16.5.2001 – 2 B 19/01 – veröffentlicht in Juris; BSG, Beschl. v. 18.5.1994 – 11 Bar 57/94 – RegNr. 21454; Beschl. v. 20.6.2001 – B 10/14 KG – RegNr. 25380 = SozSich 2003, S. 179; BFH, Beschl. v. 18.4.1990 – 2 B 78/89 – BFH/NV 1991, S. 247; Beschl. v. 23.6.1995 – 8 B 141/94 – BFH/NV 1996, S. 164.

[197] BSG, Beschl. v. 23.5.2001 – B 11 AL 41/01 B – RegNr. 25368; BFH, Beschl. v. 21.1.2000 – 3 B 84/99 – BFH/NV 2000, S. 1242; Beschl. v. 13.6.2002 – 3 B 14/01 – veröffentlicht in Juris.

[198] BVerwG, Beschl. v. 16.5.2001 – 2 B 19/01 – veröffentlicht in Juris; BSG, Beschl. v. 18.5.1994 – 11 Bar 57/94 – RegNr. 21454; BAG, NZA 1988, S. 259; BFH, Beschl. v. 2.5.1995 – 8 B 135/94 – BFH/NV 1996, S. 138; *Kopp/ Schenke,* VwGO, § 132 Rn. 15.

[199] BSG, Beschl. v. 29.4.1999 – B 2 U 178/98 B – RegNr. 24517 = HVBG-INFO 1999, S. 2943; ähnlich BFH, Beschl. v. 23.6.1995 – 8 B 141/94 – BFH/NV 1996, S. 164: „angebliche Vielzahl von Fällen"; BVerwG, Beschl. v. 8.3.2000 – 2 B 64/99 – Buchholz 310 § 132 Abs. 2 Ziff. 1 VwGO Nr. 21: „einen größeren Personenkreis"; BVerwG, Beschl. v. 22.12.1999 – 10 B 6/98 – veröffentlicht in Juris: „eine Reihe von Verfahren".

[200] BVerwG, Beschl. v. 11.8.1999 – 11 B 61/98 – VIZ 2000, S. 27; Beschl. v. 12.3.2001 – 2 B 2/01 – veröffentlicht in Juris; BSG, Beschl. v. 26.11.1996 – 3 BK 4/96 – RegNr. 22835; Beschl. v. 29.4.1999 – B 2 U 178/98 B – RegNr. 24517 = HVBG-INFO 1999, S. 2943.

[201] BVerwG, Beschl. v. 16.5.2001 – 2 B 19/01 – veröffentlicht in Juris; Beschl. v. 14.11.2001 – 6 B 60/01 – NVwZ-RR 2002, S. 187; BSG, Beschl. v. 6.5.1999 – B 11 AL 209/98 B – RegNr. 24964; BFH, Beschl. v. 26.2.2003 – 5 B 159/02 – veröffentlicht in Juris; BFH, Beschl. v. 22.11.1999 – 3 B 58/99 – BFH/NV 2000, S. 748; Beschl. v. 25.9.2002 – 9 B 19/02 – BFH/NV 2003, S. 192; Beschl. v. 19.12.2002 – 5 B 61/02 – BFH/NV 2003, S. 638.

wirkt und dadurch weiterhin von allgemeiner Bedeutung ist.[202] Diese Darlegungserfordernisse gelten auch, soweit ein Verfassungsverstoß gerügt wird.[203]

bb. Zur Divergenzrevision

Gemäß § 132 Abs. 2 Nr. 2 VwGO ist die Revision zum BVerwG auch dann zuzulassen, wenn das Urteil von einer Entscheidung des BVerwG, des Gemeinsamen Senats der obersten Gerichtshöfe des Bundes oder des BVerfG abweicht und auf dieser Abweichung beruht. Entsprechende Vorschriften zur sog. Divergenzrevision enthalten § 115 Abs. 2 Nr. 2 FGO und § 160 Abs. 2 Nr. 2 SGG. Eine Abweichung in diesem Sinne liegt vor, wenn das Gericht in dem angefochtenen Urteil einen die Entscheidung tragenden abstrakten Rechtssatz aufgestellt hat, der von einem ebenfalls tragenden abstrakten Rechtssatz in einer Entscheidung eines obersten Bundesgerichts, des Gemeinsamen Senats oder des BVerfG abweicht.[204] Nach der Rechtsprechung des BVerwG ist die Divergenzrevision ein Unterfall der Revisionszulassung wegen grundsätzlicher Bedeutung der Rechtssache.[205] Allerdings stehe bei der Divergenzrevision nicht die in die Zukunft gerichtete Weiterentwicklung des Rechts im Vordergrund; primäres Ziel sei hier vielmehr die Gewährleistung einheitlicher Rechtsanwendung und Rechtseinheit innerhalb der jeweiligen Fachgerichtsbarkeit.[206]

Entsprechend den Ausführungen zur Grundsatzrevision wird daher auch die Divergenzrevision regelmäßig dann nicht zugelassen, wenn die geltend gemachte Abweichung eine Auslegungsfrage betrifft, welche sich aufgrund einer Rechtsänderung künftig nicht mehr stellt und die nach der geltenden Gesetzesfassung

---

[202] BVerwG, Beschl. v. 20.12.1995 – 6 B 35/95 – Buchholz 310 § 132 Abs. 2 Ziff. 1 VwGO Nr. 9 = NVwZ-RR 1996, S. 712; BSG, Beschl. v. 18.5.1994 – 11 Bar 57/94 – RegNr. 21454; Beschl. v. 26.11.1996 – 3 BK 4/96 – RegNr. 22835; Beschl. v. 20.6.2001 – B 10/14 KG 1/00 B – SozSich 2003, S. 179 = RegNr. 25380; Beschl. v. 13.8.2002 – B 2 U 104/02 B – HVBG-INFO 2002, S. 2548; BFH, Beschl. v. 18.2.2003 – 10 B 58/02 – BFH/NV 2003, S. 622; *Kummer*, Nichtzulassungsbeschwerde, Rn. 141.

[203] BVerwG, Beschl. v. 28.8.1997 – 2 B 93/97 – ZBR 1998, S. 106; BFH, Beschl. v. 1.12.1999 – 10 B 9/98 – BFH/NV 2000, S. 569; Beschl. v. 25.9.2002 – 9 B 19/02 – BFH/NV 2003, S. 192; Beschl. v. 18.2.2003 – 10 B 58/02 – BFH/NV 2003, S. 622.

[204] BVerwG, Beschl. v. 20.12.1995 – 6 B 35/95 – Buchholz 310 § 132 Abs. 2 Ziff. 1 VwGO Nr. 9 = NVwZ-RR 1996, S. 712; Beschl. v. 23.2.1999 – 2 B 11/99 – veröffentlicht in Juris; BFH, Beschl. v. 23.4.1992 – 8 B 49/90 – BStBl. 1992 II, S. 671.

[205] BVerwG, Beschl. v. 26.6.1995 – 8 B 44/95 – Buchholz 310 § 132 Abs. 2 Ziff. 2 Nr. 2. Anders (selbständiger Revisionszulassungsgrund) *Kopp/ Schenke*, VwGO, § 132 Rn. 14.

[206] BVerwG, Beschl. v. 26.6.1995 – 8 B 44/95 – Buchholz 310 § 132 Abs. 2 Ziff. 2 Nr. 2; Beschl. v. 27.2.1997 – 5 B 145/96 – Buchholz 310 Abs. 2 Ziff. 1 VwGO Nr. 15; Beschl. v. 23.12.1998 – 2 B 106/98 – Buchholz 310 § 132 Abs. 2 Ziff. 2 VwGO Nr. 8; *Redeker/ v. Oertzen*, VwGO, § 132 Rn. 11; *Schmidt*, in Eyermann/ Fröhler, VwGO, § 132 Rn. 12.

eindeutig im Sinne des angefochtenen Urteils zu beantworten ist.[207] Steht aber bei der Revision wegen Abweichung der Gesichtspunkt der Wahrung der Rechtseinheit und der Rechtsanwendungsgleichheit im Vordergrund, und nicht die Fortbildung des Rechts, so wird folgerichtig eine Ausnahme vom Grundsatz der Nichtzulassung bereits dann anerkannt, wenn das aufgehobene, auslaufende Recht oder das Übergangsrecht überhaupt noch für mehrere Altfälle gilt.[208] Denn der rechtsstaatliche Grundwert der Rechtseinheitlichkeit wäre gefährdet, wenn Instanzgerichte bei der Anwendung aufgehobenen oder auslaufenden Rechts ohne die Möglichkeit einer revisionsgerichtlichen Überprüfung abweichen könnten.[209]

Die Divergenzrevision ist also auch dann zulässig, wenn die Rechtsfrage aufgehobene, auslaufende oder Übergangsvorschriften betrifft, sofern dargetan wird, dass noch mehrere Altfälle nach dem entscheidungserheblichen Recht zu entscheiden sind.

b. Übertragung des Revisionsrechts auf die Problematik des Verwerfungsmonopols

Überträgt man die revisionsrechtliche Beschränkung auf Rechtsfragen von grundsätzlicher Bedeutung (mit der entsprechenden Rechtsprechung der Revisionsgerichte) auf die Abgrenzung der Zuständigkeiten von BVerfG und Fachgerichtsbarkeiten bei der Normverwerfung, so würde die verfassungsgerichtliche Normverwerfungskompetenz bei aufgehobenem, auslaufendem oder Übergangsrecht nur bei den von den Revisionsgerichten statuierten Ausnahmetatbeständen bestehen: also wenn noch eine erhebliche Anzahl von Fällen in nicht absehbarer Zukunft nach der betreffenden Norm zu entscheiden ist, wenn eine Nachfolgeregelung den Regelungsgehalt der streitigen Norm im Wesentlichen wiederholt oder wenn die Entscheidung darüber in sonstiger Weise richtungsweisend für die Zukunft sein kann. Zieht man die Rechtsprechung zur Divergenzrevision heran, so bestünde die grundsätzliche Bedeutung schon dann, wenn noch mehrere Altfälle nach der streitigen Norm zu entscheiden sind. Gleiches würde gelten für das übergeleitete Recht der DDR, sofern und soweit dieses nur noch einen entsprechenden räumlich und zeitlich begrenzten Anwendungsbereich hat und seine Auslegung damit nicht mehr für die Zukunft richtungsweisend sein kann.

---

[207] BVerwG, Beschl. v. 23.12.1998 – 2 B 106/98 – Buchholz 310 § 132 Abs. 2 Ziff. 2 VwGO Nr. 8; BFH, Beschl. v. 19.12.2002 – 5 B 61/02 – BFH/NV 2003, S. 638; *Gräber/ Ruban,* FGO, § 115 Rn. 65.

[208] Vgl. BVerwG, Beschl. v. 27.2.1997 – 5 B 145/96 – Buchholz 310 § 132 Abs. 2 Ziff. 1 VwGO Nr. 15; dagegen Hess VGH, Beschl. v. 26.6.1998 – 6 ZU 592/98.A – ESVGH 48, 296.

[209] BVerwG, Beschl. v. 27.2.1997 – 5 B 145/96 – Buchholz 310 § 132 Abs. 2 Ziff. 1 VwGO Nr. 15.

Nach dem Revisionsrecht ist die Befristung an sich kein Grund, die grundsätzliche Bedeutung einer Rechtsfrage zu verneinen. Daher würde die bloße Tatsache, dass es sich um ein Zeitgesetz handelt, nicht die Beschränkung auch des Verwerfungsmonopols rechtfertigen.

Für Experimentiergesetze existiert eine explizite Revisionsrechtsprechung – soweit ersichtlich – nicht. Jedoch hängt beim Experimentiergesetz dessen personelle, räumliche und zeitliche Wirkung gerade erst davon ab, inwieweit davon Gebrauch gemacht wird, was allerdings zum Zeitpunkt der Entscheidung noch unentschieden sein mag. Zudem kann eine Entscheidung über ein Experimentiergesetz, das gerade der Erprobung einer Rechtslage dient, durchaus richtungsweisend in dem Sinne sein, dass der Gesetzgeber diese bei einer eventuell folgenden Dauerregelung berücksichtigt. Damit dürfte beim Experimentiergesetz die grundsätzliche Bedeutung im Sinne des Revisionsrechts in der Regel zu bejahen sein.

Handelt es sich um Normen, welche aufgrund neuer Verhältnisse verfassungswidrig geworden sind, so ergibt sich die erneute Klärungsbedürftigkeit im Sinne des Revisionsrechts gerade aus dieser Veränderung der Gesetzeslage oder der Lebensverhältnisse.

c. Vergleichbarkeit des Revisionsrechts mit der Auslegung des Art. 100 Abs. 1 GG

Grundlegend ist demnach die Frage, ob und inwieweit die Rechtslage im Zusammenhang der Zulassung der Revision auf die Problematik des Normverwerfungsmonopols übertragen werden kann. Wollte man die Verwerfungskompetenz für aufgehobenes, auslaufendes und/ oder Übergangsrecht auf die Fachgerichtsbarkeit übertragen, so stellen sich zwei Probleme: Zum einen droht angesichts der ständigen Rechtsprechung der Revisionsgerichte zur Nichtzulassung der Revision wegen mangelnder grundsätzlicher Bedeutung in den betreffenden Normsituationen ein Rechtsschutzvakuum dergestalt, dass dem Rechtssuchenden vielfach nur die erste (oder zweite) Instanz zur Verfügung stünde, der dann zudem eine Vorlage an das BVerfG der entscheidungserheblichen Norm nach Art. 100 Abs. 1 GG verwehrt wäre. Zum anderen stellt sich die Frage nach der grundsätzlichen Übertragbarkeit der ständigen Rechtsprechung sowie der diesbezüglichen Argumentation der Revisionsgerichte auf die Problematik des bundesverfassungsgerichtlichen Verwerfungsmonopols angesichts der jeweils unterschiedlichen Funktionen von Revision und verfassungsgerichtlicher Normenkontrolle.

aa. Verhältnis von Revision und Verwerfungsmonopol des BVerfG

BVerwG, BSG und BFH gehen in der Regel übereinstimmend von der Zulassung der Grundsatzrevision auch zur Klärung der Verfassungsmäßigkeit eines formellen Gesetzes aus.[210] Hält das Revisionsgericht die Vorschrift für verfassungsgemäß, kommt es zur Zurückverweisung an den iudex a quo, der an diese Rechtsauffassung gebunden ist und daher nicht mehr nach Art. 100 Abs. 1 GG vorlegen kann.[211] Die streitige verfassungsrechtliche Frage ist damit geklärt; allerdings bleibt gegen das Urteil die Verfassungsbeschwerde statthaft.[212] Teilt das Revisionsgericht die verfassungsrechtlichen Bedenken, so hat es nach Art. 100 Abs. 1 GG vorzulegen; auch in diesem Fall führt die Revision also eine Klärung der Rechtsfrage herbei, auch wenn das Revisionsgericht daran nur mittelbar – durch die Vorlage an das BVerfG – beteiligt ist.[213]

Das Verwerfungsmonopol des BVerfG schließt aber die Zulassung der Revision wegen grundsätzlicher Bedeutung dann aus, wenn bereits der iudex a quo von der Verfassungswidrigkeit des entscheidungserheblichen Gesetzes überzeugt ist. Dann darf und kann er von vornherein nicht entscheiden, sondern muss nach Art. 100 Abs. 1 GG vorlegen.[214] Die Vorlage an das BVerfG ist in diesem Fall vorrangig gegenüber einer revisiblen Entscheidung.

bb. Zur Problematik der Rechtsschutzlücke

Rechtsschutzdefizite entstünden für den Kläger bei einer Übertragung der Verwerfungskompetenz für die betreffenden Gesetze auf die Fachgerichte deshalb, weil in Verwaltungsstreitsachen der Zulassungsgrund der „grundsätzlichen Bedeutung" auch in der Berufung nicht gegeben ist, wenn es sich um auslaufendes oder ausgelaufenes Recht handelt.[215] Das könnte im Einzelfall dazu führen, dass

---

[210] Vgl. nur BFHE 148, 530 (531); 158, 544 (545 f.); 165, 172 (176) = NJW 1992, S. 1719; zustimmend *Kummer*, Nichtzulassungsbeschwerde, Rn. 145; *Weyreuther*, Revisionszulassung, Rn. 74; anders aber der BGH, RzW 1964, 225; 1967, 378.

[211] Ständige Rechtsprechung, BVerfGE 2, 406 (410 ff.); vgl. dazu *Vogel*, Richtervorlage, S. 353 ff.

[212] *Pietzner*, in: Schoch/ Schmidt-Aßmann/ Pietzner, VwGO, § 132 Rn. 50.

[213] BSGE 40, 158 (159); *Pietzner*, in: Schoch/ Schmidt-Aßmann/ Pietzner, VwGO, § 132 Rn. 50.

[214] BVerfGE 6, 222 (231 ff.).

[215] Vgl. § 124 Abs. 2 Nr. 3 VwGO. Daneben bestehen auch andere Zulassungsgründe für die Berufung. Jedoch kommt es in nicht wenigen Fällen trotzdem zur Zurückweisung eines Antrags auf Zulassung der Berufung mangels grundsätzlicher Bedeutung der Rechtssache, wenn es um außer Kraft getretenes oder auslaufendes Recht geht; vgl. nur OVG Berlin, Beschl. v. 17.9.1997 – 8 N 21/97 – NVwZ 1998, S. 200; OVG NRW, Beschl. v. 15.3.1999 – 4 A 3368/95.A – veröffentlicht in Juris; OVG Greifswald, Beschl. v. 28.11.2000 –

dem Kläger nur die erste Instanz des fachgerichtlichen Verfahrens verbliebe. Der einzelne Instanzrichter selbst, und damit – je nach Gerichtsverfassung – nicht einmal ein kollegial besetzter Spruchkörper, könnte und müsste damit abschließend über die Verfassungsmäßigkeit von Normen befinden. Dies würde aber das Allgemeininteresse an der einheitlichen Anwendung und Auslegung des Verfassungsrechts gefährden. Dem Kläger bliebe zwar immer noch die Möglichkeit der Urteilsverfassungsbeschwerde nach Art. 93 Abs. 1 Nr. 4a GG. Jedoch ist diesbezüglich zu beachten, dass auch deren Annahme gemäß § 93a Abs. 2 lit. a) BVerfGG von der grundsätzlichen verfassungsrechtlichen Bedeutung abhängt, sofern sie nicht gemäß § 93 a Abs. 2 lit. b) BVerfGG zur Durchsetzung der Grundrechte und grundrechtsähnlichen Rechte angezeigt ist. Auch das BVerfG verneint aber in der Regel das Vorliegen der grundsätzlichen verfassungsrechtlichen Bedeutung, wenn es um ausgelaufenes Recht geht.[216]

Sollte sich aber aus dem grundgesetzlichen Verhältnis von Fachgerichtsbarkeit und BVerfG eine entsprechende Normverwerfungskompetenz ergeben, so könnte der Gesetzgeber dennoch diese Rechtsschutzlücke und die Rechtszersplitterung vermeiden. Er wäre schlicht gehalten, die Verfahrensordnungen der Fachgerichtsbarkeiten dahingehend anzupassen, dass die grundsätzliche Bedeutung einer Rechtsfrage in verfassungsrechtlichen Fragen nicht mehr davon abhängig gemacht werden darf, dass und wie lange die entscheidungserhebliche Norm noch in Geltung ist und wie viele Personen davon betroffen sind.

cc. Zur Vergleichbarkeit des Revisionszulassungsrechts mit dem Verhältnis der Fachgerichtsbarkeit zum BVerfG bei der Verwerfung formeller Gesetze

Eine solche prozessuale Verpflichtung der Fachgerichte, in den angesprochenen Normsituationen revisionsrechtlich über eine Rechtsfrage zu befinden, wäre aber nur dann sinnvoll und systemgerecht, wenn auch die Frage nach der Übertragbarkeit der Verwerfungskompetenz auf die Fachgerichte für bestimmte Normsituationen positiv zu beantworten ist.

Will man Gedanken des Revisionsrechts auf das Recht der Richtervorlage übertragen, so setzt dies gleiche oder zumindest gleichgerichtete Problemlagen vor-

---

2 L 243/99 – NVwZ-RR 2001, S. 523; OVG NRW, Beschl. v. 15.3.1999 – 4 A 3368/95.A – veröffentlicht in Juris.

[216] BVerfG, Beschl. v. 22.7.1998 – 1 BvR 2369/94 – veröffentlicht in Juris; Beschl. v. 30.5.2000 – 1 BvR 2198/98 – veröffentlicht in Juris; Beschl. v. 13.3.2001 – 1 BvR 1974/98 – VIZ 2001, S. 337; Beschl. v. 7.11.2001 – 1 BvR 325/94 – NJW 2002, S. 2091; Beschl. v. 18.3.2003 – 2 BvR 246/02 – veröffentlicht unter http://www.bverfg.de. Hierzu sogleich unter II.

aus.[217] Voraussetzung der vollständigen oder teilweisen Übertragbarkeit der dargestellten revisionsrechtlichen Rechtsprechung – sowohl zur Grundsatz- als auch zur Divergenzrevision – auf die Frage nach der Abgrenzung von instanzrichterlichem und bundesverfassungsgerichtlichem Normverwerfungsrecht ist also, dass das Verwerfungsmonopol gleichen oder zumindest ähnlichen Zwecken dient wie die revisionsrechtliche Überprüfung.

(1) Funktion der Revisionsgerichte

Aufgabe der Revisionsgerichte ist es, auf ihrem Fachgebiet die Rechtsfortbildung zu fördern und die Einheit der Rechtsprechung zu wahren.[218] Auch der Gemeinsame Senat der Fachgerichtsbarkeiten ist ein fachgerichtliches Gremium, das die Einheit der Rechtsprechung über die Grenzen der Fachgerichtsbarkeiten hinaus sichern soll.[219] Dabei ist die Grundsatzrevision in erster Linie daraufhin ausgerichtet, eine für die Zukunft geltende und richtungsweisende Klärung einer Rechtsfrage herbeizuführen,[220] die Divergenzrevision vorwiegend auf die Gewährleistung einheitlicher Rechtsanwendung innerhalb der jeweiligen Fachgerichtsbarkeit.[221] Daneben steht der – jedem Rechtsstreit innewohnende – Zweck, dem Parteiinteresse an gerechter Einzelfallentscheidung zu genügen, indem ein Rechtsweg über mehrere Instanzen zur Verfügung gestellt wird.[222]

(2) Vergleich mit der Funktion der Verfassungsgerichtsbarkeit

Das Allgemeininteresse an Rechtseinheit und -fortbildung im Verfassungsrecht ist auch das Ergebnis und ein Effekt verbindlicher und konzentrierter Entscheidungen des BVerfG, so auch solcher im Rahmen einer konkreten Normenkontrolle.[223]

---

[217] So zur Übertragung des Revisionsrechts auf das Recht der Verfassungsbeschwerde *Wank*, JuS 1980, S. 545 (549).

[218] BSG, Beschl. v. 29.4.1999 – B 2 U 178/98 B – RegNr. 24517 = HVBG-INFO 1999, S. 2943; *Kummer*, Nichtzulassungsbeschwerde, Rn. 141; *Starck*, JZ 1996, S. 1033 (1034).

[219] *Starck*, JZ 1996, S. 1033 (1034).

[220] BVerwG, Beschl. v. 25.5.2000 – 4 BN 17/00 – NVwZ 2000, S. 1053; Beschl. v. 12.3.2001 – 2 B 2/01 – veröffentlicht in Juris; Beschl. v. 16.5.2001 – 2 B 19/01 – veröffentlicht in Juris; BFH, Beschl. v. 11.4.1996 – 5 B 133/95 – BB 1996, S. 2130; *Czybulka*, in: Sodan/Ziekow, VwGO, § 132 Rn. 60; *Schmid*, DStR 1993, S. 1284 (1286).

[221] BVerwG, Beschl. v. 26.6.1995 – 8 B 44/95 – Buchholz 310 § 132 Abs. 2 Ziff. 2 Nr. 2; Beschl. v. 27.2.1997 – 5 B 145/96 – Buchholz 310 Abs. 2 Ziff. 1 VwGO Nr. 15; Beschl. v. 23.12.1998 – 2 B 106/98 – Buchholz 310 § 132 Abs. 2 Ziff. 2 VwGO Nr. 8; *Redeker/ v. Oertzen*, VwGO, § 132 Rn. 11; *Schmidt*, in Eyermann/ Fröhler, VwGO, § 132 Rn. 12.

[222] *Wank*, JuS 1980, S. 545 (548).

[223] *Wank*, JuS 1980, S. 545 (549); vgl. hierzu bereits die Ausführungen in Teil 1, B.II.1.

Verweigert man dem Rechtsuchenden eine revisionsgerichtliche Entscheidung, so wird nur sein Rechtsweg verkürzt. Die Verkürzung des Rechtswegs bedeutet als solche aber noch keine Verfassungsverletzung, zumal die Verfassung nur den Rechtsweg an sich, nicht aber auch einen Rechtsmittelzug garantiert.[224] Wesentlicher Unterschied zwischen der Stellung der Revisionsgerichte innerhalb der Fachgerichtsbarkeiten zu der des BVerfG im Verfassungsgefüge besteht aber grundlegend darin, dass bei der Verfassungsgerichtsbarkeit nicht die Gewährleistung eines Rechtswegs im Vordergrund steht, zumal Verfassungsgerichtsbarkeit schon per definitionem nicht zum Rechtsweg gehört.[225] Vielmehr geht es beim BVerfG um die Realisierung der besonderen Verantwortung, die ihm aus seiner Funktion als oberstem Hüter der Verfassung erwächst.[226] Zweck auch der Richtervorlage ist nach hier vertretener Ansicht, im Interesse sowohl des Rechtsuchenden als auch des Verfassungsstaates den Vorrang der Verfassung durch die autoritative Entscheidung eines dafür in institutioneller, verfahrens- und kompetenzrechtlicher Hinsicht ausgestatteten Verfassungsgerichts sicherzustellen. Überträgt man also die Verwerfungskompetenz für bestimmte Fälle von Gesetzen auf die Fachgerichte, so geht es nicht bloß um eine Verkürzung des Rechtswegs. Vielmehr wird dadurch eine autoritative Entscheidung des BVerfG verweigert. Ob dies im Einzelfall möglich ist, kann aber nicht pauschal nach revisionsrechtlichen Gesichtspunkten bestimmt, sondern muss danach entschieden werden, wie weit der verfassungsrechtliche Aufgabenbereich des BVerfG im Verhältnis zu dem der Fachgerichtsbarkeit reicht.

dd. Ergebnis

Es geht demnach um zwei sehr unterschiedliche Problemlagen, welche eine Übertragbarkeit von revisionsrechtlichen Kriterien auf das Recht der Richtervorlage nicht ohne weiteres zulassen. Vielmehr kann die Übertragung der Verwerfungskompetenz auf die Fachgerichte auch für diejenigen Normsituationen, denen eine revisionsrechtliche Überprüfung mangels grundsätzlicher Bedeutung versagt wird, nur dann stattfinden, wenn dies auch mit der Stellung der Fachgerichtsbarkeit im Funktionengefüge des Grundgesetzes, das heißt insbesondere mit ihrer Aufgabe im Verhältnis zum BVerfG und zum parlamentarischen Gesetzgeber, vereinbar ist, und dies Sinn und Zweck der Vorschrift des Art. 100 Abs. 1 GG nicht widerspricht.

---

[224] So BVerfG, Beschl. des Plenums v. 30.4.2003 – 1 PBvU 1/02 – BVerfGE 107, 395.

[225] *Starck*, JZ 1996, S. 1033.

[226] So *Schenke*, Verfassungsgerichtsbarkeit und Fachgerichtsbarkeit, S. 29, zum Unterschied zwischen dem Verfassungsbeschwerdeverfahren und dem Revisionsverfahren.

2. Das Recht zur Annahme von Verfassungsbeschwerden

Näher liegt dagegen die Übertragung der Rechtslage zur Annahme der Verfassungsbeschwerde auf die Auslegung des Art. 100 Abs. 1 Satz 1 GG, zumal es in beiden Fällen um die Realisierung der verfassungsrechtlichen Verantwortung des BVerfG geht. Gemäß § 93a Abs. 2 lit. a) BVerfGG ist eine Verfassungsbeschwerde zur Entscheidung anzunehmen, „soweit ihr grundsätzliche verfassungsrechtliche Bedeutung zukommt".

a. Die Rechtsprechung zu § 93a Abs. 2 lit. a) BVerfGG

„Grundsätzliche verfassungsrechtliche Bedeutung" in diesem Sinne hat nach der Rechtsprechung des BVerfG eine Rechtssache nur dann, „wenn (sie) eine verfassungsrechtliche Frage aufwirft, die sich nicht ohne weiteres aus dem Grundgesetz beantworten lässt und noch nicht durch die Verfassungsrechtsprechung geklärt ist, oder die durch veränderte Verhältnisse erneut klärungsbedürftig geworden ist. Über die Beantwortung der verfassungsrechtlichen Frage müssen also ernsthafte Zweifel bestehen. Anhaltspunkt für eine grundsätzliche Bedeutung kann dabei sein, dass die Frage in der Fachliteratur kontrovers diskutiert oder in der Rechtsprechung der Fachgerichte unterschiedlich beantwortet wird. An ihrer Klärung muss zudem ein über den Einzelfall hinausgehendes Interesse bestehen."[227] Das Verfahren muss also Auswirkungen in quantitativer Hinsicht auf eine Vielzahl bestimmter Fälle haben[228] oder ein Problem betreffen, das auch in künftigen Fällen erneut Bedeutung erlangen kann.[229]

„Verfassungsrechtliche" Natur der Rechtsfrage bedeutet dabei, dass sich das Klärungsbedürfnis auf die Auslegung eines Verfassungsrechtssatzes beziehen muss.[230] Verfassungsrechtliche Bedeutung kann eine Rechtsfrage haben, deren Beantwortung der Fortbildung des objektiven Verfassungsrechts dient oder präjudiziell für die Auslegung der Grundrechte oder anderer Verfassungsbestimmungen ist.[231] Das Verfahren muss also gewichtige Fragen des Verfassungsrechts aufwerfen und Gelegenheit bieten, in bestimmten Bereichen des Rechts die Bedeutung der Grundrechte klarzustellen und Leitlinien für die zukünftige Verfassungsauslegung aller Staatsgewalten aufzustellen.

Die Rechtsfrage muss noch klärungsbedürftig sein. Das Klärungsbedürfnis fehlt regelmäßig dann, wenn die Verfassungsbeschwerde auf zum Zeitpunkt der Entscheidung nicht mehr geltendes Recht bezogen ist, wenn also die Rechtsfrage

---

[227] BVerfGE 90, 22 (24 f.); *Graßhof,* in: Maunz u.a., BVerfGG, § 93a Rn. 34.

[228] *Dörr,* Verfassungsbeschwerde, Rn. 331.

[229] *Graßhof,* in: Maunz u.a., BVerfGG, § 93a Rn. 37.

[230] *Dörr,* Verfassungsbeschwerde, Rn. 331.

[231] *Graßhof,* in: Maunz u.a., BVerfGG, § 93a Rn. 34.

aufgehobenes oder abgeändertes Recht betrifft;[232] dies gilt auch, wenn die dazu streitigen Fragen bislang noch nicht verfassungsrechtlich geklärt sind.[233] Die „grundsätzliche verfassungsrechtliche Bedeutung" einer Rechtsfrage besteht a-ber auch bei aufgehobenem oder auslaufendem Recht, wenn an der Klärung der aufgeworfenen Frage ein über den Einzelfall hinaus gehendes Interesse besteht.[234] Ein solches über den Einzelfall hinaus gehendes Interesse wird – ähnlich der Rechtsprechung zur Divergenzrevision – dann angenommen, wenn die Regelung noch für eine erhebliche Anzahl von Streitigkeiten bedeutsam ist, oder eine Wiederholung der auf der streitigen Regelung beruhenden Maßnahme zu besorgen ist,[235] oder aber, wenn die Nachfolgeregelung den Regelungsgehalt der streitigen Norm im Wesentlichen wiederholt oder die Entscheidung darüber in sonstiger Weise richtungsweisend für die Zukunft sein kann.

b. Vergleichbarkeit des Rechts zur Annahme der Verfassungsbeschwerde mit der Auslegung des Art. 100 Abs. 1 Satz 1 GG

Geht es bei dem Verfahren der Verfassungsbeschwerde und dem der Richtervorlage um gleiche Ziele der Verfassungsgerichtsbarkeit, so wäre eine direkte Übertragung der Regelung zur Annahme der Verfassungsbeschwerde auf die Auslegung des Art. 100 Abs. 1 GG denkbar. Denn auch die Annahme der Verfassungsbeschwerde ist – wie die Normprüfungskompetenz der Fachgerichte – ein dem Verfahren vor dem BVerfG vorgeschalteter Filter, der die Arbeitsteilung zwischen den Fachgerichtsbarkeiten und dem BVerfG regeln soll.[236] Hinzu kommt die zweite Bedeutung des Annahmeverfahrens bei der Entlastung der Senate durch die Kammern, welchen die Vorprüfung der Frage nach der Grundsätzlichkeit einer Rechtsfrage obliegt.[237]

aa. Zur Funktion der Verfassungsbeschwerde

Die Verfassungsbeschwerde hat eine mehrfache Funktion: Auf der einen Seite dient sie dem Schutz und der Weiterentwicklung des objektiven Verfassungsrechts;[238] daneben treten eine Edukationsfunktion sowie eine subjektive Funkti-

---

[232] Vgl. BVerfGE 37, 306 (312); 44, 124 (125); BVerfG, 1. Senat 3. Kammer, Beschl. v. 11.11.1999 – 1 BvR 122/94 – veröffentlicht unter http://www.bverfg.de; BVerfG, 1. Senat 3. Kammer, Beschl. v. 16.6.2004 – 1 BvR 514/99 – veröffentlicht unter http:// www. bverfg.de.

[233] *Graßhof,* in: Maunz u.a., BVerfGG, § 93a Rn. 35.

[234] Beschl. v. 16.6.2004 – 1 BvR 514/99 – veröffentlicht unter http://www.bverfg.de.

[235] Beschl. v. 16.6.2004 – 1 BvR 514/99 – veröffentlicht unter http://www.bverfg.de.

[236] *Wahl/ Wieland,* JZ 1996, S. 1137 (1142).

[237] *Albers,* ZRP 1997, S. 198 (199).

[238] BVerfGE 33, 247 (258); vgl. auch *Dörr,* Verfassungsbeschwerde, Rn. 3.

on.[239] Subjektive Funktion meint die besondere Bedeutung der Verfassungsbeschwerde für den Individualrechtsschutz, welche sowohl in der notwendigen Antragsbefugnis, als auch in dem Annahmegrund des „besonders schweren Nachteils" (§ 93a Abs. 2 lit. b) BVerfGG) zum Ausdruck kommt. Bei der Verfassungsbeschwerde handelt es sich daher um einen „spezifischen Rechtsbehelf des Bürgers gegen den Staat" außerhalb des Instanzenzuges.[240]

Die Vorschriften über die Annahme von Verfassungsbeschwerden sind Ausdruck des Vertrauens, dass die Fachgerichte die ihnen zuerst obliegende Aufgabe des Grundrechtsschutzes wahrnehmen; andererseits soll aber unter bestimmten Voraussetzungen eine Kontrolle durch das BVerfG gewährleistet bleiben.[241] Die Kompetenz des BVerfG zur Überprüfung der Grundrechts- und Verfassungsmäßigkeit einer staatlichen Maßnahme ist jedenfalls nur subsidiär eröffnet.

Der Zweck des Annahmeverfahrens besteht insbesondere darin, die Funktionsfähigkeit des BVerfG bei dem hohen Geschäftsanfall an Verfassungsbeschwerden aufrechtzuerhalten.[242] Denn hinter der Verfassungsbeschwerde steht die Idee der Durchsetzbarkeit der Grundrechte als subjektive Rechte der Bürger.[243] Sie bietet die einzige Möglichkeit eines unmittelbaren Zugangs zum BVerfG, ohne dass der Einzelne auf eine vermittelnde Instanz angewiesen ist.[244] Daraus folgt eine Art „Grundrechtskultur"[245], in welcher der Anspruch des Einzelnen auf die Durchsetzung seiner Grundrechte auch in großem Umfang und oft auch in aussichtslosen oder sogar missbräuchlichen Fällen wahrgenommen wird.[246] Das BVerfG wird gleichsam mit Verfassungsbeschwerden „überschwemmt"[247] und daher mit einer solchen Fülle von Verfahren belastet, für die es an sich nicht gedacht und gerüstet ist.[248] Um der „Verfahrensflut"[249] an Verfassungsbeschwerden entgegenzusteuern, wurde das Annahmeverfahren eingeführt und dadurch die Entscheidungszuständigkeit auf Rechtsfragen beschränkt, deren Beantwortung von „grundsätzlicher verfassungsrechtlicher Bedeutung" oder aber zu der Durchsetzung der Grundrechte und grundrechtsgleichen Rechte angezeigt ist.

---

[239] *Albers,* ZRP 1997, S. 198 (200).

[240] BVerfGE 4, 27 (30); dazu *H.P. Schneider,* NJW 1996, S. 2630 (2631).

[241] Zur Funktion der Annahmeregelung *Albers,* ZRP 1997, S. 198 (199).

[242] *Clemens/ Umbach,* in: Umbach/ Clemens, BVerfGG, § 93a Rn. 1.

[243] Hierzu *Albers,* ZRP 1997, S. 198 (201).

[244] *Rühl,* KritV 1998, S. 156 (160).

[245] Zu dem Begriff *Albers,* ZRP 1997, S. 198 (201).

[246] Bis zum Jahr 2003 gingen insgesamt 121 894 Verfassungsbeschwerden beim BVerfG ein; vgl. die Statistik des BVerfG unter http://www.bverfg.de. Vgl. dazu auch *Roellecke,* NJW 2001, S. 2924 (2930); *Rühl,* KritV 1998, S. 156 (160).

[247] *Roellecke,* Ansehen des BVerfG, S. 38.

[248] Hierzu *Kühling,* ZRP 1998, S. 108 (109).

[249] *Kinkel,* Erklärung im Bundesrat, Protokolle, 546. Sitzung, S. 52.

bb. Vergleich mit der Funktion der Richtervorlage

Auch bei der Richtervorlage geht es – neben deren objektiver Funktion zur Sicherung des Vorrangs der Verfassung – um die Gewährleistung der Anwendung allein verfassungskonformer Normen auf den Einzelfall und damit um den Schutz auch des Bürgers.

Die Urteilsverfassungsbeschwerde unterscheidet sich aber von der Richtervorlage grundlegend darin, dass sie eine Rechtsschutzmöglichkeit gegen staatliche Rechtsschutzeinrichtungen darstellt, nach dem Durchlaufen des fachgerichtlichen Rechtsweges.[250] Vertraut man aber im Grundsatz auf die Verfassungskonformität der Rechtsprechung der Fachgerichte, so ergibt sich bereits daraus die nur subsidiäre Zuständigkeit des BVerfG im Rahmen der Verfassungsbeschwerde.

Bei der Richtervorlage ist die Antragbefugnis auf die Gerichte beschränkt. Es findet also eine Vorauswahl der betreffenden Verfahren durch die Instanzgerichte statt. Es kommt daher nur in den Fällen zu einer Vorlage, in welchen der juristisch und damit auch verfassungsrechtlich ausgebildete Instanzrichter eine Norm für verfassungswidrig hält. Begrenzt man nun auch hier die Funktion des BVerfG von vornherein auf die Beantwortung grundsätzlicher verfassungsrechtlicher Fragen, so wird durch einen solchen Filter nicht bloß der Grundrechtsschutz des Einzelnen verkürzt, sondern es werden die Funktionen von BVerfG und Fachgerichtsbarkeit bei der Normprüfung und Normverwerfung neu definiert.

Die Edukationsfunktion tritt im Rahmen der Richtervorlage vollends zurück. Denn der Instanzrichter äußert ja hier gerade seine Bedenken an der Verfassungsmäßigkeit einer Norm. Er braucht daher nicht mehr zu verfassungsgemäßem Verhalten angehalten werden.

Entscheidender verfassungsrechtlicher Unterschied zwischen Verfassungsbeschwerde und Richtervorlage ist aber, dass für erstere das Grundgesetz in Art. 94 Abs. 2 Satz 2 GG gerade die Zulässigkeit eines speziellen Annahmeverfahrens vorsieht. Eine solche Regelung besteht für die Richtervorlage hingegen nicht.

cc. Ergebnis

Die direkte Übertragung der Rechtslage zur Annahme der Verfassungsbeschwerde scheidet angesichts der unterschiedlichen Funktionen von Verfassungsbeschwerde und Richtervorlage aus. Daher soll im Folgenden untersucht werden, inwieweit die Auslegung des Art. 100 Abs. 1 Satz 1 GG im Sinne einer

---

[250] *Wahl/ Wieland,* JZ 1996, S. 1137 (1142).

Beschränkung des Verwerfungsmonopols auf grundsätzliche verfassungsrechtliche Fragen sich bereits aus der bisherigen Systematik der Rechtsprechung des BVerfG zur Interpretation der Vorschrift ergibt.

D. Auslegung des Art. 100 Abs. 1 Satz 1 GG in der Rechtsprechung des BVerfG

Nach dem Wortlaut des Art. 100 Abs. 1 Satz 1 GG ist nur ein „Gesetz" vorlagefähig. Insbesondere angesichts des wechselnden Sprachgebrauchs in Satz 1 („Gesetz") und Satz 2 („Recht")[251] ist damit aber noch nichts über die Qualität der jeweiligen Vorlagegegenstände ausgesagt. Das BVerfG hat deshalb im Laufe der Zeit den Vorlagegegenstand im Rahmen des Art. 100 Abs. 1 GG entsprechend Sinn und Zweck der Vorlagepflicht definiert. Es wurden Fallgruppen entwickelt, die nach der Ratio der Vorschrift nicht dem Verwerfungsmonopol unterliegen sollen. Diese Rechtsprechung soll im Folgenden daraufhin untersucht werden, ob und inwieweit sie auf die hier interessierenden Normsituationen übertragen werden kann.

I. Nur ausgefertigte und verkündete Normen

Das Gesetz muss nach der Rechtsprechung des BVerfG jedenfalls ausgefertigt und verkündet sein, da das Grundgesetz eine präventive Normenkontrolle nicht kenne.[252] Vorheriges Inkrafttreten der Norm verlangt das BVerfG dagegen nicht.[253] Die Beschränkung auf ausgefertigte und verkündete Gesetze ergibt sich bereits aus der Logik des Art. 100 Abs. 1 GG: Nur ein verkündetes Gesetz kann auch in einem gerichtlichen Verfahren entscheidungserheblich sein.[254] Die Frage nach der Übertragbarkeit auf die vorliegend untersuchten Normsituationen stellt sich diesbezüglich also nicht. Ob die Entscheidung im konkreten Ausgangsverfahren noch von deren Verfassungsmäßigkeit abhängt, stellt sich in diesem Zusammenhang nur als Frage der Entscheidungserheblichkeit, nicht aber als solche des Vorlagegegenstands.

---

[251] Hierzu *Erichsen,* Jura 1982, S. 88 (90).

[252] *Heun,* AöR 122 (1997), S. 610 (614). Als strittiger Ausnahmefall wird lediglich die Konstellation diskutiert, dass Landesrecht eine vorbeugende Normenkontrolle zulässt, das Landesverfassungsgericht aber Verfassungswidrigkeit des zu prüfenden Gesetzes annimmt und dieses dem BVerfG vorlegt; vgl. hierzu *Schmidt,* NVwZ 1982, S. 181 ff.; *Roewer,* NVwZ 1983, S. 145.

[253] BVerfGE 42, 263 (281); jedoch fehlt es bei noch nicht in Kraft getretenen Normen in der Regel an der Entscheidungserheblichkeit; vgl. hierzu auch *E. Klein,* in: Benda/ Klein, Verfassungsprozessrecht, Rn. 787.

[254] *Maunz,* in: Maunz/ Dürig, GG, Art. 100 Rn. 8; *Schmidt,* NVwZ 1982, S. 181.

II. Unterlassen des Gesetzgebers

Ein „absolutes" Unterlassen des Gesetzgebers kann nach überwiegender Meinung nicht Vorlagegegenstand im Rahmen des Art. 100 Abs. 1 GG sein.[255] Dies gilt auch dann, wenn es im Rahmen einer Entscheidung der Fachgerichte darum geht, das Fehlen einer an sich erforderlichen gesetzlichen Regelung übergangsweise zu tolerieren.[256] Die Autorität des Gesetzgebers, der davor zu schützen sei, dass seine Gesetze bei der Entscheidung der Fachgerichte außer Anwendung gelassen werden, sei insoweit nicht in Frage gestellt.[257] Eine Vorlagepflicht besteht dagegen bei sog. relativem Unterlassen, das heißt, wenn eine gesetzliche Regelung zwar vorhanden ist, diese aber deswegen für verfassungswidrig gehalten wird, weil sie einen Sachverhalt in dem Sinne unvollständig regelt, dass die Erstreckung der betreffenden Regelung auf gleichgelagerte Fälle unterlassen wurde.[258]

Dem ist auch nach hier vertretener Ansicht zu Sinn und Zweck des Art. 100 Abs. 1 Satz 1 GG zu folgen. Denn im Falle echten Unterlassens des Gesetzgebers fehlt es schon grundsätzlich an einem geeigneten Vorlagegegenstand im Sinne des Art. 100 Abs. 1 GG.[259] Hält man ein Unterlassen des Gesetzgebers für verfassungswidrig, so geht es nicht mehr um die Kontrolle von Gesetzen im Hinblick auf den Vorrang der Verfassung, den auch Art. 100 Abs. 1 GG sichert.[260] Vielmehr geht es um die Schaffung für erforderlich erachteten, neuen Rechts, wofür nach dem Grundgesetz nur der parlamentarische Gesetzgeber als der Erstinterpret der Verfassung kompetent ist, nicht aber die Gerichte, auch nicht die Verfassungsgerichtsbarkeit.[261]

Das absolute Unterlassen ist also den dargestellten Normsituationen nicht vergleichbar. Denn in keinem der Fälle fehlt es an einem Vorlagegegenstand; Ansatzpunkt ist gerade immer ein konkretes (vorhandenes) Gesetz. Im Falle der Verfassungswidrigkeit eines Gesetzes wegen veränderter Umstände geht zwar der Vorwurf an den Gesetzgeber dahin, es unterlassen zu haben, eine entsprechende Nachbesserung der Gesetzessituation durchzuführen. Jedoch ist auch in

---

[255] *E. Klein,* in: Benda/ Klein, Verfassungsprozessrecht, Rn. 801; *H. Klein,* in: Umbach/ Clemens, BVerfGG, § 80 Rn. 23; *Muckel,* NJW 1993, S. 2283 (2284); *Stern,* in: BK, GG, Art. 100 Rn. 100; *Ulsamer,* in: Maunz u.a., BVerfGG, § 80 Rn. 27; a.A. *Berkemann,* EuGRZ 1985, S. 137 (139); offengelassen in BVerfGE 65, 237 (245).

[256] Vgl. BVerwGE 41, 261 (266 f.); 42, 296 (301 f.); 48, 305 (312 f.); 84, 375 (384); BGH, NJW 1991, S. 2651 (2652); OLG Hamm, NJW 1988, S. 1402; OVG Münster, NJW 1990, S. 466 (467); OVG Lüneburg, NJW 1992, S. 192 (195).

[257] So *E. Klein,* in: Benda/ Klein, Verfassungsprozessrecht, Rn. 801.

[258] *E. Klein,* in: Benda/ Klein, Verfassungsprozessrecht, Rn. 802.

[259] *E. Klein,* in: Benda/ Klein, Verfassungsprozessrecht, Rn. 801.

[260] *Muckel,* NJW 1993, S. 2283 (2284).

[261] *Muckel,* NJW 1993, S. 2283 (2284).

diesem Fall Ansatz nicht dieses Unterlassen, sondern das betreffende Gesetz selbst, das der Gesetzgeber unterlassen hat zu ändern.

III. Formelle Gesetze

Gesetz im Sinne des Art. 100 Abs. 1 GG ist nach der Rechtsprechung des BVerfG nur ein formelles Gesetz, nicht also Rechtsverordnungen und Satzungen.[262] Begründet wird diese Einschränkung in erster Linie mit dem besonderen Zweck des Art. 100 Abs. 1 GG, allein die Autorität des parlamentarischen Gesetzgebers zu schützen.[263] Das BVerfG stellt indessen in seiner Judikatur nicht auf den rein formalen Charakter des Gesetzes ab.[264] So hat es den Bebauungsplan im Stadtstaat Hamburg nicht als zulässigen Vorlagegegenstand angesehen, obwohl dieser gemäß § 246 Abs. 2 BauGB als formelles Gesetz beschlossen war.[265] Ein Haushaltsgesetz als bloß formelles Gesetz wurde ebenso als Gegenstand einer Vorlage abgelehnt.[266] Vorlagefähig sind auch nicht solche Rechtsverordnungen, die der Zustimmung des Parlaments bedürfen.[267] Begründet werden diese Ausnahmen vom BVerfG zusätzlich mit dem prozessökonomischen Argument der Beschränkung auf die „wichtigeren Aufgaben".[268]

Dass der Schutz der Autorität des parlamentarischen Gesetzgebers nicht eine Einbeziehung von Rechtsverordnungen und Satzungen erfordert, soll nicht in Frage gestellt werden.

Grundlegend rechtfertigt aber – nach hier vertretener Ansicht – erst das Argument der Beschränkung auf die wichtigeren Aufgaben die Restriktion des Anwendungsbereichs des Art. 100 Abs. 1 GG auf formelle Gesetze. Denn sieht

---

[262] So die ständige Rechtsprechung und allgemeine Meinung; vgl. nur BVerfGE 1, 202 (206); 7, 363; 10, 58; 15, 153; 16, 231; 17, 208 (210); 19, 236; dazu *Erichsen,* Jura 1982, S. 88 (90); *H. Klein,* in: Umbach/ Clemens, BVerfGG, § 80 Rn. 13.

[263] BVerfGE 1, 184 (197 f.); 10, 124 (127 f.); 24, 170 (173); 37, 271 (284); 42, 42 (49); *Huh,* Konkrete Normenkontrolle, S. 90; nach *Bettermann* folgt die Beschränkung auf bloß formelle Gesetze auch aus einer historischen Interpretation der Vorschrift: Für untergesetzliche Normen sei das Verwerfungsrecht schon vor 1918 anerkannt gewesen, in: Konkrete Normenkontrolle, S. 335.

[264] BVerfGE 70, 35 (57 f.); vgl. dazu *Heun,* Normenkontrolle, S. 623 Fn. 77.

[265] BVerfGE 70, 35 (57 f.); zu Recht sehr umstritten, a.A. bereits das Sondervotum des RBV *Steinberger,* BVerfGE 70, 35 (59 ff.); ihm folgend *E. Klein,* in: Benda/ Klein, Verfassungsprozessrecht, Rn. 788; *Pestalozza,* Verfassungsprozessrecht, § 13 Rn. 9 Fn. 24; *Schlaich/ Korioth,* BVerfG, Rn. 141 Fn. 110.

[266] BVerfGE 75, 166 (173 ff.); im Ergebnis zustimmend die überwiegende Literatur, da mangels Außenwirkung in der Regel die Entscheidungserheblichkeit fehle, vgl. nur *Heun,* Normenkontrolle, S. 623 Fn. 77.

[267] BVerfGE 8, 274 (322); zustimmend *Erichsen,* Jura 1982, S. 88 (90 f.); a.A. *Bettermann,* Konkrete Normenkontrolle, S. 336.

[268] BVerfGE 1, 184 (200 f.); hierzu *Sturm,* in: Sachs, GG, Art. 100 Rn. 9 Fn. 8.

man den wesentlichen Zweck der Vorschrift darin, das BVerfG in die Lage zu versetzen, seiner Rolle bei der Verfassungssicherung effektiv nachzukommen, und erachtet man seine Stellung dabei als subsidiär gegenüber derjenigen der Fachgerichte, so ergibt sich die Beschränkung auf formelle Gesetze aus der Funktion als oberster Hüter der Verfassung: Denn nach dem Subsidiaritätsprinzip ist das BVerfG gegenüber den Fachgerichten auch im Bereich der Verfassungssicherung nur zuständig für die Entscheidung (grundrechts- oder verfassungs-) wesentlicher Fragen. Rechts- und Demokratieprinzip verpflichten aber den Gesetzgeber gerade in grundlegenden normativen Bereichen, also insbesondere bei grundrechtssensiblen Sachverhalten, alle „wesentlichen" Entscheidungen selbst zu treffen und zwar durch formelles Gesetz (sog. Gesetzesvorbehalt).[269] Wesentlich meint dabei bezogen auf die Grundrechte, dass also das Parlament den „Wertekern"[270] festzulegen hat. Verfassungsrechtsprechung im Bereich bloß materieller Gesetze sollte daher in der Regel keine wesentlichen, besonders grundrechtssensiblen Sachverhalte betreffen. All jene Bereiche, die danach nicht grundrechtswesentlich sind, also nicht eines formellen parlamentarischen Gesetzes bedürfen, sind es nach dem Subsidiaritätsprinzip auch nicht in dem Sinne, dass sie nach Art. 100 Abs. 1 GG dem Verwerfungsmonopol des BVerfG unterliegen. Auf der Grundlage dieser Argumentation lässt sich auch die Ausklammerung der Rechtsverordnungen, die der Zustimmung des Parlaments bedürfen, rechtfertigen: Hier handelt es sich um keine grundrechtswesentlichen Fragen, die unter dem Gesichtspunkt von Parlaments- *und* Gesetzesvorbehalt eines formellen parlamentarischen Gesetzes bedürfen; damit ist es aber auch keine solche Frage, die Art. 100 Abs. 1 GG unterfällt.

Aus dieser Argumentation ergibt sich zugleich, dass die Beschränkung auf formelle parlamentarische Gesetze auf keine der hier relevanten Normsituationen übertragen werden kann. In allen Situationen geht es gerade um formelle und materielle Gesetzgebung und damit um (zumindest potentiell) grundrechtswesentliche Fragen. Auch wenn die Gesetze ihre Bedeutung ganz oder teilweise verloren und damit unter Umständen zugleich ihre Grundrechtswesentlichkeit ganz oder teilweise eingebüßt haben, sind sie damit nicht direkt untergesetzlichen Vorschriften gleichzustellen, die von vornherein einen grundrechtswesentlichen Bereich nicht berühren.[271]

---

[269] BVerfGE 47, 46 (48); 48, 89 (126); 49, 89 (126); 61, 260 (275); 77, 170 (230 f.); dazu auch *Lamprecht*, NJW 1994, S. 3272 (3273).

[270] *Brohm*, NJW 2001, S. 1 (9).

[271] Die Wesentlichkeitstheorie ist allerdings nicht zu dem Satz umkehrbar, dass alle parlamentarisch geregelten Bereiche auch tatsächlich grundrechtswesentliche Sachverhalte betreffen, *Zimmermann*, DÖV 2003, S. 940 (944).

IV. Nachkonstitutionelle Gesetze

Nach dem Zweck, die Autorität des parlamentarischen Gesetzgebers zu schützen, werden nach dem BVerfG als Gesetze im Sinne des Art. 100 Abs. 1 GG nur sog. nachkonstitutionelle verstanden, also solche, die nach dem Inkrafttreten des Grundgesetzes verkündet wurden.[272] Als nachkonstitutionell gelten aber auch solche vorkonstitutionellen Normen, die der nachkonstitutionelle Gesetzgeber in seinen Willen aufgenommen hat[273], sei es durch Neuverkündung[274], durch Verweisung in einer neuen Vorschrift auf das vorkonstitutionelle Recht[275] oder durch einen sachlichen Zusammenhang zwischen der neuen und der unveränderten, alten Norm.[276]

Sieht man den Hauptzweck des Art. 100 Abs. 1 GG im Schutz der Autorität des Gesetzgebers, so ist die Beschränkung auf nachkonstitutionelle Gesetze logisch zwingend. Aber auch die Stellung des BVerfG als oberster Hüter der Verfassung erfordert nicht eine Erstreckung des Verwerfungsmonopols auf vorkonstitutionelle Gesetze. Denn im Falle von vorkonstitutionellen Gesetzen fehlt es bereits an einer „Verletzung" der Verfassung durch den Gesetzgeber in Sinne des Art. 100 Abs. 1 GG.[277] Der Gesetzgeber kann die Verfassung nur dann verletzen, wenn und soweit letztere bei Erlass des betreffenden Gesetzes bereits existiert. Ist dies nicht der Fall, wird früheres Recht, das der Verfassung widerspricht, automatisch obsolet, es sei denn, der Gesetzgeber möchte es aufrechterhalten, sei es ausdrücklich oder konkludent. Der Gesetzgeber setzt damit durch den Erlass einer Verfassungsbestimmung widersprechendes, bereits bestehendes Recht außer Kraft.

Diese Rechtsprechung ist allerdings nicht auf die dargelegten Normsituationen übertragbar. Denn in all diesen Fällen war der Gesetzgeber bei Erlass der betreffenden Norm an die Verfassung gebunden.

Zum Teil wird aber eine der Vorkonstitutionalität des Gesetzes vergleichbare Situation angenommen, wenn das Instanzgericht die Verfassungswidrigkeit einer Norm aus einer Veränderung der tatsächlichen Verhältnisse herleitet, also meint, diejenigen Gründe, die seinerzeit das Gesetz vor der Verfassung legiti-

---

[272] Grundlegend BVerfGE 2, 124 (128); 10, 124 (127); 18, 216 (219 f.); 70, 126 (129); ständige Rechtsprechung; dazu *H. Klein*, in: Umbach/ Clemens, BVerfGG, § 80 Rn. 14.

[273] BVerfGE 6, 55 (65); 70, 126 (129 f.); 90, 145 (171); 97, 117 (122 f.); ständige Rspr.; dieser zustimmend *E. Klein*, in: Benda/ Klein, Verfassungsprozessrecht, Rn. 795 ff.; *H. Klein*, in: Umbach/ Clemens, BVerfGG, § 80 Rn. 18 ff.; *Ulsamer*, in: Maunz u.a., BVerfGG, § 80 Rn. 75 ff.

[274] BVerfGE 11, 126 (132); 32, 296 (300).

[275] BVerfGE 13, 290 (294); 32, 296 (303).

[276] BVerfGE 11, 126 (132); 32, 296 (300).

[277] *Bettermann*, Konkrete Normkontrolle, S. 332.

mierten, seien weggefallen.[278] Daher soll in derartigen Fällen das Instanzgericht berechtigt sein, die Anwendung des verfassungswidrig gewordenen Gesetzes zu unterlassen; denn die Autorität des Gesetzgebers werde dadurch weder beeinträchtigt noch werde ihm eine Verletzung der Verfassung vorgeworfen.[279] Es handle sich – wie bei der Vorkonstitutionalität eines Gesetzes – um eine nachträgliche Ungültigkeit durch eine „Überholung" der Verfassungsinterpretation.[280] Dies gelte vor allem für sog. Maßnahmegesetze und sonstige Lenkungsgesetze, insbesondere im Wirtschaftsbereich, wenn sich ein Eingriff als nicht mehr erforderlich oder nicht mehr geeignet erweise, oder die seinerzeit bei Erlass der Vorschrift erträglichen Folgen und Lasten des Eingriffs unter den gegenwärtigen Verhältnissen den davon Betroffenen nicht mehr zumutbar seien.[281]

Das BVerfG lässt die Vorlage eines Gesetzes wegen veränderter Verhältnisse demgegenüber dann zu, wenn das Instanzgericht substantiiert darlegt, dass und warum die früher als verfassungsgemäß anerkannte Bestimmung nunmehr verfassungswidrig geworden sein soll.[282] Es geht damit nicht davon aus, dass diese Normsituation mit derjenigen beim vorkonstitutionellen Gesetz vergleichbar ist. Dem ist auch zu folgen: Selbst wenn das betreffende Gesetz ursprünglich verfassungsgemäß war und erst später durch bestimmte Umstände verfassungswidrig wird, handelt es sich um eine Verletzung der Verfassung durch ein parlamentarisches Gesetz.[283] Der Gesetzgeber hat, nachdem er ein Gesetz erlassen hat, eine Beobachtungspflicht hinsichtlich der Entwicklung der Umstände, welche dieses Gesetz betreffen.[284] Das Gesetz muss sich auch in den Augen des Gesetzgebers im Laufe der Zeit in der Weise bewähren, dass es den Veränderungen der Lebensverhältnisse und der Gesetzeslage standhält.[285] Ändern sich die Umstände, und stellt das Gesetz danach einen nun nicht mehr gerechtfertigten Eingriff in Grundrechte dar, so hat der Gesetzgeber das Gesetz nachzubessern oder aufzuheben.[286] Ein parlamentarisches Gesetz wird nicht automatisch durch eine Veränderung der zugrunde liegenden Verhältnisse ungültig. Es bleibt ein parlamentarisches nachkonstitutionelles Gesetz.

---

[278] So *Bettermann*, Konkrete Normenkontrolle, S. 332; *Gerontas*, Die Prüfung der Verfassungsmäßigkeit von Gesetzen, S. 25.

[279] *Gerontas*, Die Prüfung der Verfassungsmäßigkeit von Gesetzen, S. 25.

[280] *Bettermann*, Konkrete Normenkontrolle, S. 332.

[281] *Bettermann*, Konkrete Normenkontrolle, S. 332.

[282] BVerfGE 33, 199; 39, 181; vgl. dazu bereits oben unter B.II.2.a.cc.

[283] *Benda*, NJW 1996, S. 2282 (2283).

[284] *Gusy*, ZRP 1985, S. 291 (294).

[285] *Benda*, NJW 1996, S. 2282 (2283).

[286] *Benda*, NJW 1996, S. 2282 (2283); *Gusy*, ZRP 1985, S. 291 (294).

V. Das in gesamtdeutsches Recht übergeleitete Recht der DDR

1. Rechtsprechung des BVerfG

Das BVerfG klammert die Gesetze der (ehemaligen) DDR aus dem Anwendungsbereich des Art. 100 Abs. 1 GG aus, selbst soweit diese nach Art. 9 Abs. 2 i.V.m. der Anlage II des Einigungsvertrags[287] in gesamtdeutsches Recht übergeleitet wurden. Denn diese seien ebenfalls nicht unter der Herrschaft des Grundgesetzes verkündet worden.[288] Es handle sich damit um vorkonstitutionelles Recht. Der Schutzzweck des Art. 100 Abs. 1 GG, den parlamentarischen Gesetzgeber in seinem Verantwortungsbereich zu schützen und seine Autorität im Verhältnis zur Rechtsprechung zu wahren, rechtfertige bei vorkonstitutionellem Recht aber eine Vorlagepflicht nicht.[289] Eine Bestätigung des vorkonstitutionellen Rechts in der Weise, dass der nachkonstitutionelle Gesetzgeber es in seinen Willen aufgenommen habe, setze einen entsprechenden Willen voraus. Dies sei nicht der Fall, wenn der Gesetzgeber eine vorkonstitutionelle Norm lediglich für eine begrenzte Übergangszeit hinnehme und ihre sachliche Änderung vorerst unterlasse.[290] Bei dem in deutsches Recht übergeleiteten Recht der DDR handle es sich aber um Vorschriften, die der Bundesgesetzgeber unter dem Vorbehalt einer nachträglichen Prüfung am Maßstab des Grundgesetzes bloß für eine von vornherein zeitlich begrenzte Übergangszeit hingenommen, nicht aber in seinen Willen aufgenommen habe.[291]

---

[287] Vertrag zwischen der Bundesrepublik Deutschland und der Deutschen Demokratischen Republik über die Herstellung der Einheit Deutschlands vom 31.8.1990 – BGBl. II, S. 889.

[288] BVerfGE 97, 117 (122 ff.); BVerfG, 1. Senat 2. Kammer, Beschl. v. 30.10.1993 – 1 BvL 42/92 – SozR 3-8560 § 26 Nr. 1 = NJ 1994, S. 121; *Sturm,* in: Sachs, GG, Art. 100 Rn. 11a.

[289] BVerfG, 1. Senat 2. Kammer, Beschl. v. 30.10.1993 – 1 BvL 42/92 – SozR 3-8560 § 26 Nr. 1 = NJ 1994, S. 121.

[290] BVerfG, 1. Senat 2. Kammer, Beschl. v. 30.10.1993 – 1 BvL 42/92 – SozR 3-8560 § 26 Nr. 1 = NJ 1994, S. 121.

[291] BVerfG, 1. Senat 2. Kammer, Beschl. v. 30.10.1993 – 1 BvL 42/92 – SozR 3-8560 § 26 Nr. 1 = NJ 1994, S. 121 zu der Vorlagefrage, ob es mit dem Grundgesetz vereinbar ist, dass Witwenrenten, die in der DDR aus der zusätzlichen „Altersversorgung der Intelligenz" an erwerbsfähige Witwen gewährt worden waren, gemäß § 25 Abs. 1 Satz 2 des Gesetzes der DDR zur Angleichung der Bestandsrenten an das Nettorentenniveau der BRD und zu weiteren rentenrechtlichen Regelungen – Rentenangleichungsgesetz – vom 28.6.1990 zum 31.12.1990 eingestellt worden sind; dieses Gesetz sollte fortgelten für eine Übergangszeit bis zum 31.12.1991; vgl. auch BVerfGE 97, 117 (122 f.); BVerfG, DtZ 1994, S. 148; NJW 1999, S. 485; dem folgend das überwiegende Schrifttum, vgl. *E. Klein,* in: Benda/ Klein, Verfassungsprozeßrecht, Rn. 816; *Kirn,* in: Kunig, GG, Art. 123 Rn. 23; *H. Klein,* in: Umbach/ Clemens, BVerfGG, § 80 Rn. 29; *Mann,* DÖV 1999, S. 288 (230).

Dem wird allerdings von Teilen des Schrifttums entgegengehalten, die ausdrückliche Anordnung der Fortgeltung des DDR-Rechts im Einigungsvertrag könne nicht als bloße Hinnahme verstanden werden. Die einschlägigen Vorschriften seien erst nach sorgfältiger bilateraler und fachlicher Prüfung aufgenommen worden. Insoweit sei die Autorität des Gesetzgebers, die Art. 100 Abs. 1 GG schützen solle, in Frage gestellt, wenn die von der am 18.3.1990 demokratisch gewählten Volkskammer der DDR verabschiedeten Gesetze von Fachgerichten als verfassungswidrig verworfen werden, sofern diese in Anlage II zum Einigungsvertrag aufgeführt sind.[292]

2. Das BVerfG als der oberste Hüter der Verfassung

Es stellt sich daher die Frage, ob die Stellung des BVerfG als oberster Hüter der Verfassung eine Entscheidung auch über das fortgeltende DDR-Recht erfordert. Da das Recht der DDR durch die Überleitung in gesamtdeutsches Recht sich im Verfassungsraum des Grundgesetzes entfaltet, gilt es auch diesem gegenüber, den Vorrang der Verfassung zu sichern.

Nach hier vertretener Ansicht handelt es sich schon nicht um vorkonstitutionelles Recht. Zwar wurden die betreffenden Gesetze von der Volkskammer der DDR verabschiedet, die nicht an das Grundgesetz gebunden war, welches für das ehemalige Gebiet der DDR erst ab dem 3.10.1990 – also ohne Rückwirkung – galt.[293] Jedoch ist das übergeleitete Recht wegen der Bestimmung des Art. 9 Abs. 2 des Einigungsvertrags dem (Bundes-) Gesetzgeber zuzurechnen.[294] Denn danach soll das betreffende Recht „in Kraft" bleiben, was aber nichts anderes bedeutet, als dass der Gesetzgeber es im Hinblick auf den gesamtdeutschen Verfassungsraum mit einem Geltungsbefehl versieht.

Selbst wenn man aber die Vorkonstitutionalität dieses Rechts bejahen möchte, liegt nach hier vertretener Ansicht eine hinreichende Bestätigung durch den Gesetzgeber vor. Das BVerfG definiert die Aufnahme in den Willen des Gesetzgebers damit, dass sich ein konkreter „Bestätigungswille im Gesetz selbst zu erkennen" geben oder „sich ein solcher Wille aus einem engen sachlichen Zusammenhang zwischen unveränderten und geänderten Normen objektiv er-

---

[292] So *Wieland,* in: Dreier, GG, Art. 100 Rn. 14; zum gleichen Ergebnis kommt auch *Wollweber,* DÖV 1999, S. 413 (418). Nach *Korioth* sprechen die Aspekte der Rechtssicherheit und der Rechtseinheit für eine Vorlagepflicht in diesen Fällen, in: *Schlaich/ Korioth,* BVerfG, Rn. 137.

[293] Vgl. *Papier,* NJW 1991, S. 193 (195).

[294] Der BFH rechnet das Steuerrecht der ehemaligen DDR, dessen befristete Weiteranwendung angeordnet wurde, dem Bundesgesetzgeber zu; vgl. BFHE 174, 241 (244); 176, 130 (133).

schließen" lassen müsse.[295] Die Gesetzgebungsorgane müssen, sofern von einem Bestätigungswillen ausgegangen werden solle, zumindest in irgendeiner Weise mit der zur Prüfung gestellten Norm und ihrem konkreten Regelungsgehalt befasst gewesen sein.[296] Der Gesetzgeber hat aber in Art. 9 Abs. 2 des Einigungsvertrags genau definierten Regelungen in bestimmten Bereichen bewusst Geltung verliehen[297], indem er sie in eine Positivliste nach dem Enumerationsprinzip aufnahm.[298] Die betreffenden Vorschriften sind insbesondere erst nach entsprechender juristischer Prüfung in diese Positivliste aufgenommen worden.[299] Er hat gerade nicht wie die vom BVerfG[300] als Parallelnorm in Bezug genommene Vorschrift des Art. 123 Abs. 1 GG pauschal auf das „Recht aus der Zeit vor dem Zusammentritt des Bundestages" verwiesen. Auch das Zeitmoment, das heißt die Tatsache, dass die Geltung des ehemaligen Rechts der DDR von vornherein auf einen Übergangszeitraum beschränkt war,[301] spricht nicht gegen den Bestätigungswillen des Gesetzgebers. Denn die Tatsache, dass eine Norm nur für begrenzte Dauer gilt oder es sich um eine Übergangsbestimmung handelt, mag zwar im Einzelfall die verfassungsrechtlichen Prüfungsmaßstäbe herabsenken. Auf die Beantwortung der Frage, ob der Gesetzgeber einer Bestimmung bewusst Geltung hat verleihen wollen, kann die bloß kurze Geltungsdauer der Norm aber keinen Einfluss haben.

Handelt es sich also beim in gesamtdeutsches Recht übergeleiteten Recht der DDR nicht um vorkonstitutionelles Recht, so kann eine diesbezügliche Restriktion des Verwerfungsmonopols auch nicht damit gerechtfertigt werden. Ansatzpunkt für eine Beschränkung der Vorlagepflicht wäre vielmehr auch in diesen Fällen die bloß kurze Geltungsdauer der Vorschrift oder aber die besondere Situation der Vereinigung der beiden deutschen Staaten, in der die Fortgeltung der betreffenden Bestimmungen beschlossen wurde. Da die Beantwortung dieser Frage aber parallel oder ähnlich der zu erfolgen hat, ob und inwieweit das Verwerfungsmonopol bei befristeten und Übergangsbestimmungen generell restringiert werden kann, soll auch das übergeleitete Recht der DDR erst im Zusammenhang mit diesen Normkomplexen näher untersucht werden.

Lässt sich damit nach hier vertretener Ansicht das Recht der DDR nicht generell unter dem Gesichtspunkt der Vorkonstitutionalität von der Vorlagepflicht nach

---

[295] BVerfGE 60, 135 (149); 63, 181 (188); 66, 248 (254); 70, 126 (129 ff.).

[296] BVerfG, 1. Senat 2. Kammer, Beschl. v. 30.10.1993 – 1 BvL 42/92 – SozR 3-8560 § 26 Nr. 1 = NJ 1994, S. 121.

[297] So auch *Wieland,* in: Dreier, GG, Art. 100 Rn. 14.

[298] *Wollweber,* DÖV 1999, S. 413 (418).

[299] *Wieland,* in: Dreier, GG, Art. 100 Rn. 14.

[300] BVerfG, 1. Senat 2. Kammer, Beschl. v. 30.10.1993 – 1 BvL 42/92 – SozR 3-8560 § 26 Nr. 1 = NJ 1994, S. 121.

[301] Vgl. BVerfG, 1. Senat 2. Kammer, Beschl. v. 30.10.1993 – 1 BvL 42/92 – SozR 3-8560 § 26 Nr. 1 = NJ 1994, S. 121.

Art. 100 Abs. 1 GG ausklammern, so stellt sich die Frage nach der Übertragbarkeit dieser Rechtsprechung auf die hier interessierenden Normsituationen in diesem Zusammenhang nicht.

VI. Ergebnis

Demnach ist keine der Normsituationen, die der vorliegenden Untersuchung unterliegt, einer derjenigen Fallgruppen gleichzustellen, die vom BVerfG und der überwiegenden Literatur schon bisher – und auch nach der hier vertretenen Ansicht begründeterweise – von der Vorlagepflicht ausgenommen wurden.

E. An Sinn und Zweck des Art. 100 Abs. 1 Satz 1 GG orientierte Auslegung

Da sich also in der bisherigen Systematik der Rechtsprechung des BVerfG nicht die anvisierte Beschränkung des Vorlagegegenstands erreichen lässt, soll im Folgenden untersucht werden, ob und inwieweit das dargestellte Reformmodell mit Sinn und Zweck des Art. 100 Abs. 1 Satz 1 GG vereinbar ist. Nach vorliegend vertretener Ansicht hat sich die Auslegung des Art. 100 Abs. 1 Satz 1 GG und damit die Abgrenzung von fachgerichtlicher und verfassungsgerichtlicher Normprüfungs- und -verwerfungskompetenz in erster Linie an der Zielvorgabe zu orientieren, dass der Vorrang der Verfassung so effektiv wie möglich und verfassungsrechtlich nötig gesichert wird, ohne dabei die Autorität des parlamentarischen Gesetzgebers mehr als notwendig anzutasten.

I. Einheit der Rechtsprechung und Rechtssicherheit

Rechtseinheit und Rechtssicherheit in verfassungsrechtlichen Fragen herzustellen ist danach zwar nicht der vorrangige und wesentliche Zweck des Art. 100 Abs. 1 Satz 1 GG, aber positiver Effekt konzentrierter und autoritativer Entscheidungen in Verfassungsfragen. Es handelt sich zudem bei den Prinzipien von Rechtssicherheit und Rechtseinheit um grundlegende und unbedingte verfassungsrechtliche Postulate. Sollten diese bei einer Übertragung der Verwerfungskompetenz für die hier interessierenden Normgruppen und Normsituationen auf die Fachgerichte nicht hinreichend gesichert sein und damit eine „Atomisierung" der Verfassungsrechtsprechung[302] drohen, so müsste es in diesen Fällen bei dem Verwerfungsmonopol des BVerfG verbleiben.

Wegen der formellen und materiellen Rechtskraft der Entscheidungen des BVerfG sowie der mit ihnen verbundenen besonderen Bindungswirkung für alle

---

[302] Zu diesem Begriff im Zusammenhang mit der Diskussion um die Einführung einer sog. Verfahrensgrundrechtsbeschwerde *Faupel,* NJ 1998, S. 57 (62).

Staatsorgane nach § 31 Abs. 1 BVerfGG und deren Gesetzeskraft gemäß § 31 Abs. 2 BVerfGG werden Rechtssicherheit und Rechtseinheit durch die beim BVerfG konzentrierte Entscheidung jedenfalls hergestellt. Nicht zuletzt haben die Judikate des BVerfG sogar eine solche darüber hinaus gehende faktische Bindungswirkung, nach welcher sowohl die Fachgerichte als auch der Gesetzgeber die Auslegung des Rechts durch das BVerfG auch unabhängig von der formal-rechtlichen Bindung in weitem Umfang akzeptieren und übernehmen.[303]

Entscheidend ist im Zusammenhang mit dem vorliegend untersuchten Reformvorschlag die Frage, ob und inwieweit diese umfassende Bindung nötig ist, um Rechtssicherheit und Rechtseinheit in verfassungsrechtlichen Fragen herzustellen, oder ob hierzu nicht solche Bindungen ausreichen, welche auch mit Entscheidungen der Fachgerichte verknüpft sind.

1. Formelle und materielle Rechtskraft fachgerichtlicher Entscheidungen

Der formellen und materiellen Rechtskraft fähig sind die ein Verfahren abschließenden Entscheidungen aller Gerichte. Die Rechtskraft tritt bei Entscheidungen der unteren Instanzgerichte, soweit Rechtsmittel gegeben sind, mit dem Verstreichen der Rechtsmittelfrist ein. Entscheidungen der obersten Bundesgerichte werden dagegen mit ihrer Verkündung rechtskräftig, weil die Möglichkeit der Einlegung außerordentlicher Rechtsbehelfe – wie auch der Verfassungsbeschwerde – dem Eintritt der Rechtskraft nicht entgegensteht.[304]

2. Bindungswirkung fachgerichtlicher Entscheidungen

Das Prozessrecht kennt keine formelle Bindung der Untergerichte der jeweiligen Fachgerichtsbarkeit an die Rechtsprechung der obersten Gerichtshöfe des Bundes.[305] Die obersten Bundesgerichte entscheiden bei Verwerfung einer Norm wegen deren Verfassungswidrigkeit insbesondere nicht mit der Bindungswirkung des § 31 Abs. 1 BVerfGG.

a. Bindungswirkung innerhalb der jeweiligen Fachgerichtsbarkeit

Gebunden sind die Untergerichte nach den einzelnen Verfahrensordnungen der Fachgerichtsbarkeiten aber formal-gesetzlich bei Zurückverweisung einer Rechtssache durch ein Revisionsgericht hinsichtlich einer bestimmten rechtlichen Beurteilung (vgl. § 563 Abs. 2 ZPO; § 144 Abs. 6 VwGO; § 126 Abs. 5

---

[303] Dazu ausführlich bereits oben in Teil 1, B.II.1.

[304] *Kopp/ Schenke*, VwGO, § 121 Rn. 2.

[305] *Stahl*, S. 198 ff.

FGO).[306] Daneben enthalten die einzelnen Verfahrensordnungen zur Sicherung einer einheitlichen Rechtsprechung und der Fortbildung des Rechts innerhalb der Fachgerichtsbarkeiten Vorschriften über die Einrichtung eines sog. Großen Senats, der dann entscheidet, wenn ein Senat eines obersten Gerichtshofs in einer Rechtsfrage von der Entscheidung eines anderen Senats oder des Großen Senats abweichen möchte (vgl. § 11 VwGO; § 138 GVG; § 11 FGO).

Darüber hinaus haben aber auch Entscheidungen der obersten Bundesgerichte eine faktische Präzedenzwirkung,[307] zumal die Untergerichte bei einer abweichenden rechtlichen Beurteilung mit einer Aufhebung ihrer Entscheidung in der Rechtsmittelinstanz rechnen müssen.[308] Gleiches gilt für die Verwaltung, welche zwar nicht förmlich an die Entscheidungen der Gerichte gebunden ist, aber bei von der Rechtsprechung divergierender Praxis davon auszugehen hat, dass die Bürger die durch die Gerichte anerkannten Rechte mittels entsprechender Klage durchsetzen werden. Die Autorität der obersten Gerichtshöfe des Bundes reicht daher zumindest innerhalb ihres Fachs regelmäßig so weit, dass sich die Untergerichte und die Verwaltung faktisch an deren Entscheidungen halten.[309] Diese faktische Bindung bezieht sich sowohl auf verfassungs- als auch auf einfachrechtliche Fragen, so dass innerhalb der jeweiligen Fachgerichtsbarkeiten Rechtssicherheit und Rechtseinheit – auch in Verfassungsfragen – hergestellt werden kann, ohne dass das BVerfG die jeweils strittige Rechtsfrage beantwortet.

Unterscheidet sich die faktische Präjudizwirkung fachgerichtlicher Rechtsprechung auch wesentlich von der förmlichen Bindungswirkung gemäß § 31 Abs. 1 BVerfGG, so bestehen in der praktischen Auswirkung nur geringe Unterschiede, ob die Untergerichte und die Verwaltung nur faktisch an die Präjudizien gebunden sind oder formal-gesetzlich. Insbesondere vollzieht sich die Bindungswirkung des § 31 Abs. 1 BVerfGG an die Entscheidungen des BVerfG auch nicht von selbst. Beachtet ein Instanzgericht diese Bindungswirkung nicht, so kann der Betroffene sie nur durchsetzen, indem er nach Erschöpfung des Rechtswegs Verfassungsbeschwerde wegen Verletzung des Art. 20 Abs. 3 GG erhebt. Die Möglichkeit der Erhebung einer Urteilsverfassungsbeschwerde verbleibt dem Rechtssuchenden aber auch dann, wenn ein Fachgericht seiner Ansicht nach ein Gesetz wegen Verfassungswidrigkeit unangewendet lässt oder dieses trotz bestehender Zweifel an der Verfassungsmäßigkeit anwendet.

---

[306] *Ziekow*, Jura 1995, S. 522 (523).
[307] *E. Klein*, in: Benda/ Klein, Verfassungsprozessrecht, Rn. 1323; vgl. dazu auch *Starck*, JZ 1996, S. 1033 (1040).
[308] Zur faktischen Bindungswirkung *Löwer*, HStR II, § 56 Rn. 112.
[309] *Steiner*, BVerfG, BSG und das deutsche Sozialrecht, S. 71.

b. Bindungswirkung über die eigene Fachgerichtsbarkeit hinaus

Da auch die Einheitlichkeit der Rechtsprechung über die einzelne Fachgerichtsbarkeit hinaus erforderlich ist, sieht Art. 95 Abs. 3 GG i.V.m. dem Gesetz zur Wahrung der Einheitlichkeit der Rechtsprechung der obersten Gerichtshöfe des Bundes[310] die Einrichtung eines Gemeinsamen Senats vor. Dieser entscheidet, wenn ein oberster Gerichtshof in einer Rechtsfrage von der Entscheidung eines anderen obersten Gerichtshofs oder des Gemeinsamen Senats abweichen will. Durch die Möglichkeit dieses Divergenzausgleichsverfahrens ist sichergestellt, dass in wesentlichen Rechtsfragen – auch in verfassungsrechtlichen – eine einheitliche Rechtsprechung über die einzelne Fachgerichtsbarkeit hinaus besteht. Die Institution des Gemeinsamen Senats wird daher auch bezeichnet als „besonders herausgestellter Trust zur Rechtsfortbildung und Dogmenfortschreibung im Geiste der Grundrechtswerte-Ordnung".[311]

3. Keine Bindung des Gesetzgebers an fachgerichtliche Entscheidungen

Auch wenn die Fachgerichte im Einzelfall die Verfassungswidrigkeit einer Rechtslage feststellen und sogar – obiter dictum – an den Gesetzgeber appellieren, die für erforderlich erachteten gesetzlichen Regelungen zu erlassen,[312] sind sie weder nach der Funktionenordnung des Grundgesetzes hierzu berufen, noch ist der Gesetzgeber an solche Appelle gebunden, und zwar weder formalgesetzlich noch faktisch.[313] Würden die Prinzipien der Rechtssicherheit und der Rechtseinheit auch eine Bindung des Gesetzgebers erfordern, so bestünde bei einer Entscheidung durch die Fachgerichte anstelle derjenigen des BVerfG ein wesentliches Defizit an Bindungswirkung.

Rechtsanwendungssicherheit und -einheit erfordern indes nicht zwingend auch die Bindung des Rechtsetzers an die Entscheidungen der Fachgerichte. Denn der Gesetzgeber als der „gestaltende Erstinterpret" der Verfassung[314] hat die primäre Gestaltungsverantwortung für die Grundlagen des Gemeinwesens und muss diese den gesellschaftlichen, wirtschaftlichen, technischen und sozialen Entwicklungen und Bedürfnissen anpassen. Er hat die Einschätzungsprärogative im Hinblick auf dieses Anpassungsbedürfnis und ist daher den Prinzipien der Rechtssicherheit und Rechtseinheit nur in gewissen Grenzen[315] verpflichtet. Der Gesetz-

---

[310] Vom 19.6.1968, BGBl. I, S. 661.

[311] So *Bogs,* DVBl. 1998, S. 516 (520).

[312] Dazu *Muckel,* NJW 1993, S. 2283 ff.

[313] Zu den Berührungspunkten zwischen Fachgerichten und parlamentarischem Gesetzgeber näher im Folgenden unter III.1.c.cc.

[314] *Kirchhof,* Verfassungsverständnis, S. 74.

[315] So bestehen z.B. unter dem Aspekt der Rechtssicherheit und dem daraus abgeleiteten Schutz des Vertrauens der Bürger in eine bestimmte Gesetzeslage für die an sich zulässige

geber ist gerade auch an die Entscheidungen des BVerfG nur insoweit gebunden, als nicht neue Verhältnisse vorliegen.[316] Daher besteht in der fehlenden Bindung auch des Gesetzgebers an fachgerichtliche Entscheidungen im Hinblick auf Rechtssicherheit und -einheit nicht ein so wesentliches Defizit, dass sich die Übertragung bestimmter Entscheidungsbefugnisse in Bezug auf die Verfassungsmäßigkeit gesetzlicher Vorschriften auf die Fachgerichte (bereits) deshalb verbieten würde.

4. Keine Gesetzeskraft der fachgerichtlichen Entscheidungen

Entscheidungen der Fachgerichte haben auch keine Gesetzeskraft. Liegt aber die wesentliche Bedeutung des § 31 Abs. 2 BVerfGG in der personellen Erstreckung der Rechtskraft einer Normenkontrollentscheidung auf alle Bürger,[317] so ergeben sich auch diesbezüglich im Hinblick auf Rechtssicherheit und Rechtseinheit keine verfassungsrechtlich bedenklichen Defizite bei einer Entscheidung durch die Fachgerichte. Denn ebenso wie die obersten Gerichtshöfe des Bundes nicht daran gehindert sind, die höchstrichterliche Rechtsprechung zu ändern, steht es dem Gesetzgeber frei, eine gesetzeskräftig für verfassungswidrig erklärte Norm erneut zu erlassen.[318] Zudem werden verfassungsrechtliche Entscheidungen dem einzelnen Bürger erst durch die Verwaltungspraxis oder die Gerichte vermittelt, welche sich aber wiederum in der Regel faktisch an die Rechtsprechung der obersten Bundesgerichte halten. Daher ist das Vertrauen auf die Beständigkeit einer bestimmten Anwendung und Auslegung des Rechts auch ohne gesetzeskräftige Feststellung nicht gefährdet.

5. Zusammenfassung

Die gesteigerte Bindungswirkung verfassungsrechtlicher Erkenntnisse gegenüber allen Trägern öffentlicher Gewalt und auch gegenüber allen Privaten stellt zwar ein hohes Maß an Rechtssicherheit und Rechtseinheit in den entschiedenen verfassungsrechtlichen Fragen sicher. Rechtsanwendungssicherheit und -einheitlichkeit wären aber faktisch auch dann gewährleistet, würde man die Verwerfungskompetenz für bestimmte Normgruppen auf die Fachgerichte übertragen. Dies gilt gleichermaßen für alle Gesetze, also auch für diejenigen Fall-

---

Rückwirkung von Gesetzen bestimmte Grenzen, die dort gesehen werden, wo ein Gesetz rückwirkende Eingriffe in Rechte oder Rechtslagen des Staatsbürgers vornimmt, mit denen dieser nicht rechnen konnte und die er bei einer verständigen Vorausschau im privaten und beruflichen Bereich nicht zu berücksichtigen brauchte; BVerfGE 1, 264 (280).

[316] Hierzu in Teil 1, B.II.b.bb.

[317] *Schlaich/ Korioth*, BVerfG, Rn. 496.

[318] Vgl. zum sog. Normwiederholungsverbot bereits oben in Teil 1, B.II.b.bb (1).

gruppen, welche den Gegenstand der vorliegenden Untersuchung bilden. Die Funktion der weitreichenden Bindungswirkung nach § 31 Abs. 1 und Abs. 2 BVerfGG ist nicht allein im Zusammenhang mit Rechtssicherheit und Rechtseinheit zu sehen, sondern in erster Linie im Zusammenhang mit der besonderen Stellung des BVerfG. Die umfassende formelle Bindung an die Präjudizien des BVerfG charakterisiert – zusammen mit anderen Komponenten – die herausgehobene Stellung des BVerfG gegenüber derjenigen anderer Gerichte als den maßgeblichen Hüter und letztverbindlichen Interpreten der Verfassung.[319]

II. Wahrung der Autorität des parlamentarischen Gesetzgebers

Die Wahrung der Autorität des parlamentarischen Gesetzgebers ist nach der Rechtsprechung und der herrschenden Meinung in der Literatur der wesentlichste Grund für das Verwerfungsmonopol des BVerfG nach Art. 100 Abs. 1 Satz 1 GG.[320] Nach hier vertretener Auffassung liegt darin zwar nicht der Hauptzweck der Bestimmung. Der Schutz der Autorität des Gesetzgebers ist aber ein Aspekt bei der Auslegung des Art. 100 Abs. 1 Satz 1 GG: Die Autorität des Gesetzgebers wird durch die Verfassung – und auch durch Art. 100 Abs. 1 Satz 1 GG – insoweit geschützt, als für die Verwerfung von Normen gerade nur bestimmte Verfahren vorgesehen sind: die abstrakte Normenkontrolle (Art. 93 Abs. 1 Nr. 2 GG), die (Rechtssatz-) Verfassungsbeschwerde (Art. 93 Abs. 1 Nr. 4a GG)[321] sowie die Richtervorlage. Art. 100 Abs. 1 GG bestimmt, dass den Fachgerichten die Verwerfung von Gesetzen allein aufgrund ihrer eigenen verfassungsrechtlichen Beurteilung untersagt ist. Diese ist vielmehr nur im juristischen „Dialog" zwischen Fachgerichtsbarkeiten und BVerfG möglich.[322] Die Autorität des Gesetzgebers wird durch die Entscheidungen des BVerfG zudem dadurch geschützt, dass durch allgemeinverbindliche Vereinbarerklärungen gemäß § 31 Abs. 1 BVerfGG künftige Angriffe gegen ein Gesetz grundsätzlich nicht mehr in Betracht kommen.[323]

---

[319] *E. Klein*, in: Benda/ Klein, Verfassungsprozessrecht, Rn. 1323; vgl. bereits oben in Teil 1, B.II.1.c.

[320] Vgl. hierzu oben in Teil 1, B.I und II.2.a.

[321] Vgl. dazu *H. Klein,* Rechtssatzverfassungsbeschwerde, S. 1325 ff.

[322] Oder aber bei der abstrakten Normenkontrolle im Dialog zwischen Bundesregierung, Landesregierung oder der Mitte des Bundestages und dem BVerfG oder im Rahmen der Individualverfassungsbeschwerde im Dialog zwischen dem einzelnen Bürger und dem BVerfG.

[323] Vgl. ausführlich oben in Teil 1, B.I.2.c.

1. Die Autorität des Gesetzgebers in den untersuchten Normsituationen

Im Folgenden soll auf der Grundlage dieser Erwägungen untersucht werden, ob und inwieweit die Ausklammerung der vorliegend interessierenden Normsituationen vom Verwerfungsmonopol des BVerfG überhaupt in Konflikt mit der Schutzfunktion des Art. 100 Abs. 1 Satz 1 GG steht. Denn die Autorität des Gesetzgebers mag in manchen Fällen teilweise oder vollends zurücktreten und damit von einer Verwerfung überhaupt nicht mehr berührt sein, wenn ein Gesetz von Anfang an (oder zum Entscheidungszeitpunkt) nur (noch) von sehr geringer Bedeutung ist oder sich der Gesetzgeber selbst durch die Aufhebung oder Änderung einer Norm inhaltlich von dieser distanziert hat. Auch wird der Gesetzgeber unter Umständen durch die fachgerichtliche Verwerfung einer Norm nicht desavouiert, wenn diese bei ihrem Erlass verfassungsgemäß war und erst aufgrund veränderter tatsächlicher oder rechtlicher Umstände verfassungswidrig wird und deshalb die ursprüngliche Normverantwortung des Gesetzgebers zumindest abgeschwächt ist.

a. Aufgehobene oder geänderte Gesetze

Hat der Gesetzgeber eine Norm aufgehoben oder für die Zukunft abgeändert, so können sich verfassungsrechtliche Probleme um die Altfassung noch solange stellen, wie tatbestandlich (Alt-) Fälle danach zu entscheiden sind. Durch die Aufhebung oder Abänderung gibt aber der Normgeber zu erkennen, dass er sich von einer bestimmten Gesetzeslage – zumindest für die Zukunft – distanziert. Hier trifft eine Verwerfung der Norm jedenfalls die Gestaltungsfreiheit des Gesetzgebers nicht mehr voll, zumal die Altvorschrift häufig bereits außerhalb des politischen Interesses des Gesetzgebers liegt.[324]

Der Gesetzgeber vollzieht aber gerade auch dann, wenn er eine Regelung nur für die Zukunft – und nicht auch rückwirkend – aufhebt, einen bewussten, von seinem Willen getragenen Akt des Inhalts, für die Vergangenheit solle die Altregelung Bestand haben. Denn er hätte – innerhalb der vom Rechtsstaatsprinzip gezogenen Grenzen – auch die Möglichkeit, die Regelung für die Vergangenheit aufzuheben oder durch eine neue Rechtslage zu ersetzen.[325] Die Altregelung ist damit noch in gewissem Umfang von seinem Willen und damit auch von seiner

---

[324] *Steiner,* Zum Entscheidungsausspruch und seinen Folgen, S. 574; *ders.,* NJW 2001, S. 2919 (2921).

[325] So z.B. erfolgt für die geänderten Vorschriften der §§ 3 Abs. 1 Satz 2; 7 Satz 1 Nr. 2 SpielbankG ND vom 25.7.1973 – Nds. GVBl., S. 174 u. 253 – hierzu BVerfG, 1. Senat 1. Kammer, Beschl. v. 28.4.2003 – 1 BvL 4/01 u. 1 BvL 3/ 01 – veröffentlicht in Juris und § 13 Abs. 1 Satz 3 PStG v. 8.8.1957 – hierzu BVerfG, Beschl. v. 9.7.2002 – 1 BvL 5/99 – veröffentlicht in Juris; vgl. zur Möglichkeit rückwirkender Gesetzgebung u.a. *Steiner,* Vertrauensschutz, S. 33 f.

Autorität getragen, selbst wenn sie nur noch auf eine kleine Anzahl von Fällen anwendbar ist. Unter dem Gesichtspunkt der Autorität des Bundesgesetzgebers ist daher die Übertragung der Verwerfungsbefugnis für aufgehobene oder geänderte Gesetze jedenfalls nicht von vornherein unproblematisch.

b. Befristete Gesetze; Übergangsbestimmungen

Zeitgesetze sind gekennzeichnet durch eine (zeitlich) begrenzte Verbindlichkeit; der Gesetzgeber bestimmt bereits bei Schaffung der Regelung den Zeitpunkt ihres Außerkrafttretens.[326] Damit macht er aber die dauerhafte Fortgeltung der Regelung von seinem erneuten parlamentarischen Willensentschluss abhängig und begrenzt dadurch selbst das Vertrauen in die Kontinuität seiner Rechtsetzung. Sind befristete Gesetze auslaufend in dem Sinne, dass sie nicht verlängert werden, und sind sie daher nur noch auf die danach zu entscheidenden Altfälle anzuwenden, so besteht ein politisches Interesse an der betreffenden Regelung ohnehin nicht mehr oder nur noch in sehr eingeschränktem Umfang. Insofern stellt sich die Frage, ob Zeitgesetze, insbesondere solche, die nur noch auf einen klar abgrenzbaren Personenkreis anwendbar sind, nur von geringerer Autorität des parlamentarischen Gesetzgebers getragen sind als dauerhafte Regelungen.

Gerade die Befristung eines Gesetzes ist für den Gesetzgeber aber Mittel normativer Steuerung und Selbstkontrolle.[327] Die eigene Autorität soll durch die Befristung von Gesetzen nicht in Frage gestellt, sondern eher gestärkt werden. Durch die Bestimmung der zeitlichen Geltungsdauer eines Gesetzes programmiert der Gesetzgeber die Beobachtung und Evaluierung der Wirkung seiner Norm durch das Parlament selbst bereits in der Gesetzgebungsphase. Es wird von vornherein klargestellt, dass bei Bedarf eine entsprechende Nachbesserung durchgeführt wird oder das Gesetz wieder außer Kraft tritt, wenn sich eine anfängliche, wesentliche Prognose nicht bewahrheitet, oder aber veränderte Umstände wie neue technische, wirtschaftliche oder soziale Entwicklungen eine Anpassung der Rechtslage erfordern. Befristung eines Gesetzes bedeutet daher nicht, dass dessen Inhalt zum Zeitpunkt des Gesetzgebungsverfahrens weniger durchdacht und von geringerer Qualität ist; der Gesetzgeber distanziert sich durch die Geltungsbefristung eines Gesetzes nicht vom Inhalt des betreffenden Gesetzes. Vielmehr wird nur die künftige Anpassung an die Entwicklungen ausdrücklich in das gesetzgeberische Konzept aufgenommen. Damit ist aber das betreffende Gesetz – für die gesamte Dauer seiner Geltung – genauso vom parlamentarischen Willen und von der gesetzgeberischen Autorität getragen wie alle anderen Gesetze.

---

[326] *Chanos*, Befristung parlamentarischer Gesetzgebung, S. 15.
[327] Vgl. hierzu *Chanos,* Befristung parlamentarischer Gesetzgebung, S. 37 ff.

Es gibt auch Zeitgesetze in Fällen, in denen nur ein befristeter Bedarf für eine gesetzliche Regelung besteht. Die ist beispielsweise der Fall, wenn Übergangsbestimmungen besonderen gesellschaftlichen – politischen, wirtschaftlichen oder sozialen – Situationen Rechnung tragen sollen.[328] Der Gesetzgeber will einerseits einen alsbaldigen Wandel in Richtung des neuen, seiner Ansicht nach verbesserten Rechtszustands herbeiführen, andererseits muss auch das Vertrauen in den Fortbestand einer bestimmten Rechtslage beachtet werden. Die Abwägung zwischen dem öffentlichem Interesse und den einzelnen Individualinteressen obliegt dabei ausschließlich dem Gesetzgeber. Er nimmt in diesem Zusammenhang häufig Typisierungen und Pauschalierungen vor, welche einen vertretbaren Ausgleich zwischen den widerstreitenden Interessen darstellen. Vom Willen und der Autorität des parlamentarischen Gesetzgebers getragen ist dieses Abwägungsergebnis – in Form der betreffenden Übergangsbestimmung – aber in vollem Umfang.

c. Experimentiergesetze

Das Experimentiergesetz soll – im Gegensatz zum „normalen" Zeitgesetz – ein endgültiges Gesetz erst vorbereiten. Aufgrund fehlender oder nicht ausreichender Entscheidungsgrundlagen des Gesetzgebers erscheint der Erlass eines endgültigen Gesetzes als derzeit noch nicht möglich. Das Gesetzgebungsexperiment dient der Prognoseentwicklung und der Sammlung von Erfahrungen vor der Umsetzung in eine verbindliche gesetzliche Regelung.[329] Hat sich der Gesetzgeber damit im betreffenden Bereich noch keinen abschließenden Willen gebildet, so liegt die Annahme nahe, die Fachgerichte könnten eine solche Norm verwerfen, weil sich der Gesetzgeber ihrer selbst noch nicht sicher ist.

Andererseits hat der Gesetzgeber durch den Erlass eines Erprobungsgesetzes für ein bestimmtes Rechtsgebiet einen akuten legislativen Handlungsspielraum erkannt und anerkannt. Er hält lediglich eine laufende Umsetzungsbeobachtung für erforderlich,[330] um anschließend zu prüfen, ob die betreffende Regelung allgemein und auf Dauer eingeführt werden soll.[331] Das Experimentieren mit einem bestimmten Rechtszustand in der Rechtspraxis[332] wird aber nicht nur behindert, sondern vielmehr gefährdet oder sogar verhindert, wenn das Gesetzgebungsexperiment durch fachgerichtliche Verwerfung der betreffenden Norm beendet werden kann oder wird. Deshalb bedeutet auch oder sogar ganz besonders die Verwerfung eines Experimentiergesetzes die Desavouierung des parlamentari-

---

[328] Vgl. nur BVerfGE 72, 248; 79, 219; hierzu auch *H. Schneider,* Gesetzgebung, Rn. 547.

[329] *Horn,* Experimentelle Gesetzgebung unter dem Grundgesetz, S. 26 f.

[330] *Di Fabio,* Risikoentscheidungen im Rechtsstaat, S. 306.

[331] *Mengel,* Gesetzgebung und Verfahren, S. 319.

[332] *Mader,* Experimentelle Gesetzgebung, S. 211.

schen Willens, der im Falle des Experimentiergesetzes eben in der Erprobung einer bestimmten Rechtslage besteht. Die Autorität des Gesetzgebers ist daher auch bei Verwerfung eines Experimentiergesetzes berührt.

d. Übergeleitetes Recht der ehemaligen DDR

Eine fachgerichtliche Verwerfung von Normen, die aus einer anderen staatlichen Ordnung übernommen wurden, wegen deren Verfassungswidrigkeit beeinträchtigt die Autorität des Gesetzgebers nicht, wenn dieser ausdrücklich bekennt, die Normen nicht auf ihre Verfassungsmäßigkeit hin überprüft zu haben, sie also von vornherein unter den Vorbehalt der Verfassungsmäßigkeit stellt, auch wenn diese Normen letztlich dem Gesetzgeber zuzurechnen sind. Die Verwerfung einer solchen Norm beinhaltet damit auch keinen Vorwurf an den Gesetzgeber. Denn dieser beansprucht wegen des Vorbehalts nicht die uneingeschränkte Geltung einer Norm, sondern nur unter dem Vorbehalt der Verfassungsmäßigkeit. Deshalb berührt die Verwerfung der Gesetze der ehemaligen DDR nicht die Autorität des Gesetzgebers, auch soweit diese nach Art. 9 Abs. 2 i.V.m. der Anlage II des Einigungsvertrags[333] in deutsches Recht übergeleitet wurden.[334]

e. Veränderung der Verhältnisse; Maßnahmegesetze

In der Literatur wird auch angenommen, dass die Autorität des Gesetzgebers nicht berührt ist, wenn ein Fachgericht die Verfassungswidrigkeit eines Gesetzes aus einer Änderung der tatsächlichen Verhältnisse herleitet, also meint, die Gründe, die ein Gesetz bei dessen Erlass verfassungsrechtlich legitimierten, seien weggefallen. Entgegen der Rechtsprechung des BVerfG könne daher das Instanzgericht ein wegen veränderter Verhältnisse verfassungswidrig gewordenes Gesetz von sich aus verwerfen, selbst wenn dieses früher vom BVerfG für verfassungsgemäß erklärt wurde.[335] In diesem Fall greife das Verwerfungsmonopol des Art. 100 Abs. 1 GG nicht. Denn hier bleibe die Autorität des Gesetzgebers unversehrt, zumal diesem keine Verletzung der Verfassung vorgeworfen werde.[336]

---

[333] Vertrag zwischen der Bundesrepublik Deutschland und der Deutschen Demokratischen Republik über die Herstellung der Einheit Deutschlands vom 31.8.1990; BGBl. II, S. 889.

[334] Vgl. hierzu näher unter D.V.

[335] So *Bettermann*, Konkrete Normenkontrolle, S. 323; ihm folgend *Gerontas*, Die Prüfung der Verfassungsmäßigkeit von Gesetzen, S. 25; kritisch insoweit *Heyde*, Rechtsprechung, Rn. 98; verneinend *Wimmer*, Richter als Notgesetzgeber, S. 54.

[336] *Bettermann*, Konkrete Normenkontrolle, S. 323; *Gerontas*, Die Prüfung der Verfassungsmäßigkeit von Gesetzen, S. 25.

Dem kann entgegenhalten werden, dass sich der Instanzrichter auch in diesem Fall gesetzeskorrigierend über eindeutiges Recht hinwegsetzt, selbst wenn sich die zugrunde liegenden Verhältnisse zwischenzeitlich gewandelt haben.[337] Auch impliziert die Nichtanwendung des durch die gewandelten Verhältnisse überholten und dadurch verfassungswidrig gewordenen Gesetzes möglicherweise den Vorwurf, seiner Nachbesserungspflicht nicht entsprechend nachgekommen zu sein, das fragliche Gesetz noch nicht kassiert oder reformiert zu haben.[338]

Die Beobachtungs- und Nachbesserungspflicht des Gesetzgebers ist aber nicht mehr im aktuellen „Bewusstsein" des Gesetzgebers, wenn seit dessen Erlass sehr lange Zeit vergangen ist, insbesondere wenn das BVerfG das Gesetz bereits einmal expressis verbis mit der Verbindlichkeit des § 31 Abs. 1 und Abs. 2 BVerfGG für mit der Verfassung vereinbar erklärt hat. Durch eine solche BVerfG - Entscheidung sieht sich der Gesetzgeber verfassungsrechtlich bestätigt. Ändern sich nunmehr die Verhältnisse oder die herrschende Verfassungsinterpretation so wesentlich, dass die betreffende Regelung verfassungsrechtlich nicht mehr aufrechterhalten werden kann, so aktualisiert sich zwar die Gestaltungspflicht des Gesetzgebers. Es kann aber nicht davon ausgegangen werden, dass der Gesetzgeber die Kassation oder Nachbesserung bewusst unterlässt. Die Verwerfung ist daher nicht mehr Vorwurf einer Verletzung der Verfassung durch den Gesetzgeber und damit keine Desavouierung, sondern bloß eine vorübergehende „Normablehnung". Der Gesetzgeber hat zudem die Möglichkeit, die Rechtslage jederzeit so zu ändern, dass sie dem parlamentarischen Willen entspricht.[339] Die Autorität des Gesetzgebers wird also durch die Verwerfung eines Gesetzes wegen veränderter Verhältnisse nicht berührt. Ob aber deshalb auch die Vorlagepflicht nach Art. 100 Abs. 1 Satz 1 GG nicht besteht, beurteilt sich nach der verfassungsrechtlichen Funktionenverteilung zwischen BVerfG und den Fachgerichten.

2. Zusammenfassung

Unter dem Gesichtspunkt der Autorität des Gesetzgebers wäre danach die Übertragung der Verwerfungsbefugnis auf die Fachgerichte für das ehemalige Recht der DDR sowie für solches Recht unproblematisch, das aufgrund veränderter Verhältnisse verfassungswidrig geworden ist. Die Autorität des Gesetzgebers wird dagegen berührt bei der Verwerfung aller anderen Gesetze, insbesondere also auch aufgehobener, befristeter und experimentierender Gesetze. Riskiert man aber auf der anderen Seite auch im Rahmen der verfassungskonformen

---

[337] So *Heyde,* Rechtsprechung, Rn. 98.

[338] Vgl. hierzu *Bettermann,* Konkrete Normenkontrolle, S. 323.

[339] Ein sog. Normwiederholungsverbot steht insofern nicht entgegen, hierzu näher oben in Teil 1, B.II.1.b.bb.

Auslegung oder der fachrichterrechtlichen Konkretisierung des Rechts gewisse Grenzüberschreitungen durch die Fachgerichte, so könnte man eine Desavouierung des Gesetzgebers möglicherweise auch in gewissem Rahmen bei der Restriktion des Art. 100 Abs. 1 Satz 1 GG hinnehmen.

III. Verfassungsrechtliche Stellung des BVerfG als oberstem Hüter der Verfassung

Ob solche Defizite bei dem Respekt vor dem parlamentarischen Gesetzgeber verfassungsrechtlich akzeptiert werden können, beurteilt sich aber in erster Linie danach, inwieweit die beim BVerfG monopolisierte Normverwerfung angesichts der grundgesetzlichen Funktionenverteilung zwischen Gesetzgeber, Fachgerichten und BVerfG auch in den einzelnen Normsituationen erforderlich ist. Die Übertragung der Verwerfungskompetenz ist in allen dargestellten Fällen nämlich dann ausgeschlossen, wenn und soweit auch hier nur das BVerfG als der oberste Hüter der Verfassung verfassungsgemäße, effektive und sachgerechte Entscheidungen zu treffen vermag. Durch die Beschränkung der Vorlagepflicht darf weder die wirksame Sicherung des Vorrangs der Verfassung gefährdet sein, noch dürfen die Grenzen der verfassungsrechtlichen Kontrolle des Gesetzgebers überschritten werden. Insbesondere müssten aber auch die Fachgerichte nach ihrer verfassungsrechtlichen Stellung hinreichend legitimiert sein, parlamentarische Gesetzgebungsakte zu kassieren bzw. auch andere, angemessene Entscheidungen bei der Kontrolle parlamentarischer Gesetze zu treffen.

1. Verfassungsrechtliche Stellung der Fachgerichte bei der Gesetzeskontrolle

a. Gegenstand der Rechtsprechung bei den untersuchten Normsituationen

Zur Verwerfung von Gesetzen bedürfte es dann nur geringerer Legitimation, wenn in den hier interessierenden Normsituationen ein Politikbezug nicht mehr oder nicht mehr in dem Maße gegeben ist wie bei gewöhnlichen Gesetzen. Denn nur, wenn sich durch die Übertragung der Verwerfungskompetenz auf ein Organ der Rechtsprechung das Gefüge der Staatsgewalten verschiebt, ist auch die besondere verfassungsrechtlich hervorgehobene Legitimation erforderlich.

Die politische Relevanz des Vorlagegegenstands könnte etwa bei außer Kraft gesetzten oder geänderten Normen deshalb fehlen, weil der demokratisch legitimierte Gesetzgeber durch die Aufhebung oder Abänderung der entscheidungserheblichen Fassung des Gesetzes zu erkennen gibt, dass am bisherigen Recht kein politisches Interesse mehr besteht.[340] Anderseits zeigt Gesetzgebung ge-

---

[340] *Steiner*, Zum Entscheidungsausspruch und seinen Folgen, S. 574.

rade auch bei der Aufhebung einer Norm ohne entsprechende Rückwirkung, dass der politische Wille eben nur und ausschließlich dahin geht, für die Zukunft eine Rechtsänderung herbeizuführen. Verwerfung auch einer aufgehobenen Norm durch deren Nichtanwendung kann daher einen Eingriff in die politische Verantwortung des Gesetzgebers und eine politische Gestaltung bedeuten, selbst wenn diese Gestaltung nur einen begrenzten Personenkreis oder begrenzten zeitlichen Anwendungsbereich betrifft. Die normverwerfende Rechtsprechung wirkt deshalb auch dann entscheidend auf das geltende und anwendbare Recht ein, wenn dieses nur mehr begrenzt wirkt.[341] Damit besteht aber auch bei der Kassation bereits aufgehobener oder geänderter Rechtsvorschriften ein politischer Bezug.

Auch die Verwerfung befristeter und experimenteller Gesetze weist einen entsprechenden Politikbezug auf, zumal die Befristung eines Gesetzes allein nicht bedeuten kann, dass dieses weniger politische Relevanz aufweist. Der Erlass befristet geltender Gesetze erfolgt vielmehr in erster Linie, um die politische Erfolgs- und Wirkungskontrolle des Gesetzes zu institutionalisieren, oder um eine politisch für notwendig erachtete Übergangsregelung für eine Problemlage zu schaffen.[342] Verwerfung einer befristeten Norm stellt damit aber einen Eingriff in die politische Situation dar.

Ein politischer Bezug ist nicht zuletzt auch dann gegeben, wenn der Gesetzgeber – wie bei dem übergeleiteten Recht der DDR – die Geltung eines Gesetzes ausdrücklich unter den Vorbehalt von dessen Verfassungsmäßigkeit stellt. Denn durch die gesetzliche Überleitung hat er ein notwendiges politisches Regelungsbedürfnis gesehen, lediglich die Frage von deren Verfassungsmäßigkeit offen gehalten.

Der Bezug zur Politik ist indessen dann geringer, wenn es um die Anpassung einer Norm an die geänderten gesellschaftlichen Verhältnisse oder an das veränderte Verständnis vom Inhalt der Verfassung geht. Denn in diesem Fall wird zwar die Gestaltungspflicht und Gestaltungsbefugnis des Gesetzgebers durch die Änderung der Verhältnisse wieder aktualisiert, so dass die Verwerfung der parlamentarischen Gestaltung vorgreift. Zum Zeitpunkt der Verwerfung fehlt es aber gerade an einem entsprechend den neuen Verhältnissen aktualisierten Willen, so dass dadurch auch nicht in den parlamentarischen Prozess eingegriffen wird.

---

[341] Vgl. hierzu bereits unter II.1.a.
[342] Hierzu oben unter B.I.2.

b. Legitimation der Fachgerichte im Vergleich zu der des BVerfG

Die Legitimation des BVerfG zur Kontrolle des politischen Prozesses und damit auch die des parlamentarischen Gesetzgebers gründet primär auf seiner verfassungsrechtlichen Konstituierung und dem großen Vertrauen sowohl der Öffentlichkeit als auch der anderen Verfassungsorgane in die Institution. Die umfassende verfassungsrechtliche Legitimation spiegelt sich wider in den der Stellung des BVerfG als oberstem Hüter der Verfassung entsprechenden besonderen institutionellen Vorkehrungen: so in dem besonderen Verfahrensrecht, den spezifischen Kontrollmechanismen sowie in der pluralistischen Besetzung der beiden Senate.[343] Die Fachgerichte sind primär dazu legitimiert, Recht zu sprechen. Daher stellt sich hier insbesondere die Frage nach der Legitimation der Fachgerichte zur generellen Befugnis und der Reichweite einer Kontrolle auch des parlamentarischen Gesetzgebers.

aa. Verfassungsbindung und Kontrolle

Alle Gerichte sind nach Art. 1 Abs. 3, Art. 20 Abs. 3 und Art. 97 Abs. 1 GG an die geltenden Gesetze, also auch an die Verfassung gebunden und daher bei der Erfüllung ihrer rechtsprechenden Aufgaben beschränkt auf solche Lösungen, die auf der Basis des Grundgesetzes erreicht werden können. Die Kontrolle dieser Verfassungsbindung findet beim BVerfG durch die (insbesondere juristische) Öffentlichkeit und intern durch die Möglichkeit von Sondervoten und die Einrichtung des Plenums statt.[344]

Ein solcher Mechanismus der internen Revision findet sich für die einzelnen Spruchkörper bei den Instanzgerichten nicht. Jedoch stellen die Verfahrensordnungen der Fachgerichtsbarkeiten regelmäßig Rechtsmittelzüge bereit: Es besteht die Möglichkeit über Berufung, Revision oder Beschwerde zu einer Kontrolle der Urteile und Beschlüsse der unteren Instanzen gelangen. Diese Kontrollmöglichkeiten stoßen aber nach geltendem Recht dann an ihre Grenzen, wenn das jeweilige Rechtsmittel von einer Zulassung abhängt und die Zulassung verweigert wird, weil – wie gerade häufig in den vorliegend interessierenden Normsituationen[345] – ein Zulassungsgrund nicht gegeben ist.

Eine Appellationsinstanz besteht zudem von vornherein nicht für Entscheidungen der obersten Gerichtshöfe des Bundes. Eine Kontrolle hinsichtlich der Verfassungsmäßigkeit ist zwar auch hier möglich im Rahmen einer Urteilsverfassungsbeschwerde zum BVerfG. Diese Kontrolle wird aber oftmals gerade in den

---

[343] Vgl. hierzu oben in Teil 1, B.II.4.f.

[344] Hierzu Teil 1, B.II.4.f.aa.

[345] Wegen der Ablehnung der grundsätzlichen Bedeutung einer Rechtssache, vgl. hierzu oben, C.III.1.

vorliegend untersuchten Normsituationen mit der Begründung verweigert, es fehle an der grundsätzlichen verfassungsrechtlichen Bedeutung der Rechtssache.[346] Überdies haben diese Beschwerdemöglichkeit nur die Grundrechtsbetroffenen.

Kontrolle durch die Öffentlichkeit findet bei Entscheidungen der unteren Instanzgerichte nur sehr eingeschränkt statt; sie werden nur in Einzelfällen in der Fachpresse oder in Tageszeitungen veröffentlicht. Entscheidungen der obersten Gerichtshöfe werden dagegen meist in der juristischen Fachliteratur dokumentiert und rezensiert und durch die Presse auch der allgemeinen öffentlichen Diskussion zugänglich gemacht. Allgemein unterscheiden sich also die Kontrollmechanismen bei den Fachgerichtsbarkeiten zwar von denen beim BVerfG. Wesentliche Legitimationsdefizite ergeben sich daraus aber zumindest im Hinblick auf Entscheidungen der obersten Gerichtshöfe des Bundes wohl nicht.

Dagegen unterscheiden Verfahren und Organisation der Fachgerichte sich teilweise ganz erheblich von den verfahrenstechnischen und institutionellen Besonderheiten beim BVerfG.[347]

bb. Verfahrensrecht

Das Verwerfungsmonopol des BVerfG wird zum Teil gerade damit gerechtfertigt, dass dem BVerfG im Vergleich zu den Fachgerichten prozessrechtlich andere Verfahrenstechniken zur Verfügung stünden. So sei dem BVerfG insbesondere die Einbeziehung anderer Verfassungsorgane, Gruppen und Verbände, ferner der Öffentlichkeit in den Entscheidungsprozess möglich.[348] Das BVerfG habe auch die Möglichkeit, die obersten Gerichtshöfe des Bundes und der Länder um Mitteilung zu ersuchen, wie und aufgrund welcher Erwägungen sie die streitige Frage bisher ausgelegt haben und welche damit zusammenhängenden Rechtsfragen zur Entscheidung anstehen. Die unteren Gerichte seien dagegen grundsätzlich nicht einmal in der Lage, von der Rechtsauffassung der Richter an den Obergerichten Kenntnis zu nehmen, wenn zu einer Rechtsfrage noch keine entsprechende obergerichtliche Rechtsprechung vorliege.[349] Hinzu kommt, dass der Kreis derjenigen, die sich bei den Verfahren vor dem BVerfG äußern können, wesentlich umfassender ist als derjenige bei den Verfahren vor den Fachgerichten.[350]

---

[346] Vgl. hierzu oben, C.III.2.
[347] *Roellecke*, HStR II, § 54 Rn. 3.
[348] *Häberle*, Grundprobleme der Verfassungsgerichtsbarkeit, S. 38 f.
[349] *Peters*, ZZP 89 (1976), S. 1 (27).
[350] *Roellecke*, HStR II, § 54 Rn. 4.

Gerade die Möglichkeiten, im Dialog mit den Fachgerichtsbarkeiten und mit den Verfassungsorganen zu einer möglichst breiten Tatsachengrundlage zu gelangen,[351] sind Ausdruck der besonderen Rücksichtnahme auf die Komplexität der Beziehungen des politischen Prozesses zur Umwelt, welche von der Verfassungsrechtsprechung zu beachten sind.[352] Denn die Verlässlichkeit der Erwägungen auf Grundlage dieser umfassenden Beteiligungen ist für die Legitimation eines Eingriffs in den politischen Prozess ganz wesentlich.[353] Fehlen diese verfahrenstechnischen und institutionellen Möglichkeiten den Fachgerichten, so mindern sie also auch deren Legitimation zum Eingriff in den parlamentarischen Entscheidungsprozess.[354]

cc. Pluralistische Besetzung

Beim BVerfG ist die Besetzung der Senate dadurch gekennzeichnet, dass durch das besondere Wahlverfahren in Bundestag und Bundesrat die politisch-weltanschauliche Pluralität gesichert wird.[355] Damit haben diejenigen Verfassungsorgane Einfluss auf die Besetzung des BVerfG, deren Rechtsakte und insbesondere gesetzgebenden Akte von ihm geprüft werden.

Auch die Richter der obersten Bundesgerichte werden durch ein besonderes Wahlverfahren bestimmt: Nach Art. 95 Abs. 2 GG i.V.m. §§ 1 ff. des Richterwahlgesetzes werden sie durch die jeweils zuständigen Bundesminister gemeinsam mit dem Richterwahlausschuss, dem die sachlich zuständigen Landesminister und vom Bundestag gewählte Mitglieder angehören, berufen.[356] Die Besetzung der unteren Instanzgerichte erfolgt dagegen streng lediglich nach der fachlichen Qualifikation der Bewerber.[357] Trägt also die besondere Besetzung des BVerfG zu dessen politischer Legitimation bei, so ergeben sich diesbezüglich vor allem in Bezug auf die unteren Instanzgerichte wesentliche Defizite.

---

[351] Unverkennbar hilft dem BVerfG dessen Autorität, wenn es um die Beschaffung von Fakten und Einschätzungen zur Verbesserung der tatsächlichen Entscheidungsgrundlage geht; so RBV *Steiner* im persönlichen Gespräch.

[352] *Roellecke*, HStR II, § 54 Rn. 7.

[353] *Roellecke*, HStR II, § 54 Rn. 21.

[354] Vgl. zur Ermittlung der „legislative facts" durch die Fachgerichte auch *Ossenbühl*, Tatsachenfeststellungen und Prognoseentscheidungen, S. 490.

[355] Vgl. dazu Teil 1, B.II.4.f.cc.

[356] Im Unterschied zur Wahl der Richter des Bundesverfassungsgerichts gibt es aber hier keine politischen Absprachen über die Besetzungsvorschläge. Auch spielt bei der Wahl der Richter der Obersten Bundesgerichte der Länderproporz eine entscheidende Rolle. Vgl. zum Ganzen auch *Stern*, Staatsrecht II, § 33, S. 402 ff.

[357] Vgl. dazu *Steiner*, ZFIS 1998, S. 3 ff.

Zudem ist die Besetzung des BVerfG sehr viel stärker personenbezogen als diejenige der Fachgerichte aller Instanzen.[358] So haben die Richter des BVerfG beispielsweise die Möglichkeit, sich durch Niederlegung eines Sondervotums öffentlich von einer Entscheidung des Senats zu distanzieren.[359] Damit übernehmen die Richter des Bundesverfassungsgerichts gleichsam persönliche Verantwortung für die jeweiligen Entscheidungen, zumal sie auch in der Öffentlichkeit als Entscheidungsträger auftreten.[360]

Auch die rein zahlenmäßig geringere Besetzung der Fachgerichte gegenüber der Senatsbesetzung wird als wesentlicher Unterschied der Fachgerichte bei der Entscheidung politischer Streitigkeiten gesehen. Denn gerade die Besetzung der Senate des BVerfG mit jeweils acht Richtern sei eine Gewährleistung dafür, dass alle für die Entscheidung bedeutsamen Tatsachen und Argumente gesehen, berücksichtigt und ausgewogen beurteilt werden können.[361] Zudem biete die kollegiale Entscheidungsfindung beim BVerfG einen gewissen Ausgleich für individuelle Besonderheiten einer persönlichen Rechtsauffassung.[362] Diese Möglichkeit der Korrektur einer persönlichen Rechtsauffassung durch den juristischen Diskurs ist beim Einzelrichter nicht gewährleistet. Selbst dort, wo bei den Fachgerichten kollegiale Spruchkörper entscheiden, besteht nicht das besondere Erfordernis, dass jede das Ergebnis bestimmende Verfassungsauslegung – wie beim BVerfG – zumindest von einer Mehrheit von fünf Richtern getragen werden muss, soll ein Antrag erfolgreich sein.[363]

dd. Vertrauen, Akzeptanz und die verfassungsrechtliche Konstituierung

(1) Verfassungsrechtliche Konstituierung

Entscheidender Unterschied zwischen dem BVerfG und den Fachgerichten ist schließlich, dass das Grundgesetz nur dem BVerfG das entsprechende Vertrauen zur Kontrolle auch des politischen Prozesses entgegenbringt. Das Grundgesetz konstituiert gerade zur Kontrolle aller Staatsgewalt – und damit auch des Ge-

---

[358] *Roellecke*, HStR II, § 54 Rn. 4.

[359] *Roellecke*, HStR II, § 54 Rn. 8.

[360] Vgl. zum Beispiel jüngst die Entscheidung über eine Verfassungsbeschwerde gegen die Ladenschlusszeiten an Samstagen und Sonntagen – Urt. v. 9.6.2004 – 1 BvR 636/02 – veröffentlicht unter http://www.bverfg.de. In der Entscheidung selbst und in der diesbezüglichen Pressemitteilung des BVerfG wurden ausdrücklich die Namen der die Entscheidung tragenden Richter des BVerfG genannt.

[361] *Gerontas*, DVBl. 1981, S. 1089 (1091); *Peters*, ZZP 89 (1976), S. 1 (26 f.).

[362] Vgl. auch *Wollweber*, DÖV 1999, S. 413 Fn. 1.

[363] Dazu *Walter*, AöR 125 (2000), S. 517 (541 f.).

setzgebers – in der Verfassung selbst das BVerfG und es stattet es für diese Aufgabe auch mit den notwendigen Befugnissen aus.[364]

Es bestimmt zwar auch die Errichtung der obersten Gerichtshöfe des Bundes (Art. 95 GG). Diese werden aber nicht bereits durch die Verfassung selbst bestellt, sondern nach dem Grundgesetz erst durch den Bund errichtet.[365] Während die Funktionen des BVerfG – insbesondere auch die politischen – zudem im Grundgesetz aufgezählt werden, sind die Aufgabenbereiche der Fachgerichte weitgehend im GVG und in den Verfahrensordnungen und damit (nur) im einfachen Recht niedergelegt.[366] Die obersten Gerichtshöfe des Bundes sind auch nach ihrer verfassungsrechtlichen Stellung zwar oberste Staatsorgane[367], aber keine Verfassungsorgane.[368] Sie können nach dem Grundgesetz gerade nicht letztverbindlich und mit der besonderen Bindungswirkung des § 31 Abs. 1 und Abs. 2 BVerfGG über Verfassungsfragen entscheiden. Ist ihnen das BVerfG zwar nicht streng genommen hierarchisch im Sinne eines Rechtszuges übergeordnet,[369] so hat das BVerfG trotzdem verfassungsrechtlich die Macht, die Entscheidungen auch der obersten Gerichtshöfe des Bundes im Rahmen einer Verfassungsbeschwerde aufzuheben.

Die Verfassung sieht daher nur *eine* verbindliche Instanz in Verfassungsfragen vor, eine dem Gesetzgeber ebenbürtige Autorität, mit einer herausragenden Stellung in Bezug auf die Sicherung der Verfassung und die Kontrolle aller Staatsgewalten – das BVerfG.

(2) Akzeptanz und Vertrauen durch die Verfassungsorgane und die Öffentlichkeit

Zudem kommt den Entscheidungen der Fachgerichte nicht dieselbe Akzeptanz durch die Öffentlichkeit und die Verfassungsorgane zu wie denen des BVerfG, auch nicht denen der obersten Gerichtshöfe des Bundes. Nicht zuletzt zeigt die große Anzahl an Urteilsverfassungsbeschwerden – gegen auch letztinstanzliche Urteile[370] –, dass die jeweiligen Beschwerdeführer die Entscheidungen der

---

[364] *Böckenförde*, NJW 1999, S. 9 (14).

[365] *Großfeld*, NJW 1998, S. 3544 (3545).

[366] *Stern*, Staatsrecht II, § 33, S. 392.

[367] *Stern*, Staatsrecht II, § 33, S. 392.

[368] *Starck*, BVerfG, S. 4.

[369] Stern, Staatsrecht II, § 33, S. 393.

[370] So wurden 2000 insgesamt 747, 2001 insgesamt 738, 2002 insgesamt 679 und 2003 insgesamt 920 Verfassungsbeschwerden gegen Entscheidungen der Bundesgerichte beim BVerfG anhängig gemacht; vgl. die Statistik zu den Verfassungsbeschwerden gegen Entscheidungen von Bundesgerichten seit 1991 unter http://www.bverfg.de.

Fachgerichte in Bezug auf die Grundrechtsanwendung nicht in dem Maße akzeptieren wie diejenigen des BVerfG.[371]

ee. Zusammenfassung

Die Fachgerichte sind demnach sowohl im Hinblick auf ihr Verfahrensrecht als auch auf die Besetzung der Spruchkörper, aber insbesondere mangels verfassungsrechtlicher Konstituierung nicht im selben Umfang legitimiert wie das BVerfG, in den Aufgabenbereich des parlamentarischen Gesetzgebers ein- und überzugreifen.

c. Verhältnis der Fachgerichtsbarkeiten zum Gesetzgeber

Vor dem Hintergrund dieses Legitimationsdefizits soll im Folgenden die verfassungsrechtliche Funktion der Fachgerichte gegenüber dem parlamentarischen Gesetzgeber bestimmt werden. Die Stellung des Gesetzgebers im Verfassungsgefüge als des uneingeschränkten „Erstinterpreten"[372] der Verfassung ergibt sich aus dem grundgesetzlichen Demokratieprinzip und dem Gewaltenteilungsgrundsatz. Diese Prinzipien eignen sich aber nicht für eine scharfe Abgrenzung zwischen Fachgerichtsbarkeiten und Gesetzgebung. Denn sie zwingen zwar einerseits zur Trennung der staatlichen Funktionen; andererseits definiert sich Gewaltenteilung im Rechtsstaat aber gerade auch durch die gegenseitige Kontrolle.[373] Daher ist zwar der Gewaltenteilungsgrundsatz Ausgangspunkt der Bestimmung der Grenzen fachrichterlicher Kontrolle der Gesetzgebung; darüber, wo diese konkret liegen, sagt der Grundsatz aber gerade nichts aus.

aa. Die Verfassungsbindung und Verfassungssicherung durch die Fachgerichte

Die Sicherung des Vorrangs der Verfassung ist nach dem Grundgesetz nicht beim BVerfG monopolisiert, und zwar auch nicht im Hinblick auf den parlamentarischen Gesetzgeber. Vielmehr liegt die Verfassungssicherung auch gegenüber der Gesetzgebung in der kooperativen Verantwortung von Fachgerichten und BVerfG. Das Grundgesetz entzieht nicht durch die Errichtung einer Verfassungsgerichtsbarkeit den Instanzgerichten die Kontrollbefugnis und -pflicht gegenüber dem Gesetzgeber. Nach der Verfassung sind vielmehr alle Gerichte zur Beachtung der verfassungsmäßigen Ordnung und damit zur Prüfung auch

---

[371] *H.P. Schneider,* NJW 2003, S. 1845. Freilich sind Entscheidungen des BVerfG mit zunehmender Tendenz Gegenstand von Individualbeschwerden zum EGMR; so RBV *Steiner* im persönlichen Gespräch.

[372] *Scherzberg,* DVBl. 1999, S. 356 (366).

[373] *Gril,* JuS 2000, S. 1080 (1083); *Stern,* Staatsrecht II, § 36, S. 539.

der Gesetze auf ihre Verfassungsmäßigkeit hin verpflichtet (vgl. Art. 1 Abs. 3; 20 Abs. 3; 97 GG).[374] So haben die Fachgerichte bereits unabhängig von der Vorschrift des Art. 100 Abs. 1 GG ein unbeschränktes Prüfungsrecht im Hinblick auf die Verfassungsmäßigkeit von Gesetzen.[375] Außerhalb des Anwendungsbereichs des Art. 100 Abs. 1 GG haben die Instanzgerichte sogar die volle (Letzt-) Entscheidungskompetenz im Hinblick auf die Rechts- und Verfassungswidrigkeit von Normen:[376] Fehlt ihnen zwar die Möglichkeit, eine Norm allgemeinverbindlich, also mit einer über den konkreten Fall hinausreichenden Wirkung, zu verwerfen, so haben sie dennoch das Recht und die Pflicht, inzident über Rechtmäßigkeit und Verfassungsmäßigkeit und damit über die Gültigkeit und die konkrete Anwendung oder Nichtanwendung einer Norm zu befinden, die nicht Gesetz i.S.d. Art. 100 Abs. 1 GG ist. Insoweit können und müssen die Instanzgerichte autonom den Willen des jeweiligen Normgebers bestätigen oder sich darüber hinwegsetzen, sofern und soweit sie eine Norm für verfassungswidrig halten.[377]

bb. Die Gesetzesbindung der Fachgerichte

Andererseits darf unter dem Vorwand der Verfassungsbindung der Fachgerichte nicht deren ebenfalls nach der Verfassung bestehende Gesetzesbindung unterlaufen werden. Denn die Verfassungsbindung, der alle Staatsgewalten gleichermaßen unterliegen, gewährt keine Generalkompetenz, die Einhaltung der Verfassung über die durch die Verfassung abgesteckte Kompetenzverteilung hinaus zu kontrollieren.[378] Die Fachgerichte sind vielmehr nach Art. 97 Abs. 1 GG dem Gesetz unterworfen und können deshalb ihre Entscheidungen grundsätzlich auch nur mit formellen Gesetzen rechtfertigen.[379] Rechtsprechen bedeutet ganz vorrangig die Anwendung der bestehenden Normen auf einen konkreten Sachverhalt.[380] Nach ihrer Stellung im Funktionengefüge des Grundgesetzes sind die Gerichte also in erster Line an das Gesetz gebunden, diesem verpflichtet und mangels entsprechender Legitimation nicht zur eigenen Rechtsschöpfung beru-

---

[374] *H. Klein,* in: Umbach/ Clemens, BVerfGG, Vor §§ 80 ff. Rn. 8.

[375] *H. Klein,* in: Umbach/ Clemens, BVerfGG, Vor §§ 80 ff. Rn. 10; *Zierlein,* Prozessverantwortung, S. 463.

[376] Zur instanzrichterlichen Verwerfungskompetenz vgl. *Bettermann,* Konkrete Normenkontrolle, S. 329.

[377] Hierzu *Bettermann,* Konkrete Normenkontrolle, S. 329.

[378] Zur Normverwerfungskompetenz der Verwaltung *Gril,* JuS 2000, S. 1080 (1084).

[379] Vgl. auch *Detterbeck,* in: Sachs, GG, Art. 97 Rn. 12.

[380] *Stern,* Staatsrecht II, § 43, S. 894.

fen.[381] Sie können daher nicht generell auch Rechtsetzungsaufgaben übernehmen oder politisch initiativ werden.[382]

Die Rechtsfindung der Fachgerichte endet aber nicht strikt mit dem Auffinden und Anwenden feststehender rechtlicher Vorgaben.[383] Neben der Pflicht zur Prüfung von Gesetzen auf ihre Verfassungsmäßigkeit hin haben sie – im Falle von Untergesetzes- und vorkonstitutionellem Recht – das Recht und die Pflicht, dieses nicht anzuwenden, wenn es gegen die Verfassung verstößt. Die Gesetzesbindung schließt daneben auch im Bereich der nachkonstitutionellen parlamentarischen Gesetzgebung in begrenztem Umfang Lückenschließung und ergänzende Rechtsfortbildung durch die Fachgerichte nicht aus.[384]

cc. Berührungspunkte von Fachgerichten und Gesetzgebung

Auf diese Weise sind auch die Aufgaben der Fachgerichte mit denen des parlamentarischen Gesetzgebers funktionell verschränkt:[385] Der Grundsatz der Gewaltenteilung verbietet es dem Richter nicht, das Recht fortzuentwickeln; die Anpassung des geltenden Rechts an die veränderten Verhältnisse gehört vielmehr gerade zum Aufgabenbereich der Rechtsprechung.[386] Die Fachgerichte haben die Pflicht, Gesetze verfassungskonform auszulegen, die Kompetenz zur Schaffung von Richterrecht und im Einzelfall sogar zur Schaffung sog. Übergangsrechts (bei gesetzgeberischem Unterlassen).[387] Da durch die Rechtsprechung konkrete Einzelfälle entschieden werden müssen, die nicht alle konkret vom Gesetzgeber geregelt werden können, kann das parlamentarische Gesetz auch nicht immer abschließende Weisung für den Richter sein.[388]

(1) Verfassungskonforme Auslegung

Die verfassungskonforme Auslegung von Gesetzen fällt in die „genuine Zuständigkeit" der Fachgerichte.[389] Die Instanzrichter sind berechtigt – und verpflichtet –, entscheidungserhebliche Normen bei ihrer Anwendung auf einen konkreten

---

[381] *Achterberg*, in: BK, GG, Art. 92 Rn. 130.

[382] *Achterberg*, in: BK, GG, Art. 92 Rn. 132.

[383] Vgl. dazu *Steiner*, DVP 2004, S. 177.

[384] *Stern*, Staatsrecht II, § 43, S. 913.

[385] *Muckel*, NJW 1993, S. 2283 (2285).

[386] *Scholz*, Verfassungsgerichtsbarkeit, S. 15.

[387] Zu den Kompetenzen der Fachgerichte vgl. *Achterberg*, in: BK, GG, Art. 92 Rn. 115, 128 ff.; *Muckel*, NJW 1993, S. 2283 (2285); *Starck*, JZ 1996, S. 1033 (1034).

[388] *Roellecke*, KritV 1998, S. 241 (245).

[389] *Zierlein*, Prozessverantwortung, S. 473.

Fall nach ihrem Inhalt und gesetzgeberischem Zweck auszulegen.[390] Vor einer Vorlage an das BVerfG hat das Instanzgericht dazu alle Nischen des einfachen Rechts auszuleuchten und „nach jeder nur denkbaren rechtlichen Möglichkeit Ausschau zu halten, die eine Vorlage an das BVerfG entbehrlich und überflüssig machen könnte".[391]

Ausgangspunkt der verfassungskonformen Auslegung ist der Umstand, dass abstrakt-generelle Rechtsbegriffe wegen der Komplexität der Lebenssachverhalte oft auslegungs- und konkretisierungsbedürftig sind.[392] Die Offenheit der Gesetzessprache ermöglicht aber auch gerade in Fällen, in denen der Gesetzgeber die verfassungsrechtlichen Vorgaben verkannt hat, eine verfassungskonforme Auslegung. Auf diese Weise wird – eher als durch Verwerfung der betreffenden Norm – dem Willen des Gesetzgebers so weit wie möglich zur Geltung verholfen, indem diese mit ihrem verfassungskonformen Sinngehalt aufrechterhalten wird; die Nichtigerklärung bleibt ultima ratio.[393]

Daraus folgen aber zugleich Maßgabe und Grenzen verfassungskonformer Auslegung: Im Hinblick zum einen auf das Gewaltenteilungsprinzip (vgl. Art. 20 Abs. 2 Satz 2 GG) und zum anderen auf die Bindung der Gerichte an die Parlamentsgesetze, darf das Instrument der verfassungskonformen Auslegung nicht dazu führen, die dem Gesetzgeber obliegende Aufgabe der Rechtsetzung leer laufen zu lassen.[394] Insbesondere darf nicht der parlamentarische Wille durch den der Fachgerichte ersetzt oder verkehrt werden.[395] Die Grenze der noch zulässigen verfassungskonformen Auslegung ist dann überschritten, wenn einem nach Wortlaut und Sinn eindeutigen Gesetz ein entgegengesetzter Sinn verliehen würde, der normative Gehalt der Vorschrift grundlegend neu bestimmt oder das gesetzgeberische Ziel in einem wesentlichen Punkt verfehlt würde.[396]

(2) Kompetenz zur Schaffung von Richterrecht oder sog. Übergangsrechts

Problematischer Grenzfall im Hinblick auf die Rechtsetzungsautonomie und -autorität des parlamentarischen Gesetzgebers ist deshalb auch die Schaffung von Richterrecht oder von Übergangsrecht durch die Fachgerichte.

---

[390] BVerfGE 1, 299 (312); *Steiner,* Zum Entscheidungsausspruch und seinen Folgen, S. 574; zu den Auslegungsmethoden vgl. *Larenz,* Methodenlehre, S. 298 ff.

[391] BVerfGE 78, 165 (171 f.); 85, 329 (333); 86, 71 (77).

[392] *Heyde,* Rechtsprechung, Rn. 96.

[393] *Scholz,* Verfassungsgerichtsbarkeit, S. 24 f.

[394] BVerfGE 45, 393 (400).

[395] *Zierlein,* Prozessverantwortung, S. 474.

[396] BVerfGE 8, 28 (33 f.); 9, 83 (87); 18, 97 (111); 34, 165 (200); 48, 40 (47); 63, 131 (147 f.); 77, 65 (73); 78, 20 (24); dazu *Heußner,* NJW 1982, S. 257 (262); *H. Klein,* in: Umbach/ Clemens, BVerfGG, § 80 Rn. 49 ff.; *Zierlein,* Prozessverantwortung, S. 474.

Die grundsätzliche Kompetenz, das Recht fortzubilden, wird den Revisionsgerichten in den Prozessordnungen nämlich ausdrücklich zuerkannt und -gewiesen (vgl. § 11 Abs. 4 VwGO; § 137 GVG; § 11 Abs. 4 FGO; § 42 SGG).[397] Ein Bedürfnis, das geschriebene Recht fortzuentwickeln, besteht dann, wenn eine Norm – auch bei entsprechender Auslegung – keine zureichende Antwort auf eine Rechtsfrage im konkret zu entscheidenden Fall zu geben vermag. So bedient sich der Gesetzgeber aufgrund der Komplexität der zu regelnden Lebenssachverhalte häufig weit gefasster Begriffe oder Generalklauseln, die dann der Ausfüllung durch die Rechtsprechung bedürfen.[398] Ferner sind Normen lückenhaft, weil der Gesetzgeber entweder wegen divergierender politischer Bewertungen zu einer näheren Normierung nicht in der Lage oder willens ist,[399] oder aber weil er zu dem Zeitpunkt, zu dem er entscheidet, die Entwicklung der Lebensverhältnisse – zumal im oft sehr kurzlebigen technologischen oder wirtschaftlichen Bereich – nicht zuverlässig vorhersehen kann.[400] Wo also wegen der Besonderheiten der gesellschaftlichen Realität oder neuartiger Entwicklungen die Lösung einer Konfliktlage anhand der aktuellen Gesetzeslage nicht möglich ist, eröffnet sich dem Richter der Raum für eine Fortbildung des Rechts, solange der Gesetzgeber keine entsprechende Entscheidung getroffen hat.

Nach der Rechtsprechung des BVerfG gehört die Anpassung des geltenden Rechts an veränderte Verhältnisse „angesichts des beschleunigten Wandels der gesellschaftlichen Verhältnisse und der begrenzten Reaktionsmöglichkeiten des Gesetzgebers sowie der offenen Formulierungen zahlreicher Normen" zu den Aufgaben der Dritten Gewalt:[401] „Die tatsächliche oder rechtliche Entwicklung kann eine bis dahin eindeutige und vollständige Regelung lückenhaft, ergänzungsbedürftig und zugleich ergänzungsfähig werden lassen. Die verfassungsrechtliche Zulässigkeit der Lückensuche und -schließung findet ihre Rechtfertigung unter anderem darin, dass Gesetze einem Alterungsprozess unterworfen sind. Sie stehen in einem Umfeld sozialer Verhältnisse und gesellschaftspolitischer Anschauungen, mit deren Wandel sich auch der Norminhalt ändern kann. […] In dem Maße, in dem sich auf Grund solcher Wandlungen Regelungslücken bilden, verliert das Gesetz seine Fähigkeit, für alle Fälle, auf die die Regelung abzielt, eine gerechte Lösung bereitzuhalten. Die Gerichte sind daher befugt und

---

[397] Dazu *Steiner,* ZFIS 1998, S. 3 (6).

[398] *Heyde,* Rechtsprechung, Rn. 96.

[399] Vgl. z.B. die Rechtsprechung des BAG zur Aussperrung im kollektiven Arbeitsrecht, NJW 1988, S. 1642 oder aber die Rechtsprechung des BGH zum Staatshaftungsrecht; zum Ganzen *Steiner,* DVP 2004, S. 177; *Stern,* Verfassungsgerichtsbarkeit und Gesetzgebung, S. 425 ff.

[400] Dazu auch *Pawlowski,* JZ 2004, S. 719 (722).

[401] BVerfG, 1. Kammer 1. Senat, Beschl. v. 13.8.1998 – NJW 1998, S. 3557 = FamRZ 1998, S. 1500.

verpflichtet zu prüfen, was unter den veränderten Umständen „Recht" in Art. 20 Abs. 3 GG ist."[402]

Auch halten sich die Revisionsgerichte – unter Berufung auf die Rechtsprechung des BVerfG[403] – übereinstimmend für befugt, bei Fehlen einer gesetzlichen Grundlage, im Einzelfall Übergangsrecht zu sprechen, wenn sich die Notwendigkeit einer gesetzlichen Grundlage erst aufgrund eines Wandels im herrschenden Verfassungsverständnis gezeigt hat.[404]

Die Schaffung von Richterrecht muss sich aber auf Gesetzeskonkretisierung und -ergänzung beschränken.[405] Die Grenze zulässiger fachrichterlicher Rechtsfortbildung durch Richterrecht befindet sich dort, wo es nicht mehr bloß um die Ergänzung einer lückenhaften gesetzlichen Regelung oder um Anpassung des Rechts an veränderte Verhältnisse geht.[406] Hat der Gesetzgeber einen Sachverhalt auf eine bestimmte Weise geregelt oder bewusst und gewollt nicht geregelt, so ist für richterliche Rechtsfortbildung kein Raum;[407] gesetzeskorrigierendes und gesetzeskonkurrierendes Richterrecht ist daher unzulässig.[408]

dd. Zusammenfassung

Die Fachgerichte nehmen also im Ausnahmefall zulässigerweise auch Rechtschöpfung vor. Weder dürfen sich die Fachgerichte aber über ausdrückliche und eindeutige gesetzliche Vorschriften hinwegsetzen, noch eine politische Grundentscheidung des Gesetzgebers ersetzen. Das System der Gewaltenteilung, das bei Aufrechterhaltung der Trennung der Staatsgewalten nur ein System gegenseitiger Kontrolle darstellt, wäre in sein Gegenteil verkehrt, würden die Fachgerichte sich in grundrechtswesentlichen Fragen über die Autorität des parlamentarischen Gesetzgebers hinwegsetzen, wozu aber nur ein ebenbürtiges, gleichfalls mit entsprechender Autorität ausgestattetes Verfassungsorgan – das BVerfG – berechtigt ist.

---

[402] BVerfGE 82, 6 (12); vgl. dazu auch *Leutheusser-Schnarrenberger*, Gesetzgeber, S. 39 ff.

[403] Vgl. BVerfGE 85, 386 (400 f.) = NJW 1992, S. 1875 (1876).

[404] Vgl. BVerwG, NJW 1984, S. 1636 (1637); BVerwGE 84, 375 (384); BGH, NJW 1991, S. 2651 (2652); OLG Frankfurt, NJW 1989, S. 47 (50); OVG Lüneburg, NJW 1992, S. 192 (195).

[405] Hierzu *Achterberg*, in: BK, GG, Art. 92 Rn. 132; *Heyde*, Rechtsprechung, Rn. 96.

[406] Vgl. zu den verfassungsrechtlichen Grenzen des Richterrechts auch *Hufen*, ZRP 2003, S. 248 ff.

[407] *Heyde*, Rechtsprechung, Rn. 98; *Muckel*, NJW 1993, S. 2283 (2285).

[408] Hierzu *Achterberg*, in: BK, GG, Art. 92 Rn. 132; *Pawlowski*, JZ 2004, S. 719 (722); *Stern*, Staatsrecht II, § 37, S. 584 f.

d. Verhältnis von BVerfG und Fachgerichten bei der Verfassungssicherung

Aus dem Subsidiaritätsgrundsatz folgt zunächst, dass primär die Fachgerichte das Recht und damit auch die Verfassung in concreto durchsetzen.[409] Nur, wenn der fachgerichtliche Rechtsschutz im Einzelfall und ausnahmsweise der Bedeutung des Streitgegenstands oder dem Grundrechtsschutz nicht gerecht werden kann, ist es Aufgabe des BVerfG, korrigierend einzugreifen.[410] Die Kompetenzen des BVerfG müssen, können und dürfen im Sinne der „binnenjustitiellen Gewaltenteilung"[411] bei der Verfassungssicherung daher zwingend dort, aber auch nur dort, eingesetzt werden, wo seine spezifische Legitimation und Machtposition auch erforderlich ist.[412] Wann dies der Fall ist, kann nicht abstrakt festgelegt werden. Es muss vielmehr für den jeweils konkreten Fall bestimmt werden, ob die Kompetenzen der Fachgerichte ausreichen, oder ob nach dem Grundgesetz das BVerfG als oberste Instanz in Verfassungsfragen zur Entscheidung berufen ist.

aa. Die einzigartige Interpretationsmacht des BVerfG

Entscheidend grenzt sich die Verfassungsgerichtsbarkeit von der Fachgerichtsbarkeit durch die Zuständigkeit allein des BVerfG zur letztverbindlichen, und damit „authentischen" Verfassungsinterpretation ab.[413] Diese „Interpretationsmacht"[414] ist dem BVerfG sowohl durch das Grundgesetz als auch durch das BVerfGG übertragen. Das BVerfG ist danach weder an einen bestimmten Kanon von Entscheidungs- und Interpretationsmöglichkeiten gebunden[415], noch untersteht es der formellen Rechtskontrolle durch eine über ihm stehende Instanz. Es entscheidet vielmehr gemäß § 31 Abs. 1 BVerfGG allgemeinverbindlich und nach § 31 Abs. 2 BVerfGG mit Gesetzeskraft und damit bindend für alle Staatsorgane – auch für den parlamentarischen Gesetzgeber – und die Bürger.

Diese umfassende Interpretationsmacht ist für die Verfassungsauslegung auch nötig. Denn die Besonderheit des Verfassungsrechts besteht gerade darin, dass es in sehr viel stärkerem Maße als das einfache Gesetzesrecht der Konkretisierung und Rechtsableitung zugänglich ist und bedarf.[416] Die Verfassung trifft nur

---

[409] *Rühl*, KritV 1998, S. 156 (163); vgl. zur Anwendung des Subsidiaritätsgrundsatzes im Rahmen des Verfahrens der Richtervorlage kritisch *Vogel*, Richtervorlage, S. 362.

[410] *Wieland*, KritV 1998, S. 171 (177).

[411] *Bogs*, DVBl. 1998, S. 516 (519).

[412] *Berkemann*, DVBl. 1996, S. 1028 (1037).

[413] *Böckenförde*, NJW 1999, S. 9 (12).

[414] Vgl. *Simon*, Verfassungsgerichtsbarkeit, Rn. 56 ff.

[415] *Böckenförde*, NJW 1999, S. 9 (13).

[416] *Stern*, Staatsrecht II, § 44, S. 946.

die grundlegenden Entscheidungen für das gesellschaftliche Zusammenleben;[417] sie verkörpert dabei aber bloß einen interpretationsbedürftigen „politischen Grundkonsens".[418] Sie ist zudem ein dem „Spiegel des Zeitgeists"[419] unterworfenes „lebendes Instrument", das nach dem jeweils aktuellen Wertehorizont und im Lichte der jeweiligen Lebensverhältnisse auszulegen ist.[420]

Allein das BVerfG hat im Verfassungsgefüge die Aufgabe, den Inhalt der Verfassungsnormen im Streitfall autoritativ festzustellen und so das Verfassungsrecht allgemeinverbindlich zu konkretisieren und fortzubilden.[421] Dies umfasst auch Entscheidungen über das Grundverständnis der Verfassung[422] und schließt auch einen „offenen oder verdeckten Wandel der bisherigen Verfassungsinterpretation" wegen eines Wandels der gesellschaftlichen und politischen Verhältnisse nicht aus.[423] Grenze dieser Fortbildung der Verfassung[424] ist lediglich die „genuin juristische Methode der Erkenntnisgewinnung und der Entscheidungsfindung"[425] sowie der Vorbehalt der gesetzlichen Erstinterpretation des Gesetzgebers.[426] Diese umfassende Verfassungsinterpretation kommt nach der grundgesetzlichen Funktionenverteilung allein dem BVerfG zu, das dafür legitimiert ist und auch die Macht hat, seine Verfassungsinterpretation gegenüber allen Staatsorganen und den Bürgern durchzusetzen. Den Fachgerichten hingegen erkennt das Grundgesetz eine wesentliche Beteiligung am Prozess der präjudiziellen Auslegung und Anwendung der Verfassung nicht zu.[427]

Die Klärung einer verfassungsrechtlichen Frage muss daher jedenfalls dann durch das BVerfG stattfinden, wenn sie der Fortbildung des objektiven Verfassungsrechts dient oder wenn sie einen verallgemeinerungsfähigen, „präjudiziellen"[428] Inhalt für die Auslegung der Grundrechte hat.[429]

---

[417] *Walter,* AöR 125 (2000), S. 517 (535).

[418] *Scheuner,* DÖV 1980, S. 473.

[419] *Walter,* AöR 125 (2000), S. 517 (535).

[420] *Limbach,* Ersatzgesetzgeber, S. 2; dazu auch *Bethge,* in: Maunz u.a., BVerfGG, § 31 Rn. 7.

[421] *Piazolo,* BVerfG, S. 243; *Voßkuhle,* in: v. Mangoldt/ Klein/ Starck, GG, Art 93 Rn. 26.

[422] *Böckenförde,* NJW 1999, S. 9 (13).

[423] Teilweise spricht man von einem „stillen Verfassungswandel", *Bethge,* in: Maunz u.a., BVerfGG, § 31 Rn. 7; *Maunz,* BayVBl. 1980, S. 513 (514).

[424] *Starck,* BVerfG, S. 21.

[425] *Stern,* Staatsrecht II, § 44, S. 945.

[426] *Scherzberg,* DVBl. 1999, S. 356 (366).

[427] *Ziekow,* Jura 1995, S. 522 (527).

[428] *Berkemann,* DVBl. 1996, S. 1028 (1037).

[429] Vgl. dazu auch *Isensee,* JZ 1996, S. 1085 (1091).

bb. Politische Streitigkeiten

Unterschiede bestehen zudem hinsichtlich des Gegenstands der Rechtsprechung von BVerfG und den Fachgerichten: Während sich die Entscheidungen der Fachgerichte in der Regel auf einen konkreten Rechtsstreit beziehen, haben verfassungsgerichtliche – vor allem solche über die parlamentarische Gesetzgebung – weitreichendere Auswirkungen, und zwar in Bezug auf den politischen Prozess und auf die sozialen Beziehungen in der Gesellschaft.[430] In diesem Zusammenhang hat die Verfassungsgerichtsbarkeit im Besonderen die Verantwortung, die Folgen ihrer Entscheidungen mit zu berücksichtigen.[431] Dagegen können die Fachgerichte mangels entsprechender verfassungsrechtlicher Legitimation nur in sehr engen Grenzen die Folgen einer Entscheidung für den politischen Prozess einbeziehen, zumal sie wegen der strengen Gesetzesbindung grundsätzlich auf die Rechtsanwendung beschränkt sind,[432] aber auch deshalb, weil sonst Rechtssicherheit bei der Rechtsanwendung nicht mehr gewährleistet wäre.[433] Stellt daher eine richterliche Entscheidung einen Eingriff in den politischen Prozess dar, so muss diese zwingend immer durch das dazu allein verfassungsrechtlich legitimierte BVerfG erfolgen.

cc. Ergebnis

Notwendig ist die autoritative Entscheidung des BVerfG mit seiner Stellung als ein dem Gesetzgeber nicht unterlegenes Verfassungsorgan demnach nur, aber auch zwingend dann, wenn es um Rechtsfragen mit besonderem Politikbezug geht, oder um solche, die präjudiziell für die Verfassungsinterpretation sind.

2. Befugnisse der Instanzgerichte im Rahmen der Normverwerfung

Inwieweit also die beim BVerfG monopolisierte Entscheidung bei der Verwerfung parlamentarischer Gesetze erforderlich ist, hängt davon ab, ob auch die Fachgerichte konkret in ihrer Funktion gegenüber dem Gesetzgeber und dem BVerfG dazu legitimiert sind.

---

[430] *Muckel,* NJW 1993, S. 2283 (2285); vgl. zum Gegenstand des Verfassungsrechts in Teil 1, B.II.4.b.

[431] Vgl. zur Folgenverantwortung der Verfassungsgerichtsbarkeit Teil 1, B.II.4.c.

[432] *Wank,* Grenzen, S. 165 ff.

[433] Zu den Grenzen richterlicher Rechtsfortbildung vgl. auch *Pawlowski,* JZ 2004, S. 719 (723).

a. Übertragbarkeit der Verwerfungskompetenz für parlamentarische Gesetze

aa. Bloße Gesetzeskonkretisierung und -ergänzung

Die Fachgerichte sind gegenüber dem Gesetzgeber nur zur Rechtsfortbildung befugt, soweit es um bloße Gesetzeskonkretisierung oder -ergänzung geht; die Legitimation zur Gesetzeskorrektur besteht grundsätzlich nicht. Die Verwerfung parlamentarischer Gesetzgebungsakte bedeutet aber grundsätzlich nicht bloß eine Ausfüllung des geltenden Rechts, sondern eine Korrektur der Rechtslage. Auch dort, wo es um die Verwerfung bereits aufgehobener, auslaufender, übergangsweise geltender oder experimenteller Gesetze geht, liegt ein Eingriff in den politischen Prozess vor, zu dem nur das BVerfG verfassungsrechtlich legitimiert ist. Zu einer Korrektur der Gesetzeslage im politischen Bereich sind die Fachgerichte nicht legitimiert.

Unter diesem Gesichtspunkt wäre aber Rechtsfortbildung durch die Fachgerichte möglich, soweit es um die Verwerfung eines Gesetzes wegen veränderter Verhältnisse geht; denn hier fehlt es am Eingriff in den politischen Prozess. Bei einer Veränderung der Verhältnisse ist es vielmehr gerade die Aufgabe der Rechtsprechung, das geltende Recht entsprechend anzupassen.

bb. Für die Verfassungsinterpretation präjudizielle Rechtsfragen

Nicht bei allen Gesetzen in den her interessierenden Normsituationen ist eine Entscheidung über deren Verfassungsmäßigkeit auch präjudiziell für die Auslegung der Verfassung. Denn dies ist nur dann der Fall, wenn die Entscheidung der Fortbildung des Verfassungsrechts dient oder sonst grundsätzliche verfassungsrechtliche Bedeutung hat. Rechtsfragen betreffend aufgehobenes, auslaufendes oder Übergangsrecht haben grundsätzliche verfassungsrechtliche Bedeutung aber nur, wenn noch eine Vielzahl von Fällen in nicht absehbarer Zukunft nach der betreffenden Norm zu entscheiden sind, wenn eine Nachfolgeregelung den Regelungsgehalt der streitigen Norm im Wesentlichen wiederholt, oder wenn die Entscheidung darüber in sonstiger Weise richtungsweisend für die Zukunft sein kann. Grundsätzliche verfassungsrechtliche Bedeutung besteht dagegen in aller Regel bei anderen, schlichten Zeitgesetzen und bei Experimentiergesetzen.[434]

Insbesondere aber auch Fragen, die sich auf Recht beziehen, das wegen veränderter tatsächlicher oder rechtlicher Verhältnisse verfassungswidrig geworden ist, haben präjudizielle Bedeutung. Denn gerade in diesen Fällen geht es um eine neue Interpretation der Verfassung wegen eines Wandels der gesellschaftlichen

---

[434] Vgl. oben unter C.

Anschauungen, welche aber präjudiziell für die künftige Verfassungsauslegung ist.

cc. Ergebnis

Aus den genannten Gründen reicht die verfassungsrechtliche Legitimation der Fachgerichte in keiner der vorliegend untersuchten Normsituationen aus, um ihnen die Befugnis zur Verwerfung parlamentarischer Gesetzgebungsakte zu übertragen. Die Übertragung der Verwerfungskompetenz würde vielmehr das Verfassungsgefüge grundlegend verschieben.

dd. Abweichung von Vorlagebeschluss und Entscheidung des BVerfG

Dieses Ergebnis bestätigt sich, wenn man die von den Fachgerichten in den Vorlagebeschlüssen vertretene Rechtsauffassung mit derjenigen in den entsprechenden Entscheidungen des BVerfG vergleicht: Nur in Einzelfällen folgt das BVerfG letztlich in vollem Umfang dem Vorlagebeschluss und verwirft die betreffenden Normen förmlich. Wären daher die Fachgerichte immer ihrer Rechtsauffassung zur Verfassungswidrigkeit der betreffenden Norm gefolgt, so wäre es sehr viel öfter zu einer – wenn auch nur inzidenten – Normverwerfung und damit zu einer abweichenden Entscheidung des Ausgangsrechtsstreits gekommen. Von den 60 Vorlagen betreffend die hier in Frage stehenden Normsituationen wurden 30 bereits als unzulässig zurückgewiesen, entweder weil die Entscheidungserheblichkeit oder die Überzeugung von der Verfassungswidrigkeit der Vorschrift nur unzureichend dargelegt war.[435] Aber auch bei zulässigen Vorlagen kommt es nur in Einzelfällen zu einer tatsächlichen Übereinstimmung von fachgerichtlicher und bundesverfassungsgerichtlicher Beurteilung. Werden die verfassungsrechtlichen Bedenken der Fachgerichte angesichts des weiten gesetzgeberischen Beurteilungs- und Einschätzungsspielraums als unbegründet zurückgewiesen,[436] so deckt sich das Anwendungsergebnis jedenfalls nicht mit dem bei einer Verwerfung durch den Instanzrichter. Nur in Fällen, in denen das BVerfG selbst eine verfassungskonforme Auslegung der betreffenden Vorschrift durchführt, stimmt das Anwendungsergebnis letztlich mit dem bei einer Verwerfung der Norm bereits durch die Fachgerichte überein.[437]

---

[435] Vgl. hierzu die Übersicht zu den Entscheidungen des BVerfG zu Vorlagen betreffend die untersuchten Normsituationen im Anhang, S. 213 ff.

[436] So bei BVerfGE 83, 363; 85, 238; 89, 346; 90, 145; 95, 143; 96, 330.

[437] So bei BVerfGE 96, 315; 97, 169.

b. Die Entscheidungen des BVerfG bei der Normenkontrolle

Die Verwerfung bereits durch die Fachgerichte würde nämlich auch dann zu anderen Ergebnissen führen, wenn das BVerfG eine Vorschrift für unvereinbar erklärt und sie zur Nachbesserung an den Gesetzgeber „zurückgibt"[438], oder aber eine Regelung bis zu dem Inkrafttreten einer Neuregelung für weiterhin anwendbar erklärt.[439] Wo zwingend eine Regelung durch den Gesetzgeber nötig ist, um dem Kläger im Ausgangsverfahren zu dem von ihm erstrebten Recht zu verhelfen, stoßen die Entscheidungsmöglichkeiten der Fachgerichte schließlich vollends an ihre Grenzen.[440]

aa. Die Entscheidungen des BVerfG in den untersuchten Normsituationen

Teilt das BVerfG die Bedenken des vorlegenden Fachgerichts hinsichtlich der Verfassungswidrigkeit einer Norm, so kommt es auch in den hier näher untersuchten Normsituationen nur in Ausnahmefällen zur schlichten Nichtigerklärung des Gesetzes.[441] Auch bei bereits aufgehobenen, auslaufenden oder nur befristet geltenden Gesetzen verbleibt es meist bei der Unvereinbarerklärung mit der Verfassung (vgl. die Fälle 13 und 14). Ergibt sich die Verfassungswidrigkeit eines Gesetzes aus veränderten Verhältnissen oder einer geänderten Verfassungsinterpretation, so belässt es das BVerfG sehr häufig bei einer Appellentscheidung. Hält es ein Gesetz für nichtig oder für mit der Verfassung unvereinbar, regelt es teilweise auch selbst den Rechtszustand übergangsweise.[442]

bb. Ausgleich zwischen Rechtssicherheit und Vorrang der Verfassung

Das Entscheidungsinstrumentarium des BVerfG im Rahmen von Normenkontrollen hat dabei keinen Selbstzweck. Vielmehr dient es dazu, den Vorrang der Verfassung effektiv zu sichern, ohne dabei zu weit in die Gesetzgebungsprärogative des Parlaments einzugreifen. Die Entscheidungsvarianten sind Ausdruck der notwendigen richterlichen Zurückhaltung gegenüber dem Gesetzgeber.[443]

---

[438] So BVerfGE 82, 60; 82, 198; 84, 348; 89, 15; 99, 300.

[439] So BVerfGE 87, 153; 90, 60.

[440] *Steiner,* BVerfG, BSG und das deutsche Sozialrecht, S. 71.

[441] Bei den untersuchten 60 Vorlagen betreffend die untersuchungsgegenständlichen Normsituationen kam es nur in zwei Fällen zu einer Nichtigerklärung; vgl. die Übersicht im Anhang, S. 213 ff.

[442] Vgl. zu den Tenorierungsvarianten Teil 1, B.II.4.e; zu den Entscheidungen in den besonderen Normsituationen oben, B.II.3.

[443] Vgl. dazu Teil 1, B.II.4.e.ff.

Ferner wird durch diese Art der „Feinsteuerung" der Rechtssicherheitsgedanke des § 79 BVerfGG erweitert,[444] im Sinne einer Optimierung und Effektuierung der Verfassung insgesamt.[445] Der Vorrang der Verfassung verlangt nämlich nicht die Durchsetzung der Normativität verletzter Verfassungsnormen zwangsläufig durch die Nichtigerklärung von verfassungswidrigen Gesetzen. Erforderlich ist bei einer verfassungswidrigen Normsituation vielmehr bloß die möglichst baldige und optimale Beseitigung des Normverstoßes unter Berücksichtigung aller verfassungsrechtlichen Postulate, insbesondere auch dem der Rechtssicherheit.[446] Der Gedanke der Rechtssicherheit verlangt aber in vielen Fällen, dass ein bestimmter Rechtszustand wegen des Vertrauenstatbestands, den der Gesetzgeber damit geschaffen hat, noch für eine gewisse Zeit fortbesteht. Durch die bloße Unvereinbarerklärung oder durch die Appellentscheidung können die Verfassungsprinzipien der Verfassungsbindung des Gesetzgebers und der Rechtssicherheit verträglich miteinander ausgeglichen werden [447] Zudem wird dadurch häufig ein Zustand vermieden, welcher der Verfassung noch ferner stünde als die beanstandete Regelung.

Das breite Entscheidungsspektrum legitimiert damit einerseits die Verfassungsrechtsprechung gegenüber dem Gesetzgeber[448] und bietet andererseits zugleich die Möglichkeit des notwendigen „Folgenmanagements"[449] bei der Gesetzeskontrolle.

cc. Entscheidungsmöglichkeiten der Fachgerichte

Das Entscheidungsinstrumentarium des BVerfG ist Ausfluss und Teil seiner einzigartigen „Interpretationsmacht"[450], unterscheidet es gerade von den Fachgerichten und macht letztlich auch seine herausragende Stellung im Verfassungsgefüge aus.[451] Denn die Fachgerichte sind nach ihrer verfassungsrechtlichen Stellung nicht legitimiert, das BVerfG bei der Ausübung dieser weitreichenden Entscheidungskompetenzen zu vertreten.

---

[444] *Steiner,* NJW 2001, S. 2919 (2922); zur Vorschrift des § 79 BVerfGG allgemein *ders.,* Wirkung der Entscheidungen, S. 628 ff.

[445] *Hesse,* Verfassungsrecht, Rn. 71 ff.; vgl. dazu auch *Burghart,* NVwZ 1998, S. 1262 (1264).

[446] *Moench,* Verfassungswidriges Gesetz, S. 143.

[447] *Burghart,* NVwZ 1998, S. 1262 (1264).

[448] Nach *Schulte* ist die Legitimität der Verfassungsrechtsprechung daher auch ein Grund für den Entscheidungstypus der Appellentscheidung, DVBl. 1988, S. 1200 (1206).

[449] *Blüggel,* SGb 2003, S. 507 (513); *Steiner,* Zum Entscheidungsausspruch und seinen Folgen, S. 578.

[450] Vgl. *Simon,* Verfassungsgerichtsbarkeit, Rn. 56 ff.

[451] *Böckenförde,* NJW 1999, S. 9.

Zwar würde die Praktizierung dieser Entscheidungsvarianten auch durch die Fachgerichte zumindest teilweise nicht den Gesetzgeber desavouieren, zumal die Unvereinbarerklärung, die Appellentscheidung und die Anordnung der Weitergeltung gerade Ausdruck der verfassungsgerichtlichen Zurückhaltung gegenüber der parlamentarischen Gesetzgebung sind. Durch das Unterlassen einer Vorlage würden die Fachgerichte dem Gesetzgeber gerade den notwendigen Respekt erweisen.

Jedoch sind die Fachgerichte nach ihrer verfassungsrechtlichen Stellung nicht dazu befugt, im Rahmen der Prüfung von Gesetzen den Gesetzgeber zu einer Neuregelung aufzufordern, ihm eine Frist für die Gesetzgebung zu setzen oder selbst normvertretendes Übergangsrecht zu sprechen.[452] Denn diese Entscheidungen weisen – trotz des Ausdrucks der Zurückhaltung gegenüber dem Gesetzgeber – denselben Politikbezug auf wie bloß kassatorische Entscheidungen.[453] Die Fachgerichte sind gerade zu keinerlei Eingriff in den politischen Prozess legitimiert.[454] Die Appellentscheidung durch das BVerfG dient zudem der präjudiziellen Verfassungsinterpretation und dem Verfassungswandel.[455] Für die präjudizielle Verfassungsinterpretation und die Anregung eines Verfassungswandels zuständig ist aber nur das BVerfG. Daher können die Fachgerichte ein parlamentarisches Gesetz weder für mit dem Grundgesetz unvereinbar erklären, noch an den Gesetzgeber zwecks einer Neuregelung appellieren oder selbst entsprechendes gesetzeskorrigierendes Übergangsrecht sprechen.

Kommt ihnen diese Gestaltungsbefugnis nicht zu, so sind sie aber auch nicht in der Lage, die Folgenverantwortung zu üben, die bei der Verwerfung parlamentarischer Gesetze verfassungsrechtlich erforderlich ist.

3. Ergebnis

Die Fachgerichte sind also nach ihrer Stellung im Verfassungsgefüge nicht dazu legitimiert, parlamentarische Gesetzgebungsakte zu verwerfen oder andere, der politischen Folgenverantwortung genügende Entscheidungen bei der Gesetzeskontrolle zu treffen. Die Verwerfungsbefugnis kann ihnen danach insbesondere auch nicht übertragen werden, wenn bereits außer Kraft gesetzte, auslaufende, übergangsweise geltende oder experimentelle Gesetze betroffen sind, oder wenn

---

[452] *Muckel,* NJW 1993, S. 2283 (2286); *Steiner,* BVerfG, BSG und das deutsche Sozialrecht, S. 71.

[453] *Hesse,* JZ 1995, S. 265 (267).

[454] Ungeachtet solcher praktischer Fälle, in denen auch verfassungsrechtliche Einwände eines obersten Bundesgerichts den Gesetzgeber zu einer Neuregelung veranlassen. Vgl. zum Beispiel das AAÜG-Änderungsgesetz vom 11.11.1996, BGBl. I, S. 1674; hierzu *Steiner,* BVerfG, BSG und das deutsche Sozialrecht, S. 71 Fn. 40.

[455] *Schulte,* DVBl. 1988, S. 1200 (1203).

sich die Verfassungswidrigkeit eines Gesetzes erst aus einer Änderung der Verhältnisse oder der Verfassungsinterpretation ergibt.

F. Zusammenfassung

Eine restriktive Auslegung der Vorschrift des Art. 100 Abs. 1 Satz 1 GG im Sinne einer Beschränkung des bundesverfassungsgerichtlichen Verwerfungsmonopols für bestimmte Gruppen auch nachkonstitutioneller parlamentarischer Gesetze ist daher verfassungsrechtlich nicht gerechtfertigt. Die Kontrolle aller Formen nachkonstitutioneller parlamentarischer Gesetze liegt nach der Verfassung in der kooperativen Verantwortung von Fachgerichten und BVerfG. Die Befugnis zur Verwerfung parlamentarischer Gesetze liegt ausschließlich beim BVerfG, das im Verfassungsgefüge die einzigartige Stellung des obersten Hüters der Verfassung wahrnimmt, aufgrund deren es auch legitimiert ist zum Eingriff in den politischen Prozess und zur Fortbildung des Verfassungsrechts. Würde man die Verwerfungsbefugnis auch nur in den hier näher interessierenden Normsituationen auf die Fachgerichte übertragen, so stellte dies eine verfassungsrechtlich nicht hinnehmbare Kompetenzverkürzung für das BVerfG dar.

3. TEIL. AUSDEHNUNG DER ZUSTÄNDIGKEITEN DER KAMMERN DES BVERFG

Führte demnach die untersuchte Restriktion des Art. 100 Abs. 1 Satz 1 GG zu einer so grundsätzlichen Änderung der verfassungsrechtlichen Funktionenverteilung zwischen Fachgerichten und BVerfG, welche mit Sinn und Zweck des Verwerfungsmonopols nicht mehr in Einklang stünde, so sollen im Folgenden Reformmöglichkeiten in Bezug auf das Verfahren der Richtervorlage untersucht werden, welche weniger oder überhaupt nicht in das bestehende Verfassungsgefüge eingreifen. Bei der Verfassungsbeschwerde hat das Annahmeverfahren gemäß den §§ 93a-d BVerfGG[1] zu einer wesentlichen Entlastung der Senate des BVerfG beigetragen, durch deren Konzentration auf die Entscheidung grundsätzlicher verfassungsrechtlicher Fragen. Während gemäß § 93b Satz 1 i.V.m. § 93a BVerfGG die Kammern über die Annahme von Verfassungsbeschwerden entscheiden können und gemäß § 93b Satz 1 i.V.m. § 93c Abs. 1 Satz 1 BVerfGG auch befugt sind, einer Verfassungsbeschwerde bei offensichtlicher Begründetheit stattzugeben, ist die Entscheidungszuständigkeit der Kammern bei der Richtervorlage nach geltendem Recht gemäß § 81a BVerfGG bislang nur dann eröffnet, wenn diese unzulässig ist (und dies nicht einmal dann, wenn die Vorlage von einem Landesverfassungsgericht oder von einem obersten Gerichtshof des Bundes stammt, § 81a Satz 2). Da aber das Grundgesetz neben der allgemeinen Bestimmung über die Mitglieder des BVerfG gemäß Art. 94 GG keine Regelung über die Organisation des Gerichts enthält, insbesondere nicht über die Spruchkörper und die Anzahl der im Einzelfall zur Mitwirkung an der Entscheidung berufenen Richter[2], scheint es sich einer Übertragung weiterer Aufgaben auf die Kammern auch im Rahmen der Richtervorlage nicht zu verschließen. Daher soll untersucht werden, ob und inwieweit die einfachrechtliche Übertragung bestimmter Entscheidungskompetenzen auf die Kammern auch in Bezug auf die Begründetheit von Richtervorlagen verfassungsgemäß wäre. Enthält das Grundgesetz nicht ausdrücklich eine Bestimmung über die im Einzelnen zur Entscheidung berufenen Spruchkörper, soll und muss die Übertragung weiterer Befugnisse unter dem Vorbehalt erfolgen, dass dabei weder die hervorgehobene Stellung des BVerfG im Verfassungsgefüge angetastet wird, noch die grundgesetzliche Funktionenverteilung zwischen Verfassungsgerichtsbarkeit und Gesetzgeber einerseits und Verfassungsgerichtsbarkeit und Fachgerichtsbarkeiten andererseits berührt wird. Die folgende Untersuchung wird zunächst

---

[1] Zuletzt geändert durch das Gesetz vom 2.8.1993, BGBl. I, S. 1442. Vgl. zu den einzelnen Änderungen seit der Einführung des Annahmeverfahrens *Heyde,* Bundesverfassungsgerichtsgesetz, S. 233 ff.; *Schmidt-Bleibtreu/ Winter,* in: Maunz u.a., BVerfGG, § 93a Rn. 1 ff.

[2] BVerfGE 7, 241 (243); 19, 88 (91).

ausgehend von der Stellung der Kammern in dem Funktionengefüge des Grundgesetzes sowie von den bisherigen Regelungen des BVerfGG (hierzu unter A) die Kammerrechtsprechung zur Zulässigkeit von Richtervorlagen näher beleuchten (unter B) und sodann auf zwei Möglichkeiten einer entsprechenden Reform der Kompetenzen der Kammern eingehen: Zum einen soll untersucht werden, ob und inwieweit der Gesetzgeber den Kammern auch die Entscheidungsbefugnis in Bezug auf die Begründetheit solcher Vorlagen übertragen kann, welche die bereits oben erörterten, besonderen Normsituationen betreffen, also solche, die keine grundsätzlichen verfassungsrechtlichen Fragen betreffen (hierzu unter C). Zum anderen soll erarbeitet werden, ob und inwieweit ganz allgemein die Übertragung der Entscheidung über unbegründete Vorlagen auf die Kammern verfassungsrechtlich möglich wäre (hierzu unter D).

A. Die Stellung der Kammern im Verfassungsgefüge

I. Die Konstituierung der Kammern und ihre Entscheidungskompetenzen

Während das Grundgesetz keine Bestimmung über die Zusammensetzung der einzelnen Spruchkörper enthält, regelt das BVerfGG in § 15a BVerfGG die Einrichtung der Kammern sowie deren Entscheidungskompetenzen.

1. Die Kammern als eigenständige Spruchkörper (§ 15a Abs. 1 BVerfGG)

Nach § 15a Abs. 1 BVerfGG berufen die Senate für die Dauer eines Geschäftsjahres mehrere Kammern ein, die jeweils aus drei Richtern bestehen und deren Zusammensetzung nicht länger als drei Jahre unverändert bleiben soll. Vorläufer der Kammern waren die seit 1956 bloß zur Vorprüfung von Verfassungsbeschwerden in den Senaten eingesetzten „Richter"- oder „Dreierausschüsse".[3] Die 1985 eingefügte[4] Vorschrift des § 15a BVerfGG benannte diese Vorprüfungsausschüsse in „Kammern" um und regelt nunmehr ausdrücklich einfachgesetzlich deren Bildung und Zusammensetzung. Durch diese gesetzessystematisch eigenständige Regelung der Kammern wird deren Natur als „gerichtsverfassungsrechtlich verselbständigte Spruchkörper" des BVerfG verdeutlicht.[5] Diese sind daher trotz „personeller Teilidentität"[6] der Mitglieder von Senaten und Kammern nicht bloß „akzessorische Hilfseinrichtungen" der Senate, sondern

---

[3] Durch das Erste Gesetz zur Änderung des Gesetzes über das BVerfG vom 21.7.1956; vgl. dazu *Eichberger*, in: Umbach/ Clemens, BVerfGG, § 15a Rn. 2; *Ulsamer*, in: Maunz u.a., BVerfGG, § 15a Rn. 1.

[4] Durch Art. 1 Nr. 3 des Gesetzes zur Änderung des BVerfGG und des Deutschen Richtergesetzes vom 12.12.1985, BGBl. I, S. 2226.

[5] *Ulsamer*, in: Maunz u.a., BVerfGG, § 15a Rn. 3.

[6] *Hermes*, Senat und Kammern, S. 727.

eigenständige Spruchkörper.[7] Die Kammern entscheiden – im Rahmen ihrer Kompetenzen – als „das BVerfG".[8] Konsequenz dieser organisatorischen Eigenständigkeit der Kammern gegenüber den Senaten ist, dass es weder Rechtsbehelfe gegen Kammerentscheidungen zu den Senaten gibt,[9] noch können die Senate ein bei den Kammern anhängiges Verfahren an sich ziehen.[10]

2. Die Entscheidungskompetenzen der Kammern

Die Entscheidungskompetenzen der Kammern ergeben sich abschließend aus den Regelungen des BVerfGG. Danach sind sie gemäß § 93b, Satz 1 BVerfGG befugt, die Annahme einer Verfassungsbeschwerde abzulehnen, wenn die Annahmevoraussetzungen des § 93a Abs. 2 BVerfGG nicht gegeben sind, wenn also der Verfassungsbeschwerde keine grundsätzliche verfassungsrechtliche Bedeutung zukommt, und diese auch nicht zur Durchsetzung der Grundrechte oder grundrechtsgleichen Rechte angezeigt ist. Liegen die Voraussetzungen für die Annahme der Verfassungsbeschwerde vor, so kann die Kammer dieser durch einstimmigen Beschluss gemäß § 93c Abs. 1 Satz 1 BVerfGG stattgeben, wenn die maßgebliche verfassungsrechtliche Frage bereits entschieden ist, und auf dieser Grundlage die Verfassungsbeschwerde offensichtlich begründet ist. Gemäß § 93d Abs. 2 BVerfGG[11] haben die Kammern daneben die Kompetenz für alle das Verfassungsbeschwerdeverfahren betreffenden Annex- und Nebenentscheidungen, solange und soweit der Senat nicht über die Annahme der Verfassungsbeschwerde entschieden hat;[12] hierzu zählt insbesondere auch die Entscheidung über den Erlass einer einstweiligen Anordnung.[13] Seit 1993 sind die Kammern darüber hinaus gemäß § 81a BVerfGG befugt, die Unzulässigkeit von Richtervorlagen festzustellen, soweit der Antrag nicht von einem Landesverfassungsgericht oder einem obersten Gerichtshof des Bundes gestellt wird.

---

[7] *Eichberger,* in: Umbach/ Clemens, BVerfGG, § 15a Rn. 6.

[8] So schon zu den früheren Dreierausschüssen BVerfGE 7, 241 (243); 18, 34 (36); 18, 37 (38); 18, 440; 19, 88 (90); vgl. dazu *Eichberger,* in: Umbach/ Clemens, BVerfGG, § 15a Rn. 6; *Ulsamer,* EuGRZ 1986, S. 110 (114).

[9] BVerfGE 7, 241 (243); 18, 440 (441); 19, 88 (90).

[10] *Eichberger,* in: Umbach/ Clemens, BVerfGG, § 15a Rn. 7.

[11] Eingefügt durch das Fünfte Gesetz zur Änderung des Gesetzes über das BVerfG vom 2.8.1993, BGBl. I, S. 1442.

[12] Vgl. hierzu *Hermes,* Senat und Kammern, S. 730 f.; *Ulsamer,* in: Maunz u.a., BVerfGG, § 15a Rn. 14.

[13] Vgl. *Ulsamer,* in: Maunz u.a., BVerfGG, § 15a Rn. 15.

II. Stellung und Funktion der Kammern im Verhältnis zu den Senaten

Sind die Kammern auch organisationsrechtlich selbständige Spruchkörper des BVerfG, so zeigt sich in der abschließenden Aufzählung ihrer Befugnisse im BVerfGG dennoch ihre untergeordnete, lediglich entlastende Funktion und Stellung gegenüber den Senaten.

1. Verhältnis zu den Senaten nach den Regelungen des BVerfGG

Gemäß § 93c Abs. 1 Satz 2 BVerfGG steht der einer Verfassungsbeschwerde stattgebende Beschluss einer Kammer einer Senatsentscheidung gleich. Das heißt, innerhalb ihrer Befugnisse „vertreten" die Kammern die Senate in vollem Umfang.

a. Begrenzte Befugnisse

Jedoch hat der Gesetzgeber den Kammern im BVerfGG gerade nur begrenzt Befugnisse übertragen.[14] Die Entscheidungsbefugnisse sind beschränkt auf die Annahme und Stattgabe von (offensichtlich begründeten) Verfassungsbeschwerden und die Zurückweisung unzulässiger Richtervorlagen. Weder haben die Kammern Zuständigkeiten im Rahmen von föderativen Streitigkeiten, noch bei der Entscheidung über abstrakte Normenkontrollen oder Organstreitigkeiten. Das bedeutet, die Kammerkompetenzen sind nach dem BVerfGG beschränkt auf solche Verfahren, welche den individuellen Grundrechtsschutz betreffen (die Verfassungsbeschwerde) und welche das Verhältnis zu den Fachgerichten in einer bestimmten prozessualen Konstellation definieren (die Entscheidung über die Zulässigkeit von Richtervorlagen). Nicht dagegen sind den Kammern in den gesetzlichen Bestimmungen Kompetenzen gegenüber anderen Verfassungsorganen oder hinsichtlich der Entscheidung primär politisch relevanter oder föderativer Streitigkeiten übertragen.

Die abschließende Aufzählung der Kammerkompetenzen im BVerfGG macht auch deutlich, dass die Kammerzuständigkeit im Vergleich zu der Senatszuständigkeit nach dem BVerfGG der Ausnahmetatbestand ist[15] (ungeachtet dessen, dass faktisch die Kammern die überwiegende Anzahl von Verfahren erledigen[16]). Außerdem ist selbst dort, wo eine Kammerkompetenz besteht, die Entscheidung durch den Senat nicht gesetzlich ausgeschlossen:[17] Kommt ein einstimmiger Beschluss der Kammermitglieder nicht zustande, so kann der Senat

---

[14] *Hermes,* Senat und Kammern, S. 727.

[15] *Graßhof,* in: Maunz u.a., BVerfGG, § 93c Rn. 5.

[16] *Rixen,* NVwZ 2000, S. 1364.

[17] *Ulsamer,* in: Maunz u.a., BVerfGG, § 81a Rn. 3.

die Unzulässigkeit einer Richtervorlage feststellen oder die Nichtannahme einer Verfassungsbeschwerde beschließen, also im „originären" Kammerbereich tätig werden.[18] Die Senatszuständigkeit ist daher nicht – vergleichbar dem Subsidiaritätsgrundsatz[19] - nachrangig gegenüber der Kammerzuständigkeit. Vielmehr sind primär die Senate des BVerfG zur Entscheidung berufen. Soweit eine Kompetenz der Kammern gesetzlich normiert ist, können (auch) diese entscheiden.

b. Die Kammern in unselbständig nachvollziehender Funktion

Charakterisiert wird das Verhältnis zwischen den Senaten und den Kammern letztlich einfachrechtlich durch die Bestimmung des § 93c Abs. 1 Satz 1 BVerfGG.[20] Danach können nämlich die Kammern einer Verfassungsbeschwerde dann – und nur dann – stattgeben, wenn die „für die Beurteilung der Verfassungsbeschwerde maßgebliche verfassungsrechtliche Frage durch das BVerfG bereits entschieden ist". In den Kammern werden damit die Senatsentscheidungen durch die Anwendung auf weitere parallele Fälle „vollzogen".[21] Das heißt, die Kammern sind nach ihrer Stellung auf den Nachvollzug der Entscheidungen der Senate beschränkt.[22] Eine für die Zukunft richtungsweisende und damit maßgebliche Verfassungsinterpretation und Weiterentwicklung des Verfassungsrechts können also nur die Senate des BVerfG vornehmen.

Problematisch ist in diesem Zusammenhang die Entscheidungskompetenz der Kammern, wenn die Entscheidung der Verfassungsbeschwerde zwar auf der Grundlage von Maßstäben getroffen werden kann, die durch die Senatsrechtsprechung geklärt sind, die aber nicht hinreichend präzise definiert sind, mit der Folge, dass sie bei der Anwendung auf den konkreten Fall noch eingehender verfassungsrechtlicher Wertung bedürfen, die maßgebende präjudizielle Senatsrechtsprechung sich mithin auf „weite, prinzipienhafte Maßstäbe" beschränkt.[23]

---

[18] Dazu *Graßhof*, in: Maunz u.a., BVerfGG, § 93b Rn. 21.

[19] Zur Subsidiarität der Verfassungsgerichtsbarkeit vgl. oben in Teil 1, A.III.2.b.

[20] Zum früheren § 93b Abs. 2 BVerfGG *Mahrenholz*, Kammerbeschlüsse, S. 1364.

[21] Dies ist häufig der Fall, wenn der Senat eine Norm verfassungsrechtlich beanstandet, und zu diesem verfassungsrechtlichen Komplex weitere gleichliegende Verfassungsbeschwerden vorliegen. Die Anzahl der auf Grundlage des § 93c BVerfGG in den Kammern aufgehobenen Gerichtsentscheidungen ist teilweise dreistellig, so RBV *Steiner* im persönlichen Gespräch.

[22] *Hermes*, Senat und Kammern, S. 733 ff.; *Mahrenholz*, Kammerbeschlüsse, S. 1364; *Sommer*, BVerwG und BVerfG, S. 33.

[23] *Graßhof*, in: Maunz u.a., BVerfGG, § 93b Rn. 5 und § 93c Rn. 10 ff.; vgl. dazu auch *Sommer*, BVerwG und BVerfG, S. 33 f. – Das gilt beispielsweise nicht bei der Überprüfung gerichtlicher Entscheidungen auf Gehörsverletzungen (Art 103 Abs. 1 GG). Hier dient die Kammerrechtsprechung allein der Durchsetzung dieses Grundsatzes am im Wesentlichen

Insbesondere bei der Anwendung des Gleichheitssatzes, des Verhältnismäßig-
keitsgrundsatzes oder aber bei der Abwägung verschiedener Grundrechtspositi-
onen können den Kammern erhebliche Entscheidungsspielräume verbleiben.

Der Gesetzgeber ging noch davon aus, der Nachvollzug der Senatsrechtsprechung durch die Kammern müsse sich auf einen „Vorgang der Subsumtion unter
verfassungsrechtliche Obersätze", welche durch die Senatsrechtsprechung bereits herausgearbeitet sind, beschränken.[24] Da aber diese enge Auslegung der
entlastenden Funktion des § 93c Abs. 1 BVerfGG nicht gerecht würde, entscheiden die Kammern praktisch auch in solchen Fällen, in denen eine bereits
vorhandene Senatsrechtsprechung noch solche Spielräume belässt, welche für
eine verfassungsrechtliche Entfaltung, eine Konkretisierung und Fortentwicklung der weiten Maßstäbe der Senate nutzbar sind.[25] Sie „denken" also für den
Einzelfall die Konsequenzen der betreffenden Senatsrechtsprechung „weiter".[26]

Diese weite Auslegung der Vorschrift des § 93c Abs. 1 Satz 1 BVerfGG und die
darauf beruhende Praxis wird in der Literatur kritisiert, insbesondere weil sie
dem Ausnahmecharakter der Kammerkompetenzen zuwiderlaufe.[27] Man setzt
die Auffassung dagegen, die Kammern hätten in diesen Fällen die Stattgabebefugnis nur dann, wenn sich die übereinstimmende Meinung der drei Mitglieder
der Kammer angesichts der maßgeblichen Senatsrechtsprechung aufdränge und
daher eine abweichende Beurteilung durch den Senat als unwahrscheinlich erscheine.[28]

Ob und inwieweit die weite Inanspruchnahme der Kammerzuständigkeiten in
der Rechtsprechung des BVerfG grundgesetzlich gerechtfertigt ist, hängt von
der Stellung der Kammern im Verfassungsgefüge ab.

2. Verhältnis zu den Senaten nach dem Grundgesetz

a. Entlastungs- und Filterfunktion

Die wesentliche Zielsetzung der Regelungen über die Kammern besteht in einer
Entlastung der Senate.[29] Das BVerfG könnte ohne die Einrichtung der Kammern

---

„ausjudizierten" Maßstab des Art. 103 Abs. 1 GG. So RBV *Steiner* im persönlichen Gespräch.
[24] BT-Drs. 10/2951, S. 12.
[25] Vgl. nur die Beschl. v. 7.4.2001 – BvQ 17/01 – NJW 2001, S. 2072; Beschl. v. 3.7.2001 – 1
BvR 432/00; dazu *Graßhof*, in: Maunz u.a., BVerfGG, § 93a Rn. 44 ff. und § 93c Rn. 15;
Hermes, Senat und Kammern, S. 733 ff.
[26] *Graßhof*, in: Maunz u.a., BVerfGG, § 93a Rn. 44.
[27] *Graßhof*, in: Maunz u.a., BVerfGG, § 93c Rn. 15; *Sendler*, NJW 1995, S. 3291 ff.
[28] *Graßhof*, in: Maunz u.a., BVerfGG, § 93a Rn. 30.
[29] *Sachs*, NVwZ 2003, S. 442 (443).

die Vielzahl an Verfahren schon rein quantitativ betrachtet nicht bewältigen.[30] So wurden im Jahre 2002 insgesamt 4692 Verfahren und im Jahre 2003 insgesamt 5200 Verfahren beim BVerfG anhängig gemacht,[31] welche aber offensichtlich auch nicht annähernd durch aufwändige Senatsentscheidungen erledigt werden können. Entlastende Funktion haben die Kammern insbesondere durch die Vorprüfung von Verfassungsbeschwerden im Rahmen des Annahmeverfahrens sowie durch die Entscheidung über offensichtlich begründete Verfassungsbeschwerden. Bis einschließlich 2003 haben die Kammern insgesamt 117 994 Verfassungsbeschwerden erledigt, während „nur" 3900 Senatsentscheidungen zu Verfassungsbeschwerden ergangen sind.[32] Aber auch bei der Richtervorlage erfüllten die Kammern seit Einführung des § 81a BVerfGG[33] ihre entlastende Funktion in großem Umfang. So entschieden von 1994 bis 2003 die Senate nur mehr über 71 Vorlagen, während im selben Zeitraum 133 Beschlüsse nach § 81a BVerfGG ergingen. Bis einschließlich 1993 hatten die Senate hingegen noch über insgesamt 923 Vorlagen zu entscheiden.[34]

Indem die Kammern so den Großteil der Verfahren entscheiden, beschleunigen sie einerseits die Verfahren vor dem BVerfG insgesamt und ermöglichen andererseits den Senaten die Konzentration auf die Entscheidung der wichtigen Verfassungsfragen; damit haben die Kammern wesentliche Bedeutung bei der Erhaltung der Autorität und des Ansehens des BVerfG. Diese – möglicherweise sogar gebotene – Entlastung darf aber auf der anderen Seite nicht zu einem Funktions- und Ansehensverlust des BVerfG führen. Die Übertragung weiterer Kompetenzen auf die Kammern ist nur soweit möglich, wie diese auch verfassungsrechtlich in der Lage sind, die Senate zu ersetzen.

b. Zur Legitimation der Kammern

Da das BVerfG wegen des mit der autoritativen Verfassungsauslegung zwangsläufig verbundenen Eingriffs in den politischen Prozess der Legitimation hierzu bedarf, könnten die Kammern die Senate nur dann umfassend bei der Verfassungsinterpretation und -anwendung repräsentieren, wenn sich die besondere Legitimation des BVerfG auch in der Besetzung, der Organisation, dem Verfahren und der Stellung der Kammern widerspiegelt. Die Legitimation des BVerfG zur Kontrolle des politischen Prozesses und damit auch des parlamentarischen

---

[30] Vgl. zum allgemeinen Bedürfnis nach einer Entlastung bereits oben in Teil 1, A.III.2.a.

[31] Nach der Statistik des BVerfG zu den Verfahrenseingängen unter http://www.bverfg.de.

[32] Nach der Statistik des BVerfG zu den Senats- und Kammerentscheidungen bis 2003 unter http://www.bverfg.de.

[33] Durch das Fünfte BVerfGG-Änderungsgesetz vom 2.8.1993.

[34] Nach der Statistik des BVerfG zu den Senats- und Kammerentscheidungen bis 2003 unter http://www.bverfg.de.

Gesetzgebers gründet dabei primär auf seiner verfassungsrechtlichen Konstituierung, auf Akzeptanz- und Vertrauensgesichtspunkten, auf dem besonderen Verfahrensrecht, den spezifischen Kontrollmechanismen sowie der pluralistischen Besetzung der beiden Senate.[35]

aa. Verfassungsbindung und Kontrolle

Treffen die Kammern verfassungsrechtliche Sachentscheidungen, so sind sie genauso wie die Senate strikt an die verfassungsrechtlichen Vorgaben gebunden. Bei den Kammern tritt aber die Problematik einer fehlenden formalen Kontrolle der Verfassungsgerichtsbarkeit in besonderem Maße hervor, da die im „Binnenbereich" des BVerfG grundsätzlich bestehenden Kontrollmechanismen dort sehr viel beschränkter sind:

So ist die den Senaten verfügbare Möglichkeit einer internen Kontrolle des Kammerverfahrens nur sehr beschränkt gegeben.[36] Eine solche „Innenrevision" kann hinsichtlich der Kammerrechtsprechung nur insoweit stattfinden, als die von den Kammern anlässlich einer Entscheidung aufgestellten Maßstäbe, aber auch die Ergebnisse der Maßstabsanwendung, von den Senaten – in anderen Verfahren – korrigiert und geändert werden können.[37] Zu der Kammerrechtsprechung können weder Sondervoten verfasst werden,[38] noch ist im Hinblick auf Kammerentscheidungen die Anrufung des Plenums zur Sicherung der Einheitlichkeit der Rechtsprechung statthaft.[39] Daher ist im Kammerverfahren nicht in gleichem Umfang eine einheitliche Auslegung, Interpretation und Fortentwicklung des Verfassungsrechts garantiert wie bei den Senatsverfahren. „Selbstbewusste" Kammern können daher in nicht unerheblichem Maße die Senate „substituieren". Der Senat erfährt nicht selten von weitreichenden Kammerentscheidungen erst nach deren Veröffentlichung.[40]

Zum anderen ist die bei den Senatsentscheidungen vorhandene „Außenkontrolle" durch die (insbesondere juristische) Öffentlichkeit bei den Kammern weniger ausgeprägt. Wegen eines „Mangels an Transparenz"[41] der Rechtsprechung der Kammern ist eine umfassende Kontrolle der Spruchpraxis der Kammern durch die öffentliche Meinung schon rein tatsächlich eingeschränkt. Gemäß § 31 Abs. 3 GO-BVerfG kann zwar der Senat, wenn ein Kammerbeschluss nach § 81a, § 93b oder § 93c BVerfGG „im Einzelfall von besonderem Interesse" ist,

---

[35] Vgl. hierzu oben in Teil 1, B.II.4.f.

[36] *Lichtenberger*, BayVBl. 1984, S. 481 (485).

[37] *Graßhof*, in: Maunz u.a., BVerfGG, § 93c Rn. 18.

[38] *Hermes*, Senat und Kammern, S. 727.

[39] *Ulsamer*, in: Maunz u.a., BVerfGG, § 16 Rn. 8.

[40] So RBV *Steiner* im persönlichen Gespräch.

[41] *Sailer*, ZRP 1977, S. 303 (309).

die Veröffentlichung in der amtlichen Sammlung veranlassen.[42] Jedoch erfolgt eine solche ausnahmsweise Publizierung praktisch nicht.[43] Zugänglich ist eine Vielzahl der Kammerentscheidungen zwar in den juristischen Fachzeitschriften,[44] in Juris und auf der im Internet abrufbaren Seite des BVerfG; aber eine geordnete und zuverlässige „Gesamtpublizierung" auch der Kammerentscheidungen, welche eine umfassende Kontrolle durch die Öffentlichkeit ermöglichen würde, gab es bis September 2004 überhaupt nicht.[45]

bb. Verfahrensrecht

Während hinsichtlich der Senatsentscheidungen das besondere Verfahren vor dem BVerfG legitimierend wirkt, ergeben sich auch unter diesem Aspekt systembedingte Defizite beim Kammerverfahren. Das (vereinfachte) Verfahren in den Kammern beruht gerade auf dem Zweck der Einrichtung der Kammern, das BVerfG insgesamt zu entlasten und die einzelnen Verfahren abzukürzen und zu beschleunigen. Für die Erreichung dieses Zweckes wäre die Anwendung des umfassenden und insbesondere (zeit-) aufwändigeren Senatsverfahrens in den Kammern sogar kontraproduktiv.

So ergehen Kammerentscheidungen auf der Grundlage des Entscheidungsvorschlags des jeweiligen Berichterstatters durch Umlauf in der Kammer ohne mündliche Verhandlung (vgl. zum Beispiel §§ 93d Abs. 1 Satz 1; 25 Abs. 2 BVerfGG).[46] Zudem sind für die Mehrheit in den Kammern – trotz des Erfordernisses der einstimmigen Beschlussfassung – im Ergebnis nur drei und damit weniger Stimmen nötig als bei der mehrheitlichen Beschlussfassung im achtköpfigen Senat; die drei übereinstimmenden Kammermitglieder können im Senat eine Minderheit darstellen.[47] Das vereinfachte Kammerverfahren beruht schlicht

---

[42] Vgl. hierzu *Hermes,* Senat und Kammern, S. 727.

[43] *Graßhof,* in: Maunz u.a., BVerfGG, § 93b Rn. 30; *Hermes,* Senat und Kammern, S. 727 Fn. 17; *Höfling/ Rixen,* AöR 125 (2000), 428 (432). Ausnahmefall der Publikation auch einer Kammerentscheidung in der amtlichen Sammlung war BVerfGE 103, 21.

[44] *Schlaich/ Korioth,* BVerfG, Rn. 265.

[45] So *Graßhof,* in: Maunz u.a., BVerfGG, § 93b Rn. 30; dazu auch *Hermes,* Senat und Kammern, S. 733 Fn. 46; *Höfling/ Rixen,* AöR 125 (2000), S. 428 (433). – Kürzlich erschien der erste Band einer Sammlung der Kammerentscheidungen bei C.F. Müller, der vom Richterverein beim BVerfG herausgegeben wird.

[46] *Graßhof,* in: Maunz u.a., BVerfGG, § 93c Rn. 37; *Hermes,* Senat und Kammern, S. 727; *Ulsamer,* in: Maunz u.a., BVerfGG, § 15a Rn. 14 u. 17. Die Kammer kann selbstverständlich auch anders entscheiden, als dies dem Vorschlag des Berichterstatters entspricht. Es bedarf aber immer einer Einigung in Bezug auf den Tenor und ggf. einer Begründung. So RBV *Steiner* im persönlichen Gespräch.

[47] *Benda,* NJW 2001, S. 2947 (2948); *Lamprecht,* NJW 2001, S. 419.

auf der Vermutung, der Senat werde – jedenfalls mehrheitlich – nicht abweichend entscheiden.[48]

Anhörungen und Verfahrensbeteiligungen sind gegenüber den Senatsverfahren ebenfalls eingeschränkt. Müssen aber insbesondere Sachentscheidungen der Kammern gegen Defizite bei der Rechts- und Tatsachenfindung abgesichert sein, so besteht auch hier in gewissem Umfang das Bedürfnis, die Ansichten der Verfassungsorgane, der Fachgerichte und relevanter gesellschaftlicher Gruppen zu den tatsächlichen und rechtlichen Grundlagen einzuholen, sofern und soweit deren Belange und Bereiche berührt werden.[49] Gemäß § 41 GO-BVerfG kann der Berichterstatter allerdings bereits vor der Entscheidung der Kammer darüber, ob ein Normenkontrollantrag unzulässig ist oder eine Verfassungsbeschwerde nicht angenommen wird, Stellungnahmen der Äußerungsberechtigten oder Dritter einholen und sich mit Ersuchen an die in § 82 Abs. 4 BVerfGG genannten Gerichte wenden. Nicht selten ergehen nach Beendigung des Anhörungsverfahrens Entscheidungen durch die Kammer; im Zeitpunkt der Einleitung dieses Beteiligungsverfahrens ist häufig nicht absehbar, ob eine Senatsentscheidung sachlich angezeigt ist.[50]

cc. Pluralistische Besetzung der Spruchkörper

Gemäß § 15a Abs. 1 BVerfGG berufen die Senate jeweils auf die Dauer eines Geschäftsjahres mehrere Kammern. Jede Kammer besteht aus drei Richtern, wobei die Senate vor Beginn des Geschäftsjahres jeweils die Zusammensetzung der Kammern bestimmen (§ 15 Abs. 2 BVerfGG). Nach § 15 Abs. 1 Satz 3 BVerfGG soll die Zusammensetzung der Kammern nicht länger als drei Jahre unverändert bestehen bleiben; der Sinn dieser Regelung besteht darin, eine „Versteinerung der Meinungsbildung" in den Kammern zu verhindern.[51] Gegenwärtig hat jeder der beiden Senate drei Kammern gebildet.[52]

In den Kammern ist damit die paritätische Besetzung mit von Bundestag und Bundesrat gewählten Richtern schon rein rechnerisch nicht realisierbar.[53] Während für die Zusammensetzung der Senate § 6 Abs. 5 und § 7 BVerfGG bestimmen, dass die Richter jeweils mit 2/3 der Stimmen von Bundestag und Bundesrat zu wählen sind, kann und muss die jeweilige Kammerbesetzung diese politi-

---

[48] *Benda,* NJW 2001, S. 2947 (2948).

[49] Vgl. hierzu *Graßhof,* in: Maunz u.a., BVerfGG, § 93c Rn. 38 ff.

[50] So RBV *Steiner* im persönlichen Gespräch.

[51] So die Begründung BT-Drs. 10/2951, S. 9 zu Nr. 3.

[52] Vgl. die Angaben des BVerfG zu seiner Organisation unter http://www.bverfg.de.

[53] *Brocker,* DRiZ 1997, S. 164 (165); *Eichberger,* in: Umbach/ Clemens, BVerfGG, § 15a Rn. 38; *Stern,* Staatsrecht II, § 32, S. 354; *Ulsamer,* in: Maunz u.a., BVerfGG, § 15a Rn. 6.

sche Ausgewogenheit nicht widerspiegeln.[54] So gab es bereits mehrfach Kammern, deren Richter ausschließlich von einer Partei vorgeschlagen wurden.[55] Wegen der Gefahr fehlender Gewährleistung politischer Pluralität bei der Kammerbesetzung, wird teilweise sogar die Verfassungsmäßigkeit der Kammern bezweifelt.[56] Diese Ansicht versteht Art. 94 Abs. 1 Satz 2 GG als Wahlvorschrift für jeden eigenständigen Spruchkörper des BVerfG.[57] Argumentiert wird, bei Erlass dieser Vorschrift sei noch nicht abzusehen gewesen, dass das BVerfG nicht nur aus einem einzigen Spruchkörper bestehen würde und deshalb zwischen dem erkennenden Spruchkörper und der organisatorischen Einheit des BVerfG zu unterscheiden sei.[58]

Nach der Verfassung muss aber nicht jeder im Einzelfall judizierende Spruchkörper entsprechend dem paritätischen Wahlgebot zusammengesetzt sein.[59] Das Grundgesetz regelt weder, wie die einzelnen Spruchkörper des Gerichts zu organisieren sind, noch regelt es die Anzahl der im Einzelfall zur Mitwirkung an einer Entscheidung berufenen Richter.[60] Deshalb muss Art. 94 Abs. 1 Satz 2 GG auch nicht bei der Besetzung jedes einzelnen Spruchkörpers beachtet werden. Art. 94 Abs. 2 Satz 2 GG sieht gerade ein besonderes Annahmeverfahren für die Verfassungsbeschwerde vor und bestätigt damit, dass das Grundgesetz jedenfalls auch begrenzt entscheidungsbefugte Spruchkörper kennt.[61] Die Senate sind daher verfassungsrechtlich nicht gehalten, die weltanschaulich-politische Ausgewogenheit, welche Grundgesetz und BVerfGG für die Zusammensetzung des BVerfG vorsehen, auch bei der Kammerbesetzung zu berücksichtigen; allerdings spielt dieser Gesichtspunkt in der Praxis der Kammerbesetzung eine maßgebliche Rolle.[62] Der Nichtberücksichtigung des Art. 94 Abs. 1 Satz 2 GG bei der Besetzung der Kammern entspricht aber auf der anderen Seite eine eingeschränkte grundgesetzliche Legitimation der Kammern im Verfassungsgefüge.

---

[54] *Ulsamer,* in: Maunz u.a., BVerfGG, § 15a Rn. 6; kritisch daher *Brocker,* DRiZ 1997, S. 164 ff.; *Heuveldop,* NJW 1990, S. 28 ff.

[55] Deshalb wird auch kritisch von den „Dunkelkammern" gesprochen; dazu *Steiner,* DVP 2004, S. 177 (178); hierzu auch *Heuveldop,* NJW 1990, S. 28.

[56] *Heuveldop,* NJW 1990, S. 28 ff.; kritisch zur Besetzung der Kammern auch *Brocker,* DRiZ 1997, S. 164 ff.

[57] *Heuveldop,* NJW 1990, S. 28 (29).

[58] *Brocker,* DRiZ 1997, S. 164 (166); *Heuveldop,* NJW 1990, S. 28 (29).

[59] *Eichberger,* in: Umbach/ Clemens, BVerfGG, § 15a Rn. 37; *Stern,* Staatsrecht II, § 32, S. 352; vgl. auch BVerfG, Beschl. v. 26.6.1989 – NJW 1990, S. 39; Beschl. v. 27.4.1989 – NJW 1990, S. 39; dagegen *Brocker,* DRiZ 1997, S. 164 (166 f.).

[60] So auch BVerfGE 7, 241 (243); 19, 88 (91).

[61] Vgl. dazu *Eichberger,* in: Umbach/ Clemens, BVerfGG, § 15a Rn. 8.

[62] So RBV *Steiner* im persönlichen Gespräch.

dd. Vertrauen, Akzeptanz und verfassungsrechtliche Konstituierung

(1) Akzeptanz und Vertrauen durch die Verfassungsorgane und die Öffentlichkeit

Allgemein bestehen in Bezug auf die Kammerrechtsprechung unter dem Gesichtspunkt der Akzeptanz in der Öffentlichkeit wohl keine Defizite, zumal die öffentliche Wahrnehmung in der Regel nicht zwischen Senats- und Kammerrechtsprechung unterscheidet; vielmehr werden beispielsweise auch Nichtannahmeentscheidungen der Kammern zum Teil als eine Bestätigung der Verfassungsmäßigkeit von Gesetzen wahrgenommen.[63]

Die zahlenmäßige Dominanz der Kammerentscheidungen gegenüber denen der Senate führt zwar in der juristischen Literatur immer wieder zu kritischen Auseinandersetzungen mit dem Kammersystem. Gerügt werden die weitreichenden Entscheidungskompetenzen der Kammern oder etwaige Kompetenzüberschreitungen.[64] Das nunmehrige „Achtlingsgericht" gefährde zudem die Einheitlichkeit der Rechtsprechung des BVerfG.[65] Es wird sogar gefordert, den Senaten ihre zentrale Stellung zurückzugeben, und die Zuständigkeiten der Kammern vollkommen zu beseitigen.[66] Auch bei dieser Kritik handelt es sich aber in großem Umfang eher um Ergebniskritik, das heißt um solche an (insbesondere politisch) missliebigen Entscheidungsergebnissen,[67] welche der Institution des BVerfG, die zum Eingriff in den politischen Prozess verfassungsrechtlich legitimiert ist, aber immanent ist. Andererseits wird die Einrichtung der Kammern in ihrer die Senate primär entlastenden Funktion von der Literatur als mittlerweile „unentbehrlich" angesehen[68] und damit im Wesentlichen auch von der juristischen Öffentlichkeit akzeptiert.

(2) Verfassungsrechtliche Konstituierung

Das Grundgesetz hingegen konstituiert „das BVerfG" als die Institution, welche die im Verfassungsgefüge einzigartige Möglichkeit hat, letzt- und allgemeinver-

---

[63] *Steiner,* NJW 2001, S. 2919 (2921).

[64] Vgl. dazu *Benda,* NJW 2001, S. 2947 ff.; *Brocker,* DRiZ 1997, S. 164 ff.; *Hermes,* Senat und Kammern, S. 725 ff.; *Heuveldop,* NJW 1990, S. 28; *Leisner,* BB 1995, S. 525 ff.; *Mahrenholz,* ZRP 1997, S. 129 ff.; *Rupp,* JZ 1995, S. 353; *Sailer,* ZRP 1977, S. 303 (305); *Sendler,* NJW 1995, S. 3291 ff.; *Uerpmann,* Annahme der Verfassungsbeschwerde, S. 673 ff.

[65] *Faupel,* NJ 1998, S. 57 (58).

[66] *Brocker,* DRiZ 1997, S. 164 (167); dazu *Krämer,* KritV 1998, S. 215 (216).

[67] *Hermes,* Senat und Kammern, S. 733; *Schulze-Fielitz,* AöR 122 (1997), S. 1 (11); vgl. hierzu in Teil 1, B.II.4.f.dd (2).

[68] So *Heun,* AöR 122 (1997), S. 610 (628).

bindlich über die Anwendung und Auslegung der Verfassung zu entscheiden. Ausdruck dieser hervorgehobenen Stellung im Verfassungsgefüge ist auch die Gesetzeskraft der Entscheidungen des BVerfG nach § 31 Abs. 2 BVerfGG. Sollten die Kammern nicht gesetzeskräftig entscheiden können, so folgt daraus zugleich, dass diese das BVerfG auch nicht mit derselben Autorität im Verfassungsgefüge repräsentieren können wie die Senate.

Die Vorschrift des § 31 Abs. 2 BVerfGG, nach welcher bestimmte Entscheidungen des BVerfG Gesetzeskraft haben, ist verfassungsrechtlich über Art. 94 Abs. 2 GG legitimiert. Art. 94 Abs. 2 GG nimmt aber wiederum Abs. 1 in Bezug und damit nur diejenigen Spruchkörper, welche auch nach dem erforderlichen Wahlverfahren zusammengesetzt sind. Da die Kammern des BVerfG aber nicht entsprechend besetzt sind, kommt Gesetzeskraft im Sinne des § 31 Abs. 2 BVerfGG selbst stattgebenden Entscheidungen der Kammern nicht zu.[69] Sämtliche gesetzeskräftigen Entscheidungen des BVerfG, deren Tenor im Bundesgesetzblatt veröffentlicht wird und die für und gegen jedermann gelten, können unter Legitimationsgesichtspunkten nur die Senate des BVerfG treffen.[70]

Durch die Vorschrift des Art. 94 Abs. 1 Satz 2 GG über die Wahl der Mitglieder des BVerfG soll zudem wegen des häufig politischen Gegenstands der Verfassungsrechtsprechung der politische Kompromiss auch bei der Besetzung des BVerfG berücksichtigt werden, und sich auf diese Weise der Erfahrungs-, Meinungs- und Wertepluralismus der Gesellschaft in den Sachentscheidungen des BVerfG widerspiegeln.[71] Entspricht aber die Kammerbesetzung nicht in vollem Umfang dieser Vorschrift, so ergibt sich daraus, dass die Kammern nach dem Grundgesetz weder zur authentischen Verfassungsinterpretation legitimiert sind, zu welcher das BVerfG befugt ist, noch zu der Entscheidung gesellschaftlich und politisch umstrittener Fälle und zum damit verbundenen Eingriff in den politischen Prozess.

ee. Zusammenfassung

Insgesamt sind danach die Kammern gegenüber den Senaten verfassungsrechtlich nur begrenzt legitimiert. Weder sind sie entsprechend der verfassungsrechtlichen Vorschrift des Art. 94 Abs. 1 Satz 2 GG zusammengesetzt, noch ist im senatsgleichen Umfang die Kontrolle ihrer Rechtsprechung gewährleistet. Auch

---

[69] *Bethge,* in: Maunz u.a., BVerfGG, § 31 Rn. 179; *Faupel,* NJ 1998, S. 57 (58); *Graßhof,* in: Maunz u.a., BVerfGG, § 93c Rn. 34; *E. Klein,* NJW 1993, S. 2073 (2075); *Steiner,* Zum Entscheidungsausspruch und seinen Folgen, S. 575.

[70] *Graßhof,* in: Maunz u.a., BVerfGG, § 93c Rn. 23; vgl. auch die Begründung des Referentenentwurfs des Bundesjustizministeriums zur Änderung des BVerfGG vom 10.7.1984, EuGRZ 1984, S. 518 (524).

[71] *Steiner,* ZFIS 1998, S. 3 (5); *ders.,* DVP 2004, S. 177 (182).

wenn man der Anregung der Literatur folgt, welche zu einer wirksameren Kontrolle durch die Öffentlichkeit eine konsequente Veröffentlichung auch der Kammerentscheidungen fordert,[72] so würde dies die anderen Legitimationsdefizite nicht kompensieren. So ist gerade das gegenüber den Senatsentscheidungen abgekürzte Verfahren in den Kammern nötig, damit die Kammern ihrer entlastenden, die Verfahren beschleunigenden Funktion auch nachkommen können.

c. Folgerung für die verfassungsrechtliche Stellung der Kammern

Ist die Legitimation des BVerfG für eine authentische und verbindliche Interpretation der Verfassung nach dem Grundgesetz aber unabdingbar, so ergibt sich daraus, dass die Kammern nicht das umfassende Vertrauen beanspruchen, welches das Grundgesetz in das BVerfG als Institution legt. Daher können den Kammern auch nach der Verfassung nur beschränkt Kompetenzen eingeräumt werden.

aa. Die Funktion bei der Verfassungsauslegung

Aus der nur beschränkten Legitimation der Kammern folgt zum einen, dass über die grundlegende Verfassungsinterpretation in erster Linie die Senate des BVerfG entscheiden müssen; die Zuständigkeit der Kammern bei der Verfassungsauslegung ist demgegenüber der Ausnahmetatbestand. Allein die Senate haben demnach die Aufgabe, den Inhalt der Verfassungsnormen im Streitfall autoritativ festzustellen, so das Verfassungsrecht allgemeinverbindlich zu konkretisieren und fortzubilden, und damit das Verfassungsrecht für die Zukunft richtungsweisend zu interpretieren und weiterzuentwickeln.[73] Denn die gebotene einheitliche Festlegung des Grundverständnisses über die Verfassung wäre gefährdet, würden sechs zusätzliche Spruchkörper, die zudem nicht über die Einrichtung des Plenums zusammengehalten werden, selbständig und substantiell über die Auslegung des Verfassungsrechts entscheiden.[74] Die Verfassung kann gerade nicht in gleicher Weise autoritativ und präjudiziell durch beliebig viele Spruchkörper ausgelegt werden.[75] Die Kammern können daher jedenfalls keinen substanziellen Beitrag zur Auslegung und Weiterentwicklung des Verfassungs-

---

[72] *Eichberger,* in: Umbach/ Clemens, BVerfGG, § 15a Rn. 53; *Wöhrmann,* Reformvorschläge, S. 1360. Vgl. jetzt aber BVerfGK. Kammerentscheidungen des BVerfG. Eine Auswahl, Bd. 1, 2004.

[73] Dazu *Hermes,* Senat und Kammern, S. 727 ff.

[74] *Hermes,* Senat und Kammern, S. 731; *Höfling/ Rixen,* AöR 125 (2000), S. 428 (431).

[75] Begründung des Gesetzentwurfs der Bundesregierung vom 5.11.1992, BT-Drs. 12/3628, S. 9.

rechts leisten.[76] Sie sind vielmehr auf den Nachvollzug der Rechtsprechung der Senate beschränkt.[77]

Andererseits sind die Kammern aber selbständige Spruchkörper des BVerfG. Auch sind ihre Mitglieder (teil-)identisch mit denen des jeweiligen Senats.[78] Außerdem bestehen auch im Hinblick auf die Kammerentscheidungen beschränkt Kontrollmechanismen, und sie werden von der Öffentlichkeit auch weitgehend als letztverbindlich akzeptiert. Entscheiden die Kammern zudem einstimmig über eine verfassungsrechtliche Frage, so spricht auch sehr vieles dafür, dass im Senat ebenfalls eine entsprechende Mehrheit zustande kommen würde. Daher beanspruchen auch die Kammern die Kompetenz zu einer selbständigen *Auslegung* und *Anwendung* des Verfassungsrechts. Diese Befugnis besteht aber – im Gegensatz zu den Senaten – nur punktuell und für den Einzelfall, und nur insoweit, als es um den Nachvollzug der Senatsrechtsprechung geht.[79] Angesichts der – wenn auch nur beschränkten – Legitimation der Kammern und insbesondere wegen ihrer nach der Verfassung zwingend notwendigen Entlastungsfunktion meint aber Nachvollzug der Senatsrechtsprechung in diesem Sinne nicht bloß die Subsumtion unter die Obersätze des Senats, welche grundsätzlich auch die Fachgerichte leisten können und müssen. Der Nachvollzug der Rechtsprechung der Senate umfasst vielmehr auch die punktuelle Auslegung, die „fallorientierte"[80] Konkretisierung und damit die Entfaltung der von den Senaten aufgestellten prinzipienhaften Maßstäbe.

bb. Legitimation zum Eingriff in den politischen Prozess

Hingegen können verfassungsrechtliche Fragen mit erheblicher politischer Bedeutung nicht von den Kammern entwickelt oder auch nur konkretisiert oder fortgesetzt werden.[81] Die erforderliche Legitimation zum Eingriff in den politischen Prozess schöpft das BVerfG nämlich gerade aus seiner autoritativen Stellung als Verfassungsorgan, in welcher es – den anderen Verfassungsorganen ebenbürtig – letztverbindlich über die Verfassungsauslegung entscheiden kann. Allein die Senate repräsentieren das BVerfG in dessen Stellung als Verfassungsorgan auch gegenüber den anderen Verfassungsorganen, nicht aber die nach der Verfassung nur eingeschränkt legitimierten Kammern. Zur Entscheidung rein politischer oder föderalistischer Streitigkeiten sind daher nur die Sena-

---

[76] *Benda*, NJW 2001, S. 2947.

[77] *Hermes*, Senat und Kammern, S. 733 ff.; *Mahrenholz*, Kammerbeschlüsse, S. 1364; *Sommer*, BVerwG und BVerfG, S. 33.

[78] *Hermes*, Senat und Kammern, S. 726 f.

[79] *Rixen*, NVwZ 2000, S. 1364 (1366).

[80] *Rixen*, NVwZ 2000, S. 1364 (1366).

[81] *Benda*, NJW 2001, S. 2947 (2948).

te des BVerfG berufen. Den Kammern können deshalb jedenfalls nicht Befugnisse im Rahmen des Organstreitverfahrens oder des Bund-Länder-Streits übertragen werden, aber auch nicht im Rahmen der – von den politischen Akteuren initiierten – abstrakten Normenkontrolle.

3. Ergebnis

Demnach kommt den Kammern verfassungsrechtlich und nach den Regelungen des BVerfGG keine senatsgleiche Stellung und Funktion zu:

- Die Kammern haben bloße Entlastungs- bzw. Filterfunktion; sie sind gegenüber den Senaten nur ausnahmsweise zuständig und haben nur begrenzte, abschließend definierte Kompetenzen.

- Die Kammern sind nicht zur objektiven Klärung verfassungsrechtlicher Fragen berufen. Hat eine Rechtsfrage präjudizielle Bedeutung für die Verfassungsauslegung und insbesondere für den Grundrechtsschutz, so muss der Senat über sie entscheiden. Ist mit der Entscheidung eines Rechtsstreits ein Eingriff in den politischen Prozess verbunden, so sind gleichfalls die Senate hierzu berufen.

- Die Kammern repräsentieren das BVerfG bei der Beantwortung solcher punktueller verfassungsrechtlicher Fragen, bei denen es im Wesentlichen um den Nachvollzug, die Auslegung und die Konkretisierung der Senatsrechtsprechung geht.

Diese beschränkte, nachvollziehende Funktion der Kammern muss auch Grundlage der Untersuchung von Reformvorschlägen im Hinblick auf eine Ausdehnung der Kammerbefugnisse sein.

III. Stellung und Funktion der Kammern im Verhältnis zur Gesetzgebung

Aus der lediglich eingeschränkten Legitimation der Kammern gegenüber den Senaten ergibt sich zugleich die nur sehr begrenzte Funktion gegenüber den anderen Verfassungsorganen, so auch bei der Kontrolle des parlamentarischen Gesetzgebers.

1. Verhältnis zur Gesetzgebung nach den Regelungen des BVerfGG

Den Kammern sind durch das BVerfGG nur begrenzt Befugnisse im Zusammenhang mit der parlamentarischen Gesetzgebung übertragen.

a. Normenkontrolle

Im Rahmen von Richtervorlagen haben die Kammern bislang keine Sachentscheidungskompetenzen. Sie können gemäß § 81a BVerfGG lediglich über die Zulässigkeit von Vorlagen entscheiden. Insbesondere die Verwerfung parlamentarischer Gesetze im Rahmen von Normenkontrollen ist den Kammern nach dem BVerfGG nicht möglich.

b. Senatsvorbehalt gemäß § 93c Abs. 1 Satz 3 BVerfGG

Einer Verfassungsbeschwerde, die sich gegen ein förmliches Gesetz richtet, kann nicht nach § 93c Abs. 1 Satz 1 BVerfGG durch eine Kammerentscheidung stattgegeben werden. Denn gemäß § 93c Abs. 1 Satz 3 BVerfGG können Entscheidungen, die mit der Wirkung des § 31 Abs. 2 BVerfGG aussprechen, dass ein Gesetz mit dem Grundgesetz oder sonstigem Bundesrecht unvereinbar oder nichtig ist, nur durch die Senate erfolgen. Der Senatsvorbehalt gilt grundsätzlich auch für Verfassungsbeschwerden gegen Urteile oder Entscheidungen der Exekutive, die auf einem verfassungswidrigen Gesetz beruhen, zumal auch in diesen Fällen gemäß § 95 Abs. 3 Satz 2 BVerfGG zugleich eine Entscheidung über das Gesetz im Sinne des § 31 Abs. 2 BVerfGG zu treffen ist.[82]

Die Vorschrift des § 93c Abs. 1 Satz 3 BVerfGG ist Ausdruck der Zurückstellung der Kammerrechtsprechung im Verhältnis zum Gesetzgeber.[83] Entscheidungen des parlamentarischen Gesetzgebers sollen wegen der damit verbundenen Auswirkungen auf die Gewaltenteilung den dafür entsprechend legitimierten Senaten vorbehalten bleiben.[84] Daher wird die Bestimmung dahin ausgelegt, dass es den Kammern auch untersagt ist, Normen mit Gesetzeskraft für mit dem Grundgesetz vereinbar zu erklären.[85] Die Worte „für vereinbar" seien nur infolge eines Redaktionsversehens nicht in § 93c Abs. 1 Satz 3 BVerfGG aufgeführt. Da ursprünglich eine Änderung des § 31 Abs. 2 BVerfGG dahin beabsichtigt war, dass einer Vereinbarerklärung keine Gesetzeskraft mehr zukommen sollte, war es auch zu einer entsprechenden Anpassung des Wortlauts des § 93c Abs. 1 Satz 3 BVerfGG gekommen. Während aber erstere Änderung letztlich unter-

---

[82] *Bethge,* in: Maunz u.a., BVerfGG, § 31 Rn. 64; *Graßhof,* in: Maunz u.a., BVerfGG, § 93c Rn. 2; *Ulsamer,* in: Maunz u.a., § 15a Rn. 11.

[83] *Uerpmann,* Annahme der Verfassungsbeschwerde, S. 688.

[84] *Graßhof,* in: Maunz u.a., BVerfGG, § 93c Rn. 29.

[85] *Eichberger,* in: Umbach/ Clemens, BVerfGG, § 15a Rn. 41; *Graßhof,* in: Maunz u.a., BVerfGG, § 93c Rn. 22 ff.

blieb, übersah man eine konsequente Anpassung des § 93c Abs. 1 Satz 3 BVerfGG.[86]

Auch soll der Senatsvorbehalt für die gesetzeskräftige Entscheidung über die verfassungskonforme Auslegung von Gesetzen gelten. Da die verfassungskonforme Auslegung eine Teilkassation der betreffenden Norm darstelle, könne auch sie gemäß § 93c Abs. 1 Satz 3 BVerfGG nicht gesetzeskräftig im Tenor einer Kammerentscheidung erfolgen.[87]

Der Senatsvorbehalt wird zudem dahin interpretiert, dass den Kammern auch die inzidente Entscheidung über die Verwerfung eines parlamentarischen Gesetzes untersagt ist. Denn die Normverwerfungskompetenz sei wegen des damit verbundenen Eingriffs in die Gewaltenteilung den Senaten vorbehalten.[88]

c. Berührungspunkte von Gesetzgebung und Kammern

Trotz des Senatsvorbehalts nach § 93c Abs. 1 Satz 3 BVerfGG kommt es nach der Rechtsprechung des BVerfG aber an einigen Stellen zu Berührungspunkten der Kammern des BVerfG mit der parlamentarischen Gesetzgebung:

So können die Kammern Verfassungsbeschwerden, die mittelbar gegen ein Gesetz gerichtet sind, dann stattgeben, wenn sie das Gesetz, das dem angegriffenen Hoheitsakt zugrunde liegt, zwar nicht als verfassungswidrig ansehen, aber, anders als der Fachrichter, eine verfassungskonforme Auslegung für möglich und geboten halten.[89] Eine solche (inzidente) verfassungskonforme Auslegung hat nämlich keine Gesetzeskraft.

Der Senatsvorbehalt im Rahmen der Stattgabebefugnis beschneidet auch nicht die Kompetenz der Kammern, die Annahme einer Urteils- oder Rechtssatzverfassungsbeschwerde gemäß §§ 93a; 93b BVerfGG deshalb abzulehnen, weil gegen das zugrunde liegende Gesetz keine verfassungsrechtlichen Bedenken bestehen, sofern diese Nichtannahmeentscheidung keinen Ausspruch nach § 31 Abs. 2 BVerfGG enthält.[90]

Auch bei der Prüfung der Zulässigkeit von Richtervorlagen kommt es zu Berührungspunkten der Kammern mit der parlamentarischen Gesetzgebung; die Kammern tragen dabei in großem Umfang zur Erhaltung der vorgelegten Normen bei: Zum einen beurteilen die Kammern eine Vorlage dann als unzulässig,

---

[86] Vgl. zum Ganzen *Graßhof,* in: Maunz u.a., BVerfGG, § 93c Rn. 22 f.; *E. Klein,* NJW 1993, S. 2073 (2075).

[87] *Graßhof,* in: Maunz u.a., BVerfGG, § 93c Rn. 27.

[88] *Graßhof,* in: Maunz u.a., BVerfGG, § 93c Rn. 29; anders dagegen *Clemens/ Umbach,* in: Umbach/ Clemens, BVerfGG, § 93b Rn. 30; *Sachs,* NVwZ 2003, S. 442 (443).

[89] *Graßhof,* in: Maunz u.a., BVerfGG, § 93c Rn. 2 und 31.

[90] *Eichberger,* in: Umbach/ Clemens, BVerfGG, § 15a Rn. 41.

wenn das Instanzgericht es unterlassen hat, eine verfassungskonforme Auslegung des vorgelegten Gesetzes durchzuführen oder sich zumindest damit auseinanderzusetzen. Bei der Zurückweisung der Vorlage führen die Kammern oftmals auch dezidiert eine solche Auslegung durch und präjudizieren damit das
vorlegende Fachgericht entsprechend.[91] Außerdem weisen die Kammern eine
Vorlage als unzulässig zurück, wenn die Darlegung der Überzeugung von der
Verfassungswidrigkeit einer Norm unzureichend ist, insbesondere wenn sich das
Instanzgericht nicht hinreichend mit solchen Rechtsauffassungen auseinandergesetzt hat, welche das vorgelegte Gesetz – etwa wegen des besonders weiten
Gestaltungs- und Beurteilungsspielraums des Gesetzgebers – für verfassungsgemäß halten. Darin kann im Einzelfall durchaus eine indirekte Normbestäti-
gung gesehen werden.[92]

2. Das grundgesetzlich bestimmte Verhältnis zur Gesetzgebung

Aus dem Grundgesetz ergibt sich die Befugnis „des BVerfG" zur Kontrolle des
parlamentarischen Gesetzgebers und zur Kassation parlamentarischer Normen
auf einen entsprechenden Antrag nach Art. 93 Abs. 1 Nr. 2 GG oder auf Vorlage
gemäß Art. 100 Abs. 1 GG hin. Dies spräche für eine volle Kompetenz der
Kammern auch zur Kontrolle der Gesetzgebung, da diese als eigenständige
Spruchkörper des BVerfG gerade „das BVerfG" repräsentieren. Die Kammern
des BVerfG sind allerdings nach der Verfassung weder zum Eingriff in den politischen Prozess noch dazu legitimiert, Gesetzgebungsakte gesetzeskräftig zu
verwerfen. Zudem repräsentieren die Kammern das BVerfG gerade nicht in dessen Stellung als Verfassungsorgan.[93] Die Funktion der Kammern gegenüber dem
parlamentarischen Gesetzgeber ist daher auch nach der Verfassung sehr beschränkt, so dass eine Übertragung der Kompetenz auch zur Verwerfung parlamentarischer Gesetzgebungsakte verfassungsrechtlich äußerst problematisch
wäre.

IV. Stellung und Funktion der Kammern im Verhältnis zu den Fachgerichten

Die Funktion der Kammern gegenüber den Fachgerichten ist dagegen nicht
zwingend in gleicher Weise eingeschränkt wie diejenige gegenüber dem Gesetzgeber. Denn die Fachgerichte sind keine Verfassungsorgane, denen gegenüber es einer besonderen verfassungsrechtlichen Legitimation bedarf. Vielmehr
handelt es sich bei den Fachgerichten gleichfalls um Organe der Rechtspflege.
Ihre Rechtsprechungsakte können daher auch durch die Kammern des BVerfG

---

[91] *Hermes,* Senat und Kammern, S. 746.
[92] So RBV *Steiner* im persönlichen Gespräch.
[93] Vgl. zur Legitimation der Kammern im Verfassungsgefüge oben unter II.2.b.

kontrolliert werden, wenn und soweit die Stellung der Kammern als Repräsentanten des BVerfG im Einzelfall reicht.

1. Verhältnis zu den Fachgerichten nach den Regelungen des BVerfGG

a. Verfassungsbeschwerdeverfahren

Die Kammern können zum einen nach § 93b Satz 1 BVerfGG die Annahme von (Urteils-) Verfassungsbeschwerden ablehnen, sofern deren Annahme nicht nach § 93a Abs. 2 BVerfGG geboten ist. Damit sind die Kammern befugt, die fachgerichtliche Entscheidung verfassungsrechtlich zu bestätigen.

Zum anderen können sie auch einer (Urteils-) Verfassungsbeschwerde unter den Voraussetzungen des § 93c Abs. 1 Satz 1 BVerfGG stattgeben. Machen die Kammern von der Stattgabebefugnis Gebrauch, können sie das betreffende fachgerichtliche Urteil aufheben (§ 95 Abs. 2 BVerfGG) und das Fachgericht bindend auf die jeweilige Entscheidung der verfassungsrechtlichen Frage festlegen. § 93c Abs. 1 Satz 1 BVerfGG räumt damit den Kammern die Befugnis ein, zentral in die Rechtsprechungsfunktion der Fachgerichte einzugreifen und damit praktisch die Stellung einer Revisionsinstanz einzunehmen – beschränkt allerdings auf die Klärung verfassungsrechtlicher Fragen.

b. Richtervorlagen

Weisen die Kammern eine Richtervorlage nach § 81a BVerfGG als unzulässig zurück, so können sie das vorlegende Fachgericht zum einen auf eine bestimmte Auslegung der Verfassung oder auf die verfassungskonforme Auslegung des einfachen Rechts festlegen.[94] Zum anderen akzeptieren die Fachgerichte häufig sogar die von den Kammern erwogene Auslegung und Anwendung des einfachen Rechts, wenn diese eine Vorlage mangels Entscheidungserheblichkeit zurückweisen.

c. Eingeschränkte Funktion gegenüber den obersten Bundesgerichten und den Landesverfassungsgerichten

Beschränkt sind die Entscheidungsbefugnisse der Kammern des BVerfG aber teilweise im Hinblick auf Entscheidungen der obersten Gerichtshöfe des Bundes und der Landesverfassungsgerichte. So bleibt gemäß § 81a Satz 2 BVerfGG die Entscheidung auch über die Zulässigkeit von Richtervorlagen den Senaten vorbehalten, „wenn der Antrag auf konkrete Normenkontrolle von einem Landes-

---

[94] *Hermes,* Senat und Kammern, S. 746.

verfassungsgericht oder von einem obersten Gerichtshof des Bundes gestellt wird".[95] Da diese Einschränkung der Kammerbefugnisse im Rahmen von Richtervorlagen Ausdruck des „besonderen Verhältnisses" zwischen dem BVerfG und den obersten Gerichtshöfen des Bundes und den Landesverfassungsgerichten sei[96], sollte ihr nach überwiegender Meinung in der Literatur[97] eine Regelung oder zumindest die verfassungsgerichtliche Praxis entsprechen, dass auch über die Stattgabe von Verfassungsbeschwerden gegen Urteile der obersten Gerichtshöfe des Bundes nur die Senate des BVerfG entscheiden.

2. Das Verhältnis zu den Fachgerichten aus grundgesetzlicher Sicht

Wegen der Erwähnung der Obersten Fachgerichte im Grundgesetz (Art. 95 GG) genießen auch diese verfassungsrechtlichen Funktionsschutz.[98] Daher muss eine Ausdehnung der Kammerbefugnisse deren Funktion beachten.

Nach der Verfassung ist die Auslegung und Anwendung des einfachen Rechts Sache allein der Fachgerichte;[99] das BVerfG prüft dementsprechend auch nicht die Richtigkeit der Anwendung des einfachen Rechts.[100] Nur soweit es um die Anwendung der Grundrechte und des sonstigen Verfassungsrechts durch die Fachgerichte geht, unterliegen diese der Kontrolle durch das BVerfG.[101] Bei der Kontrolle der Rechtsprechung durch das BVerfG anhand verfassungsrechtlicher Normen geht es im Grunde um eine „Revision" der Entscheidungen der Fachgerichte im Hinblick auf Fragen des Verfassungsrechts. Das Grundgesetz regelt dabei aber nicht ein Konkurrenzverhältnis der Rechtsprechungsfunktionen von Fachgerichten und BVerfG. Vielmehr sieht es eine „Kooperation" von BVerfG und Fachgerichtsbarkeiten[102] bei der Sicherung des Vorrangs der Verfassung vor. Die Abschichtung der jeweiligen Zuständigkeiten im Sinne einer „binnenjustitiellen Gewaltenteilung"[103] trifft das Grundgesetz in der Weise, dass es das BVerfG den Fachgerichten überordnet, als das Fachgericht für Verfassungsfra-

---

[95] Durch diese Vorschrift wird der Entlastungseffekt des § 81a BVerfGG auch nicht wesentlich eingeschränkt, da die Vorlagen dieser Gerichte nur etwa 7 % aller Vorlagen ausmachen, *Ulsamer*, in: Maunz u.a., BVerfGG, § 81a Rn. 3 Fn. 6.

[96] Vgl. BT-Drs. 12/3628, S. 12 f.; kritisch dazu *Marqua*, DRiZ 1992, S. 270.

[97] Vgl. *Sommer*, BVerwG und BVerfG, S. 35; *Ulsamer*, in: Maunz u.a., BVerfGG, § 15a Rn. 11, 17.

[98] *Bethge*, in: Maunz u.a., BVerfGG, Vorb. Rn. 197; *Robbers*, NJW 1998, S. 935 ff. Ob auch der Instanzenzug grundgesetzlich mit gewährleistet ist, wird gegenwärtig diskutiert.

[99] BVerfGE 40, 88 (93 f.).

[100] *Schlaich/ Korioth*, BVerfG, Rn. 17.

[101] *Bethge*, in: Maunz u.a., BVerfGG, Vorb. Rn. 197.

[102] *Robbers*, NJW 1998, S. 935 (936).

[103] *Bogs*, DVBl. 1998, S. 516 (519).

gen; allein das BVerfG soll letztverbindlich über die Verfassung entscheiden; und es soll allein darüber entscheiden.

Ob in diesem Zusammenhang die Kammern oder die Senate zu entscheiden haben, regelt das Grundgesetz nicht; insbesondere enthält es gerade keine Vorschriften über die Organisation des BVerfG und die Zahl der in jedem Einzelfall zur Entscheidung berufenen Spruchkörper.[104] Vielmehr sieht es in Art. 94 Abs. 2 Satz 2 GG die Möglichkeit der Einführung eines besonderen Annahmeverfahrens für Verfassungsbeschwerden vor; dies besagt aber, dass nicht die entsprechend der Vorschrift des Art. 94 Abs. 1 GG zusammengesetzten Senate darüber befinden müssen, welche Streitigkeiten, die bereits die fachgerichtlichen Instanzen durchlaufen haben, durch die Senate letztlich selbst entschieden werden.[105] Insbesondere bedarf es gegenüber den Fachgerichten auch nicht immer gesetzeskräftiger Entscheidungen, welche nach Art. 94 Abs. 2 GG nur die nach Art. 94 Abs. 1 Satz 2 GG besetzten Senate treffen können, zumindest nicht, soweit es um andere Fragen als die präjudizielle Verfassungsauslegung geht.

Bedeutet die Aufhebung oder Bestätigung eines fachgerichtlichen Urteils lediglich eine Entscheidung über einen justiziellen Akt, so ist damit auch kein Eingriff in das System der Gewaltenteilung oder in den politischen Prozess verbunden. Denn es handelt sich auf beiden Seiten um Funktionen der Rechtsprechung, und nicht um Politik. Die „Revision" der fachgerichtlichen Urteile bedarf daher nicht in gleichem Maße der politischen und verfassungsrechtlichen Legitimation wie ein Eingriff in den politischen Prozess. Daher können die Kammern das BVerfG gegenüber den Fachgerichten funktionell grundsätzlich umfassend repräsentieren.

Indes ergibt sich aus der Verfassung auch zugleich die lediglich beschränkte Stellung der Kammern des BVerfG gegenüber den obersten Gerichtshöfen des Bundes: Denn die obersten Bundesgerichte sind zwar keine Verfassungsorgane; das Grundgesetz sieht aber ihre Errichtung ausdrücklich vor (Art. 95 Abs. 1 GG) und verleiht ihnen damit eine gegenüber den unteren Instanzgerichten hervorgehobene Stellung, welche auch das BVerfG zu beachten hat. Das Nähere bestimmt allerdings das Gesetz.

V. Bindungswirkung der Kammerentscheidungen

Eng mit der Bestimmung der verfassungsrechtlichen Funktion der Kammern des BVerfG zusammen hängt die Frage nach der Verbindlichkeit der von den Kammern getroffenen Entscheidungen, dabei insbesondere, ob und inwieweit die Regelungen des § 31 BVerfGG auch für Kammerbeschlüsse gelten.

---

[104] Hierzu bereits oben unter II.2.b.cc.
[105] Vgl. dazu auch *Eichberger,* in: Umbach/ Clemens, § 15a Rn. 8.

1. Unanfechtbarkeit und Rechtskraft

Die Beschlüsse der Kammern sind wie die Senatsentscheidungen unanfechtbar,[106] grundsätzlich unabänderbar[107] und haben formelle und materielle Rechtskraft.[108] Die Anrufung des Plenums ist im Zusammenhang mit Kammerbeschlüssen nicht statthaft, und zwar auch dann nicht, wenn die Kammern ihre Kompetenzen überschreiten und von einer an sich präjudiziellen Senatsrechtsprechung abweichen.[109]

2. Bindungswirkung gemäß § 31 Abs. 1 BVerfGG

Nicht abschließend geklärt ist indessen, ob und inwieweit sich die in § 31 Abs. 1 BVerfGG normierte Bindungswirkung von Entscheidungen des BVerfG gegenüber den Verfassungsorganen, Gerichten und Behörden auch auf Kammerentscheidungen erstreckt.

Entscheidungen im Sinne des § 31 Abs. 1 BVerfGG sind jedenfalls nur Sach-, nicht dagegen bloße Prozessentscheidungen.[110] Daher kommt Kammerbeschlüssen nach § 93b Satz 1 i.V.m. § 93a BVerfGG, welche die Annahme einer Verfassungsbeschwerde zur Entscheidung ablehnen, keine allgemeine Bindungswirkung zu,[111] da es sich hierbei nicht um Sachentscheidungen handelt.[112] Ebenso kommt Beschlüssen, welche eine Richtervorlage als unzulässig zurückweisen, keine entsprechende Bindungswirkung zu.[113]

Echte Sachentscheidungen enthalten dagegen die einer Verfassungsbeschwerde stattgebenden Beschlüsse der Kammern nach § 93c Abs. 1 Satz 1 i.V.m. § 93d

---

[106] *Eichberger,* in: Umbach/ Clemens, BVerfGG, § 15a Rn. 7, 48; *Graßhof,* in: Maunz u.a., BVerfGG, § 93c Rn. 33.

[107] Teilweise wird die Abänderbarkeit aber für solche Kammerbeschlüsse befürwortet, die sich im Nachhinein als grob unbillig herausstellen, vgl. hierzu *Eichberger,* in: Umbach/ Clemens, BVerfGG, § 15a Rn. 49.

[108] *Graßhof,* in: Maunz u.a., BVerfGG, § 93c Rn. 34.

[109] BVerfGE 18, 440 (441); 19, 88 (92); *Graßhof,* in: Maunz u.a., BVerfGG, § 93c Rn. 35.

[110] BVerfGE 92, 91 (107); *Bethge,* in: Maunz u.a., BVerfGG, § 31 Rn. 82; *Rixen,* NVwZ 2000, S. 1364 (1367).

[111] So die überwiegende Meinung, vgl. *Bethge,* in: Maunz u.a., BVerfGG, § 31 Rn. 83 f.; *Eichberger,* in: Umbach/ Clemens, BVerfGG, § 15a Rn. 51; *Graßhof,* in: Maunz u.a., BVerfGG, § 93a Rn. 25; *E. Klein,* in: Benda/ Klein, Verfassungsprozessrecht, Rn. 1321; a.A. *Pestalozza,* Verfassungsprozessrecht, S. 307.

[112] BVerfGE 62, 392 (395); *Eichberger,* in: Umbach/ Clemens, BVerfGG, § 15a Rn. 51; *Graßhof,* in: Maunz u.a., BVerfGG, § 93a Rn. 25; *Rixen,* NVwZ 2000, S. 1364 (1367); *Schlaich/ Korioth,* BVerfG, Rn. 268. Sie ergehen auch nicht „im Namen des Volkes" und ohne das Adler-Symbol.

[113] BVerfGE 78, 320 (328); *E. Klein,* in: Benda/ Klein, Verfassungsprozessrecht, Rn. 1321 Fn. 87.

Abs. 3 Satz 1 BVerfGG. Die Bestimmung des § 93c Abs. 1 Satz 2 BVerfGG, welche solche Kammerbeschlüsse einer Senatsentscheidung gleichstellt, deutet zudem darauf hin, dass sie auch an der Bindungswirkung nach § 31 Abs. 1 BVerfGG teilhaben.[114]

Teilweise wird aber die allgemeine Bindungswirkung stattgebender Kammerentscheidungen verneint.[115] Denn Voraussetzung einer stattgebenden Kammerentscheidung sei gerade, dass die maßgebliche verfassungsrechtliche Frage bereits durch die Senate entschieden ist; der Kammerbeschluss könne und dürfe daher nichts Neues enthalten.[116] Die Kammern unterlägen selbst der schon nach § 31 Abs. 1 BVerfGG bestehenden Bindungswirkung an die betreffende Vorentscheidung des Senats; eine Kammerentscheidung könne aber nicht erzeugen, was sie bereits voraussetze.[117] Im Übrigen würden die Kammerentscheidungen nur ausnahmsweise in der Amtlichen Sammlung veröffentlicht (vgl. § 31 Abs. 1 BVerfG-GO); damit wäre aber nicht sichergestellt, dass sie den in § 31 Abs. 1 BVerfGG adressierten Kreis überhaupt erreichten.[118]

Angesichts der Gleichstellung von Senats- und Kammerentscheidungen wird andererseits die Bindungswirkung stattgebender Kammerentscheidungen bejaht.[119] Die Versagung der Bindungswirkung durch das Schrifttum habe vielmehr bloß „den Hauch einer Strafaktion" wegen spezifischer, besonders missliebiger Kammerentscheidungen.[120] Vielmehr sei es eindeutige Absicht des Gesetzgebers gewesen, eine Bindungswirkung der stattgebenden Kammerentscheidungen herbeizuführen.[121] Dem ist insbesondere auch deshalb zuzustimmen, weil § 31 Abs. 1 BVerfGG auch dem Zweck dient, dem BVerfG seine Funktion als maßgeblicher Interpret der Verfassung effektiv zu ermöglichen.[122] Die Bejahung der Bindungswirkung auch der Kammerrechtsprechung bestärkt gerade die in den Senaten aufgestellten Grundsätze; durch die „fallorientierte Spezifizie-

---

[114] Vgl. dazu auch die Begründung des Referentenentwurfs aus dem Bundesjustizministerium zur Änderung des BVerfGG vom 10.7.1984, EuGRZ 1984, S. 518 (524).

[115] So *Knops*, KritV 1997, S. 38 (44); *Rennert*, in: Umbach/ Clemens, BVerfGG, § 31 Rn. 70; *Starck*, JZ 1996, S. 1033 (1041); *Ulsamer*, in: Maunz u.a., BVerfGG, § 15a Rn. 10; vgl. auch *Bundesministerium der Justiz*, Entlastung des BVerfG, S. 29.

[116] *Ulsamer*, in: Maunz u.a., BVerfGG, § 15a Rn. 10.

[117] *Starck*, JZ 1996, S. 1033 (1041).

[118] *Starck*, JZ 1996, S. 1033 (1041).

[119] Vgl. *Bethge*, in: Maunz u.a., BVerfGG, § 31 Rn. 84; *Eichberger*, in: Umbach/ Clemens, BVerfGG, § 15a Rn. 6, 51; *Graßhof*, in: Maunz u.a., BVerfGG, § 93a Rn. 26, § 93c Rn. 34; *E. Klein*, in: Benda/ Klein, Verfassungsprozessrecht, Rn. 1321; *Mahrenholz*, Kammerbeschlüsse, S. 1367; *Rixen*, NVwZ 2000, S. 1364 ff.; *Schlaich/ Korioth*, BVerfG, Rn. 266 Fn. 265; *Ulsamer*, EuGRZ 1986, S. 110 (115); so auch die Gesetzgebungsmaterialien, BT-Drs. 10/2951.

[120] So *Schlaich/ Korioth*, BVerfG, Rn. 266 Fn. 265.

[121] *Rixen*, NVwZ 2000, S. 1364 (1366) mit Verweisung auf BT-Drs. 10/2951, S. 12.

[122] So *Rixen*, NVwZ 2000, S. 1364 (1366).

rung" steigern die Kammern die Durchdringungskraft der Grundrechte und damit die Funktion des BVerfG.[123] Sie setzen die Senatsrechtsprechung im Einzelfall durch.[124] Zudem haben auch Kammerentscheidungen einen Grundrechts- und Verfassungsbezug, selbst wenn sie die Senatsrechtsprechung nur am Einzelfall nachvollziehen; der den Kammern übertragene Verfassungsschutz kann aber effektiv nur dann zur Geltung kommen, wenn auch deren Sachentscheidungen allgemeinverbindlich und damit in dem Sinne präventiv sind, dass sie künftige entsprechende Grundrechtsverletzungen vermeiden helfen. Daher binden auch die Sachentscheidungen der Kammern im Entscheidungsausspruch und den tragenden Entscheidungsgründen alle anderen Staatsorgane.

Indessen gilt § 31 Abs. 1 BVerfGG nicht im Verhältnis zum parlamentarischen Gesetzgeber. Denn nach ihrer verfassungsrechtlichen Funktion repräsentieren die Kammern gerade nicht das BVerfG als Verfassungsorgan und haben daher auch nur eine sehr beschränkte Funktion gegenüber den Verfassungsorganen und insbesondere auch gegenüber dem parlamentarischen Gesetzgeber. Dieser eingeschränkten Stellung im Verfassungsgefüge würde es aber widersprechen, wollte man auch den parlamentarischen Gesetzgeber formal-rechtlich an Kammerentscheidungen binden.

Auch besteht die formal-rechtliche Bindung nach § 31 Abs. 1 BVerfGG nicht für die einzelnen Spruchkörper des BVerfG in ihrem Verhältnis zueinander. Daher sind die Kammern auch nicht an die Präjudizien der anderen Kammern gebunden.[125]

3. Zur Frage der Gesetzeskraft gemäß § 31 Abs. 2 BVerfGG

Auch kommt selbst den Sachentscheidungen der Kammern keine Gesetzeskraft im Sinne des § 31 Abs. 2 BVerfGG zu.[126] Die Kammern können weder gesetzeskräftig über die Unvereinbarkeit einer Norm mit der Verfassung, noch über deren Vereinbarkeit mit der Verfassung entscheiden.[127] Auch die verfassungskonforme Auslegung eines Gesetzes kann eine Kammer nicht gesetzeskräftig, also durch Ausspruch im Tenor, feststellen;[128] die Ausscheidung verfassungswidriger Auslegungsvarianten kommt nämlich teilweise einer Nichtigerklärung

---

[123] *Rixen*, NVwZ 2000, S. 1364 (1366).

[124] So RBV *Steiner* im persönlichen Gespräch.

[125] *Graßhof*, in: Maunz u.a., BVerfGG, § 93c Rn. 7 Fn. 2.

[126] Hierzu bereits oben unter II.2.b.dd (2).

[127] *Graßhof*, in: Maunz u.a., BVerfGG, § 93c Rn. 22. Dies gilt auch für untergesetzliche Normen; *Graßhof*, in: Maunz u.a., BVerfGG, § 93c Rn. 28; a.A. *Eichberger*, in: Umbach/Clemens, BVerfGG, § 15a Rn. 41 Fn. 74.

[128] *Graßhof*, in: Maunz u.a., BVerfGG, § 93c Rn. 27.

der Norm gleich[129] und wäre daher grundsätzlich der Gesetzeskraft zugänglich, nicht indessen durch eine Kammerentscheidung, welche nur unselbständig nachvollziehende Bedeutung haben darf.

4. Faktische Bindungswirkung

Wegen der fehlenden formal-rechtlichen Bindung auch des Gesetzgebers und der mangelnden Gesetzeskraft der Kammerentscheidungen hat deren faktische Bindungswirkung besonders große Bedeutung. Auch die Kammerentscheidungen haben nämlich unabhängig von der formal-rechtlichen Bindung eine faktische Präzedenzwirkung. So kommt beispielsweise auch Entscheidungen über die Nichtannahme einer Verfassungsbeschwerde oder aber über die Unzulässigkeit einer Richtervorlage rein formal-rechtlich nicht die Bindungswirkung des § 31 Abs. 1 BVerfGG zu.[130] Indes beschränken sich solche Entscheidungen häufig nicht auf verfassungsrechtlich unbedeutende Aussagen. Vielmehr wird auch dort oft die fachgerichtliche Anwendung der Verfassung beanstandet, so zum Beispiel die verfassungskonforme Auslegung einer Vorschrift für notwendig befunden.[131] Im Rahmen von Entscheidungen über die Unzulässigkeit von Richtervorlagen findet zudem häufig eine dezidierte Anwendung und Auslegung des einfachen Rechts statt.[132] Sind alle diese Beschlüsse auch rechtlich ohne Bindungswirkung, werden sie gleichwohl faktisch aus Respekt vor dem BVerfG meist beachtet.[133] Auch wenn die Kammern inzident über die Verfassungsmäßigkeit oder -widrigkeit eines Gesetzes befinden, schließen sich die Fachgerichte in der Regel dieser Auffassung an und behandeln die betreffende Norm ebenfalls als ungültig bzw. gültig.[134]

B. Die Rechtsprechung der Kammern im Rahmen von Richtervorlagen

Um auf Grundlage der dargestellten Stellung und Funktion der Kammern und der Bindungswirkung von Kammerentscheidungen eine Reform der Kompetenzen der Kammern im Rahmen des Verfahrens der Richtervorlage evaluieren zu können, soll zunächst deren bisherige Rechtsprechung hierzu untersucht und kritisch hinterfragt werden. Nach § 81a BVerfGG sind die Kammern berechtigt,

---

[129] Vgl. hierzu bereits in Teil 1, B.II.4.e.aa.

[130] Vgl. hierzu unter 2.

[131] Vgl. hierzu *Graßhof,* in: Maunz u.a., BVerfGG, § 93a Rn. 25 Fn. 1 und Fn. 2.

[132] Hierzu ausführlich unten, B.II.

[133] *Graßhof,* in: Maunz u.a., BVerfGG, § 93a Rn. 25; vgl. dazu auch *Sommer,* BVerwG und BVerfG, S. 28 Fn. 42. Die faktische Bindungswirkung wird auch von denjenigen Stimmen in der Literatur bejaht, welche eine formal-rechtliche Bindung der Sachentscheidungen der Kammern nach § 31 Abs. 1 BVerfGG ablehnen, vgl. nur *Starck,* JZ 1996, S. 1033 (1041).

[134] *Sachs,* NVwZ 2003, S. 442 (443).

über die Zulässigkeit von Richtervorlagen zu entscheiden. Das vereinfachte Verfahren vor den Kammern kommt also in diesem Zusammenhang bislang nur dann zur Anwendung, wenn die Unzulässigkeit der Vorlage festgestellt werden kann. Diese sehr beschränkte Befugnis mag dazu verleiten, die betreffenden Zulässigkeitsvoraussetzungen zu verschärfen mit dem Ziel, dass im Ergebnis nur solche Vorlagen die Senate erreichen, welche auch tatsächlich für „senatswürdig"[135] befunden werden.[136] So weist die Rechtsprechung der Kammern zahlreiche Fälle auf, in denen die Darlegungsvoraussetzungen für die Instanzrichter äußerst streng gehandhabt werden. Zum einen fordert man eine so tiefgehende Auseinandersetzung mit der verfassungsrechtlichen Beurteilung der vorgelegten Norm, dass die Prüfung durch die Kammern häufig einer Begründetheitsprüfung gleicht. Auf der anderen Seite wird unter der Voraussetzung der Entscheidungserheblichkeit der betreffenden Norm teilweise im Detail die einfache Rechtslage geprüft. Systematisch ermöglicht wird diese weitgehende und flexible Zugangsbeschränkung durch eine generalklauselartige Formulierung der Darlegungsvoraussetzungen.[137] So hält man zwar im Grundsatz die „Rechtsauffassung des vorlegenden Gerichts (für) maßgeblich"[138]. Die Maßgeblichkeit der fachgerichtlichen Beurteilung wird aber andererseits dennoch verneint, wenn diese „offensichtlich unhaltbar"[139], „nicht mehr vertretbar"[140] oder „nicht nachvollziehbar"[141] ist, wenn sie „offensichtlich im Widerspruch" mit der Rechtsprechung des BVerfG steht, oder aber – was in der Praxis eine gewichtige Rolle spielt[142] – wenn sich das Fachgericht nicht „ausreichend"[143] mit „nahe liegenden tatsächlichen und rechtlichen Gesichtspunkten"[144] auseinandergesetzt hat. Als Begründung für die restriktive Handhabung der Zulässigkeitsvoraussetzungen wird dabei auch und insbesondere der Aspekt der notwendigen „Entlastung des BVerfG" in Bezug genommen.[145]

---

[135] *Hermes,* Senat und Kammern, S. 726.

[136] Ähnlich *Wieland,* in: Dreier, GG, Art. 100 Rn. 17.

[137] Hierzu *Hermes,* Senat und Kammern, S. 747; *Heun,* Normenkontrolle, S. 626.

[138] BVerfGE 2, 380 (389); 81, 40 (49 f.).

[139] BVerfGE 2, 380 (389); 81, 40 (49 f.).

[140] BVerfGE 77, 308 (327).

[141] BVerfGE 79, 245 (249), 82, 198 (205).

[142] So RBV *Steiner* im persönlichen Gespräch.

[143] BVerfG, 1. Senat 1. Kammer, Beschl. v. 27.8.1999 – 1 BvL 7/96 – NJW 1999, S. 3550 = JurBüro 2000, S. 146.

[144] BVerfGE 86, 52 (57); 86, 71 (78); 94, 315 (325).

[145] Vgl. BVerfG, 1. Senat 3. Kammer, Beschl. v. 8.1.1999 – 1 BvL 14/98 – BStBl. II 1999, S. 152 = NJW 1999, S. 1098.

I. Zur Überzeugung von der Verfassungswidrigkeit

Nach § 80 Abs. 2 Satz 1 BVerfGG muss die Begründung einer Richtervorlage angeben, mit welcher übergeordneten Bestimmung sie unvereinbar ist.[146] Dem genügt ein Vorlagebeschluss nur, wenn das Instanzgericht *seine* Überzeugung von der Verfassungswidrigkeit der Norm näher begründet, die für *seine* Überzeugung maßgeblichen Erwägungen umfassend und nachvollziehbar darlegt[147] und sich sowohl mit den Gesetzesmaterialien als auch mit den in Literatur und Rechtsprechung entwickelten Rechtsauffassungen hinreichend auseinandersetzt.[148]

1. Konkrete Fälle aus der Kammerrechtsprechung

a. Fall 16

Die 4. Kammer des Zweiten Senats rügte im Beschluss vom 27. März 2003[149] die unzureichende Darlegung der Verfassungswidrigkeit der vorgelegten Norm. In der Vorlagefrage ging es um die Verfassungsmäßigkeit der allgemeinen Wehrpflicht und der Strafbarkeit der eigenmächtigen Abwesenheit der Wehrpflichtigen. Hierzu nahm die Kammer zunächst Bezug auf ihre Rechtsprechung zu den gesteigerten Anforderungen an die Begründung einer erneuten Vorlage. Das Instanzgericht habe zwar geltend gemacht, dass durch eine zwischenzeitliche Grundgesetzänderung (die des Art. 12a Abs. 4 Satz 2 GG) eine rechtliche Veränderung der Verhältnisse eingetreten sei, welche die Grundlage der früheren Entscheidung berührten. Die Kammer hielt aber dieses Vorbringen für unzureichend, da Art. 12a Abs. 1 und Abs. 4 Satz 2 GG und Art. 3 Abs. 2 und 3 GG unverändert gleichen Rang hätten.

Diese die Vorlage zurückweisende Begründung enthält angesichts der tatsächlich stattgefundenen Grundgesetzänderung eine neue Verfassungsinterpretation oder zumindest eine Weiterentwicklung der früheren Verfassungsrechtsprechung, die sich so nicht zwingend aus der früheren Entscheidung ergab.

b. Fall 17

Mit Beschluss vom 9. Januar 2001[150] wies die 2. Kammer des Ersten Senats zwei Vorlagen zurück betreffend die Verfassungsmäßigkeit des Ausschlusses

---

[146] Vgl. zur Rechtsprechung des BVerfG dazu bereits oben unter Teil 2, B.II.2.a.
[147] BVerfGE 86, 52 (57); 88, 198 (201); 97, 49 (60).
[148] BVerfGE 65, 308 (316); 77, 259 (262); 92, 277 (312); 97, 49 (60).
[149] 2 BvL 9/00 – FamRZ 2003, S. 834 = ZBR 2003, S. 247.
[150] 1 BvL 6/00 und 1 BvL 7/00 – NJ 2001, S. 197 = VIZ 2001, S. 228.

der von Enteignungen auf besatzungsrechtlicher oder besatzungshoheitlicher Grundlage von der verwaltungsrechtlichen Rehabilitierung nach VwRehaG[151] Betroffenen. Die Kammer erkannte an, das vorlegende Verwaltungsgericht habe den verfassungsrechtlichen Prüfungsmaßstab eingehend und zutreffend herausgearbeitet. Es fehle aber die Auseinandersetzung mit „nahe liegenden" tatsächlichen und rechtlichen Gesichtspunkten. Denn der Ausschluss der Betroffenen könne deshalb sachlich gerechtfertigt sein, weil die Bundesregierung und der Gesetzgeber davon ausgehen durften, auch mit einer förmlichen moralischen Rehabilitierung werde gegenüber der Sowjetunion nachträglich ein Unrechtsvorwurf erhoben. Dieser *nahe liegende Gesichtspunkt* wird in zwei weiteren Absätzen des Beschlusses ausgeführt.

c. Fall 18

Der Beschluss der 3. Kammer des Ersten Senats vom 8. Januar 1999[152] betraf die Vorlage der Frage, ob es verfassungsgemäß ist, dass der Erwerb eines zur Selbstnutzung bestimmten durchschnittlichen Eigenheims bis zu einem bestimmten Betrag nach § 3 GrEStG[153] der Grunderwerbsteuer unterliegt. Bei der Erörterung der Verfassungsmäßigkeit der zur Prüfung gestellten Vorschrift hätte das vorlegende Gericht seine verfassungsmäßigen Bedenken vor dem Hintergrund konkretisieren müssen, dass der Gesetzgeber bei der Wahl des Steuergegenstandes einen weiten Gestaltungsspielraum habe, dass es kein einheitliches Steuersystem gebe, es mithin auch keinen Verfassungsrechtssatz des Inhalts gebe, dass alle Steuern aufeinander abgestimmt werden müssen, dass alle Steuern nur unter Berücksichtigung existenzsichernder Freibeträge erhoben werden dürfen und wonach persönliches Vermögen von jeglicher Steuer freizustellen sei. Insbesondere sei die Folgerung des Gerichts, die vom BVerfG für die Vermögenssteuer geforderte Freistellung des zur individuellen Lebensgestaltung erforderlichen Vermögens müsse für alle Steuern gelten, angesichts der strukturellen Unterschiede zwischen beiden Steuern in hohem Maße darlegungsbedürftig. Die Rechtsauffassung des vorlegenden Gerichts stehe in *offenkundigem* Widerspruch zur der Rechtsprechung des BVerfG.

---

[151] In der Fassung der Bekanntmachung vom 1.7.1997, BGBl. I, S. 1620.
[152] 1 BvL 14/98 – BStBl. II 1999, S. 152 = NJW 1999, S. 1098.
[153] In der Fassung der Bekanntmachung vom 26.2.1997.

d. Fall 19

Die 1. Kammer des Zweiten Senats erklärte im Beschluss vom 12. April 1996[154] die Vorlage zur Verfassungsmäßigkeit der §§ 1, 15 EStG i.V.m. § 40 AO[155] für unzulässig, soweit danach Einkünfte, die entgegen einem gesetzlichen Verbot erzielt worden sind, der Steuerpflicht unterliegen. Es sei kein rechtfertigender Grund dafür erkennbar, weshalb die Rechts- oder Sittenwidrigkeit des Einkommenserwerbs eine Entlastung von der Einkommensteuer begründen sollte. Die Freistellung von der Einkommensteuer ergebe sich auch nicht aus dem Gebot der Folgerichtigkeit der Gesamtrechtsordnung. Die Vorschrift des § 40 AO verliere auch dann nicht ihre Berechtigung, wenn sie bei strafbarem Handeln möglicherweise kaum praktisch vollzogen werden könnte. Daher habe das Gericht *seine* Überzeugung von der Verfassungswidrigkeit der Vorschrift *nicht hinreichend* dargelegt.

e. Fall 20

Schließlich begründet die 2. Kammer des Ersten Senats ihren eine Richtervorlage als unzulässig zurückweisenden Beschluss vom 25. Januar 1994[156] zusätzlich mit dem Hinweis, dass „die verfassungsrechtlichen Bendenken des vorlegenden Gerichts" *auch unbegründet „sein dürften"*. Die vorgelegte Regelung des Art. 2 Nr. 1 KündFG[157] führe zwar zur dargelegten Ungleichbehandlung. Diese sei aber weniger gewichtig als die alte Regelung. Außerdem bestehe sie nur noch temporär und betreffe eine kleine Gruppe von Arbeitnehmern. Es gebe zudem einsehbare und hinreichend tragende, sachliche Gründe dafür: Der Gesetzgeber habe ersichtlich für die kleine Gruppe der betroffenen Arbeiter keine nur kurzfristig geltenden längeren Kündigungsfristen einführen wollen, als das Gesetz dies im Endergebnis vorsehe. Das sei im Interesse einer stetigen – schrittweisen – Rechtsentwicklung sinnvoll.

f. Zusammenfassung

In den dargestellten Fällen erklären die Kammern zwar die Vorlagen formal für unzulässig. Die Ausführungen zur Verfassungsmäßigkeit der jeweiligen Vorschriften kommen aber einer Begründetheitsprüfung gleich oder zumindest sehr nahe, wenn auch in den Fällen 16 bis 20 die Instanzgerichte nur darauf hinge-

---

[154] 2 BvL 18/93 – NVwZ 1996, S. 997 = NJW 1996, S. 2086.

[155] In der Fassung vom 16.3.1976, BGBl. I, S. 613.

[156] 1 BvL 26/93 – NJW 1994, S. 1340 = NZA 1994, S. 499; vgl. den bereits oben dargestellten *Fall 3*.

[157] Kündigungsfristengesetz vom 7.10.1993, BGBl. I, S. 1668.

wiesen werden, welche mögliche Verfassungsinterpretation bzw. Einschätzung der Verfassungsmäßigkeit der Regelung sie bei ihrer Darlegung übersehen haben. Gleiches gilt im Übrigen auch für die bereits oben dargestellten Fälle 1 bis 5. Stellt man also noch im Grundsatz auf die eigene Überzeugungsbildung des vorlegenden Instanzgerichts ab, so wird deren Darlegung im Ergebnis oft dann nicht akzeptiert, wenn die Auslegung der betreffenden Regelung oder die Verfassungsinterpretation – aus Sicht des BVerfG – materiell fehlerhaft ist. Damit wird aber den Instanzgerichten oftmals eine Konkretisierung oder sogar die Weiterentwicklung der Verfassungsrechtsprechung abverlangt.

2. Kritik an der Kammerrechtsprechung

Die restriktive Rechtsprechung der Kammern zu den Voraussetzungen der Darlegung der Verfassungswidrigkeit einer Norm ist deshalb in sehr großem Umfang der Kritik in der Literatur ausgesetzt. Weder Art. 100 Abs. 1 GG noch § 80 BVerfGG setzten voraus, dass die Überzeugungsbildung des vorlegenden Gerichts korrekt erfolgt sei, so dass bei fehlerhafter Interpretation des Prüfungsmaßstabs die Überzeugung von der Verfassungswidrigkeit automatisch fortfalle. Es genüge, wenn das Gericht seine Haltung schlüssig und begründet darlege.[158] Ferner überspanne es die aus Art. 100 Abs. 1 GG ersichtlichen Anforderungen, wenn man dem Instanzgericht die volle Ausschöpfung der Verfassungsinterpretation dadurch überantworte, dass es jede Möglichkeit einer verfassungskonformen Auslegung der betreffenden Vorschrift ausschließen muss.[159] Das BVerfG verschaffe sich einen weitreichenden Hebel, die Begründung des vorlegenden Gerichts zur Zulässigkeit seiner Vorlage „aufzubrechen" und bürde damit diesem Unzumutbares auf.[160] Damit werde aber die Entscheidung des Instanzrichters zwischen Vorlage und Nicht-Vorlage zur „nicht ungefährlichen Gratwanderung"[161], zum „Vabanque-Spiel"[162], zum „prozessualen Roulette"[163] bzw. zur „beruflichen Mutprobe"[164]. Denn es stellt auf der anderen Seite eine Verletzung des gesetzlichen Richters (Art. 101 Abs. 1 Satz 2 GG) dar, wenn er seiner Vorlagepflicht nach Art. 100 Abs. 1 GG willkürlich nicht nachkommt.[165]

---

[158] So *E. Klein,* in: Benda/ Klein, Verfassungsprozessrecht, Rn. 823.

[159] So *E. Klein,* in: Benda/ Klein, Verfassungsprozessrecht, Rn. 824 f.

[160] *Geiger,* EuGRZ 1984, S. 409 (414).

[161] *Steiner,* Zum Entscheidungsausspruch und seinen Folgen, S. 574.

[162] So *Geiger,* EuGRZ 1984, S. 409 (414).

[163] *Heun,* AöR 122 (1997), S. 610 (628).

[164] So *Steiner,* BVerfG, BSG und das deutsche Sozialrecht, S. 69.

[165] Vgl. *Heun,* AöR 122 (1997), S. 610 (618); *H. Klein,* in: Umbach/ Clemens, BVerfGG, § 80 Rn. 83; *Schlaich/ Korioth,* BVerfG, Rn. 145; *Sieckmann,* in: v. Mangoldt/ Klein/ Starck, GG, Art. 100 Rn. 12.

3. § 24 BVerfGG im Zusammenhang mit Richtervorlagen

Es fällt auf, dass seit der Übertragung der Entscheidungsbefugnis über die Zulässigkeit von Richtervorlagen durch § 81a BVerfGG auf die Kammern im Jahre 1993 nur noch vereinzelt Entscheidungen der Senate über Richtervorlagen in dem Verfahren nach § 24 BVerfGG ergehen. Danach können unzulässige oder offensichtlich unbegründete Anträge durch einstimmigen Beschluss des Gerichts verworfen werden. Während man bis 1993 häufig auch im Rahmen von Richtervorlagen von § 24 BVerfGG Gebrauch machte,[166] wurde im Rahmen der vorliegenden Untersuchung für die Jahre 1994 bis 2004 nur eine einzige[167] solche Entscheidung ausfindig gemacht.[168]

Das BVerfG geht grundsätzlich in ständiger Rechtsprechung von der Anwendbarkeit des § 24 BVerfGG auch im Verfahren der konkreten Normenkontrolle aus.[169] Eine offensichtlich unbegründete Richtervorlage wird dabei nicht bloß nach § 24 BVerfGG verworfen, vielmehr wird positiv die Vereinbarkeit der vorgelegten Norm mit der Verfassung festgestellt, mit den Wirkungen des § 31 Abs. 1 und Abs. 2 BVerfGG.[170]

Wie sich die „offensichtliche Unbegründetheit" definiert, ist nicht abschließend geklärt.[171] Das BVerfG begnügt sich mit dem formalen Kriterium der einstimmigen Entscheidung, und schließt eine vorgängige gründliche Prüfung unter allen rechtlichen Gesichtspunkten nicht aus.[172] Analog zum Verwaltungsrecht wird aber offensichtliche Unbegründetheit in der Literatur dann angenommen, wenn der betreffende Antrag die Unbegründetheit „auf der Stirn trägt".[173] Ein Antrag wurde vom BVerfG zum Beispiel deshalb als offensichtlich unbegründet verworfen, weil der Antragsteller einem angeblich verletzten Recht einen Inhalt gegeben hatte, welcher diesem nach verständiger Würdigung und Auslegung des Verfassungsrechts nicht zukommen konnte.[174] Im Einzelnen wurden zum Bei-

---

[166] Vgl. nur BVerfGE 9, 334 (336); 42, 206; 43, 101, 231; 44, 227, 283, 290, 297; 45, 83, 346; 76, 100; 78, 232; 85, 165; 86, 52; vgl. auch *Zierlein,* Prozessverantwortung, S. 481 ff.

[167] So BVerfGE 96, 1.

[168] Diese Einschätzung beruht für die Jahre 1999 bis 2004 auf der unter http://www.bverfg.de veröffentlichten Statistik des BVerfG. Für die Jahre 1994 bis 1998 wurden zwar alle Entscheidungen, die in Fachzeitschriften und unter Juris veröffentlicht wurden, berücksichtigt; es wird aber nicht ausgeschlossen, dass dennoch eine Entscheidung nach § 24 BVerfGG übersehen wurde.

[169] Seit BVerfGE 9, 334 (336); *E. Klein,* in: Benda/ Klein, Verfassungsprozessrecht, Rn. 882 ff.; *Pestalozza,* Verfassungsprozessrecht, S. 54; kritisch *Bettermann,* Konkrete Normenkontrolle, S. 369 f.

[170] BVerfGE 9, 334 (336); 18, 302 (304); *Ulsamer,* in: Maunz u.a., BVerfGG, § 81 Rn. 20.

[171] Vgl. hierzu *E. Klein,* in: Benda/ Klein, Verfassungsprozessrecht, Rn. 321.

[172] So BVerfGE 95, 1 (14 f.); 243 (248).

[173] *F. Klein,* in: Maunz u.a., BVerfGG, § 24 Rn. 19.

[174] BVerfGE 1, 418 (429); 5, 17 (21 ff.).

spiel Richtervorlagen als offensichtlich unbegründet angesehen, welche die Gestaltungsbefugnis des Gesetzgebers bei Übergangsvorschriften[175] oder den gesetzgeberischen Gestaltungsspielraum für typisierende oder pauschalierende Regelungen[176] betrafen, oder aus sonstigen Gründen auf Grundlage der bisherigen Rechtsprechung des BVerfG offensichtlich unbegründet[177] waren.

Die Bedeutung des § 24 BVerfGG ist im Rahmen von Richtervorlagen angesichts der restriktiven Rechtsprechung des BVerfG zu deren Zulässigkeit sehr stark zurückgegangen. Denn danach erfordert schon die Zulässigkeit der Vorlage die entsprechend „nachvollziehbare Darlegung der maßgeblichen Erwägungen unter Auseinandersetzung mit den nahe liegenden tatsächlichen und rechtlichen Gesichtspunkten"[178] sowie die „Berücksichtigung der in Literatur und Rechtsprechung entwickelten Gesichtspunkte"[179] und der „einschlägigen Entscheidungen des BVerfG und gegebenenfalls der Motive des Gesetzgebers"[180]. Daher sind die Grenzen zwischen einer offensichtlich unbegründeten und einer unzulässigen Vorlage aus der Sicht des Instanzrichters fließend.

Der Vorteil der Anwendung des § 24 BVerfGG bestand nämlich ursprünglich darin, dass das Verfahren abgekürzt werden kann[181]: Entschieden wird durch Beschluss, also ohne mündliche Verhandlung; die Entscheidung muss nicht begründet werden; es kann auf die Einholung der Stellungnahmen der nach § 82 Abs. 1 und 3 BVerfGG Äußerungsberechtigten verzichtet werden. Dieser Beschleunigungseffekt wird aber bei einer Kammerentscheidung noch sehr viel stärker zur Geltung gebracht, zumal im Rahmen des § 24 BVerfGG immerhin noch die acht Richter eines Senats mit der Sache befasst werden müssen, beim Kammerverfahren hingegen nur drei; zudem mindert die erforderliche Einstimmigkeit den Wert der Vorschrift im Hinblick auf eine Arbeitsentlastung des BVerfG.[182]

II. Entscheidungserheblichkeit

Einen sehr hohen Begründungsaufwand verlangt das BVerfG dem Instanzrichter auch hinsichtlich der Entscheidungserheblichkeit einer Vorlagefrage ab. Ausgehend von den verschiedenen Verantwortungsbereichen von BVerfG (als das

---

[175] So BVerfGE 44, 283.

[176] So BVerfGE 96, 1.

[177] So BVerfGE 76, 100; 78, 232; BVerfG, Beschl. v. 4.6.1985 – 1 BvL 12/84 – NJW 1986, S. 243; Beschl. v. 11.7.1989 – 2 BvL 11/88 – NVwZ 1989, S. 952.

[178] BVerfGE, 86, 52 (57).

[179] BVerfGE 94, 315 (325).

[180] BVerfGE 92, 277 (312).

[181] Vgl. hierzu E. Klein, in: Benda/ Klein, Verfassungsprozessrecht, Rn. 319 ff., 883.

[182] Eichberger, in: Umbach/ Clemens, BVerfGG, § 15a Rn. 3.

Fachgericht für Verfassungsfragen) und den Fachgerichten, denen in erster Linie Auslegung und Anwendung des einfachen Rechts zukommen, ist für die Entscheidungserheblichkeit grundsätzlich zwar die Rechtsauffassung des vorlegenden Gerichts maßgebend.[183] Die Auffassung des Instanzgerichts muss allerdings auch aus Sicht des BVerfG „vertretbar" bzw. „haltbar" sein.[184] Die Weite des Spielraums zwischen einer noch vertretbaren und nicht mehr vertretbaren Rechtsauffassung ist dabei aber nicht immer genau abzuschätzen, zumal das BVerfG im Einzelfall auch detailliert

1. Konkrete Fälle aus der Kammerrechtsprechung

a. Fall 21

Die 1. Kammer des Ersten Senats wies mit Beschluss vom 13. August 1998[185] eine Vorlage (auch) wegen fehlender Entscheidungserheblichkeit zurück. Betroffen war die Verfassungsmäßigkeit des § 828 Abs. 2 BGB. Nach Auffassung der Kammer habe sich das Landgericht nicht ausreichend mit der Frage beschäftigt, welche einfachrechtlichen Möglichkeiten zur Korrektur der Minderjährigenhaftung zur Verfügung stünden. So käme jedenfalls ein Forderungserlass gegenüber dem Träger der Krankenversicherung nach § 76 Abs. 2 Nr. 3 SGB IV in Betracht. Diese Vorschrift gelte auch für nach § 116 SGB X übergeleitete Schadensersatzansprüche. Sie gebe dem Betroffenen einen öffentlich-rechtlichen Anspruch auf ermessensfehlerfreie Entscheidung über den Forderungserlass. Bei dieser Entscheidung müssten die Sozialversicherungsträger die Grundrechte des Betroffenen berücksichtigen. Ebenso hätte das Landgericht sich mit der Frage beschäftigen müssen, inwieweit durch den Erlass der neuen Insolvenzordnung die Gefahr der lebenslangen Überschuldung ausgeschaltet oder eingeschränkt worden ist. Schließlich ließen die vom Landgericht gegen die Anwendbarkeit des § 242 BGB vorgetragenen Argumente eine hinreichende Auseinandersetzung mit der einschlägigen verfassungsrechtlichen Rechtsprechung vermissen.

---

[183] BVerfGE 2, 181 (190 ff.); 57, 295 (315); 78, 165 (172); 99, 280 (288), hierzu *E. Klein,* in: Benda/ Klein, Verfassungsprozessrecht, Rn. 841; *H. Klein,* in: Umbach/ Clemens, BVerfGG, § 80 Rn. 35; *Sieckmann,* in: v. Mangoldt/ Klein/ Starck, GG, Art. 100 Rn. 49; *Sturm,* in: Sachs, GG, Art. 100 Rn. 17.

[184] BVerfGE 77, 308 (327); dazu *Sieckmann,* in: v. Mangoldt/ Klein/ Starck, GG, Art. 100 Rn. 50.

[185] 1 BvL 25/96 – NJW 1998, S. 3557 = FamRZ 1998, S. 1500.

b. Fall 22

Mit Beschluss vom 16. September 1998[186] erklärte die 3. Kammer des Ersten Senats eine Vorlage wegen fehlender Entscheidungserheblichkeit für unzulässig, welche die Verfassungsmäßigkeit des § 62 LandschG NW[187] betraf. Es sei nicht ausgeschlossen, dass der Klage im Ausgangsverfahren im Falle der Verfassungswidrigkeit der Vorschrift ebenso wenig stattzugeben wäre, wie im Falle der Verfassungsmäßigkeit. Denn die Zulassung einer Ausnahme vom Erstaufforstungsverbot des § 2 Abs. 1 Nr. 7 der betreffenden LandschaftsschutzVO setze nach § 4 Abs. 1 Satz 1 der VO voraus, dass die Erstaufforstung mit dem Schutzzweck des § 1 der VO zu vereinbaren sei. Dem folgen eingehende Ausführungen zum Schutzzweck der „Erhaltung und Wiederherstellung der Leistungsfähigkeit des Naturhaushalts", zum natürlichen Entwicklungsprozess der betroffenen Wiese des Klägers im Ausgangsprozess sowie zu den „aus Naturschutzgründen gegebenenfalls notwendige(n) Pflegemaßnahmen des Landkreises Siegen-Wittgenstein". Die Auffasung des vorlegenden Gerichts, dass der angestrebte Schutz des Übergangsmoors im Ansatz nicht durch das Erstaufforstungsverbot erreicht werden könne, begegne Bedenken. Ferner hätte auch dargelegt werden müssen, dass ein Erhalt des schutzwürdigen Zustandes der zur Aufforstung vorgesehenen Fläche nicht durch vertragliche Vereinbarungen zwischen dem Kläger und dem Beklagten bis hin zur Anpachtung oder dem Erwerb der Flächen durch den Beklagten zu erzielen gewesen sei.

c. Fall 23

Auch im Beschluss vom 17. Juli 2003[188] erklärte die 2. Kammer des Zweiten Senats eine Vorlagefrage mangels Entscheidungserheblichkeit für unzulässig. Das Verfahren betraf die Frage, ob Art. 229 § 3 Abs. 1 Nr. 2 EGBGB[189] mit dem Grundgesetz vereinbar ist, soweit in der Vorschrift eine Verweisung auf § 8 MHG[190] fehlt. Das vorlegende Gericht habe die Entscheidungserheblichkeit der Vorlagefrage nicht in genügender Weise dargelegt. Seine Ausführungen dazu, dass die ursprünglich wirksamen Mieterhöhungsverlangen unwirksam geworden seien, weil in der zur verfassungsrechtlichen Prüfung gestellten Norm § 8 MHG nicht genannt ist, seien nicht nachvollziehbar. Das Gericht gehe nicht darauf ein, dass die Textform bereits vor Inkrafttreten des Mietrechtsreformgesetzes für die

---

[186] 1 BvL 21/94 – NuR 1999, S. 99 = RdL 2000, S. 40; dazu auch *Hermes,* Senat und Kammern, S. 747 f.

[187] Landschaftsgesetz Nordrhein-Westfalen in der Fassung des Änderungsgesetzes vom 19.6.1994, GVBl. NW, S. 418 ff.

[188] 2 BvL 15/02 – NZM 2003, S. 896.

[189] Einführungsgesetz zum Bürgerlichen Gesetzbuch.

[190] Gesetz zur Regelung der Miethöhe.

Wirksamkeit eines Mieterhöhungsverlangens genügte. Es hätte zudem prüfen müssen, ob die durch das Mietrechtsreformgesetz eingeführte Formvorschrift des § 558a Abs. 1 BGB anwendbar sei; diese verlange nämlich für die Wirksamkeit eines Mieterhöhungsverlangens ebenfalls keine eigenhändige Unterschrift.

d. Fall 24

Detaillierte Vorgaben hinsichtlich der Anwendung des einfachen Rechts enthält schließlich auch der Beschluss der 2. Kammer des Zweiten Senats vom 10. Oktober 2003.[191] Die Richtervorlage betraf die Frage, ob Anlage III des Bundesbesoldungsgesetzes[192] betreffend die Besoldung des Präsidenten des Landesarbeitsgerichts mit Art. 3 Abs. 1 GG vereinbar ist. Das vorlegende Verwaltungsgericht habe sich in keiner Weise damit auseinandergesetzt, ob die vom Kläger im Ausgangsverfahren mit dem Hauptantrag verfolgte rückwirkende Einweisung in die Besoldungsgruppe R 8 und die rückwirkende Bezahlung entsprechender Bezüge rechtlich überhaupt möglich wäre, obwohl dies höchst zweifelhaft erscheine. Gemäß § 19 Abs. 1 Satz 2 BBesG bestimme sich das Grundgehalt nach der Besoldungsgruppe, die in der Einweisungsverfügung genannt sei. Damit könne die Einweisungsverfügung nicht nur haushaltsrechtliche, sondern eine den Status des Beamten oder Richters berührende rechtsbegründende Bedeutung haben. Dies habe aber prozessual zur Folge, dass die Klage auf Einweisung nicht als Allgemeine Leistungsklage, sondern nur als Verpflichtungsklage zulässig sei. Zudem sei es beamtenrechtlich nicht möglich, rückwirkend für die Vergangenheit ein anderes Amt im statusrechtlichen Sinne einzuklagen. Abschließend erklärt die Kammer in ihrem Beschluss, „solche Erwägungen an Stelle des Fachgerichts anzustellen," sei „nicht Aufgabe des BVerfG".

e. Zusammenfassung

Unter Bezugnahme auf das Kriterium der Entscheidungserheblichkeit einer Vorlagefrage wird also im Einzelfall eine ins Detail gehende Prüfung der einfachen Rechtslage durchgeführt, um die Rechtsauffassung des vorlegenden Instanzgerichts in Frage zu stellen und schließlich die Zulässigkeit einer Vorlage abzulehnen. Die weitgehend „flexible" Handhabung der Zulässigkeitsvoraussetzungen wird besonders deutlich, wenn auf der anderen Seite unter Berufung auf die

---

[191] 2 BvL 7/02 – veröffentlicht unter http://www.bverfg.de
[192] In der vom 1.1.1996 bis 31.12.2001 geltenden Fassung.

„allgemeine und grundsätzliche Bedeutung" oder die „wesentliche Bedeutung" einer Vorlagefrage auf die Entscheidungserheblichkeit völlig verzichtet wird.[193]

2. Kritik an dieser Kammerrechtsprechung

Damit entfernt sich das BVerfG sehr weit von der dogmatischen Ausgangsposition, wonach für die Beurteilung der Entscheidungserheblichkeit grundsätzlich vom Standpunkt des vorlegenden Gerichts auszugehen ist.[194] Deshalb wird dem BVerfG auch vorgeworfen, es habe das Kriterium der Entscheidungserheblichkeit des behaupteten Verfassungsverstoßes zum zentralen „prozessualen Einfallstor für eine intensive Prüfung des einfachen Rechts" entwickelt.[195] Indem die Kammern in Detailfragen des einfachen Rechts vorstoßen, ließen sie sich immer mehr „in die Rolle einer Revisionsinstanz" drängen.[196] Das BVerfG steigere selbst seine Belastung, indem es sich, obwohl weniger fachkundig, zu sehr in die Arbeit der Fachgerichte dränge, diese zumindest partiell an sich ziehe und damit neben manch anderem auch die „Funktion eines obersten Amtsgerichts der Nation" übernommen habe.[197] Die Interpretation des einfachen Rechts sei aber in erster Linie Sache der Fachgerichtsbarkeit. Hinterfrage das BVerfG die Norminterpretation durch die Fachgerichte, so überschreite es die Grenzlinie zwischen der Verfassungsgerichtsbarkeit und den Fachgerichtsbarkeiten.[198] Dem BVerfG sei damit für die Frage der Entscheidungserheblichkeit die überzeugende Konzeption abhanden gekommen.[199]

III. Zur „Unausweichlichkeit der Verkammerung"[200] und zur Reform der Kammerbefugnisse im Rahmen der Richtervorlage

1. Eigene Stellungnahme zur Kritik an der Kammerrechtsprechung

In systematischer und dogmatischer Hinsicht ist der Kritik an der Kammerrechtsprechung zu den Darlegungsvoraussetzungen zuzugeben, dass durch diese Rechtsprechung die Verteilung der Kompetenzen zwischen Fachgerichten und

---

[193] Vgl. BVerfGE 47, 146 (159 ff.); 58, 300 (318 ff.); *Heun,* AöR 122 (1997), S. 610 (623); *Völlmeke,* NJW 1992, S. 1345 (1347 f.).

[194] *E. Klein,* in: Benda/ Klein, Verfassungsprozessrecht, Rn. 868; kritisch auch *Sommer,* BVerwG und BVerfG, S. 27.

[195] *Hermes,* Senat und Kammern, S. 746.

[196] *Hermes,* Senat und Kammern, S. 748.

[197] *Sendler,* NJW 1995, S. 3291 (3293).

[198] *Bettermann,* DVBl. 1982, S. 91 (95); dazu auch *H. Klein,* in: Umbach/ Clemens, BVerfGG, § 80 Rn. 38; *Wieland,* in: Dreier, GG, Art. 100 Rn. 19.

[199] *E. Klein,* in: Benda/ Klein, Verfassungsprozessrecht, Rn. 869.

[200] So *Hermes* unter Bezugnahme auf *Steiner,* in: Senat und Kammern, S. 725.

BVerfG doppelt in Frage gestellt wird. Nach der grundgesetzlichen Funktionen-verteilung sind die Fachgerichte nämlich zuständig für die Anwendung und Aus-legung des einfachen Rechts, während die letztverbindliche Verfassungs-interpretation in der Kompetenz des BVerfG liegt.

Zum einen gibt man diese Funktionenverteilung teilweise auf, wenn man die Verfassungsinterpretation bzw. die Einschätzung der Verfassungsmäßigkeit ei-ner Regelung durch die Instanzgerichte überstrapaziert, indem man an die Dar-legung der Überzeugung von der Verfassungswidrigkeit einer Norm so hohe Anforderungen stellt, dass die Grenzen zur Prüfung der Begründetheit der Be-denken des vorlegenden Gerichts nicht mehr klar erkennbar sind. So geht es nicht selten bei der Prüfung der Verfassungsmäßigkeit von Gesetzen nicht bloß um die Anwendung von Präjudizien der Senate des BVerfG. Vielmehr lassen sich aus den in den Kammerentscheidungen zitierten Präjudizien oftmals bloße Grundsätze zu den verfassungsrechtlichen Fragen ableiten, welche dann erst der Anwendung auf das konkret in Frage stehende Gesetz bedürfen. Von den Fach-gerichten wird damit verlangt, dass sie die Konsequenzen einer BVerfG - Ent-scheidung für den konkreten Fall ziehen oder weiterdenken. Dies bedeutet aber oftmals notwendig eine Konkretisierung der Verfassungsrechtsprechung, zu welcher die Fachgerichte nach der Verfassung weder zuständig noch legitimiert sind.[201] So soll beispielsweise in *Fall 16* das Fachgericht zu der Auslegung ge-langen, dass sich trotz einer Grundgesetzänderung die verfassungsrechtliche La-ge nicht geändert habe. In *Fall 18* sah man in der Vorlage einen „offenkundi-gen" Widerspruch zur Rechtsprechung des BVerfG, weil der gesetzgeberische Gestaltungsspielraum nicht beachtet worden sei, obwohl für die Vermögens-steuer eine die Auffassung des Fachgerichts stützende Vorentscheidung in der Rechtsprechung des BVerfG vorhanden war.

Zum anderen übernimmt man bei der Prüfung der Entscheidungserheblichkeit einer Rechtsfrage tatsächlich teilweise die Rolle einer obersten Revisionsinstanz in Fragen auch des einfachen Rechts. So zeigt in *Fall 21* das BVerfG dem Fach-gericht dezidiert einfachrechtliche Möglichkeiten zu einer Korrektur der verfas-sungswidrigen Rechtslage mit dem Mittel der Interpretation auf. Auch in *Fall 24* macht das BVerfG dem Instanzrichter detaillierte Vorgaben hinsichtlich der Anwendung des einfachen Rechts, indem es auf Einzelheiten des Prozessrechts und des Beamtenrechts eingeht, um schließlich selbst festzustellen, dass solche Erwägungen anzustellen an sich nicht seine Aufgabe sei. Bindet zwar die Ausle-gung des einfachen Rechts im Kammerbeschluss die Instanzgerichte nicht for-mal, so richtet sich der vorlegende Instanzrichter zumindest faktisch meist nach dieser Rechtsansicht. Ist mit dieser faktischen Bindung aber letztlich die Auffas-sung des BVerfG vom einfachen Recht für die Entscheidung im Ausgangsver-

---

[201] Vgl. zur Legitimation der Fachgerichte zur Verfassungsinterpretation in Teil 2, E.III.b.

fahren maßgebend, so kann man durchaus die Frag stellen, ob nicht dadurch die grundgesetzliche Kompetenzverteilung in Frage gestellt wird.

Die Handhabung der Zulässigkeitsvoraussetzungen durch die Kammern hat daher sehr große dogmatische und systematische Unsicherheiten für den eine Vorlage erwägenden Instanzrichter zur Folge.[202]

2. Zur Unausweichlichkeit der „Verkammerung" der Rechtsprechung

Auf der anderen Seite ist aber offensichtlich, dass die Entlastung der Senate des BVerfG durch die Kammern im gegebenen Umfang auch im Rahmen der Richtervorlage im Ergebnis nicht wegzudenken ist. Es können jedenfalls nicht mehr Verfahren durch die Senate entschieden werden, als dies derzeit der Fall ist. Da die Kapazität der Senate mit 30 bis 60 Senatsentscheidungen pro Jahr[203] ausgereizt scheint, wäre die Rücküberantwortung der Entscheidungskompetenzen im Rahmen der Richtervorlage nicht nur rückschrittlich, sondern würde die aktuelle Belastungssituation des BVerfG trotz der dagegen bereits bestehenden Bedenken[204] noch zusätzlich verstärken. Auch dem Bedürfnis nach einer möglichst zügigen Entscheidung des Ausgangsrechtsstreits, die durch die Aussetzung und Vorlage an das BVerfG zunächst einmal verzögert wird, wird durch eine Entscheidung der Kammern eher nachgekommen als durch eine Senatsentscheidung, zumal erstere aufgrund der verfahrensrechtlichen Erleichterungen in der Regel sehr viel schneller ergehen. Die Einrichtung der Kammern steigert also Effizienz und Funktionsfähigkeit des BVerfG auch im Zusammenhang der Richtervorlage wesentlich.

Zudem hat sich die dargestellte Kammerrechtsprechung im Ergebnis bewährt und die „fruchtbare Kooperation in Verfassungsfragen" von Fachgerichtsbarkeit und BVerfG[205] mehr effektuiert und gefördert als behindert, zumal dadurch nur die tatsächlich „senatswürdigen"[206] Fragen die für die Verfassungsinterpretation grundlegend zuständigen Senate des BVerfG letztlich erreichen. Daher wird die Etablierung der Kammerrechtsprechung als „wirksamer Grundrechtsschutz in kleiner Münze"[207] auch vom Gericht selbst einmütig getragen[208] und in der Lite-

---

[202] *Heun,* AöR 122 (1997), S. 610 (628); *Sieckmann,* in: v. Mangoldt/ Klein/ Starck, GG, Art. 100 Rn. 15.

[203] Vgl. die Statistik zu den Plenar-, Senats- und Kammerentscheidungen unter http://www.bverfg.de.

[204] Vgl. hierzu bereits oben im Teil 1, A.III.2.

[205] *Steiner,* BVerfG, BSG und das deutsche Sozialrecht, S. 68.

[206] *Hermes,* Senat und Kammern, S. 726.

[207] *Kühling,* ZRP 1998, S. 108 (109).

[208] So *Mahrenholz,* ZRP 1997, S. 129.

ratur als „Notsystem auf Dauer"[209] akzeptiert.[210] Allgemein wird die Konzentration des BVerfG auf die Entscheidung wesentlicher verfassungsrechtlicher Fragen als im Ergebnis „durchaus wünschenswert" angesehen.[211] Bewährt sich demnach die Kammerrechtsprechung im Ergebnis, und ist sie unter dem Gesichtspunkt der Entlastung des BVerfG auch unentbehrlich,[212] stellt sich angesichts der damit verbundenen dogmatischen Unsicherheiten dennoch die Frage nach einer Reform der gesetzlichen Grundlagen der Kammerbefugnisse im Rahmen des Verfahrens der Richtervorlage.

3. Möglichkeiten einer Reform der Kammerbefugnisse

In diesem Zusammenhang sollen zwei Reformmöglichkeiten untersucht werden:[213]

- Zum einen wurde oben[214] bereits dargestellt, dass bei Rechtsfragen betreffend aufgehobene oder auslaufende Gesetze, Übergangsrecht, Experimentiergesetze oder Gesetze, welche aufgrund veränderter Umstände verfassungswidrig geworden sind, die Kammern nach ihrer bisheriger Rechtslage und Rechtsprechung häufig zur Unzulässigkeit der jeweiligen Vorlagen kommen, entweder weil sie die Überzeugung von der Verfassungswidrigkeit der zur Überprüfung gestellten Norm nicht teilen, oder aber die Entscheidungserheblichkeit nicht für hinreichend dargelegt erachten. Daher könnte man konsequent die Entscheidungsbefugnis für alle diese Normsituationen generell den Kammern übertragen, gleich ob eine Vorlage letztlich zulässig oder unzulässig ist. Denn hält man die Senate – nach dem Vorbild der Verfassungsbeschwerde – nur für die Beantwortung solcher Rechtsfragen für zuständig, welchen „grundsätzliche verfassungsrechtliche Bedeutung zukommt" (§ 93a Abs. 2 lit. a) BVerfGG), so ist deren obligatorische Zuständigkeit in den betreffenden Normsituationen zumindest fraglich (hierzu unter C).

- Ein anderer Weg zur Reformierung der Kammerbefugnisse in Bezug auf das Verfahren der Richtervorlage bestünde in der Übertragung der Entscheidungsbefugnis für unbegründete Vorlagen auf die Kammern. Han-

---

[209] So *Hermes*, Senat und Kammern, S. 749.

[210] Für die Beibehaltung des Kammersystems im Bereich der Richtervorlage auch *Bundesministerium der Justiz*, Entlastung des BVerfG, S. 118.

[211] *Heun*, AöR 122 (1997), S. 610 (623).

[212] *Eichberger*, in: Umbach/ Clemens, BVerfGG, § 15a Rn. 52; *Heun*, AöR 122 (1997), S. 610 (628).

[213] Beide Reformvorschläge wurden im Ansatz übernommen aus einer mündlichen Äußerung von RBV *Steiner*.

[214] Teil 2, B.II.2.

delt es sich bereits nach der jetzigen Rechtsprechung bei nicht wenigen Vorlagen, welche als unzulässig zurückgewiesen werden, faktisch um offensichtlich unbegründete, so würde eine entsprechende Reform einerseits die bestehenden systematischen Unsicherheiten beseitigen und die bisherige Spruchpraxis damit auf eine eindeutige und durchsichtige juristische Basis stellen. Andererseits stellt die Übertragung der Normerhaltungskompetenz in diesen Fällen prima facie auch das grundgesetzliche Funktionengefüge – zumindest im Verhältnis zum Gesetzgeber – nicht in Frage, zumal durch die Bestätigung der Verfassungsmäßigkeit einer Norm die Autorität des Gesetzgebers nicht angetastet wird (hierzu unter D).

Führte die Übertragung weiterer Kompetenzen im Zusammenhang mit dem Verfahren der Richtervorlage auf die Kammern des BVerfG auch tatsächlich zu einer Entlastung, so dürften dadurch dennoch weder Ansehen noch Autorität des BVerfG, welche ihm nach seiner verfassungsmäßigen Stellung zukommen, beeinträchtigt werden. Das heißt, die Realisierbarkeit entsprechende Reformvorschläge hängt davon ab, ob sie im Einklang steht mit Stellung und Funktion der Kammern im verfassungsrechtlichen Funktionengefüge zwischen BVerfG, Gesetzgeber und Fachgerichtsbarkeit.

C. Übertragung der Verwerfungskompetenz für bestimmte Normsituationen

I. Regelungsvorschlag; Änderung des BVerfGG

Wollte man die Entscheidungskompetenz auch für zulässige Richtervorlagen auf die Kammern übertragen, soweit die Rechtsfrage ein aufgehobenes, auslaufendes, übergangsweise geltendes oder experimentelles Gesetz oder aber ein solches Gesetz betrifft, welches durch veränderte tatsächliche oder rechtliche Umstände verfassungswidrig wurde, so müsste dies durch eine entsprechende Änderung des BVerfGG erfolgen, welches die Verteilung der Zuständigkeiten zwischen Senaten und Kammern abschließend regelt. Denn die Zuständigkeit des im Einzelfall zur Entscheidung berufenen Spruchkörpers muss sich im Interesse klarer Vorhersehbarkeit eindeutig aus allgemeinen Normen ergeben.[215] Nach dem BVerfGG sind die Kammern aber gemäß § 81a BVerfGG ausdrücklich nur, und deshalb für das Verfahren der Richtervorlage abschließend, für die Entscheidung über unzulässige Vorlagen zuständig.

Sollen von einer entsprechenden Änderung des BVerfGG tatsächlich auch all die, andererseits aber auch nur diejenigen Normsituationen erfasst sein, welche keine grundsätzlichen verfassungsrechtlichen Fragen (mehr) aufwerfen, so wäre die enumerative Aufzählung der betreffenden Normgruppen im Gesetz ebenso

---

[215] *Eichberger,* in: Umbach/ Clemens, BVerfGG, § 15a Rn. 29; *Sailer,* ZRP 1977, S. 303 (306).

wenig zweckmäßig wie sachgemäß. Denn es kann auch bei Vorliegen einer der genannten Normgruppen die diese betreffende Rechtsfrage ausnahmsweise grundsätzliche verfassungsrechtliche Bedeutung haben, etwa weil die Nachfolgeregelung einer aufgehobenen Vorschrift ebenfalls einen entsprechenden Verfassungsverstoß enthält, oder die Vorschrift aufgrund einer Übergangsregelung noch auf einen nicht überschaubaren Personenkreis Anwendung findet. Daher geht der Regelungsvorschlag, welcher auf seine verfassungsmäßige Realisierbarkeit hin untersucht werden soll, dahin, dass die Kammern die volle Entscheidungskompetenz für solche Vorlagen haben, welche keine grundsätzlichen verfassungsrechtlichen Fragen betreffen. So könnte ein reformierter § 81a BVerfGG etwa lauten:

(1) Die Kammer kann die Unzulässigkeit eines Antrags nach § 80 feststellen.

(2) Die Kammer kann über die vorgelegte Rechtsfrage entscheiden, wenn dieser keine grundsätzliche verfassungsrechtliche Bedeutung zukommt. Die Entscheidung steht einer Senatsentscheidung gleich.

(3) Die Kammer entscheidet durch einstimmigen Beschluss. Die Entscheidung bleibt dem Senat vorbehalten, wenn der Antrag von einem Landesverfassungsgericht oder von einem obersten Gerichtshof des Bundes gestellt wird.

II. Auslegung, Bedeutung und Wirkung des Regelungsvorschlags

Die Entscheidungsbefugnis der Kammern für unzulässige Vorlagen bliebe nach einer solchen gesetzlichen Regelung ebenso unverändert bestehen wie auch der Senatsvorbehalt für Vorlagen der obersten Gerichtshöfe des Bundes und der Landesverfassungsgerichte.

1. Die „grundsätzliche verfassungsrechtliche Bedeutung"

Der Begriff der „grundsätzlichen verfassungsrechtlichen Bedeutung" wäre analog der Rechtsprechung des BVerfG zur „grundsätzlichen verfassungsrechtlichen Bedeutung" im Recht der Annahme von Verfassungsbeschwerden (§ 93a Abs. 2 lit. a) BVerfGG) auszulegen: Bei einer Vorlagefrage betreffend aufgehobenes, auslaufendes und Übergangsrecht wäre also die grundsätzliche verfassungsrechtliche Frage dann gegeben, wenn noch eine Vielzahl von Fällen in nicht absehbarer Zukunft nach der betreffenden Norm zu entscheiden sind, oder wenn eine Nachfolgeregelung den Regelungsgehalt der streitigen Norm im Wesentlichen wiederholt. Die Entscheidungszuständigkeit der Kammern wäre nach dem Regelungsvorschlag dagegen eröffnet, wenn die Entscheidung keine für die Zukunft richtungsweisende Klärung einer verfassungsrechtlichen Frage herbeiführen könnte; in allen diesen Fällen hätten die Kammern die volle (Letzt-) Entscheidungskompetenz über die Verfassungsmäßigkeit oder -widrigkeit des vorgelegten parlamentarischen Gesetzes.

Die grundsätzliche verfassungsrechtliche Bedeutung bestünde in der Regel bei der Entscheidung über die Verfassungsmäßigkeit aller anderen Gesetze, insbesondere auch bei „normalen" Zeitgesetzen, bei Experimentiergesetzen und bei solchen Rechtslagen, bei denen sich eine erneute Klärungsbedürftigkeit der Rechtsfrage aus veränderten tatsächlichen oder rechtlichen Verhältnissen ergibt, sofern nur die Entscheidung darüber in irgendeiner Weise richtungsweisend für die Zukunft sein könnte. Diesbezüglich würde sich also an der derzeitigen Rechtslage nichts ändern; die Kammern entschieden in jenen Fällen auch nach dem Regelungsvorschlag nur bei Unzulässigkeit der Vorlage.

2. Entlastungseffekt für das BVerfG

Die mit einer Kammerentscheidung verbundene zeitliche und personelle Belastung des BVerfG ist wesentlich geringer als die bei einer Senatsentscheidung:[216] Zum einen sind mit der betreffenden Rechtssache dann nur drei Richter befasst; zum anderen bringt das vereinfachte und gegenüber dem Senatsverfahren abgekürzte Verfahren in den Kammern auch eine erhebliche Verfahrensbeschleunigung mit sich. Könnten daher in all jenen Normsituationen, in denen Gesetze keine grundsätzlichen verfassungsrechtlichen Fragen mehr aufwerfen,[217] die Kammern auch über die Begründetheit der diese betreffenden Vorlagen entscheiden, so würde dies sowohl die Arbeitskapazität des Senats und damit des BVerfG insgesamt erheblich entlasten, als auch dem Rechtsuchenden zeitnäheren und damit effektiveren Rechtsschutz bieten. Neben den Entlastungseffekt würde daher eine Funktionssteigerung durch eine schnellere Sachentscheidung treten.

Darf aber jede Entlastungsmaßnahme nur unter der Bedingung erfolgen, dass dadurch nicht Ansehen und Funktionsfähigkeit des BVerfG gefährdet werden,[218] so müsste die Übertragung der Verwerfungsbefugnis im dargelegten Umfang auch verfassungsrechtlich haltbar sein; angestrebte Entlastung und verfassungsrechtliche Funktion des BVerfG müssen miteinander in Einklang stehen.

---

[216] Vgl. hierzu bereits oben in Teil 2, B.IV.

[217] Vgl. zu den untersuchten Normsituationen die Übersicht im Anhang, S. 213 ff.

[218] Hierzu Teil 1, A.III.3.b.

III. Vergleichbarkeit des Revisionszulassungsrechts und des Rechts zur Annahme der Verfassungsbeschwerde

Da der untersuchte Regelungsvorschlag der Vorschrift des Art. 93a Abs. 2 lit. a) BVerfGG über die Annahme von Verfassungsbeschwerden sowie dem Revisionszulassungsrecht ähnelt, stellt sich zunächst auch in diesem Zusammenhang die Frage nach einer Vergleichbarkeit dieser beiden Rechtslagen mit dem dargestellten Regelungsvorschlag.

1. Vergleichbarkeit des Revisionszulassungsrechts

a. Funktion der Revisionsgerichte im Verhältnis zu den unteren Instanzgerichten

Aufgabe der Revisionsgerichte gegenüber den Untergerichten ist es, die Rechtsfortbildung zu fördern und die Einheit der Rechtsprechung zu wahren; daneben dient die Revision dem Parteiinteresse an „richtiger" Einzelfallentscheidung. Die Grundsatzrevision bezweckt dabei in erster Linie, die für die Zukunft geltende und richtungsweisende Klärung einer Rechtsfrage herbeizuführen, die Divergenzrevision vorrangig die Gewährleistung einheitlicher Rechtsanwendung und Rechtseinheit innerhalb der jeweiligen Fachgerichtsbarkeit.[219]

b. Funktion der Senate des BVerfG im Verhältnis zu den Kammern

Die Bedeutung einer Senatsentscheidung am BVerfG besteht in der Herstellung verfassungsrechtlicher Leitlinien für die künftige Verfahrensweise aller Staatsgewalten. Die Kammern haben demgegenüber die Funktion, die (bisherige) Rechtsprechung der Senate punktuell und fallorientiert nachzuvollziehen.[220] Daher sind im Ansatz die Aufgaben der Revisionsgerichte gegenüber den unteren Instanzgerichten mit denen der Senate des BVerfG gegenüber dessen Kammern vergleichbar: Die Senate sind – wie die Revisionsgerichte – zuständig für die Klärung objektiver verfassungsrechtlicher Fragen und für die Fortbildung des Verfassungsrechts.

Das Verhältnis der Kammern zu den Senaten des BVerfG unterscheidet sich aber dennoch grundlegend von demjenigen der unteren Instanzgerichte zu den Revisionsgerichten. Zum einen ist die Zuständigkeit der Kammern des BVerfG nach BVerfGG und Grundgesetz der Ausnahmetatbestand gegenüber der Senatszuständigkeit: In erster Linie sind die Senate zuständig, verfassungsrechtliche Fragen zu beantworten; die Kammern haben demgegenüber nur Entlas-

---

[219] Hierzu bereits oben, Teil 2, C.III.1.a.
[220] Vgl. zur Funktion von Senaten und Kammern oben, A.II.

tungsfunktion.[221] Dagegen sind bei den Fachgerichtsbarkeiten grundsätzlich die unteren Instanzgerichte die Eingangsgerichte, die Rechtsschutz in erster Linie gewähren; die Zuständigkeit der Revisionsgerichte ist hingegen (in der Regel) nur im Rahmen des Rechtsmittelzuges eröffnet. Zum anderen unterscheidet sich die Aufgabe der Revisionsgerichte grundlegend von derjenigen der Senate des BVerfG hinsichtlich der Natur der zu entscheidenden Rechtsfragen: Verfassungsrechtliche Fragen betreffen das Verfassungsgefüge und damit insbesondere auch die anderen Verfassungsorgane und politische Problemlagen. In ihrer Stellung als die obersten Hüter der Verfassung – welche die Senate des BVerfG nach vorliegend vertretener Ansicht auch im Rahmen von Richtervorlagen in erster Linie repräsentieren – haben allein die Senate die Kompetenz, in diese Problemlagen einzugreifen. Damit geht aber die Verantwortung der Senate des BVerfG über die rechtsfortbildende und die rechtsvereinheitlichende Funktion der Revisionsgerichte hinaus.

Das Revisionszulassungsrechts kann daher nicht auf eine Regelung der Kammerkompetenzen am BVerfG übertragen werden.

2. Vergleichbarkeit des Rechts zur Annahme der Verfassungsbeschwerde

a. Funktion der Regelung zur Annahme der Verfassungsbeschwerde

Die Annahme der Verfassungsbeschwerde als ein dem Verfahren vor dem BVerfG vorgeschalteter Filter regelt die Arbeitsteilung zwischen den Fachgerichtsbarkeiten und dem BVerfG. Einerseits ist das Annahmeverfahren Ausdruck des Vertrauens, dass die Fachgerichte die ihnen zuerst obliegende Aufgabe des Grundrechtsschutzes tatsächlich wahrnehmen, andererseits soll unter bestimmten Voraussetzungen die Kontrollmöglichkeit durch das BVerfG gewährleistet bleiben. Die Kompetenz des BVerfG zur Überprüfung der Grundrechts- und Verfassungsmäßigkeit einer staatlichen Maßnahme ist nach der Annahmeregelung nur subsidiär eröffnet. Das Annahmeverfahren dient auch wesentlich der Entlastung der Senate des BVerfG durch die Kammern, welche durch die Kompetenz zur Prüfung der Rechtssache unter dem Gesichtspunkt ihrer grundsätzlichen Bedeutung bereits einen großen Anteil der eingehenden Verfahren ausfiltern können.[222]

---

[221] Vgl. oben unter A.II.2.a.
[222] Vgl. zur Funktion des Annahmeverfahrens bereits in Teil 2, C.III.2.b.

b. Zur Funktion der Kammern bei der Normverwerfung

Auch der untersuchte Regelungsvorschlag dient primär der Entlastung der Senate des BVerfG durch die Kammern; demnach scheinen jeweils ähnliche Problemlagen zu bestehen. Jedoch geht es bei der Annahme der Verfassungsbeschwerde nach den §§ 93a, 93b BVerfGG um die Frage, ob überhaupt eine Entscheidung durch das BVerfG angezeigt ist, unabhängig von der Zuständigkeit von Kammer oder Senat. Beim vorliegend untersuchten Regelungsvorschlag geht es dagegen nicht um eine solche „Zugangshürde"[223], also nicht generell um die Entscheidungszuständigkeit des BVerfG für Richtervorlagen; denn diese wurde bereits oben auch für solche Normsituationen bejaht, welche keine grundsätzlichen verfassungsrechtlichen Fragen (mehr) aufwerfen.[224] Vielmehr betrifft der Regelungsvorschlag die Reichweite der Kammerkompetenzen bei der verfassungsgerichtlichen Prüfung und Verwerfung parlamentarischer Gesetze. Daher ist die Regelung zur Annahme der Verfassungsbeschwerden nicht auf die vorliegend untersuchte Frage übertragbar.

3. Zusammenfassung

Sowohl beim Revisionszulassungsrecht als auch bei der Annahme von Verfassungsbeschwerden handelt es sich also um jeweils unterschiedliche Problemlagen im Vergleich zur untersuchten Ausdehnung der Kammerbefugnisse. Diese Rechtslagen können daher nicht ohne weiteres auf eine Regelung der Kompetenzen der Kammern im Rahmen der Entscheidung über Richtervorlagen übertragen werden. Vielmehr kann die Übertragung der Verwerfungsbefugnis im dargelegten Umfang nur dann stattfinden, wenn dies nicht Sinn und Zweck des Art. 100 Abs. 1 Satz 1 GG widerspricht, also wenn insbesondere durch eine solche Reform weder die Stellung des BVerfG als oberster Hüter des Vorrangs der Verfassung angetastet, noch die Autorität des parlamentarischen Gesetzgebers in Frage gestellt werden (soweit auch letztere durch das Verwerfungsmonopol geschützt wird).

IV. Vereinbarkeit mit Sinn und Zweck des Art. 100 Abs. 1 Satz 1 GG

1. Wahrung der Autorität des parlamentarischen Gesetzgebers

Der Schutz der Autorität des parlamentarischen Gesetzgebers ist nach hier vertretener Auffassung zwar nicht Hauptzweck der Bestimmung des Art. 100

---

[223] So die Bezeichnung für die Regelung zur Annahme von Verfassungsbeschwerden von *Schlink*, NJW 1984, S. 89.

[224] Vgl. das Ergebnis des 2. Teils.

Abs. 1 Satz 1 GG, aber ein wesentlicher Aspekt bei deren Auslegung. Geschützt wird die Autorität des Gesetzgebers im Rahmen der Normprüfung und -verwerfung durch die Rechtsprechung insoweit, als das Grundgesetz für die Verwerfung von Normen nur bestimmte, abschließend benannte Verfahren vorsieht. Im Rahmen des Verfahrens der Richtervorlage soll nach Art. 100 Abs. 1 GG die Normverwerfung insbesondere nur im Rahmen einer kooperativen Kontrolle von Fachgerichten und BVerfG möglich sein. Die Autorität des Gesetzgebers wird durch die beim BVerfG konzentrierte Entscheidung zudem dadurch geschützt, dass durch die allgemeinverbindliche Vereinbarerklärung von Gesetzen künftige Angriffe dagegen grundsätzlich ausgeschlossen sind.[225] Nach hier vertretener Auffassung berührt die Verwerfung eines Gesetzes die Autorität des Gesetzgebers aber nicht, wenn es um das ehemalige Recht der DDR geht oder um solches Recht, das aufgrund veränderter Verhältnisse verfassungswidrig geworden ist. Die Autorität des Gesetzgebers wird dagegen auch dort in Frage gestellt, wo es um die Verwerfung von aufgehobenen, befristeten und Experimentiergesetzen geht.[226]

Der Gesichtspunkt der Beachtung des verfassungsrechtlich abschließend geregelten Verfahrenskatalogs für die richterliche Normverwerfung würde bei einer Verwerfung auch durch die Kammern des BVerfG nicht angetastet. Denn auch dann, wenn letztlich die Kammern verbindlich über die Verfassungsmäßigkeit oder -widrigkeit eines vom Fachgericht vorgelegten Gesetzes entscheiden, wird das Verfahren des Art. 100 Abs. 1 GG, nämlich das der kooperativen Kontrolle des Gesetzgebers von Fachgerichtsbarkeit und BVerfG, grundsätzlich eingehalten, zumal auch die Kammern als gerichtsverfassungsrechtlich verselbständigte Spruchkörper mit ihren Entscheidungen das BVerfG repräsentieren.

Der zweite Gesichtspunkt – die Chance für den Gesetzgeber, dass das BVerfG die betreffende Norm allgemeinverbindlich für mit der Verfassung vereinbar erklärt – steht einer Übertragung der Verwerfungskompetenz auf die Kammern nicht entgegen. Denn auch die Kammern entscheiden mit der besonderen Bindungswirkung gemäß § 31 Abs. 1 BVerfGG. Also würde auch eine Entscheidung durch diese den Gesetzgeber vor künftigen Angriffen gegen die betroffene Norm grundsätzlich schützen.

Die Autorität des parlamentarischen Gesetzgebers wäre daher bei einer Übertragung der Verwerfungskompetenz auf die Kammern des BVerfG nicht stärker gefährdet, als bei entsprechenden Entscheidungen durch die Senate.

Eine andere Frage ist es, ob die Kammern aufgrund ihrer Stellung im Verfassungsgefüge auch mit derselben Autorität und denselben umfassenden Kompetenzen Verfassungsrecht sprechen können wie die Senate des BVerfG. Dies hat

---

[225] Hierzu oben in Teil 1, B.II.2.
[226] Hierzu oben in Teil 2, E.II.

aber – nach hier vertretener Auffassung – nicht zuerst mit dem Schutz des parlamentarischen Gesetzgebers zu tun, sondern allgemein mit der Stellung des BVerfG als oberster Hüter der Verfassung (hierzu unter 3).

2. Einheit der Rechtsprechung und Rechtssicherheit

Handelt es sich bei den Prinzipien von Rechtssicherheit und Rechtseinheit um grundlegende und zwingende verfassungsrechtliche Postulate, so dürfen auch diese bei der Untersuchung des Regelungsvorschlags nicht vernachlässigt werden. Entscheidungen des BVerfG sind nämlich gekennzeichnet durch die besondere Bindungswirkung der gewonnenen verfassungsrechtlichen Erkenntnisse gegenüber allen Trägern öffentlicher Gewalt und auch gegenüber allen Privaten gemäß § 31 BVerfGG. Die umfassende Verbindlichkeit der Entscheidungen des BVerfG ist in hohem Maße geeignet, verfassungsrechtliche Rechtssicherheit und Rechtseinheit her- und sicherzustellen.[227]

Sachentscheidungen der Kammern des BVerfG erwachsen ebenfalls in formelle und materielle Rechtskraft; auch ihnen kommt die allgemeine Bindungswirkung nach § 31 Abs. 1 BVerfGG zu. Die Kammern können aber weder Entscheidungen mit Gesetzeskraft treffen, noch können sie den parlamentarischen Gesetzgeber formal-rechtlich binden.[228]

a. Bindungswirkung einer Kammerentscheidung nach dem Regelungsvorschlag

Bei der Entscheidung über die Verfassungsmäßigkeit oder -widrigkeit eines Gesetzes nach dem untersuchten Regelungsvorschlag handelte es sich um eine echte Sachentscheidung durch die Kammern. Denn es geht nicht bloß, wie bei der Entscheidung über die Annahme einer Verfassungsbeschwerde oder derjenigen über die Zulässigkeit einer Richtervorlage, um eine prozessuale Feststellung und gegebenenfalls Begrenzung der Entscheidungszuständigkeit des BVerfG. Die Kammer würde vielmehr selbst in der Sache über die Verfassungsmäßigkeit bzw. -widrigkeit des betreffenden Gesetzes befinden. Eine solche Entscheidung hätte daher sowohl formelle als auch materielle Rechtskraft. Der Beschluss hätte zudem, insbesondere auch weil er ausdrücklich einer Senatsentscheidung gleichgestellt wird, die allgemeine Bindungswirkung nach § 31 Abs. 1 BVerfGG.

---

[227] Vgl. zur Bindungswirkung ausführlich in Teil 1, B.II.1.
[228] Hierzu oben, A.V.

b. Formal-rechtliche Bindung des Gesetzgebers, Gesetzeskraft und interne Bindung der Kammerentscheidungen

Angesichts der bloß beschränkten Funktion der Kammern gegenüber dem parlamentarischen Gesetzgeber würde der Beschluss aber weder den Gesetzgeber formal-rechtlich binden, noch hätte eine solche Kammerentscheidung Gesetzeskraft nach § 31 Abs. 2 BVerfGG. Auch im Rahmen der Normprüfung und -verwerfung in der Sache hätten Kammerentscheidungen aber wohl eine faktische Bindungswirkung derart, dass sich sowohl die Gesetzgebung daran orientieren, als auch die Allgemeinheit die Verfassungsauslegung durch die Kammern akzeptieren würde.

Problematisch ist allerdings, dass die Bindungswirkung des § 31 Abs. 1 BVerfGG nicht für die Spruchkörper des BVerfG in ihrem Verhältnis zueinander gilt.[229] Denn damit ist nicht gewährleistet, dass die einzelnen Kammern jeweils auch tatsächlich verfassungsrechtliche Rechtsanwendungsgleichheit gewährleisten, zumal Kammerentscheidungen auch nicht Gegenstand einer Anrufung des Plenums sein können. Stellt man daher nicht zusätzliche Voraussetzungen für die Eröffnung einer Kammerkompetenz auf, wie etwa eine entsprechende Vorbindung der Kammern an Senatspräjudizien, so wäre die Übertragung der Verwerfungsbefugnis auf die Kammern bereits unter den Gesichtspunkten der Einheitlichkeit der Rechtsprechung und der Rechtssicherheit verfassungsrechtlich sehr problematisch.

3. Verfassungsrechtliche Stellung des BVerfG als oberster Hüter der Verfassung

Die Übertragung der Verwerfungskompetenz auf die Kammern nach Art des hier dargelegten Regelungsvorschlags ist letztlich ausgeschlossen, wenn und soweit nur die Senate das BVerfG als den obersten Hüter der Verfassung bei der Verwerfung parlamentarischer Gesetze zu repräsentieren vermögen. Durch die Übertragung zusätzlicher Kompetenzen auf die Kammern darf weder die wirksame Sicherung des Vorrangs der Verfassung gefährdet sein, noch dürfen die Grenzen zwischen Verfassungsgerichtsbarkeit und Gesetzgebung überschritten werden. Insbesondere müssten daher auch die Kammern des BVerfG nach ihrer verfassungsrechtlichen Stellung hinreichend legitimiert sein, parlamentarische Gesetzgebungsakte zu kassieren. Die Legitimation des BVerfG zum Eingriff in den politischen Prozess gründet primär auf dessen verfassungsrechtlicher Konstituierung, seiner damit verbundenen Stellung als Verfassungsorgan und dem Ansehen und der Akzeptanz seiner Entscheidungen. Legitimierend sind im Zusammenhang mit der letztverbindlichen Verfassungsinterpretation die Art der

---

[229] So für die Sachentscheidungen der Kammern im Rahmen des § 93c Abs. 1 Satz 1 BVerfGG *Graßhof*, in: Maunz u.a., BVerfGG, § 93c Rn. 7 Fn. 2.

Richterbesetzung, das besondere Verfahren sowie die speziellen Kontrollmechanismen.[230] Bedingt der Umfang dieser Legitimation die Reichweite der Befugnisse, so können bestimmte Befugnisse nicht auf solche Spruchköper übertragen werden, die nicht entsprechend legitimiert sind; sonst wären wiederum Ansehen und Akzeptanz des BVerfG insgesamt gefährdet, und der mit einer Entlastung verbundene Funktionsgewinn in sein Gegenteil verkehrt.

a. Gegenstand der Rechtsprechung im Anwendungsbereich des Regelungsvorschlags

Verfassungsrechtsprechung greift auch dann in den politischen Prozess ein, wenn es um die Verwerfung aufgehobener, auslaufender, sonst befristeter oder experimenteller parlamentarischer Gesetze geht. Der Politikbezug ist lediglich dort geringer, wo die Verwerfung von Gesetzen wegen veränderter tatsächlicher oder rechtlicher Umstände oder wegen einer geänderten Verfassungsinterpretation erfolgt.[231] Somit bedarf es in nahezu allen Fällen, die unter den untersuchten Regelungsvorschlag zu subsumieren sind, der besonderen verfassungsrechtlichen Legitimation zur Normverwerfung, zumal für die Entscheidung politischer Streitfragen die entsprechende Legitimation unabdingbar ist.

b. Verhältnis der Kammern zum parlamentarischen Gesetzgeber

Daher stellt sich insbesondere die Frage, ob auch die Kammern des BVerfG in ihrem verfassungsrechtlichen Verhältnis zum parlamentarischen Gesetzgeber dazu legitimiert sind, dessen Gesetzgebungsakte formal-verbindlich zu verwerfen.

Die Kammern des BVerfG sind aber gegenüber dem Gesetzgeber nur sehr beschränkt verfassungsrechtlich legitimiert: Sie wenden weder in vollem Umfang das besondere Verfahrensrecht des BVerfG an, noch ist eine interne Kontrolle ihrer Judikate im senatsgleichen Umfang gewährleistet. Zudem sind sie gerade nicht entsprechend der verfassungsrechtlichen Vorschrift des Art. 94 Abs. 1 Satz 2 GG zusammengesetzt. Allein die danach besetzten Spruchkörper haben aber die Macht, parlamentarische Gesetzgebungsakte gesetzeskräftig zu verwerfen (Art. 94 Abs. 2 GG). Ist die Gesetzeskraft von Entscheidungen aber gerade Ausdruck der hervorgehobenen Stellung des BVerfG als Verfassungsorgan und oberster Hüter der Verfassung, so ergibt sich daraus zugleich, dass die Kammern nicht dieselbe Autorität im Verfassungsgefüge haben wie die Senate. Damit entspricht es auch allein der verfassungsrechtlichen Funktionenverteilung zwischen

---

[230] Hierzu Teil 1, B.II.4.f.
[231] Vgl. hierzu Teil 2, E.III.1.a.

BVerfG, Fachgerichten und dem parlamentarischen Gesetzgeber sowie der Autorität des BVerfG, dass Entscheidungen über die Verwerfung parlamentarischer Gesetze den Senaten des BVerfG vorbehalten werden.[232] Konsequent verweigert man den Kammern dementsprechend auch im Rahmen des § 93 Abs. 1 Satz 1 und 3 BVerfGG die nur inzidente Verwerfung parlamentarischer Gesetze. Es fehlt an der erforderlichen Legitimation.[233]

Anlässlich des Vierten Änderungsgesetzes zum BVerfGG von 1970[234] war sogar diskutiert worden, für eine Entscheidung des BVerfG, welche ein Bundesgesetz für nichtig erklärt, wegen des damit verbundenen, weitgehenden Eingriffs in den politischen Prozess eine Zweidrittelmehrheit der abstimmenden Richter zu verlangen. Denn gerade die Verwerfung parlamentarischer Gesetze sollte wegen des dadurch bewirkten Eingriffs in den politischen Prozess von einer breiteren Mehrheit getragen werden.[235] Bei den dreiköpfigen Spruchkörpern der Kammern ließe sich demgegenüber die erforderliche Einstimmigkeit im Einzelfall sogar dann erreichen, wenn im Senat eine Mehrheit für die Normverwerfung nicht zustande käme.[236]

Die Übertragung der Befugnis zur Verwerfung formeller, nachkonstitutioneller Gesetze auf die Kammern würde demnach in allen Fällen das bestehende Verfassungsgefüge grundlegend stören.

c. Verhältnis der Kammern zu den Senaten

Zudem würden sich die Kammern durch die Verwerfung parlamentarischer Gesetze von ihrer nachvollziehenden Funktion gegenüber den Senaten entfernen und damit eine senatsgleiche Stellung erhalten, die ihnen im bestehenden Verfassungsgefüge nicht zukommt. Man würde sich gerade in die Gefahr begeben, die man durch die Ablehnung der Einrichtung eines Dritten Senats am BVerfG verhindern möchte.[237] So würde die Erhöhung der Anzahl umfassend zur Verfassungsinterpretation kompetenter Spruchkörper zwangsläufig eine Zersplitterung der Verfassungsrechtsprechung mit sich bringen, sofern man nicht zugleich weitere Ausgleichs- und Kontrollmechanismen schafft.[238]

---

[232] Ähnlich *Sachs*, NVwZ 2003, S. 442 (443).

[233] *Graßhof*, in: Maunz u.a., BVerfGG, § 93c Rn. 29; anders dagegen *Clemens/ Umbach*, in: Umbach/ Clemens, BVerfGG, § 93b Rn. 30; *Sachs*, NVwZ 2003, S. 442 (443).

[234] Vom 21.12.1970, BGBl. I, S. 1765.

[235] Vgl. dazu *Lamprecht*, NJW 1994, S. 3272 (3273); *Säcker*, Gesetzgebung durch das BVerfG, S. 219; *Wöhrmann*, Reformvorschläge, S. 1353.

[236] *Lichtenberger*, BayVBl. 1984, S. 481 (485).

[237] So im Zusammenhang mit der Gefahr bei einer zu weiten Auslegung des § 93c Abs. 1 Satz 1 BVerfGG *Graßhof*, in: Maunz u.a., BVerfGG, § 93c Rn. 5.

[238] Vgl. dazu *Bundesministerium der Justiz*, Entlastung des BVerfG, S. 99 f.

Da in jedem Falle Voraussetzung wäre, dass die Vorlagefrage keine grundsätzliche verfassungsrechtliche Bedeutung haben darf, ginge es zwar bei den Kammerentscheidungen nicht um die objektive Klärung für die Zukunft richtungsweisender verfassungsrechtlicher Fragen, da sich die grundsätzliche verfassungsrechtliche Bedeutung gerade durch die objektive und künftige Wichtigkeit definiert. Allerdings geht es auch bei der Beantwortung von Rechtsfragen, welche nicht für die Zukunft richtungsweisend sind, nicht zwangsläufig bloß um den Nachvollzug der Rechtsprechung der Senate des BVerfG. Auch verfassungsrechtliche Probleme, die keine grundsätzliche verfassungsrechtliche Bedeutung (mehr) haben, können noch nicht durch die Senatsrechtsprechung geklärt sein. Angesichts ihrer verfassungsrechtlichen Stellung gegenüber den Senaten können die Kammern aber nur dann verfassungsrechtliche Fragen entscheiden, wenn es um den punktuellen, den fallorientierten Nachvollzug der Rechtsprechung geht.

Daher ist die Übertragung der Verwerfungskompetenz auf die Kammern auch unter dem Gesichtspunkt ihrer Stellung gegenüber den Senaten verfassungsrechtlich äußerst problematisch.

d. Zum spezifischen Entscheidungsausspruch bei der Normenkontrolle als Ausdruck richterlicher Zurückhaltung

Überdies würde die Verwerfung von Parlamentsgesetzen durch die Kammern in vielen Fällen sogar zu anderen Entscheidungsergebnissen führen, wenn die Kammern im Falle einer verfassungsrechtlichen Beanstandung nicht dazu legitimiert sind, die Fortgeltung einer Vorschrift formal-verbindlich anzuordnen, den Gesetzgeber zu einer Nachbesserung aufzufordern oder selbst Übergangsrecht zu regeln. Denn auch bei den Normsituationen, die unter den vorliegend untersuchten Regelungsvorschlag zu subsumieren sind, kommen die Senate des BVerfG häufig nicht zur schlichten Nichtigerklärung der Norm, sondern belassen es meist bei einer bloßen Unvereinbarerklärung oder machen sonst von ihrem breiten Entscheidungsinstrumentarium Gebrauch.[239] Ohne diese flankierenden Anordnungen und Regelungen ist eine Unvereinbarkeitsfeststellung häufig praktisch oder verfassungsrechtlich nicht möglich.[240]

Die Kammern des BVerfG sind aber nicht dazu legitimiert, auch dann verfassungsrechtlich wirksame und verhältnismäßige Entscheidungen zu treffen, wenn die Normverwerfung die Verfassungswidrigkeit einer Rechtslage noch weiter vertiefen würde, oder wenn erst eine Neuregelung durch den Gesetzgeber den

---

[239] Vgl. dazu Teil 2, B.II und E.III.2.b, sowie die Übersicht zu Entscheidungen des BVerfG in Bezug auf die untersuchungsgegenständlichen Normsituationen im Anhang, S. 213 ff.
[240] So RBV *Steiner* im persönlichen Gespräch.

Verfassungsverstoß beseitigen könnte. So haben die Kammern zwar das Recht, eine Norm im Sinne des gesetzgeberischen Willens – inzident, nicht gesetzeskräftig – verfassungskonform auszulegen. Das Recht, an den Gesetzgeber zu appellieren, ihn formal-verbindlich zu einer Neuregelung aufzufordern oder sogar selbst Übergangsrecht zu sprechen, haben die Kammern aber angesichts ihrer bloß nachvollziehenden Funktion gegenüber den Senaten, der insgesamt beschränkten Funktion im Verfassungsgefüge und insbesondere der fehlenden Legitimation zu Eingriffen in den politischen Prozess nicht.

e. Abwägung gegen den Entlastungseffekt

Da demnach für die Verwerfung parlamentarischer Gesetze weder das Entscheidungsinstrumentarium der Kammern ausreichend ist, noch die Kammern zum damit verbundenen Eingriff in den politischen Prozess verfassungsrechtlich legitimiert sind, und die Übertragung der Verwerfungskompetenz auch ihrer Stellung im Verhältnis zu den Senaten widerspräche, würde die Verwirklichung des Regelungsvorschlags systemwidrig das Gewaltengefüge zwischen Senaten, Kammern und Gesetzgebung verschieben. Die Übertragung der Verwerfungskompetenz auf die Kammern des BVerfG entspricht nicht der bloßen Entlastungsfunktion der Kammern gegenüber den Senaten. Eine Entlastung würde zwar eintreten, die Verwirklichung des Regelungsvorschlags aber die hervorgehobene Stellung des BVerfG im Verfassungsgefüge insgesamt eher schwächen als stärken.

4. Ergebnis

Da demnach die Übertragung der Verwerfungskompetenz für parlamentarische Gesetze auf die Kammern einen ganz grundlegenden Eingriff in das bestehende Verfassungsgefüge bedeuten würde, scheidet sie als Entlastungsmaßnahme für das BVerfG aus. Daher handelt es sich beim oben dargestellten Regelungsvorschlag um keine verfassungsrechtlich geeignete Reformmaßnahme.

D. Übertragung der Normerhaltungskompetenz für offensichtlich unbegründete Richtervorlagen auf die Kammern

Im Folgenden soll daher eine Reformmaßnahme untersucht werden, welche weniger weitgehend in das bestehende Verfassungsgefüge eingreift. So scheint es keinen so grundlegenden Eingriff in die bestehende verfassungsrechtliche Funktionenverteilung darzustellen, wenn man den Kammern die Befugnis überträgt, Gesetzgebungsakte formal-rechtlich zu bestätigen, indem sie eine Richtervorlage als unbegründet zurückweisen. Zudem entscheiden die Kammern bereits unter geltendem Recht nicht selten über materiell an sich offensichtlich unbegründete Richtervorlagen, wenn sie diese als unzulässig beurteilen, weil sie die Überzeugung von der Verfassungswidrigkeit einer Norm für zu wenig substantiiert dargelegt erachten.[241]

I. Regelungsvorschlag; Änderung des BVerfGG

Auch die Übertragung der Kompetenz zur „Normerhaltung"[242] bei offensichtlich unbegründeten Richtervorlagen auf die Kammern würde im Hinblick auf die verfassungsrechtlich zwingende Vorhersehbarkeit der Zuständigkeit des jeweiligen Spruchkörpers am BVerfG[243] eine Änderung des BVerfGG erfordern. Soll eine entsprechende Änderung nicht – wie der unter C) untersuchte Vorschlag – in die bestehenden Funktionenverteilung zwischen Kammern und Senaten des BVerfG eingreifen, so muss den dargestellten verfassungsrechtlichen Bedenken in dem Reformvorschlag Rechnung getragen werden: Der Regelungsvorschlag geht daher dahin, dass die Kammern nur dann über die Begründetheit der Richtervorlage entscheiden, wenn es zum einen um eine Rechtsfrage geht, der keine grundsätzliche verfassungsrechtliche Bedeutung zukommt, und die zum anderen bereits durch die Senate des BVerfG vorentschieden ist. Auf dieser Grundlage könnte ein neuer – im Anschluss an die Vorschrift des § 81a BVerfGG eingefügter – § 81b etwa lauten:

(1) Kommt der Vorlage keine grundsätzliche verfassungsrechtliche Bedeutung zu, und ist die maßgebliche verfassungsrechtliche Frage durch das BVerfG bereits entschieden, kann die Kammer durch einstimmigen Beschluss über die vorgelegte Rechtsfrage entscheiden, wenn die Vorlage offensichtlich unbegründet ist. Der Beschluss steht einer Entscheidung des Senats gleich.

(2) Die Entscheidung bleibt dem Senat vorbehalten, wenn der Antrag von einem Landesverfassungsgericht oder von einem obersten Gerichtshof des Bundes gestellt wird.

II. Auslegung, Bedeutung und Wirkung des Regelungsvorschlags

Da die Kammern im Rahmen dieses neuen § 81b BVerfGG in der Sache über die betreffende Rechtsfrage entscheiden würden, ist Grundvoraussetzung der

---

[241] Vgl. dazu oben unter B I.

[242] Der Begriff Normerhaltung wird vor allem in Zusammenhang mit der verfassungskonformen Auslegung von Gesetzen gebraucht, vgl. *Lüdemann,* JuS 2004, S. 27 (28); *Rieger,* NVwZ 2003, S. 17 (21).

[243] Vgl. oben unter C.I.

Entscheidungszuständigkeit, dass die betreffende Vorlage von der Kammer für zulässig befunden wird; die Kompetenz der Kammern zur Entscheidung über unzulässige Vorlagen nach § 81a BVerfGG bliebe nach der Regelung unverändert bestehen.

1. Definition der Begriffe und Auslegung des Regelungsvorschlags

a. Nachvollzug der Rechtsprechung

Die verfassungsrechtliche Frage müsste durch die Senate des BVerfG bereits entschieden sein, weil die Kammern gerichtsverfassungsrechtlich nicht die Funktion haben, die Verfassung präjudiziell auszulegen.[244] Damit die Entscheidungskompetenz der Kammern also eröffnet wäre, müsste ein entsprechendes Präjudiz der Senate des BVerfG vorhanden sein, auf dessen Grundlage die nunmehrige Kammerentscheidung ergehen könnte.

Es reichte auch in diesem Zusammenhang nicht, wenn die verfassungsrechtliche Frage hinreichend geklärt wäre; die Frage müsste vielmehr „bereits entschieden" sein.[245] Entsprechend der Auslegung der Vorschrift des § 93c Abs. 1 Satz 1 BVerfGG ist dies dann der Fall, wenn es nur um den punktuellen und fallorientierten Nachvollzug der Senatsrechtsprechung geht. Nachvollzug in diesem Sinne meint aber nicht bloß die Subsumtion unter die Obersätze der Senate, sondern umfasst auch die notwendige Auslegung, die fallorientierte Konkretisierung und damit die Entfaltung der von den Senaten aufgestellten prinzipienhaften Maßstäbe.[246] Orientierung dafür, ob ein entsprechendes Präjudiz der Senate des BVerfG vorliegt, kann dabei die Frage sein, inwieweit die von der Kammer zu treffende Entscheidung Bindungswirkung nach § 31 Abs. 1 BVerfGG entfalten würde: Je weiter die Wirkung einer solchen Kammerentscheidung voraussichtlich reichen würde, je weniger sie also nur punktuelle Bindungswirkung haben würde, desto mehr spricht für die Senatskompetenz.[247]

Die Voraussetzung, dass die verfassungsrechtliche Frage bereits entschieden ist, könnte schließlich nur durch eine vorgängige *Senats*entscheidung erfüllt werden; eine Kammerentscheidung ist nie selbst in diesem Sinne präjudiziell.[248]

---

[244] Hierzu oben unter A.II.3.

[245] So für die Auslegung des § 93c Abs. 1 Satz 1 BVerfGG *Graßhof,* in: Maunz u.a., BVerfGG, § 93c Rn. 9.

[246] Vgl. dazu oben unter A.II.2.c.aa.

[247] So für die Auslegung des § 93c Abs. 1 Satz 1 BVerfGG *Graßhof,* in: Maunz u.a., BVerfGG, § 93c Rn. 16.

[248] So im Zusammenhang mit der Auslegung des § 93c Abs. 1 Satz 1 BVerfGG *Graßhof,* in: Maunz u.a., BVerfGG, § 93c Rn. 36

b. Zur Frage der „grundsätzlichen verfassungsrechtlichen Bedeutung"

Zusätzliche Voraussetzung der Kammerkompetenz nach einem entsprechenden § 81b Abs. 1 BVerfGG wäre, dass die Rechtsfrage keine „grundsätzliche verfassungsrechtliche Bedeutung" hätte. Denn auch dann, wenn eine verfassungsrechtliche Frage bereits verfassungsgerichtlich entschieden ist, kann sie noch grundsätzliche Bedeutung haben, beispielsweise wenn ein durch die Senate bereits entschiedener Sachverhalt der erneuten präjudiziellen Klärung bedarf, weil die betreffende Verfassungsfrage wieder verfassungsrechtlich oder „gesellschaftlich brisant" oder in einer Vielzahl konkreter Fällen aktuell wird.[249]

Die „grundsätzliche verfassungsrechtliche Bedeutung" im Rahmen des vorgeschlagenen § 81b Abs. 1 BVerfGG wäre analog der Rechtsprechung des BVerfG zum Recht der Annahme von Verfassungsbeschwerden (§ 93a Abs. 2 lit. a) BVerfGG) auszulegen. Danach besteht diese – die Kammerkompetenz ausschließende – grundsätzliche verfassungsrechtliche Bedeutung, wenn die Entscheidung über die Rechtsfrage eine für die Zukunft richtungsweisende Klärung herbeiführen kann.[250] Dies ist in der Regel nicht der Fall, wenn sich die zugrunde liegende fachgesetzliche Regelung zwischenzeitlich geändert hat, wenn also die Vorlagefrage aufgehobenes oder abgeändertes Recht betrifft.[251] Auch bei aufgehobenem, auslaufendem und Übergangsrecht besteht aber eine grundsätzliche verfassungsrechtliche Bedeutung, wenn noch eine Vielzahl von Fällen in nicht absehbarer Zukunft nach der betreffenden Norm zu entscheiden sind, wenn die Nachfolgeregelung den Regelungsgehalt der streitigen Norm im Wesentlichen wiederholt, oder wenn die Entscheidung darüber in sonstiger Weise richtungsweisend für die Zukunft sein kann. Die grundsätzliche verfassungsrechtliche Bedeutung bestünde dagegen (in der Regel) bei der Entscheidung über die Verfassungsmäßigkeit „normaler" Zeitgesetze, bei Experimentiergesetzen und bei solchen Rechtslagen, bei denen sich die erneute Klärungsbedürftigkeit der Rechtsfrage aus veränderten tatsächlichen oder rechtlichen Verhältnissen herleitet.

c. Offensichtliche Unbegründetheit

Voraussetzung der Kammerzuständigkeit nach § 81b wäre schließlich, dass die betreffende Richtervorlage „offensichtlich unbegründet" ist. Dieses Erfordernis überschneidet sich teilweise mit den anderen beiden Voraussetzungen des neuen

---

[249] So zur Auslegung des § 93c Abs. 1 Satz 1 BVerfGG *Graßhof,* in: Maunz u.a., BVerfGG, § 93c Rn. 11, sowie *dies.,* in: Maunz u.a., BVerfGG, § 93a Rn. 40 ff.

[250] Dazu oben in Teil 2, C.III.2.a.

[251] Vgl. den Nichtannahmebeschluss der 3. Kammer des 1. Senats vom 11.11.1999 – 1 BvR 122/94 – veröffentlicht unter http://www.bverfg.de; vgl. dazu auch *Uerpmann,* Annahme der Verfassungsbeschwerde, S. 688 f.

§ 81b Abs. 1 BVerfGG. So können offensichtlich unbegründete Vorlagen in der Regel schon keine rechtsgrundsätzlichen Fragen aufwerfen.[252] Andererseits ist die betreffende Rechtsfrage nur dann bereits von den Senaten entschieden, wenn sich aus der betreffende Vorentscheidung auch die offensichtliche Unbegründetheit der Vorlage ableiten lässt.[253]

Die verfassungsrechtlichen Bedenken des Instanzrichters sind – entsprechend der Auslegung des § 93c Abs. 1 Satz 1 BVerfGG – dann offensichtlich unbegründet, wenn sich (aufgrund der durch die Senatsrechtsprechung bereits aufgestellten verfassungsrechtlichen Maßstäbe) ergibt, dass ernstliche Zweifel an der Verfassungsmäßigkeit des vorgelegten Gesetzes nicht bestehen können.[254] Offensichtlich ist die Verfassungsmäßigkeit der Vorschrift daher nur, wenn sich die Konkretisierung oder die verfassungsrechtliche Fortentwicklung der von den Senaten aufgestellten Maßstäbe geradezu aufdrängt und der Senat im konkreten Fall mit überwiegender Wahrscheinlichkeit ebenso entscheiden würde.[255] Je genauer der (von den Senaten vorentschiedene) verfassungsrechtliche Maßstab „passt", desto eher ist daher die Vorlage auch offensichtlich unbegründet in diesem Sinne.[256]

Nicht offensichtlich unbegründet ist die Vorlage aber, wenn – trotz vorhandenen Präjudizes – entweder in der Literatur erhebliche Einwände gegen diese Verfassungsinterpretation erhoben werden[257] oder wenn seit der entsprechenden Vorentscheidung ein sehr langer Zeitraum vergangen ist, sich seither die tatsächlichen oder rechtlichen Umstände wesentlich geändert haben[258] und daher aus Gründen der verfassungsrechtlichen Rechtssicherheit die erneute (präjudizielle) Senatsentscheidung erforderlich ist.[259]

---

[252] *Graßhof,* in: Maunz u.a., BVerfGG, § 93a Rn. 27.

[253] So zur Rechtslage bei der Verfassungsbeschwerde im Rahmen des § 93c Abs. 1 Satz 1 BVerfGG *Grasshof,* in: Maunz u.a., BVerfGG, § 93c Rn. 15.

[254] So für die Auslegung der „offensichtlichen Begründetheit" im Rahmen des § 93c Abs. 1 Satz 1 BVerfGG *Graßhof,* in: Maunz u.a., BVerfGG, § 93c Rn. 17.

[255] *Graßhof,* in: Maunz u.a., BVerfGG, § 93b Rn. 5.

[256] So für die „offensichtliche Begründetheit" im Rahmen des § 93c Abs. 1 Satz 1 BVerfGG *Graßhof,* in: Maunz u.a., BVerfGG, § 93c Rn. 12.

[257] So für die Auslegung der „offensichtlichen Begründetheit" im Rahmen des § 93b Abs. 2 BVerfGG a.F. (nunmehr § 93c Abs. 1 Satz 1 BVerfGG) *Mahrenholz,* Kammerbeschlüsse, S. 1367.

[258] So für die Auslegung der „offensichtlichen Begründetheit" im Rahmen des § 93b Abs. 2 BVerfGG a.F. (nunmehr § 93c Abs. 1 Satz 1 BVerfGG) *Mahrenholz,* Kammerbeschlüsse, S. 1367.

[259] So für die Vorschrift des § 93a BVerfGG *Grasshof,* in: BVerfGG, § 93a Rn. 42.

d. Unter den Regelungsvorschlag fallende Beispielsfälle

aa. Schon bisher durch die Kammern entschiedene Fälle

Daher könnten viele derjenigen Vorlagen, welche die Kammern bisher als unzulässig zurückweisen und bei denen sie bedenklich hohe Anforderungen an die Darlegung der Überzeugung von der Verfassungswidrigkeit der Vorschrift gestellt haben, unter die neue Vorschrift subsumiert werden (vgl. die Fälle 16 bis 20). Denn die Kammern verlangen gerade in diesem Zusammenhang von den Fachgerichten häufig, dass deren Überzeugungsbildung korrekt entsprechend den Präjudizien des BVerfG erfolgt, im Einzelfall sogar, dass eine BVerfG - Entscheidung in dem Sinne weiterentwickelt, konkretisiert oder ausgelegt wird, dass man sie auf ähnliche Fälle entsprechend (vgl. den Fall 16) oder auf unähnliche Fälle gerade nicht (vgl. den Fall 18) anwendet (vgl. auch die Fälle 1 bis 3). Damit entfernen sie sich aber sehr weit vom Grundsatz, dass es für diese Beurteilung auf die Überzeugung des vorlegenden Fachgerichts ankommt. In diesem Zusammenhang würde also die Einfügung der Vorschrift des § 81 b zwar nicht zu einer zusätzlichen Entlastung des BVerfG führen; es könnte sich aber in zahlreichen Fällen die gesetzliche Grundlage der Kammerkompetenz ändern, womit der Kritik an den Kammerentscheidungen[260] (zumindest teilweise) der Boden entzogen wäre. Es wäre damit auch für die Richter eine eher zufriedenstellende, weil „ehrlichere" Entscheidungsoption verbunden.

bb. Zusätzlich nach neuer Rechtslage von den Kammern zu entscheidende Fälle

Aber auch in zahlreichen Fällen, in denen die Kammerzuständigkeit – mangels Unzulässigkeit der Vorlage – bislang nicht gegeben ist, wäre eine solche unter den Voraussetzungen des Regelungsvorschlags eröffnet. So beruft sich das BVerfG in vielen Fällen, in denen es eine Vorlage zwar als zulässig, aber letztlich als unbegründet beurteilt, auf den gesetzgeberischen Prognose- und Gestaltungsspielraum.[261] Zur Wahrung des notwendigen „judicial self-restraint" gegenüber dem parlamentarischen Gesetzgeber[262] geht es in ständiger Rechtsprechung davon aus, dass allen Gesetzen eine verfassungsgerichtlich nur beschränkt überprüfbare Prognose der Legislative über künftige Auswirkungen des Gesetzes zugrunde liegt,[263] und es betont immer wieder die Berechtigung des Gesetz-

---

[260] Vgl. oben unter B.I.2.

[261] Dies gilt insbesondere im Bereich der Wirtschaftsgesetzgebung – BVerfGE 4, 7 (17 f.), bei Vertragsgesetzen – BVerfGE 89, 155 (181); 95, 39 (45 ff.), bei außenpolitischen Fragen – BVerfGE 94, 115 (143 ff.) oder bei Planungsgesetzen – BVerfGE 76, 107 (121 f.); dazu *Sturm*, in: Sachs, GG, Art. 93 Rn. 15. Vgl. hierzu auch bereits oben in Teil 2, B.II.3.

[262] Vgl. dazu in Teil 1, B.II.4.d.

[263] *Gusy*, ZRP 1985, S. 291 (293).

gebers, Erfahrungen auszuwerten und Anpassungsspielräume zu nutzen.[264] In all jenen Fällen, in denen es sich unter dem Gesichtspunkt des parlamentarischen Spielraums aufdrängt, dass es angesichts entsprechender Senatspräjudizien zu einer Normerhaltung kommen muss, könnten auf Grundlage des vorgeschlagenen § 81b Abs. 1 BVerfGG in der Regel die Kammern des BVerfG entscheiden. Beispielsweise wären die Kammern nach einer solchen Vorschrift sehr häufig entscheidungskompetent, wenn es um die Normerhaltung betreffend eine der in Teil 2) dargestellten besonderen Normsituationen geht:

So kommt das BVerfG bei *aufgehobenen* oder vom Gesetzgeber *abgeänderten* Gesetzen unter dem Gesichtspunkt der Gestaltungsfreiheit des Gesetzgebers oft zur Unbegründetheit der Vorlagen. Eine, wenn auch verspätete, Korrektur der Gesetzeslage durch das Parlament wird oftmals nicht mit der Nichtigerklärung der aufgehobenen oder geänderten Vorschrift sanktioniert, sondern als sachlich begründet akzeptiert.[265] (vgl. oben die Fälle 9 bis 12).

Auch steht nach Auffassung des BVerfG dem Gesetzgeber bei dem Erlass von *Übergangsvorschriften* wegen deren zeitlich begrenzter Geltung eine besondere Gestaltungsfreiheit zu. Insbesondere mache die Befristung einer Regelung den Übergangscharakter eines Eingriffs deutlich und mildere dadurch dessen Schwere (vgl. oben auch den Fall 15).[266] Gleiches würde gelten in den meisten Vorlagefällen betreffend das übergeleitete *Recht der ehemaligen DDR* gemäß Art. 9 Abs. 2 i.V.m. der Anlage II des Einigungsvertrags.[267]

In komplizierten Übergangsphasen wird der Gesetzgeber zeitweise sogar von strikten Verfassungsgeboten freigezeichnet. Daher wird auch die *Experimentiergesetzgebung*, die erst auf die Erprobung einer bestimmten Rechtszustands ausgelegt ist, häufig als verfassungskonform angesehen.[268]

Bei Gesetzen, die aus Anlass eines Wandels der Lebensumstände oder der Verfassungsinterpretation verfassungswidrig geworden sind oder sich auf dem Weg in die Verfassungswidrigkeit befinden, sieht das BVerfG häufig von der Nichtigerklärung ab und belässt es bei einem bloßen Appell an den Gesetzgeber.[269] Ein „verfassungsimperfekter Zustand" soll dann noch-verfassungsgemäß sein,

---

[264] BVerfGE 18, 315 (332); 39, 169 (194); 54, 173 (202); 61, 319 (356); 70, 1 (34); *Stettner,* NVwZ 1989, S. 806 (808).

[265] *Stettner,* NVwZ 1989, S. 806 (808); ausführlich hierzu oben in Teil 2, B.II.3.

[266] BVerfGE 52, 1 (23 f.); vgl. hierzu oben in Teil 2, B.II.2.a.aa. und B.II.3.b.

[267] Vertrag zwischen der Bundesrepublik Deutschland und der Deutschen Demokratischen Republik über die Herstellung der Einheit Deutschlands vom 31.8.1990, BGBl. II, S. 889; vgl. zur Gleichstellung mit „normalen" Übergangsvorschriften oben in Teil 2, C.V.

[268] Vgl. dazu *Bethge,* in: Maunz u.a., BVerfGG, Vorb. Rn. 177; vgl. hierzu ausführlich oben in Teil 2, B.II.3.c.

[269] Vgl. hierzu *Pestalozza,* Noch verfassungsgemäße Rechtslagen, S. 548 ff.; *Schulte,* DVBl. 1988, S. 1200 (1201 ff.); hierzu in Teil 2, B.II.3.d.

wenn er nicht unverzichtbare Verfassungsnormen einschränkt, der politische Handlungsspielraum maximal ausgeschöpft wird, und die Einbuße in unmittelbarem Zusammenhang mit einer Gesamtannäherung an die Verfassung steht.[270]

Meist ist in den genannten Fällen die verfassungsrechtliche Lage insoweit geklärt, als aufgrund von Senatspräjudizien hinreichend feststeht, dass ein Eingriff der Verfassungsgerichtsbarkeit in den politischen Prozess durch die formalverbindliche Kassation des betreffenden Gesetzes ausscheidet. Zudem handelt es sich häufig auch nicht um grundsätzliche verfassungsrechtliche Fragen, da insbesondere im Falle von aufgehobenen und auslaufenden Gesetzen und von Übergangsbestimmungen meist nur noch ein kleiner, abgrenzbarer Personenkreis betroffen ist, und die Klärung der Rechtsfrage daher nicht richtungsweisend für die Zukunft sein kann.[271]

e. Verfahren bei einer Kammerentscheidung im Rahmen des § 81b Abs. 1 (neu)

Die Kammerentscheidung im Rahmen des Regelungsvorschlags erginge nach § 81b Abs. 1 BVerfGG (neu) durch Beschluss und daher gemäß § 25 Abs. 2 BVerfGG ohne mündliche Verhandlung. Ein solcher Beschluss bedarf wie eine entsprechende Senatsentscheidung, welcher er gleichsteht, der schriftlichen Begründung (§ 30 Abs. 1 Satz 2 BVerfGG).

Vor einem Kammerbeschluss nach § 81a BVerfGG müssen, zumal es sich hierbei um keine Sachentscheidung handelt, nicht zwingend Anhörungen gemäß § 82 BVerfGG durchgeführt werden.[272] Hingegen ginge es bei einer Entscheidung nach dem Regelungsvorschlag um eine echte Entscheidung in der Sache. Kommt eine solche Sachentscheidung in Betracht, so wäre daher umfassend die Mitwirkung der Betroffenen entsprechend der Vorschrift des § 82 BVerfGG durchzuführen. Denn es kann nötig sein, die Verfassungsorgane zu beteiligen (§§ 82 Abs. 1; 77 BVerfGG) oder nach § 82 Abs. 4 BVerfGG dazu die Rechtsauffassung der obersten Gerichtshöfe des Bundes einzuholen, um die Entscheidung über die Verfassungsmäßigkeit eines Gesetzes gegen entsprechende Defizite bei der Rechts- und Tatsachenfindung abzusichern.[273]

f. Wirkungen einer Entscheidung nach § 81b Abs. 1 (neu)

Mit einem Kammerbeschluss nach dem vorgeschlagenen § 81b Abs. 1 BVerfGG würde die Vorlage als unbegründet beurteilt und in der Sache die Vereinbarkeit

---

[270] Dazu *Pestalozza,* Noch verfassungsgemäße Rechtslagen, S. 547; hierzu in Teil 2, B.II.3.d.

[271] Vgl. dazu ausführlich in Teil 2, C.

[272] *Ulsamer,* in: Maunz u.a., BVerfGG, § 81a Rn. 4.

[273] Vgl. zur Funktion der Beteiligungsvorschriften oben in Teil 1, B.II.4.f.bb.

des betreffenden Gesetzes mit der Verfassung festgestellt. Es handelte sich damit um eine vollwertige Sachentscheidung des BVerfG.

Insbesondere würde die Entscheidung wie auch die anderen Sachentscheidungen der Kammern in formelle und materielle Rechtskraft erwachsen. Auch käme ihr, insbesondere weil sie einer Senatsentscheidung gleichgestellt wird, die allgemeine Bindungswirkung nach § 31 Abs. 1 BVerfGG gegenüber allen Staatsorganen zu.[274]

Gesetzeskraft im Sinne des § 31 Abs. 2 BVerfGG hätte der Kammerbeschluss allerdings nicht, da die Kammern nicht nach Art. 94 Abs. 1 und Abs. 2 GG legitimiert sind, gesetzeskräftige Entscheidungen zu treffen[275].[276]

2. Entlastungseffekt für das BVerfG

Zum einen würde die Umsetzung des Regelungsvorschlags die bisherige Rechtsprechung der Kammern zur Unzulässigkeit von Richtervorlagen auf eine eindeutige und durchschaubare Grundlage stellen, der Kritik an mangelnder Transparenz damit die Grundlage entziehen und auf diese Weise zu einem Funktionsgewinn des BVerfG beitragen.

Zum anderen würde die Neuordnung zugleich auch solche Fälle erfassen und kanalisieren, welche nicht unter die bisherige Regelung des § 81a BVerfGG subsumiert werden können. Demnach würde sich die Entscheidungszuständigkeit der Kammern erweitern und damit auch die mit den Kammerzuständigkeiten grundsätzlich verbundene, nicht unerhebliche Entlastung der Senate des BVerfG[277] verstärken. Insbesondere würden die Senate in großem Umfang von der aufwändigen Befassung mit bereits geklärten verfassungsrechtlichen Fragen entlastet. Auch wäre mit der Übertragung der Normerhaltungskompetenz auf die Kammern wegen des einfacheren und abgekürzten Verfahrens eine Verfahrensbeschleunigung verbunden, welche die Effizienz der Verfassungsgerichtsbarkeit insgesamt steigern könnte.

Steht und fällt aber jede Entlastungsmaßnahme mit der Funktion und der Autorität des BVerfG, so muss auch der vorliegend untersuchte Regelungsvorschlag mit der Stellung des BVerfG bei der richterlichen Normprüfung und -verwerfung im Einklang stehen.

---

[274] Vgl. zur Bindungswirkung der Sachentscheidungen der Kammern oben unter A.V.

[275] Vgl. zur fehlenden Gesetzeskraft von Kammerentscheidungen oben unter A.V.3.

[276] Dies ist ein praktischer Nachteil der hier vorgeschlagenen Regelung, aber gerichtsverfassungsrechtlich unvermeidbar und zumindest tendenziell durch die faktische Bindungswirkung ausgleichbar.

[277] Vgl. dazu in Teil 2, B.IV sowie oben unter C.II.2.

III. Zur Vergleichbarkeit des Rechts der Verfassungsbeschwerde oder des § 24 BVerfGG

Die Vergleichbarkeit der Regelung zur Annahme von Verfassungsbeschwerden scheidet im Zusammenhang mit der Übertragung von Sachentscheidungskompetenzen auf die Kammern aus den bereits dargestellten Gründen aus.[278] Aber auch die Stattgabekompetenz der Kammern im Rahmen offensichtlich begründeter Verfassungsbeschwerden (nach § 93c Abs. 1 Satz 1 BVerfGG) ist dem vorliegenden Regelungsvorschlag nicht hinreichend vergleichbar; denn diese umfasst gerade nicht Entscheidungen über parlamentarische Gesetze. Der Senatsvorbehalt gemäß § 93c Abs. 1 Satz 3 BVerfGG soll vielmehr auch die Entscheidung über die Vereinbarkeit von Gesetzen betreffen.[279]

Ebenso wenig eignet sich die Regelung über die A-limine-Abweisung (§ 24 BVerfGG) für eine vergleichende Heranziehung im Zusammenhang mit dem vorliegend untersuchten Regelungsvorschlag. Denn eine Entscheidung nach § 24 BVerfGG erfolgt gerade durch den Senat, nicht durch die Kammer; als Ausgleich für die fehlende mündliche Verhandlung ist nach dieser Vorschrift die einstimmige Beschlussfassung im Senat erforderlich.[280] Hingegen würde die Entscheidung nach dem Regelungsvorschlag zwar ebenfalls einstimmig, aber nur durch die drei Richter der Kammer ergehen.

IV. Vereinbarkeit mit Sinn und Zweck des Art. 100 Abs. 1 Satz 1 GG

Mangels vergleichbarer anderer Regelung soll daher auch die Realisierbarkeit des Regelungsvorschlags allein an Sinn und Zweck des Art. 100 Abs. 1 Satz 1 GG gemessen werden.

1. Zur Herstellung von Rechtssicherheit und Rechtseinheit

Entscheidungen der Senate des BVerfG sind gekennzeichnet durch ihre besondere Bindungswirkung gemäß § 31 Abs. 1 BVerfGG und – bei Normprüfungen – die Gesetzeskraft gemäß § 31 Abs. 2 BVerfGG, welche dazu führen, dass bei der richterlichen Normprüfung- und -verwerfung die verfassungsrechtlich gebotene Rechtssicherheit und Rechtseinheit hergestellt werden. Die Entscheidung der Kammer nach dem vorgeschlagenen § 81b Abs. 1 BVerfGG würde ebenfalls in formelle und materielle Rechtskraft erwachsen sowie die besondere Bindungswirkung nach § 31 Abs. 1 BVerfGG entfalten. Im Vergleich zur Senatsentscheidung fehlte ihr hingegen die Gesetzeskraft im Sinne des § 31 Abs. 2

---

[278] Vgl. oben unter C.III.2.

[279] Hierzu oben unter A.III.1.b.

[280] *Graßhof*, in: Maunz u.a., BVerfGG, § 93c Rn. 17 Fn. 1.

BVerfGG und die Bindungswirkung auch gegenüber dem parlamentarischen Gesetzgeber. Weiteres Defizit der Kammerentscheidungen im Hinblick auf die Prinzipien der Rechtssicherheit und Rechtseinheit ist die fehlende Bindung der Kammern des BVerfG in ihrem Verhältnis zueinander, zumal Kammerentscheidungen auch nicht Gegenstand einer Anrufung des Plenums sein können.

Die fehlende Gesetzeskraft und die fehlende Bindung auch des parlamentarischen Gesetzgebers sind aber im Hinblick auf Rechtssicherheit und Rechtseinheit insofern unproblematisch, als wohl auch in diesem Zusammenhang die faktische Bindung der Entscheidungen an die normative Bindung heranreichen würde. Liegt zudem der Sinn der Gesetzeskraft primär in der Erstreckung der Bindungswirkung verfassungsgerichtlicher Entscheidungen auf die Allgemeinheit,[281] so ist eine gesetzeskräftige Entscheidung bei den unter den Regelungsvorschlag fallenden Gesetzen auch nicht verfassungsrechtlich erforderlich. Denn die Entscheidung über Rechtsfragen ohne grundsätzliche verfassungsrechtliche Bedeutung kann notwendig nur noch eine sehr beschränkte Wirkung haben. Daher genügt es den Grundsätzen der Rechtssicherheit und Rechtseinheit, wenn ausgesprochen wird, dass der entsprechende Normenkontrollantrag als unbegründet zurückgewiesen und die betreffende Norm damit in ihrer Verfassungsmäßigkeit inzident bestätigt wird. Es besteht in diesem Zusammenhang nicht die Notwendigkeit einer Entscheidung mit Gesetzeskraft.

Auch die fehlende Bindung der Spruchkörper des BVerfG an die Kammerentscheidungen steht der Übertragung der Normerhaltungskompetenz auf die Kammern nicht entgegen. Denn nach dem vorgeschlagenen § 81b Abs. 1 BVerfGG ist Voraussetzung der Kammerkompetenz, dass die betreffende verfassungsrechtliche Frage bereits durch die Senate vorentschieden ist. Damit ist aber gewährleistet, dass die Kammern selbst keine eigenständige Verfassungsinterpretation durchführen, sondern sich an (bereits entsprechend bindende und damit Rechtssicherheit und Rechtseinheit sicherstellende) Senatspräjudizien halten. Auf dieser Grundlage besteht also Rechtssicherheit und Rechtsanwendungsgleichheit bereits wegen der betreffenden Vorentscheidungen der Senate des BVerfG.

Unter den Gesichtspunkten der Einheitlichkeit der Rechtsprechung und der Rechtssicherheit bestehen keine grundlegenden verfassungsrechtlichen Bedenken gegen die Übertragung der Normerhaltungskompetenz auf die Kammern des BVerfG.

---

[281] *Wieland,* in: Dreier, GG, Art. 94 Rn. 24 f.

2. Zur Autorität des Gesetzgebers

Die Autorität des parlamentarischen Gesetzgebers ist – nach hier vertretener Auffassung – bei einer Übertragung der (Sach-) Entscheidungsbefugnis über die Verfassungsmäßigkeit oder -widrigkeit auf die Kammern des BVerfG nicht stärker gefährdet als bei der entsprechenden Kompetenz der Senate.[282] Daher stünde der Gesichtspunkt des Respekts vor dem parlamentarischen Gesetzgeber auch der Übertragung der Normerhaltungskompetenz nicht entgegen.

3. Die Stellung des BVerfG als oberster Hüter der Verfassung

Letztlich müsste aber der Regelungsvorschlag insbesondere im Einklang stehen mit der Funktion des BVerfG als dem obersten Hüter der Verfassung, welche es insbesondere auch im Rahmen des Art. 100 Abs. 1 Satz 1 GG repräsentiert. Die mit einem § 81b Abs. 1 BVerfGG verbundene Entlastung dürfte daher nicht Ansehen und Autorität des BVerfG gefährden. Dies ist nur dann nicht der Fall, wenn der Regelungsvorschlag mit der bestehenden verfassungsrechtlichen Funktionenverteilung zwischen Senaten und Kammern des BVerfG sowie dem zwischen BVerfG, parlamentarischem Gesetzgeber und den Fachgerichten vereinbar ist.

a. Verhältnis der Kammern zu den Senaten

Im Verhältnis zu den Senaten des BVerfG haben die Kammern bloße Entlastungsfunktion. Sie sind insbesondere nicht zuständig für die präjudizielle Klärung verfassungsrechtlicher Fragen, sondern bloß für den punktuellen, einzelfallbezogenen Nachvollzug der Senatsrechtsprechung.[283] Der Regelungsvorschlag beschränkt die Entscheidungskompetenz der Kammern gerade auf bereits verfassungsgerichtlich vorgeklärte Rechtsfragen sowie auf solche, denen keine grundsätzliche verfassungsrechtliche Bedeutung zukommt. Damit wäre gesetzlich sichergestellt, dass die Kammern sich im Rahmen ihrer dargestellten Funktion gegenüber den Senaten bewegen. Zudem sind die Senate des BVerfG im Verfassungsgefüge gerade zuständig für die Klärung objektiv wichtiger, für die Verfassungsauslegung präjudizieller Rechtsfragen. „Offensichtliches" muss aber gerade nicht durch aufwändige Senatsentscheidung geklärt werden.[284]

Überdies werden die Zulässigkeitsvoraussetzungen für Richtervorlagen bereits unter geltendem Recht oftmals so hoch angesetzt, dass die Senatszuständigkeit in den unter den Regelungsvorschlag fallenden Situationen regelmäßig nur in

---

[282] Vgl. hierzu oben unter C.IV.1.

[283] Hierzu näher oben unter A.II.

[284] So *Uerpmann*, Annahme der Verfassungsbeschwerde, S. 683.

214

der Hälfte aller Fälle begründet ist.[285] Indessen können diese hohen Zulässigkeitsanforderungen nur nicht in vollem Umfang das kanalisieren, was von der Sache her nicht senatswürdig ist.

Durch den Regelungsvorschlag würde daher die Entscheidungszuständigkeit der Senate gegenüber derjenigen der Kammern nicht unsachgemäß eingeschränkt.

b. Verhältnis zum Gesetzgeber

Auch in das bestehende verfassungsrechtliche Verhältnis zwischen parlamentarischem Gesetzgeber und den Kammern würde durch eine Verwirklichung des Regelungsvorschlags nicht eingegriffen. Wollte man den Kammern die Verwerfungskompetenz für parlamentarische Gesetze übertragen, so stieße man wegen deren beschränkter verfassungsrechtlicher Legitimation gegenüber dem parlamentarischen Gesetzgeber auf die dargestellten, durch das Verfassungsgefüge bestimmten Probleme. Diese Legitimationsproblematik wird dagegen nicht aktuell, soweit den Kammern nur die Möglichkeit eingeräumt wird, die Verfassungsmäßigkeit eines Gesetzes zu bestätigen. Denn durch eine Normbestätigung wird gerade der Wille des Gesetzgebers in vollem Umfang aufrechterhalten und daher das Verhältnis zwischen parlamentarischem Gesetzgeber und Verfassungsgerichtsbarkeit nicht berührt. Daher bedarf die Konfirmation eines parlamentarischen Gesetzes auch nicht derselben umfassenden Legitimation im Verfassungsgefüge wie die Verwerfung eines Gesetzes; dies zeigt sich auch darin, dass auch die gegenüber dem Parlament nur sehr begrenzt legitimierten Fachgerichte die Verfassungsmäßigkeit von Gesetzen in eigener Verantwortung (wenn auch mit geringerer Autorität) bejahen können.

c. Verhältnis zu den Fachgerichten

Die Kammern würden im Anwendungsbereich des Regelungsvorschlags primär im Rahmen der verfassungsrechtlich vorgesehenen Kooperation von BVerfG und Fachgerichten bei der Sicherung des Vorrangs der Verfassung tätig. Bei der Zurückweisung einer Richtervorlage als offensichtlich unbegründet handelte es sich um die verfassungsgerichtliche Prüfung der von dem vorlegenden Fachgericht geäußerten Bedenken gegen die Verfassungsmäßigkeit eines parlamentarischen Gesetzes: Fehlt der Begründung des Fachrichters die verfassungsrechtliche Substanz, so kann die Vorlage auch von der Kammer zurückgewiesen werden. Teilt die Kammer die Bedenken des Fachgerichts, so entschiede der Senat.

---

[285] Vgl. die Übersicht zu den BVerfG – Entscheidungen betreffend die untersuchten besonderen Normsituationen im Anhang, S. 213 ff.

Weist das BVerfG die Vorlage eines Fachgerichts als unbegründet zurück, weil die verfassungsrechtlichen Bedenken nicht geteilt werden, so stellt dies auch keine unsachgemäße Bevormundung der Fachgerichte dar. Das BVerfG übt vielmehr nur seine ihm von der Verfassung zugewiesene Aufgabe der Kontrolle der verfassungsgemäßen Entscheidung des Einzelfalls aus. Während die Fachgerichte in erster Linie zur Anwendung und Auslegung des einfachen Rechts zuständig sind, obliegt es dem BVerfG, das Verfassungsrecht letztverbindlich auszulegen und anzuwenden, worauf sowohl die Richter des BVerfG wie auch die gesamte Institution spezialisiert sind. Die Kammern des BVerfG, deren Mitglieder stets zugleich Mitglieder des Senats sind, können diese gegenüber den Fachgerichten auch umfassend repräsentieren, soweit es nur um den punktuellen Nachvollzug der Senatsrechtsprechung geht, zumal die Kontrolle der Rechtsprechung durch das BVerfG (in dessen Rechtsprechungsfunktion) den verfassungsrechtlichen Grundsatz der Gewaltenteilung unberührt lässt.

Die Umsetzung des Regelungsvorschlags würde unter Umständen sogar dazu beitragen, dass die Kammern des BVerfG bei der Prüfung der Zulässigkeit von Richtervorlagen Übergriffe in die originären Aufgabenbereiche der Fachgerichte künftig vermeiden können. Die Überlastungssituation macht es nämlich – wie bereits ausgeführt – unvermeidbar, dass bei der Prüfung der Zulässigkeit von Richtervorlagen im Rahmen der Entscheidungserheblichkeit einer Norm teilweise detailliert in die Anwendung und Auslegung des einfachen Rechts „eingestiegen" wird (vgl. die Fälle 21 bis 24). Im Anwendungsbereich des Regelungsvorschlags könnten die Kammern aber auch über die (offensichtliche) Unbegründetheit von Richtervorlagen entscheiden und wären daher nicht genötigt, diese in dogmatisch schwierig zu begründender Weise als unzulässig zurückzuweisen. Daher würde die Verwirklichung des Regelungsvorschlags sogar dem legitimen Anspruch der Fachgerichte entgegenkommen, bei der Anwendung und Auslegung des einfachen Rechts stärker respektiert zu werden.

Wegen der verfassungsrechtlich hervorgehobenen Stellung der obersten Gerichtshöfe des Bundes und der Landesverfassungsgerichte wäre allerdings die Entscheidungskompetenz der Kammern auch in diesem Rahmen auf Vorlagen der Untergerichte beschränkt.

d. Abwägung der allgemeinen Vorbehalte gegenüber der Institution der Kammern gegen den Entlastungseffekt

Würde danach die Übertragung der Normerhaltungskompetenz auf die Kammern mit der verfassungsrechtlichen Funktionenverteilung im Einklang stehen, so erübrigte sich diesbezüglich eine Abwägung gegen den Entlastungseffekt. Allerdings ist noch ein anderer Aspekt zu bedenken.

Schon bisher werden die weitreichenden Kompetenzen der Kammern des BVerfG in der Literatur scharf attackiert.[286] Es fragt sich deshalb, ob der vorgeschlagenen Übertragung weiterer Befugnisse nicht solche allgemeinen Akzeptanzgesichtspunkte entgegenstehen. Denn auch innerhalb des Anwendungsbereichs des Regelungsvorschlags wäre nicht ausgeschlossen, dass die Kammern ihre Kompetenzen überschreiten, etwa eine Entscheidung auch ohne entsprechend eindeutiges Senatspräjudiz treffen oder Vorlagen in zu großem Umfang als offensichtlich unbegründet ansehen. Jedoch ist die Gefahr einer Kompetenzüberschreitung der Übertragung von Befugnissen allgemein immanent und muss hingenommen werden, wenn man bestimmten Einrichtungen ein entsprechendes Vertrauen entgegenbringt. Auch ist es wenig wahrscheinlich, dass bei einer voraussichtlich von der Mehrheit des Senats für senatswürdig befundenen Sache gleichwohl erfolgreich versucht wird, diese im Kammerverfahren zu erledigen. Die notwendige Einstimmigkeit in der Kammer dürfte nur schwer zu erreichen sein. Auf der anderen Seite ist auch der mit dem Regelungsvorschlag verbundene Entlastungseffekt für das BVerfG nicht zu vernachlässigen. Jedenfalls wiegt die damit verbundene Funktionssteigerung die mit einer Ausweitung der Kammerkompetenzen verbundenen Gefahren auf.

V. Ergebnis

Weder die verfassungsrechtliche Funktionenverteilung noch die allgemeinen Vorbehalte gegen die Einrichtung der Kammern stehen daher einer Übertragung der Entscheidungskompetenz für offensichtlich unbegründete Richtervorlagen auf die Kammern entgegen. Für einen solchen Vorschlag gibt es gewichtige Gründe; Einwände treten demgegenüber zurück:

- Eine solche Reform würde in nicht unerheblichem Umfang zu einer Entlastung der Senate des BVerfG beitragen.

- Die Verwirklichung des Reformvorschlags würde die bislang vielfältig kritisierte Spruchpraxis der Kammern zur Unzulässigkeit von Richtervorlagen auf eine unzweifelhaft gesetzmäßige Linie zurückführen.

- Der Institution des BVerfG blieben durch die Übertragung dieser Kompetenz auf die Kammern andererseits alle wesentlichen Zuständigkeiten erhalten.

---

[286] Vgl. dazu *Benda,* NJW 2001, S. 2947 ff.; *Brocker,* DRiZ 1997, S. 164 ff.; *Faupel,* NJ 1998, S. 57 (58); *Hermes,* Senat und Kammern, S. 725 ff.; *Heuveldop,* NJW 1990, S. 28; *Leisner,* BB 1995, S. 525 ff.; *Mahrenholz,* ZRP 1997, S. 129 ff.; *Rupp,* JZ 1995, S. 353; *Sailer,* ZRP 1977, S. 303 (305); *Sendler,* NJW 1995, S. 3291 ff.; *Uerpmann,* Annahme der Verfassungsbeschwerde, S. 673 ff.

- Das verfassungsrechtliche Verhältnis zum parlamentarischen Gesetzgeber würde, da es nur um Normerhaltung geht, nicht berührt.

- Da die Kammern auch nach dem Reformvorschlag nicht über grundsätzliche verfassungsrechtliche Fragen entscheiden könnten, würde der Reformvorschlag nicht in die bestehende Funktionenverteilung zwischen Senaten und Kammern eingreifen.

ZUSAMMENFASSUNG DER ERGEBNISSE

TEIL 1

1. Maßnahmen zur Entlastung des BVerfG müssen die Funktionenordnung des Grundgesetzes respektieren und dürfen nicht die Stellung und die Autorität des Gerichts im Verfassungsgefüge beeinträchtigen.

2. Die Auslegung des Art. 100 Abs. 1 Satz 1 GG hat sich in erster Linie an der Zielvorgabe zu orientieren, wie das BVerfG seiner Stellung als oberste Autorität zur Sicherung des Vorrangs der Verfassung – sowohl dem Einzelnen gegenüber als auch im Allgemeininteresse – so gut und effektiv wie möglich nachkommen und damit seine ihm im Gefüge der Staatsfunktionen zuerkannte Aufgabe erfüllen kann. Art. 100 Abs. 1 Satz 1 GG dient insoweit auch dem Schutz der Autorität des parlamentarischen Gesetzgebers, als die Verwerfung von Gesetzen auf eine, aus dem kooperativen Dialog von Fachgerichten und BVerfG hervorgegangene und von diesem getroffene Entscheidung beschränkt wird und durch eine allgemeinverbindliche Vereinbarerklärung gemäß § 31 Abs. 1 BVerfGG künftige Angriffe gegen ein Gesetz praktisch nicht mehr in Betracht kommt. Rechtssicherheit und Rechtseinheit sind elementare verfassungsrechtliche Grundsätze, denen die beim BVerfG konzentrierte Normverwerfung ebenfalls dient.

3. Seine Legitimation zum Eingriff in den politischen Prozess durch die Kassation parlamentarischer Gesetze und durch die Ausübung der anderen weitreichenden Varianten der verfassungsrechtlichen Beanstandung bei der Kontrolle parlamentarischer Gesetze schöpft das BVerfG in erster Linie aus seiner verfassungsrechtlichen Konstituierung und dem weitgehenden Vertrauen sowohl der Öffentlichkeit als auch der anderen Verfassungsorgane. Diese umfassende Legitimation durch das Grundgesetz spiegelt sich wider in den der Stellung des BVerfG entsprechenden institutionellen Vorkehrungen: so in dem besonderen Verfahrensrecht, den spezifischen Kontrollmechanismen sowie in der pluralistischen Besetzung der Senate.

TEIL 2

4. In der Rechtsprechung des BVerfG werden Richtervorlagen, die aufgehobene oder auslaufende Gesetze, Übergangs- oder Experimentiergesetze oder aber solche Normsituationen betreffen, bei denen sich die Verfas-

sungswidrigkeit einer Vorschrift aus geänderten tatsächlichen oder rechtlichen Verhältnissen herleitet, im Grundsatz nicht anders behandelt als alle anderen Vorlagen formeller nachkonstitutioneller Gesetze. Für den zulässigen Vorlagegegenstand ist danach insbesondere nicht Voraussetzung, dass und wie lange das betreffende Gesetz noch in Kraft ist. Die Vorlagen solcher Normen laufen in der Praxis des BVerfG aber eher Gefahr, dass sie als unzulässig angesehen werden, etwa weil die verfassungskonforme Auslegung der Vorschrift unter Ausrichtung an eine Nachfolgeregelung durch das Instanzgericht unterblieben ist und damit die Darlegung der Überzeugung von der Verfassungswidrigkeit der Norm als unzureichend bewertet wird. Die zulässigen Vorlagen in Bezug auf diese Normsituationen sind aber auch häufig unbegründet, insbesondere weil dem Gesetzgeber bei notwendig zeitbezogenen Gesetzen ein besonders weiter Gestaltungsspielraum zuerkannt wird.

5. Im Revisionszulassungsrecht wird die „grundsätzliche Bedeutung" und im Recht der Annahme von Verfassungsbeschwerden die „grundsätzliche verfassungsrechtliche Bedeutung" einer Rechtsfrage dann in der Regel verneint, wenn es um aufgehobene oder auslaufende Bestimmungen oder um Übergangsbestimmungen geht. Eine solche grundsätzliche Bedeutung besteht bei den untersuchten Normgruppen nur dann, wenn noch eine erhebliche Anzahl von Fällen in nicht absehbarer Zukunft nach der betreffenden Norm zu entscheiden sind, wenn eine Nachfolgeregelung den Regelungsgehalt der streitigen Norm im Wesentlichen wiederholt oder wenn die Entscheidung darüber in sonstiger Weise richtungsweisend für die Zukunft sein kann.

6. Das Revisionszulassungsrecht kann nicht auf die Auslegung des Art. 100 Abs. 1 Satz 1 GG übertragen werden, zumal es beim Verwerfungsmonopol des BVerfG im Unterschied zur Stellung der Revisionsgerichte gegenüber den Instanzgerichten nicht primär um die Herstellung von Rechtseinheit geht, sondern um die Realisierung der besonderen Verantwortung des BVerfG bei der Sicherung des Vorrangs der Verfassung.

7. Auch das den Vorschriften des BVerfGG über die Annahme der Verfassungsbeschwerde zugrunde liegende Konzept kann nicht durch Auslegung auf Art. 100 Abs. 1 Satz 1 GG übertragen werden, da bei der Richtervorlage im Gegensatz zur Verfassungsbeschwerde die Antragsbefugnis auf Gerichte beschränkt ist. Auch ist das besondere Annahmeverfahren für Verfassungsbeschwerden im Grundgesetz explizit vorgesehen.

8. Keine der untersuchten besonderen Normsituationen (vgl. oben unter 4.) kann einer derjenigen Fallgruppen gleichgestellt werden, die vom BVerfG in seiner ständigen Rechtsprechung von seinem Verwerfungsmonopol ausgenommen werden.

9. Die Verwerfungsbefugnis für parlamentarische Gesetze kann nicht auf die Fachgerichte übertragen werden. Zwar ließe sich auch durch die Entscheidungen der Fachgerichte im Ergebnis die verfassungsrechtlich notwendige Rechtssicherheit und Rechtseinheit erreichen. Die Fachgerichte sind aber nach der Verfassung weder dazu legitimiert, parlamentarische Gesetzgebungsakte – gleich welcher Art – zu verwerfen, noch das BVerfG bei der Ausübung seiner umfassenden Interpretationsmacht und der Ausübung seiner weitreichenden Entscheidungskompetenzen zu vertreten. Die Übertragung der Verwerfungskompetenz auf die Fachgerichte würde daher die Kompetenzen des BVerfG als dem obersten Hüter der Verfassung in verfassungsrechtlich nicht hinnehmbarem Maße verkürzen.

TEIL 3

10. Die Kammern des BVerfG haben gegenüber „ihren" Senaten bloße Entlastungs- bzw. Filterfunktion. Mangels senatsgleicher Legitimation im Verfassungsgefüge sind sie nicht zur präjudiziellen Klärung verfassungsrechtlicher Fragen zuständig, sondern nur zum punktuellen Nachvollzug der Senatsrechtsprechung.

11. Im Rahmen ihrer Kompetenzen repräsentieren die Kammern die Senate in vollem Umfang. Insbesondere erwachsen können auch ihre (Sach-)Entscheidungen in eine formelle und materielle Rechtskraft erwachsen und die spezifische Bindungswirkung nach § 31 Abs. 1 BVerfGG haben. Gesetzeskraft im Sinne des § 31 Abs. 2 BVerfGG kommt Kammerentscheidungen indessen nicht zu.

12. Da die Kammern nicht im senatsgleichen Umfang im Verfassungsgefüge legitimiert sind, fehlt ihnen auch die Befugnis zum Eingriff in den politischen Prozess. Daher kann den Kammern nicht die Kompetenz zur Verwerfung parlamentarischer Gesetzgebungsakte – gleich welcher Art – übertragen werden.

13. Gegenüber den Fachgerichten können die Kammern das BVerfG hingegen grundsätzlich umfassend repräsentieren, weil mit der Kontrolle der Fachgerichte weder ein Eingriff in den politischen Prozess noch in den Grundsatz der Gewaltenteilung verbunden ist. Wegen der verfassungsrechtlich hervorgehobenen Stellung der obersten Gerichtshöfe des Bundes und der Landesverfassungsgerichte können die Kammern allerdings nicht über deren Vorlagen entscheiden.

14. Es würde nicht in die verfassungsrechtliche Funktionenverteilung eingreifen, wenn man den Kammern des BVerfG im Rahmen des Verfahrens der

Richtervorlage die Normerhaltungskompetenz überträgt, ihre Zuständigkeit also auf die Entscheidung offensichtlich unbegründeter Vorlagen ausweitet. Eine solche Reform der Kammerbefugnisse würde zum einen zu einer nicht unerheblichen Entlastung der Senate des BVerfG führen und zum anderen auch die vielfältiger Kritik ausgesetzte Entscheidungspraxis der Kammern im Bereich der Beurteilung der Zulässigkeit von Richtervorlagen auf eine Zweifeln an ihrer Gesetzmäßigkeit ausschließende Linie zurückführen.

Entschei-dungsdatum:	Az.:	Norm-situation:	Fundstellen:	Entscheidung:
23.1.1990	1 BvL 44/86 u.a.	Neufassungen der Vorschrift	BVerfGE 81, 156	Vorlage zulässig und teilweise begründet; Nichtigkeitserklärung
29.5.1990	1 BvL 20/184 u.a.	Gesetzes-änderung	BVerfGE 82, 60	Vorlage zulässig und teilweise begründet; Unvereinbarkeitserklärung (Entscheidungsspielraum des Gesetzgebers)
12.6.1990	1 BvL 72/86	Aufgehoben	BVerfGE 82, 198	Vorlage zulässig und begründet; Unvereinbarkeitserklärung (Entscheidungsspielraum des Gesetzgebers)
7.2.1991	2 BvL 24/84	Aufgehoben	BVerfGE 83, 363	Vorlage zulässig, aber unbegründet
8.10.1991	1 BvL 50/86	Gesetzes-änderung	BVerfGE 84, 348	Vorlage zulässig und begründet; Unvereinbarkeitserklärung (Entscheidungsspielraum des Gesetzgebers)
11.2.1992	1 BvL 29/87	Gesetzes-änderung	BVerfGE 85, 238	Vorlage zulässig, aber unbegründet (Gestaltungsspielraum des Gesetzgebers)
25.9.1992	2 BvL 5/91 u.a.	Gesetzes-änderung	BVerfGE 87, 153	Vorlage zulässig und begründet; Unvereinbarkeitserklärung; Weitergeltungsanordnung
8.6.1993	1 BvL 20/85	Gesetzes-änderung	BVerfGE 89, 15	Vorlage zulässig und teilweise begründet; Unvereinbarkeitserklärung
30.10.1993	1 BvL 42/92	DDR-Recht	DtZ 1994, 148; SozVers 1994, 106; JuS 1994, 979	Vorlage unzulässig (DDR-Recht als vorkonstitutionelles Recht)
13.12.1993	1 BvL 12/92	Gesetzes-änderung	SozVers 1994, 110	Vorlage unzulässig (unzureichende Darlegung der Entscheidungs-erheblichkeit)
14.12.1993	1 BvL 25/88	Gesetzes-änderung	BVerfGE 89, 329; BStBl. II 1994, 133; WM 1994, 124; EuGRZ 1994, 40	Vorlage unzulässig (unzureichende Darlegung der Überzeugung von Verfassungswidrigkeit)

25.1.1994 ("Fall 3")	1 BvL 26/93	Übergangs-Regelung	NJW 1994, 1340; NZA 1994, 499;	Vorlage unzulässig (unzureichende Darlegung der Überzeugung von der Verfassungswidrigkeit)
26.1.1994	1 BvL 12/86	Übergangs-vorschrift	BVerfGE 89, 346	Vorlage zulässig, aber unbegründet (Gestaltungsspielraum des Gesetzgebers)
22.2.1994	1 BvL 21/85 u.a.	Gesetzes-änderung	BVerfGE 90, 46	Vorlage zulässig, aber unbegründet (verfassungskonforme Auslegung möglich)
22.2.1994	1 BvL 30/88	Aufgehoben	BVerfGE 90, 60	Vorlage zulässig und teilweise begründet; Unvereinbarkeitserklärung; Weitergeltungsanordnung (Nichtigkeit stünde verfassungsrechtlichen Anforderungen noch ferner)
9.3.1994	2 BvL 43/92 u.a.	Gesetzes-änderung	BVerfGE 90, 145	Vorlage zulässig, aber unbegründet (Beurteilungsspielraum des Gesetzgebers)
2.4.1996	1 BvL 19/95	BVerfG hat über Vorschrift bereits entschieden	BStBl. II 1996, 461; HFR 1996, 679; UVR 1996, 311	Vorlage unzulässig (unzureichende Darlegung der Veränderung der tatsächlichen oder rechtlichen Verhältnisse)
12.11.1996	1 BvL 4/88	Teilweise aufgehoben; teilweise Ge-setzesänderung	BVerfGE 95, 143	Vorlage teilweise zulässig, aber unbegründet (Gestaltungsspielraum des Gesetzgebers)
4.3.1997	1 BvL 26/96	Gesetzes-änderung ohne Rückwirkung	EzB GG Art. 7 Nr. 27a; Juris	Vorlage unzulässig (unzureichende Sachverhalts-aufklärung; unzureichende Darlegung der Verfassungs-widrigkeit; gesetzgeberische Gestaltungsfreiheit)
14.10.1997 ("Fall 12")	1 BvL 5/89	Gesetzes-änderung	BVerfGE 96, 315	Vorlage zulässig, aber unbegründet (verfassungskonforme Auslegung möglich)
14.10.1997	1 BvL 5/93	Gesetzes-änderung	BVerfGE 96, 330	Vorlage zulässig, aber unbegründet (Einschätzungsspielraum des Gesetzgebers)
29.10.1997	1 BvL 4/93	Aufgehoben	SGb 1998, 163	Vorlage unzulässig (unzureichende Darlegung der Möglichkeit verfassungskonformer Auslegung)

2.12.1997	2 BvL 55/92 u.a.	Gesetzes-änderung	BVerfGE 97, 49; DVBl. 1998, 326; EuGRZ 1998, 159; NVwZ 1998, 606	Vorlage unzulässig (unzureichende Darlegung der Entscheidungs-erheblichkeit)
16.12.1997	1 BvL 3/89	Gesetzes-änderung	BVerfGE 97, 103	Vorlage zulässig, aber unbegründet;
21.12.1997	2 BvL 6/95	DDR-Recht	BVerfGE 97, 117; NVwZ 1998, 724; NJW 1998, 1699	Vorlage unzulässig (DDR-Recht als vorkonstitutionelles Recht)
27.1.1998 („Fall 11")	1 BvL 15/87	Gesetzes-änderung	BVerfGE 97, 169	Vorlage zulässig, aber unbegründet (verfassungskonforme Auslegung möglich)
27.1.1998	1 BvL 22/93	Gesetzes-änderung	BVerfGE 97, 186	Vorlage zulässig, aber unbegründet (verfassungskonforme Auslegung möglich)
8.4.1998	1 BvL 16/90	Auslaufende Regelung	http://www.bverfg.de	Vorlage zulässig, aber unbegründet (verfassungskonforme Auslegung möglich)
29.4.1998	1 BvL 25/93	Gesetzes-änderung	BVerfGE 98, 70	Vorlage unzulässig (unzureichende Darlegung der Entscheidungs-erheblichkeit)
20.5.1998 („Fall 2")	1 BvL 34/94 u.a.	Zeitlich begrenzte Geltungsdauer	NZS 1998, 426; SGb 1999, 79	Vorlage unzulässig (unzureichende Darlegung der Entscheidungs-erheblichkeit und der Überzeugung von Verfassungswidrigkeit)
10.8.1998	2 BvL 11/97	DDR-Recht	http://www.bverfg.de	Vorlage unzulässig (DDR-Recht als vorkonstitutionelles Recht)
29.9.1998	2 BvL 64/93	Gesetzes-änderung ohne Rückwirkung	NJW 1999, 2112	Vorlage zulässig und begründet; Nichtigerklärung
10.11.1998	2 BvL 42/93	Gesetzes-änderung ohne Rückwirkung	BVerfGE 99, 246	Vorlage zulässig und teilweise begründet; Unvereinbarerklärung (Gestaltungsspielraum des Gesetzgebers)
17.11.1998	1 BvL 10/98	BVerfG hat über Vorschrift bereits entschieden	BStBl. II 1999, 509; DStR 1999, 109; NVwZ 1999, 1218; NJW 1999, 2581	Vorlage unzulässig (unzureichende Darlegung der Veränderung der verfassungsrechtlichen Lage)
24.11.1998	2 BvL 26/91 u.a.	Regelung für abgeschlossene Sachverhalte	BVerfGE 99, 300	Vorlage teilweise zulässig und begründet; Unvereinbarerklärung (Gestaltungsspielraum des Gesetzgebers)

26.1.1999	2 BvL 2/98	BVerfG hat über ähnliche Vorschrift bereits entschieden	http://www.bverfg.de	Vorlage unzulässig (unzureichende Darlegung einer Veränderung der verfassungsrechtlichen Lage)
8.2.1999	1 BvL 25/97	Übergangs-regelung	ZInsO 1999, 350; NZA 1999, 597; ZIP 1999, 1221	Vorlage unzulässig (unzureichende Darlegung zur Möglichkeit verfassungskonformer Auslegung)
28.4.1999	1 BvL 22/95	Gesetzes-änderung ohne Rückwirkung		Vorlage zulässig und teilweise begründet; Unvereinbarkeitserklärung (Gestaltungsspielraum des Gesetzgebers)
21.5.1999	1 BvL 22/98	Gesetzes-änderung	ZIP 1999, 1219; ZInsO 1999, 466; NZA 1999, 923; EWiR 2000, 639	Vorlage unzulässig (unzureichende Darlegung der Möglichkeit verfassungskonformer Auslegung)
7.10.1999 („Fall 5")	1 BvL 7/93	BVerfG hat über Vorschrift bereits entschieden	DVBl. 2000, 39	Vorlage unzulässig (unzureichende Darlegung der Veränderung der tatsächlichen oder rechtlichen Verhältnisse)
30.11.1999	1 BvL 9/96	Regelung für abgeschlossene Sachverhalte	FamRZ 2000, 281; SGb 2000, 320	Vorlage unzulässig (unzureichende Darlegung der Überzeugung von Verfassungswidrigkeit)
27.2.2000 („Fall 8")	2 BvL 8/95	Aufgehoben	ZBR 2001, 172; ZTR 2000, 283	Vorlage unzulässig (unzureichende Darlegung der Überzeugung von Verfassungswidrigkeit)
6.4.2000 („Fall 4")	1 BvL 18/99	Übergangs-regelung	FamRZ 2000, 947; NVwZ 2000, 910	Vorlage unzulässig (unzureichende Darlegung zur Möglichkeit verfassungskonformer Auslegung)
24.8.2000	1 BvL 32/94	Gesetzes-änderung mit Rückwirkung	SozR 3-1100 Art. 100 Nr. 4	Vorlage unzulässig (unzureichende Darlegung zur Entscheidungs-erheblichkeit)
29.9.2000	2 BvL 6/00	Übergangs-regelung	http://www.bverfg.de	Vorlage unzulässig (unzureichende Darlegung der Entscheidungs-erheblichkeit)
6.2.2001	1 BvL 16/00	Übergangs-regelung	http://www.bverfg.de	Vorlage unzulässig (unzureichende Darlegung)
3.4.2001 („Fall 10")	1 BvL 32/97	Gesetzes-änderung ohne Rückwirkung	http://www.bverfg.de	Vorlage zulässig, aber unbegründet (Einschätzungs- und Prognosevorrang des Gesetzgebers)

21.11.2001 ("Fall 13")	1 BvL 19/93	Gesetzes-änderung ohne Rückwirkung	http://www.bverfg.de	Vorlage zulässig und begründet; Unvereinbarkeitserklärung (Entscheidungsspielraum des Gesetzgebers)
30.1.2002	1 BvL 23/96	Gesetzes-änderung	http://www.bverfg.de	Vorlage zulässig, aber unbegründet;
27.3.2002	2 BvL 2/02	Über Vorschrift bereits vom BVerfG entschieden	EuGRZ 2002, 204; NJW 2002, 1709; DVBl. 2002, 526	Vorlage unzulässig (unzureichende Darlegung der Veränderung der tatsächlichen oder rechtlichen Verhältnisse)
9.7.2002 ("Fall 7")	1 BvL 5/99	Gesetzes-änderung mit Altfallregelung	http://www.bverfg.de	Vorlage unzulässig (unzureichende Darlegung der Entscheidungs-erheblichkeit)
29.10.2002 ("Fall 14")	1 BvL 16/95	Gesetzes-änderung	http://www.bverfg.de	Vorlage zulässig und begründet; Unvereinbarkeitserklärung; Verpflichtung des Gesetzgebers zu Neuregelung bis 1.1.2004 (Gesetzgeber hat mehrere Regelungsmöglichkeiten); Übergangsrecht
17.12.2002	1 BvL 28/95 u.a.	Gesetzes-änderung	http://www.bverfg.de	Vorlage zulässig, aber unbegründet
13.1.2003 ("Fall 1")	2 BvL 9/00	Übergangs-regelung	FamRZ 2003, 834; ZBR 2003, 247	Vorlage unzulässig (unzureichende Darlegung der Überzeugung von Verfassungswidrigkeit)
12.2.2003 ("Fall 15")	2 BvL 3/00	Übergangs-Regelung	http://www.bverfg.de	Vorlage unzulässig, aber unbegründet (Spielraum politischen Ermessens)
28.4.2003 ("Fall 6")	1 BvL 3/01	Rückwirkende Ersetzung	http://www.bverfg.de	Vorlage unzulässig (unzureichende Darlegung der Entscheidungs-erheblichkeit)
28.4.2003	1 BvL 4/01	Rückwirkende Ersetzung	http://www.bverfg.de	Vorlage unzulässig (unzureichende Darlegung der Entscheidungs-erheblichkeit)
17.7.2003 ("Fall 9")	2 BvL 1/99	Aufgehoben	NVwZ 2003, 1241; DVBl. 2003, 1388	Vorlage zulässig, aber unbegründet
17.7.2003 ("Fall 23")	2 BvL 15/02	Übergangs-Vorschrift	NZM 2003, 896	Vorlage unzulässig (unzureichende Darlegung der Entscheidungs-erheblichkeit)
10.10.2003 ("Fall 24")	2 BvL 7/02	Abgeändert	http://www.bverfg.de	Vorlage unzulässig (unzureichende Darlegung der Entscheidungs-erheblichkeit)

LITERATURVERZEICHNIS

Achterberg, Norbert, Bundesverfassungsgericht und Zurückhaltungsgebote, DÖV 1977, S. 649;

Albers, Marion, Freieres Annahmeverfahren für das BVerfG?, ZRP 1997, S. 198;

- *dies.,* Das Bundesverfassungsgericht als Hüter seines selbstbestimmten Entscheidungsprogramms, KritV 1998, S. 193;

Anschütz, Gerhard, Die Verfassung des Deutschen Reiches, Kommentar, 14. Aufl., 1933;

Aretz, Henning, Neues zur Richtervorlage nach Art. 100 Abs. 1 GG, JZ 1984, S. 918;

Aschke, Manfred, Übergangsregelungen als verfassungsrechtliches Problem, 1986;

Bachof, Die richterliche Kontrollfunktion im westdeutschen Verfassungsgefüge, in: Festschrift für Huber, 1961, S. 39 (zit.: *Bachof,* Richterliche Kontrollfunktion);

Badura, Peter, Die verfassungsrechtliche Pflicht des gesetzgebenden Parlaments zur „Nachbesserung" von Gesetzes, in: Festschrift für Kurt Eichenberger, 1982, S. 481;

Ballerstedt, Kurt, Über wirtschaftliche Maßnahmegesetze, in: Festschrift für Schmidt-Rimpler, 1957, S. 369;

Baumgarten, Torsten, Anforderungen an die Begründung von Richtervorlagen, Baden-Baden 1996 (zit.: *Baumgarten,* Richtervorlage);

Benda, Ernst, Das Bundesverfassungsgericht im Spannungsfeld von Recht und Politik, ZRP 1977, S. 1;

- *ders.,* Bundesverfassungsgericht und Gesetzgeber im dritten Jahrzehnt des Grundgesetzes, DÖV 1979, S. 465;

- *ders.,* Aktuelle Probleme der Praxis des Bundesverfassungsgerichts, NJW 1980, S. 2097;

- *ders.,* Gesetze mit Verfallsdatum, NJW 1996, S. 2282;

- *ders.,* Gegenwind und Kreuzseen, NJW 1997, S. 560;

- *ders.,* Entlastung des Bundesverfassungsgerichts – Vorschläge der Entlastungskommission, Vortrag vor der Potsdamer Gesellschaft am 28.1.1998 (zit.: *Benda,* Entlastung des BVerfG);

- *ders.,* Kammermusik, schrill, NJW 2001, S. 2947;

Benda, Ernst/ Klein, Eckart, Verfassungsprozessrecht, 2. Auflage, 2001 (zit.: *Bearbeiter,* in: Benda/ Klein, Verfassungsprozessrecht);

Benda, Ernst/ Maihofer, Werner/ Vogel, Hans-Jochen (Hg.), Handbuch des Verfassungsrechts, 2. Auflage, 1994 (zit.: *Bearbeiter,* in: Benda/ Maihofer/ Vogel, HVerfR);

Berkemann, Jörg, Realitätsfremde Steuergesetzgebung und gesetzgeberisches Unterlassen, EuGRZ 1985, S. 137;

- *ders.,* Das Bundesverfassungsgericht und „seine" Fachgerichtsbarkeiten. Auf der Suche nach Funktion und Methodik, DVBl. 1996, S. 1028;

Bernd, Werner, Legislative Prognosen und Nachbesserungspflichten, 1989;

Bettermann, Karl August, Die konkrete Normenkontrolle und sonstige Gerichtvorlagen, in: C. Starck (Hg.), Bundesverfassungsgericht und Grundgesetz, 1976, Bd. 1, S. 323 (zit. *Bettermann,* Konkrete Normenkontrolle);

- *ders.,* Richterliche Gesetzesbindung und Normenkontrolle, in: Festschrift für Kurt Eichenberger, 1982, S. 593 (zit.: *Bettermann,* Richterliche Gesetzesbindung);

- *ders.,* Richterliche Normenkontrolle als negative Gesetzgebung?, DVBl. 1982, S. 91;

- *ders.,* Die verfassungskonforme Auslegung, Grenzen und Gefahren, 1986 (zit.: *Bettermann,* Verfassungskonforme Auslegung);

Biehler, Gernot, Zur Bindungswirkung von Urteilen des Bundesverfassungsgerichts, DVBl. 1991, S. 1237;

Bleckmann, Albert, Staatsrecht I – Staatsorganisationsrecht. Grundlagen, Staatszielbestimmungen und Staatsorganisationsrecht des Bundes, 1993 (zit.: *Bleckmann,* Staatsrecht I);

Bley, Helmar, Das Prozessrecht des Bundessozialgerichts, in: Festschrift zum 25jährigen Bestehen des BSG, 1979, S. 817;

Blüggel, Jens, Normenkontrollentscheidungen des Bundesverfassungsgerichts und bestandskräftige Verwaltungsakte im Sozialrecht, SGb 2003, S. 507;

Böckenförde, Ernst-Wolfgang, Grundrechte als Grundsatznormen, Der Staat 29 (1990), S. 1;

- *ders.,* Die Überlastung des Bundesverfassungsgerichts, ZRP 1996, S. 281;

- *ders.,* Verfassungsgerichtsbarkeit: Strukturfragen, Organisation, Legitimation, NJW 1999, S. 9;

Bogs, Harald, Verfassungsgerichtsbarkeits-Colloquium Hans Hugo Klein, DVBl 1998, S. 516;

Bonner Kommentar zum Grundgesetz, Loseblattsammlung, Bearbeitungsstand: März 2004 (zit.: *Bearbeiter,* in: BK, GG);

Brinkmann, Hans, Das entscheidungserhebliche Gesetz, 1970 (zit.: *Brinkmann,* Das entscheidungserhebliche Gesetz);

Brocker, Lars, Zum föderativen Aspekt bei der Besetzung der Richterbank am Bundesverfassungsgericht, DRiZ 1997, S. 164;

Brohm, Winfried, Die Funktion des BVerfG – Oligarchie in der Demokratie?, NJW 2001, S. 1;

Bryde, Brun-Otto, Verfassungsentwicklung, 1982 (zit.: *Bryde,* Verfassungsentwicklung);

Bull, Hans Peter, Vom Eigentums- zum Vermögensschutz – ein Irrweg, NJW 1996, S. 281;

Bundesministerium der Justiz, Entlastung des Bundesverfassungsgerichts. Bericht der Kommission, 1997 (zit.: *Bundesministerium der Justiz,* Entlastung des BVerfG);

Burghart, Axel, Das verfassungswidrige aber nicht nichtige Gesetz – ungültig aber wirksam?, NVwZ 1998, S. 1262;

Burmeister, Joachim, Stellung und Funktion des Bundesverfassungsgerichts im System der Gewaltengliederung, in: P. Koenig/ W. Rüfner (Hg.), Die Kontrolle der Verfassungsmäßigkeit in Frankreich und in der Bundesrepublik Deutschland, 1984, S. 33 (zit.: *Burmeister,* Stellung und Funktion des BVerfG);

Brugger, Winfried, Einführung in das öffentliche Recht der USA, 1993;

Cappeletti, Mauro/ Ritterspach, Theodor, Die gerichtliche Kontrolle der Verfassungsmäßigkeit der Gesetze in rechtsvergleichender Betrachtung, JöR N.F. 20 (1971), S. 65;

Casper, Gerhard, Die Karlsruher Republik, ZRP 2002, S. 214;

Chanos, Antonis, Möglichkeiten und Grenzen der Befristung parlamentarischer Gesetzgebung, 1999 (zit.: *Chanos,* Befristung parlamentarischer Gesetzgebung);

Clemens, Thomas, Das Bundesverfassungsgericht im Rechts- und Verfassungsstaat, in: M. Piazolo (Hg.), Das Bundesverfassungsgericht. Ein Gericht im Schnittpunkt von Recht und Politik, 1995, S. 13 (zit.: *Clemens,* BVerfG);

Cremer, Die Wirkungen verfassungsgerichtlicher Entscheidungen, in: Frohwein/ Marauhn (Hg.), Grundfragen der Verfassungsgerichtsbarkeit in Mittel- und Osteuropa, 1998, S. 237 (zit.: *Cremer,* Die Wirkungen verfassungsgerichtlicher Entscheidungen);

Däubler-Gmelin, Herta, „Das Eingangsgericht muss die zentrale Instanz werden", ZRP 1998, S. 327;

Danelski, D.J./ Tulchin, J.S. (Hg.), The autobiographical Notes of Charles Evans Hughes, 1973;

Detterbeck, St., Streitgegenstand und Entscheidungswirkungen im öffentlichen Recht, 1995 (zit.: *Detterbeck,* Streitgegenstand und Entscheidungswirkungen);

Di Fabio, Udo, Risikoentscheidungen im Rechtsstaat. Zum Wandel der Dogmatik im öffentlichen Recht, insbesondere am Beispiel der Arzneimittelüberwachung, 1994;

Dörr, Dieter, Die Verfassungsbeschwerde in der Prozesspraxis, 2. Aufl., 1997 (zit.: *Dörr,* Verfassungsbeschwerde);

Dopatka, Friedrich-Wilhelm, Verfassungsgerichtsbarkeit und demokratischer Gesetzgeber, RuP 1984, S. 9;

Dreier, Horst, Grundgesetz, Kommentar, 2000 (zit.: *Bearbeiter,* in: Dreier, GG);

Eisenblätter, Bernd, Die Verfassungsgerichtsbarkeit im politischen Prozess, JöR NF 29 (1980), S. 63;

Engelmann, Prozessgrundsätze im Verfassungsprozessrecht, 1977;

Erichsen, Hans-Uwe, Die konkrete Normenkontrolle, Jura 1982, S. 88;

Eschen, Klaus, Die Ideennot der Kommission zur Entlastung des BVerfG, NJ 1998, S. 351;

Esser, Gesetzesrationalität im Kodifikationszeitalter und heute, in: ders., Wege der Rechtsgewinnung. Ausgewählte Aufsätze, S. 235 (zit.: *Esser,* Gesetzesrationalität);

Eyermann, Erich/ Fröhler, Ludwig, Verwaltungsgerichtsordnung, 11. Aufl., 2000 (zit.: *Bearbeiter,* in: Eyermann/ Fröhler, VwGO);

Faller, Hans-Joachim, Das Ringen um Entlastung des Bundesverfassungsgerichts, in: Festschrift für E. Benda, 1995, S. 43 (zit.: *Faller,* Ringen um Entlastung);

- *ders.,* Gerhard Leibholz und der freie Status des Bundesverfassungsgerichts, EuGRZ 2002, S. 307;

Faupel, Rainer, Das Bundesverfassungsgericht in Nöten, NJ 1998, S. 57;

Fleury, Roland, Verfassungsprozessrecht, 1993 (zit.: *Fleury,* Verfassungsprozessrecht);

Forsthoff, Ernst, Über Maßnahmegesetze, in: Gedächtnisschrift für Walter Jellinek, 1955, S. 221;

Friesenhahn, Ernst, Die Verfassungsgerichtsbarkeit in der Bundesrepublik Deutschland, 1963 (zit.: *Friesenhahn,* Verfassungsgerichtsbarkeit);

- *ders.,* Zum Inhalt und zur Wirkung der Entscheidung des deutschen Bundesverfassungsgerichts, in: Scritti in Onore di Gaspare Ambrosini I, 1970, S. 697 (zit.: *Friesenhahn,* Inhalt);

- *ders.,* Verfassungsgerichtsbarkeit, Jura 1982, S. 505;

Funk, Winfried, Richtervorlagen an das Bundesverfassungsgericht, SGb 1989, S. 89;

Geck, Wilhelm Karl, Wahl und Amtsrecht der Bundesverfassungsrichter, 1986 (zit.: *Geck,* Wahl und Amtsrecht);

- *ders.,* Wahl und Status der Bundesverfassungsrichter, in: J. Isensee/ P. Kirchhof (Hg.), HStR, Bd. 2: Demokratische Willensbildung – Die Staatsorgane des Bundes, 1987, § 55 (zit.: *Geck,* HStR II, § 55);

Geiger, Willi, Die Grenzen der Bindung verfassungsgerichtlicher Entscheidungen, NJW 1954, S. 1057;

- *ders.,* Zur Reform des Bundesverfassungsgerichtsgesetzes, in: Festschrift für Hans Nawiasky, 1956, S. 211 (zit.: *Geiger,* Reform des BVerfGG);

- *ders.,* Zur Lage der Verfassungsgerichtsbarkeit, Festgabe für Theodor Maunz, 1997, S. 117 (zit.: *Geiger,* Verfassungsgerichtsbarkeit);

- *ders.,* Einige Besonderheiten des verfassungsgerichtlichen Prozesses, 1981 (zit.: *Geiger,* Besonderheiten des verfassungsgerichtlichen Prozesses);

- *ders.,* Das Verhältnis von Bundesverfassungsgericht und vorlegendem Gericht im Falle der konkreten Normenkontrolle, EuGRZ 1984, S. 409;

- *ders.,* Das Bundesverfassungsgericht im Spannungsfeld zwischen Recht und Politik, EuGRZ 1985, S. 401;

Gerontas, Apostolos, Die Prüfung der Verfassungsmäßigkeit von Gesetzen. Zugleich ein Beitrag zum Grundsatz des „Judicial Self-Restraint", Regensburg, 1980 (zit.: *Gerontas,* Die Prüfung der Verfassungsmäßigkeit von Gesetzen);

- *ders.,* Das konkrete Normenkontrollverfahren unter Berücksichtigung der Rechtsprechung des Bundesverfassungsgerichts, DVBl. 1981, S. 1089;

- *ders.,* Die Appellentscheidungen, Sondervotumsappelle und die bloße Unvereinbarkeitserklärung als Ausdruck der funktionellen Grenzen der Verfassungsgerichtsbarkeit, DVBl. 1982, S. 486;

- *ders.,* Der Grundsatz des „political self-restraint", untersucht am Beispiel der Bundesrepublik Deutschland, EuGRZ 1982, S. 145;

Goerlich, Helmut, Formenmissbrauch und Kompetenzverständnis, 1987;

Gough, J., Fundamental Law in English Constitutional History, Oxford 1955;

Gräber/ Ruban, Finanzgerichtsordnung, 5. Aufl. (zit.: *Gräber/ Ruban,* FGO);

Gril, Peter, Normprüfungs- und Normverwerfungskompetenz der Verwaltung, JuS 2000, S. 1080;

Großfeld, Bernhard, Zur Stellung des Bundesverfassungsgerichts im Grundgesetz, NJW 1998, S. 3544;

- *ders.*, Zur Stellung des Bundesverfassungsgerichts im Grundgesetz, in: Harald Bogs (Hg.), Urteilsverfassungsbeschwerde zum Bundesverfassungsgericht. Ein Grundrechts-Colloquium, 1999, S. 17 (zit.: *Großfeld,* Stellung des BVerfG);

Gusy, Christoph, Richterliches Prüfungsrecht, Berlin, 1985;

- *ders.,* Parlamentarischer Gesetzgeber und Bundesverfassungsgericht, 1985 (zit.: *Gusy,* Gesetzgeber);

- *ders.,* Das Grundgesetz als normative Gesetzgebungslehre?, ZRP 1985, S. 291;

- *ders.,* Das parlamentarische Regierungssystem und der Bundesrat, DVBl. 1998, S. 917;

Häberle, Peter, Grundprobleme der Verfassungsgerichtsbarkeit, in: Verfassungsgerichtsbarkeit, 1976;

Haller, Walter, Die Verfassungsgerichtsbarkeit im Gefüge der Staatsfunktionen, DÖV 1980, S. 465;

Hartmann, Christian, Verfassungswidrige und doch wirksame Rechtsnormen, DVBl. 1997, S. 1264;

Hassemer, Winfried, Für Reform der Dritten Gewalt, DRiZ 1998, S. 391;

Heckmann, Dirk, Geltungskraft und Geltungsverlust von Rechtsnormen, 1997;

Henseler, Peter, Rechtsschutz gegen Bebauungspläne in Gesetzesform, Jura 1986, S. 249;

Heitmann, Steffen, „Recht muss doch Recht bleiben" – Zur Befristung von Gesetzen, NJW 1997, S. 1488;

Hermes, Georg, Senat und Kammern, in: P. Badura/ H. Dreier, Festschrift 50 Jahre Bundesverfassungsgericht, 2001, Bd. 1, S. 725 (zit.: Senat und Kammern);

Hesse, Konrad, Grundzüge des Verfassungsrechts der Bundesrepublik Deutschland, 12. Aufl., 1995 (zit.: *Hesse,* Verfassungsrecht);

- *ders.,* Verfassungsrechtsprechung im geschichtlichen Wandel, JZ 1995, S. 265;

Heun, Werner, Staatshaushalt und Staatleitung, 1989 (zit.: *Heun,* Staatshaushalt und Staatsleitung);

- *ders.*, Richtervorlagen in der Rechtsprechung des Bundesverfassungsgerichts, AöR 122 (1997), S. 610;

- *ders.*, Normenkontrolle, in: P. Badura/ H. Dreier, Festschrift 50 Jahre Bundesverfassungsgericht, 2001, Bd. 1, S. 615 (zit.: *Heun,* Normenkontrolle);

Heußner, Hermann, Folgen der Verfassungswidrigkeit eines Gesetzes ohne Nichtigerklärung, NJW 1982, S. 257;

Heuveldop, Bettina, Verfassungsrechtliche Anforderungen an das Besetzungsverfahren für die Kammern des BVerfG, NJW 1990, S. 28;

Heyde, Das Bundesverfassungsgerichts-Gesetz in der Bewährung, in: Festschrift für Kutscher, 1981, S. 229 (zit.: *Heyde,* Bundesverfassungsgerichtsgesetz);

- *ders.*, Rechtsprechung, in: Benda/ Maihofer/ Vogel, Handbuch des Verfassungsrechts, 2. Aufl., 1994, § 33 (zit.: *Heyde,* Rechtsprechung);

Höfling, Wolfram/ Rixen, Stephan, Stattgebende Kammerentscheidungen des Bundesverfassungsgerichts (1. Teil), AöR 125 (2000), S. 428;

Hoffmann, Gerhard, Verfassungsbezogenes Richterrecht und Verfassungsrichterrecht, in: Festschrift für E. Wolf, 1985, S. 183;

Hoffmann-Riem, Wolfgang, Beharrung oder Innovation – Zur Bindungswirkung verfassungsgerichtlicher Entscheidungen, in: Der Staat 13 (1974), S. 335;

- *ders.*, Demonstrationsfreiheit auch für Rechtsextremisten? – Grundsatzüberlegungen zum Gebot rechtstaatlicher Toleranz, NJW 2004, S. 2777;

Holzer, Norbert, Präventive Normenkontrolle durch das Bundesverfassungsgericht, 1978;

Horn, Hans-Detlef, Experimentelle Gesetzgebung unter den Grundgesetz, 1989;

Hübschmann/ Hepp/ Spitaler, Abgabenordnung – Finanzgerichtsordnung, Kommentar, Losblattsammlung, Bearbeitungsstand: April 2004 (zit.: *Bearbeiter,* in: Hübschmann/ Hepp/ Spitaler, AO – FGO);

Hufen, Friedhelm, Verfassungsrechtliche Grenzen des Richterrechts, ZRP 2003, S. 248;

Huh, Young, Probleme der konkreten Normenkontrolle, 1971 (zit.: *Huh,* Konkrete Normenkontrolle);

Ipsen, Jörn, Rechtsfolgen der Verfassungswidrigkeit von Norm und Einzelakt, 1980 (zit.: Rechtsfolgen);

Isensee, Josef, Die Verfassungsgerichtsbarkeit zwischen Recht und Politik, in: M. Piazolo (Hg.), Das Bundesverfassungsgericht. Ein Gericht im Schnittpunkt von Recht und Politik, 1995, S. 49 (zit.: *Isensee,* Verfassungsgerichtsbarkeit);

- *ders.,* Bundesverfassungsgericht – quo vadis?, JZ 1996, S. 1085;

Kägi, Werner, Die Verfassung als rechtliche Grundordnung des Staates. Untersuchung über die Entwicklungstendenzen im modernen Verfassungsrecht, 1945;

Kirchberg, Christian, Die Verfahrensgrundrechtsbeschwerde, KritV 1998, S. 228;

- *ders.,* Was wird aus der Benda-Kommission?, NVwZ 1999, S. 375;

Kirchhof, Paul, Der Auftrag des Grundgesetzes an die rechtsprechende Gewalt, in: Festschrift der juristischen Fakultät zur 600-Jahr-Feier der Ruprecht-Karls-Universität Heidelberg, 1986, S. 11;

- *ders.,* Verfassungsverständnis, Rechtsprechungsaufgabe und Entlastung des Bundesverfassungsgerichts, in: Harald Bogs (Hg.), Urteilsverfassungsbeschwerde zum Bundesverfassungsgericht, 1999, S. 71 (zit.: *Kirchhof,* Verfassungsverständnis);

Klein, Eckart, Verfassungsprozessrecht, AöR 108 (1983), S. 410;

- *ders.,* Konzentration durch Entlastung?, Das Fünfte Gesetz zur Änderung des Gesetzes über das Bundesverfassungsgericht, NJW 1993, S. 2073;

- *ders.,* Verfahrensgestaltung durch Gesetz und Richterspruch, in: P. Badura/ H. Dreier, Festschrift 50 Jahre Bundesverfassungsgericht, 2001, Bd. 1, S. 507 (zit.: *E. Klein,* Verfahrensgestaltung);

Klein, Hans Hugo, Probleme der Bindung des „einfachen Richters" an Entscheidungen des Bundesverfassungsgerichts, NJW 1977, S. 697;

Klein, Harald, Funktionell- und verfahrensrechtliche Probleme der Rechtssatzverfassungsbeschwerde, in: Festschrift für W. Zeidler, 1987, S. 1325 (zit.: *H. Klein,* Rechtssatzverfassungsbeschwerde);

Kleuker, Gesetzgebungsaufträge des Bundesverfassungsgerichts, 1993;

Kloepfer, Michael, Gesetzgebung im Rechtsstaat, VVDStRL 40 (1982), S. 63;

Knapp, Ursula, Bundesverfassungsgericht in Not, DRiZ 1998, S. 98;

Knops, Kai-Oliver, Erste Stimme im Konzert. Bundesverfassungsgericht und die Bindungskraft seiner Entscheidungen, KritV 1997, S. 38;

Kopp, Ferdinand/ Schenke, Wolf-Rüdiger, Verwaltungsgerichtsordnung, 13. Auflage, 2003 (zit.: *Bearbeiter,* in: Kopp/ Schenke, VwGO);

Korinek, Karl/ Müller, Jörg P./ Schlaich, Klaus, Die Verfassungsgerichtsbarkeit im Gefüge der Staatsfunktionen, VVDStRL 39 (1981), S. 7;

Korioth, Stefan, Bundesverfassungsgericht und Rechtsprechung („Fachgerichte"), in: P. Badura/ H. Dreier, Festschrift 50 Jahre Bundesverfassungsgericht, 2001, Bd. 1, S. 55 (zit.: *Korioth,* BVerfG und Rechtsprechung);

Krämer, Achim, Anhörungsrüge und modifizierte Anhörungsrüge, KritV 1998, S. 215;

Krasney, Otto E./ Udschnig, Peter, Handbuch des sozialgerichtlichen Verfahrens, 3. Aufl., 2002;

Kühling, Jürgen, „Die Missbrauchsgebühr ist nur ein Denkzettel", ZRP 1998, S. 108;

Kummer, Peter, Die Nichtzulassungsbeschwerde. Das Beschwerdeverfahren nach der FGO, der VwGO und dem SGG, 1990 (zit.: *Kummer,* Nichtzulassungsbeschwerde);

Kunig, Philip, Grundgesetz, Kommentar, 3. Aufl., 1996 (zit.: *Bearbeiter,* in: Kunig, GG);

Kutscher, Hans, Maßnahmen zur Minderung der Geschäftslast des Bundesverfassungsgerichts, in: Fortentwicklung des Rechtsschutzes in der Europäischen Gemeinschaft, 1987, S. 141 (zit.: *Kutscher,* Maßnahmen zur Minderung der Geschäftslast);

Lamprecht, Rolf, Oligarchie in Karlsruhe: Über die Erosion der Gewaltenteilung, NJW 1994, S. 3272;

- *ders.,* Bewusstseinswandel durch Rechtsprechung – Karlsruher Urteile als Lektionen in Staatsbürgerkunde, NJW 2001, S. 2942;

- *ders.,* Ist das BVerfG noch gesetzlicher Richter?, NJW 2001, 419;

Lange, Klaus, Rechtskraft, Bindungswirkung und Gesetzeskraft der Entscheidungen des BVerfG, JuS 1978, S. 1;

Lansnicker, Frank/ Schwirtzek, Thomas, Rechtsverhinderung durch überlange Verfahrensdauer – Verletzung des Beschleunigungsgebots nach Art. 6 I 1 EMRK, NJW 2001, S. 1969;

Larenz, Karl, Methodenlehre der Rechtswissenschaft, 5. Aufl., 1983 (zit.: *Larenz,* Methodenlehre);

Lechner, Hans, Bundesverfassungsgerichtsgesetz, 1973;

Lee, Ki-Cheol, Schonung des Gesetzgebers bei Normenkontrollentscheidungen durch das Bundesverfassungsgericht – Eine verfassungstheoretische Betrachtung von Kompetenzstreitigkeiten, 1993;

Leibholz, Gerhard, Der Status des Bundesverfassungsgerichts, JöR N.F. 6 (1957), S. 109;

Leibholz, Gerhard/ Rupprecht, Reinhard, Bundesverfassungsgerichtsgesetz, Rechtsprechungskommentar, 1968, Nachtrag 1971;

Leisner, Walter, „Gesetz wird Unsinn", DVBl. 1981, S. 849;

- *ders.,* Ausforschungsbeschlagnahme. Zur Verhältnismäßigkeit der Beschlagnahme von Bankbelegen, BB 1995, S. 525;

- *ders.,* Demokratie. Betrachtungen und Entwicklungen einer gefährdeten Staatsform, 1998;

- *ders.,* Die Staats-Wahrheit. Macht zwischen Willen und Erkenntnis, 1999;

- *ders.,* Das verspätete Recht. Reformgesetze: „Gestern" – Verfassungsentscheide „Irgendwann", NJW 2003, S. 1641;

Lepa, Manfred, Verfassungsrechtliche Probleme der Rechtsetzung durch Rechtsverordnung, AöR 105 (1980), S. 337;

Lerche, Peter, Gewaltenteilung – Deutsche Sicht, in: Isensee (Hg.), Gewaltenteilung heute, Symposion Fritz Ossenbühl, 2000, S. 75 (zit.: *Lerche,* Gewaltenteilung);

Leutheusser-Schnarrenberger, Sabine, Und der Gesetzgeber behält doch das Heft in der Hand, in: U. Karpen (Hg.), Der Richter als Ersatzgesetzgeber, 2002, S. 39 (zit.: *Leutheusser-Schnarrenberger,* Gesetzgeber);

Lichtenberger, Gustav, Probleme und Möglichkeiten einer Entlastung des Bundesverfassungsgerichts, BayVBl. 1984, S. 481;

Limbach, Jutta, „Das Gericht wird mitunter als Kummerkasten der Nation missverstanden", DRiZ 1998, S. 7;

- *dies.* (Hg.), Das Bundesverfassungsgericht, Heidelberg, 2000;

- *dies.,* Das Bundesverfassungsgericht und der Grundrechtsschutz in Europa, NJW 2001, S. 2913;

- *dies.,* Eröffnungsrede anlässlich der Tagung der Deutschen Gesellschaft für Gesetzgebung, in: U. Karpen (Hg.), Der Richter als Ersatzgesetzgeber, 2002, S. 11 (zit.: *Limbach,* Ersatzgesetzgeber);

Löwer, Wolfgang, Zuständigkeiten und Verfahren des Bundesverfassungsgerichts, in: J. Isensee/ P. Kirchhof (Hg.), HStR Bd. 2: Demokratische Willensbildung – Die Staatsorgane des Bundes, 1987, § 56 (zit.: *Löwer,* HStR II, § 56);

Lüdemann, Jörn, Die verfassungskonforme Auslegung von Gesetzen, JuS 2004, S. 27;

Luetjohann, Nicht-normative Wirkungen des Bundesverfassungsgerichts, 1991;

Maasen, Hermann, Die Freiheit des Bürgers in einer Zeit ausufernder Gesetzgebung, NJW 1979, S. 1473;

Mader, Luzius, Experimentelle Gesetzgebung, in: Dieter Grimm/ Werner Maihofer (Hg.), Gesetzgebungstheorie und Rechtspolitik. Jahrbuch für Rechtssoziologie und Rechtstheorie, 1988, S. 211;

Mahrenholz, Ernst Gottfried, Kammerbeschlüsse – Nichtannahmegebühren – Neue Institute im Verfassungsbeschwerdeverfahren, in: W. Fürst/ R. Herzog/ D. Umbach (Hg.), Festschrift für W. Zeidler, 1987, Bd. 2, S. 1361 (zit.: *Mahrenholz,* Kammerbeschlüsse);

- *ders.,* Zur Funktionsfähigkeit des BVerfG, ZRP 1997, S. 129;

Mann, Thomas, Fortgeltende Rechtsverordnungen der DDR und der Gesetzesvorbehalt, DÖV 1999, S. 228;

v. Mangoldt, Hermann/ Klein, Friedrich/ Starck, Christian, Bonner Grundgesetz, Kommentar, 4. Aufl., 2001 (zit.: *Bearbeiter,* in: v. Mangoldt/ Klein/ Starck, GG);

Marqua, Peter, „Hoher Rang?", DRiZ 1992, S. 270;

Maunz, Theodor, Das verfassungswidrige Gesetz, BayVBl. 1980, S. 513;

Maunz, Theodor/ Dürig, Günter, Grundgesetz, Kommentar, Loseblattsammlung, Bearbeitungsstand: Februar 2003 (zit.: *Bearbeiter,* in: Maunz/ Dürig, GG);

Maunz, Theodor/ Schmidt-Bleibtreu, Bruno/ Klein, Franz/ Ulsamer, Gerhard, Bundesverfassungsgerichtsgesetz, Kommentar, Loseblattsammlung, Bearbeitungsstand: September 2003 (zit.: *Bearbeiter,* in: Maunz u.a., BVerfGG);

Maurer, Hartmut, Das richterliche Prüfungsrecht zur Zeit der Weimarer Verfassung – Ein Beitrag zum historischen Vorverständnis des Art. 100 GG, DÖV 1963, S. 683;

Mayer, Christian, Die Nachbesserungspflicht des Gesetzgebers, 1996;

Mengel, Hans-Joachim, Gesetzgebung und Verfahren. Ein Beitrag zur Empirie und Theorie des Gesetzgebungsprozesses im föderalen Verfassungsstaat, 1997;

Menne, Martin, Die Organisation des Gerichtswesens in der Bundesrepublik Deutschland unter besonderer Berücksichtigung der Familiengerichtsbarkeit, JuS 2003, S. 26;

Merten, Detlef, Die Bindung des Richters an Gesetz und Verfassung, DVBl. 1975, S. 677;

- *ders.,* Die Rechtsprechung des Bundesverwaltungsgerichts, DVBl. 1978, S. 562;

Messerschmidt, Klaus, Gesetzgebungsermessen, 2000 (zit.: *Messerschmidt,* Gesetzgebungsermessen);

Meyer-Ladewig, Jens, Sozialgerichtsgesetz, Kommentar, 7. Aufl., 2002 (zit.: *Meyer-Ladewig,* SGG);

Meyn, Karl-Ulrich, Kontrolle als Verfassungsprinzip, 1982 (zit.: *Meyn,* Kontrolle);

Moench, Christoph, Verfassungswidriges Gesetz und Normenkontrolle, 1977 (zit.: *Moench,* Verfassungswidriges Gesetz);

Muckel, Stefan, Dürfen Fachgericht das Fehlen einer gesetzlichen Grundlage für staatliches Handeln übergangsweise tolerieren, NJW 1993, S. 2283;

Müller, Hanswerner, Die Nichtzulassungsbeschwerde im künftigen Verwaltungsstreitsverfahren, NJW 1960, S. 515;

v. Münch, Ingo/ Kunig, Philip, Grundgesetz, Kommentar, 5. Auflage, 2003 (zit.: *Bearbeiter,* in: v. Münch/ Kunig, GG);

Neumann, Dirk, Erfahrungen mit der Nichtzulassungsbeschwerde, in: Festschrift für Marie Luise Hilger und Hermann Stumpf, 1983, S. 513;

Niehues, Norbert, Die Bindungswirkung und Umsetzung verfassungsgerichtlicher Entscheidungen, NJW 1997, S. 557;

Noll, Peter, Gesetzgebungslehre, 1973;

Ossenbühl, Fritz, Die Kontrolle von Tatsachenfeststellungen und Prognoseentscheidungen durch das Bundesverfassungsgericht, in: C. Starck (Hg.), Bundesverfassungsgericht und Grundgesetz, 1976, Bd. 1, S. 458 (zit.: *Ossenbühl,* Tatsachenfeststellungen und Prognoseentscheidungen);

- *ders.,* Verfassungsgerichtsbarkeit und Fachgerichtsbarkeit, in: Festschrift für H.P. Ipsen, 1977, S. 129;

- *ders.,* Bundesverfassungsgericht und Gesetzgebung, in: P. Badura/ H. Dreier (Hg.), Festschrift 50 Jahre Bundesverfassungsgericht, 2001, Bd. 1, S. 33 (zit.: *Ossenbühl,* BVerfG und Gesetzgebung);

Papier, Hans-Jürgen, Verfassungsrechtliche Probleme der Eigentumsregelung im Einigungsvertrag, NJW 1991, S. 193;

Pawlowski, Hans-Martin, Die Justiz als Verfassungsgerichtsbarkeit?, JZ 2004, S. 719;

Pestalozza, Christian, „Noch verfassungsgemäße" und „bloß verfassungswidrige" Rechtslagen, in. C. Starck (Hg.), Bundesverfassungsgericht und Grundgesetz, 1976, Bd. 1, S. 519 (zit.: *Pestalozza,* Noch verfassungsgemäße Rechtslagen);

- *ders.,* Verfassungsprozessrecht, 3. Aufl., 1991 (zit.: Verfassungsprozessrecht);

- *ders.,* Änderung des Bundesverfassungsgerichtsgesetzes, DWiR 1992, S. 426;

Peters, Karl, Ergebnisse von Vorlagen nach Art. 100 Abs. 1 GG und einige Überlegungen dazu, ZZP 89 (1976), S. 1;

Piazolo, Michael, Verfassungsgerichtsbarkeit und politische Fragen, 1994 (zit.: *Piazolo,* Verfassungsgerichtsbarkeit);

- *ders.*, Zur Mittlerrolle des Bundesverfassungsgerichts in der deutschen Verfassungsordnung, in: M. Piazolo (Hg.), Das Bundesverfassungsgericht. Ein Gericht im Schnittpunkt von Recht und Politik, 1995, S. 7 (zit.: *Piazolo, Mittlerrolle*);

- *ders.*, Das Bundesverfassungsgericht und die Beurteilung politischer Fragen, in: M. Piazolo (Hg.), Das Bundesverfassungsgericht. Ein Gericht im Schnittpunkt von Recht und Politik, 1995, S. 243 (zit.: *Piazolo, BVerfG*);

Pietzcker, Jost, Zur Inzidentverwerfung untergesetzlicher Rechtsnormen durch die vollziehende Gewalt, AöR 101 (1976), S. 374;

Pohle, Albrecht Peter, Die Verfassungswidrigerklärung von Gesetzen, 1979;

Redeker, Konrad, Rechtspolitik zwischen Bonn und Karlsruhe, ZRP 1994, S. 1;

Redeker, Konrad/ Oertzen, Hans-Joachim, Verwaltungsgerichtsordnung, 13. Aufl., 2000 (zit.: *Redeker/ v. Oertzen, VwGO*);

Rieger, Reinhard, Grenzen verfassungskonformer Auslegung, NVwZ 2003, S. 17;

Ritter, Ernst-Hasso, Das Recht als Steuerungsmedium im kooperativen Staat, in: Grimm (Hg.), Wachsende Staatsaufgaben – sinkende Steuerungsfähigkeit des Rechts, S. 69;

Rixen, Stephan, Zur Bindungswirkung stattgebender Kammerentscheidungen des BVerfG (§ 93c I 2 i.V. mit § 31 I BVerfGG), NVwZ 2000, S. 1364;

Robbers, Gerhard, Für ein neues Verhältnis zwischen Bundesverfassungsgericht und Fachgerichtsbarkeit – Möglichkeit und Inhalt von „Formeln" zur Bestimmung von verfassungsgerichtlicher Kompetenzweite, NJW 1998, S. 935;

Roellecke, Gerd, Verfassungsgerichtsbarkeit, Gesetzgebung und politische Führung, Ein Cappenberger Gespräch, 1980, S. 24 (zit.: *Roellecke, Gesetzgebung*);

- *ders.*, Aufgaben und Stellung des Bundesverfassungsgerichts im Verfassungsgefüge, in: J. Isensee/ P. Kirchhof, HStR Bd. 2: Demokratische Willensbildung, 1987, § 53 (zit.: *Roellecke, HStR II, § 53*);

- *ders.*, Aufgabe und Stellung des Bundesverfassungsgerichts in der Gerichtsbarkeit, in: J. Isensee/ P. Kirchhof, HStR Bd. 2: Demokratische Willensbildung, 1987, § 54 (zit.: *Roellecke, HStR II, § 54*);

243

- *ders.*, Das Ansehen des Bundesverfassungsgerichtes und die Verfassung, in: M. Piazolo (Hg.), Das Bundesverfassungsgericht. Ein Gericht im Schnittpunkt von Recht und Politik, 1995, S. 33 (zit.: *Roellecke,* Ansehen des BVerfG);

- *ders.*, Gesetz in der Spätmoderne, KritV 1998, S. 241;

- *ders.*, Roma locuta – Zum 50-jährigen Bestehen des BVerfG, NJW 2001, S. 2924;

- *ders.*, Zum Problem einer Reform der Verfassungsgerichtsbarkeit, JZ 2001, S. 114;

Roewer, Helmut, Vorbeugende Normenkontrolle durch das Bundesverfassungsgericht?, NVwZ 1983, S. 145;

Roth, Wolfgang, Die verfassungsgerichtliche Überprüfung verfassungskonformer Auslegung im Wege abstrakter Normenkontrolle, NVwZ 1998, S. 563;

Rühl, Uli F.H., Die Funktion der Verfassungsbeschwerde für die Verwirklichung der Grundrechte, KritV 1998, S. 156;

Rühmann, Jürgen, Verfassungsgerichtliche Normenqualifikation, 1982;

Rupp, Hans Heinrich, Anmerkung zu BVerfG, Beschl. v. 25.1.1995 – 2 BvR 2689/94 u. 52/95, JZ 1995, S. 353;

Rupp-v. Brünneck, Wiltraut, Darf das Bundesverfassungsgericht an den Gesetzgeber appellieren?, in: Festschrift für G. Müller, 1971, S. 363 (zit.: *Rupp-v. Brünneck,* Darf das Bundesverfassungsgericht an den Gesetzgeber appellieren?);

- *dies.*, Verfassungsgerichtsbarkeit und gesetzgebende Gewalt. Wechselseitiges Verhältnis zwischen Verfassungsgericht und Parlament, AöR 102 (1977), S. 1;

Sachs, Michael, Grundgesetz, Kommentar, 3. Aufl. 2003 (zit.: *Bearbeiter,* in: Sachs, GG);

- *ders.*, Die Bindung des Bundesverfassungsgerichts an seine Entscheidungen, 1977;

- *ders.*, Bloße Unvereinbarerklärung bei Gleichheitsverstößen? – Probleme einer Entscheidungspraxis des BVerfG, dargestellt am Beispiel des Beschlusses zum nordrhein-westfälischen Hausarbeitstagegesetz, NVwZ 1982, S. 657;

- *ders.*, Die konkrete Normenkontrolle – nur ein Instrument zum Schutze subjektiver Grundrechte der Beteiligten?, DVBl. 1985, S. 1106;

- *ders.*, Zur Verbindlichkeit bundesverfassungsgerichtlicher Entscheidungen, in: Festschrift für M. Kriele, 1997, S. 431 (zit.: *Sachs,* Verbindlichkeit bundesverfassungsgerichtlicher Entscheidungen);

- *ders.*, Gesetzeskräftige Kammerentscheidungen, NVwZ 2003, S. 442;

Sachverständigenrat „Schlanker Staat" (Hg.), Abschlussbericht, Bd. 1, 1997;

Säcker, Horst, Gesetzgebung durch das Bundesverfassungsgericht?, in: M. Piazolo (Hg.), Das Bundesverfassungsgericht. Ein Gericht im Schnittpunkt von Recht und Politik, 1995, S. 189 (zit.: *Säcker,* Gesetzgebung durch das BVerfG);

Sailer, Christian, Verfassungsbeschwerde im Zwielicht, ZRP 1977, S. 303;

Schäfer, Horst, Zur Nichtzulassungsbeschwerde nach § 72a ArbGG, NZA 1986, S. 249;

Schenke, Wolf-Rüdiger, Verfassungsgerichtsbarkeit und Fachgerichtsbarkeit, 1987;

Scherzberg, Arno, Wertkonflikt vor dem Bundesverfassungsgericht – zur Bewältigung politisch-moralischer Streitfragen im Verfassungsprozess, DVBl. 1999, S. 356;

Scheuner, Ulrich, Verfassungsgerichtsbarkeit und Gesetzgebung, DÖV 1980, S. 473;

Schiffers, Reinhard, Grundlegung der Verfassungsgerichtsbarkeit. Das Gesetz über das Bundesverfassungsgericht vom 12. März 1951, 1984;

Schlaich, Klaus, Die Verfassungsgerichtsbarkeit im Gefüge der Staatsfunktionen, VVDStRL 39 (1981), S. 99;

Schlaich, Klaus/ Korioth, Stefan, Das Bundesverfassungsgericht, 6. Auflage, 2004 (zit.; *Schlaich/ Korioth,* BVerfG);

Schlink, Bernhard, Zugangshürden im Verfassungsbeschwerdeverfahren, NJW 1984, S. 89;

Schmid, Manfred, Die Nichtzulassungsbeschwerde – häufige Fehler und ihre Vermeidung, DStR 1993, S. 1284;

Schmidt, Walter, Die vorbeugende konkrete Normenkontrolle durch das Bundesverfassungsgericht, NVwZ 1982, S. 181;

Schnapp, Friedrich/ Henkenötter, Sandra, Zur Bindungswirkung der Entscheidungen des BVerfG, JuS 1994, S. 121;

Schneider, Hans, Gesetzgebung, 3. Aufl., 2002 (zit.: *H. Schneider,* Gesetzgebung);

Schneider, Hans-Peter, Verfassungsgerichtsbarkeit und Gewaltenteilung, NJW 1980, S. 2103;

- *ders.,* SOS aus Karlsruhe – das Bundesverfassungsgericht vor dem Untergang?, NJW 1996, S. 2630;

- *ders.,* Gesetzgebung und Einzelfallgerechtigkeit – Zum Verhältnis von Legislative und Judikative im sozialen Rechtsstaat, ZRP 1998, S. 323;

- *ders.,* Mit der Meinungsfreiheit auf Kriegsfuß? – Zur Grundrechtsferne von Zivilgerichten, NJW 2003, S. 1845;

Schoch/ Schmidt-Aßmann/ Pietzner, Verwaltungsgerichtsordnung, Kommentar, Bd. 2, Loseblattsammlung, Bearbeitungsstand: Februar 1998 (zit.: *Bearbeiter,* in: Schoch/ Schmidt-Aßmann/ Pietzner, VwGO);

Scholler, Heinrich/ Bross, Siegfried, Verfassungs- und Verwaltungsprozessrecht, 1980;

Scholz, Rupert, Verfassungsgerichtsbarkeit im gewaltenteiligen Rechtsstaat, in: U. Karpen (Hg.), Der Richter als Ersatzgesetzgeber, 2002, S. 15 (zit.: *Scholz,* Verfassungsgerichtsbarkeit);

Schulze-Fielitz, Helmuth, Das Bundesverfassungsgericht in der Krise des Zeitgeists, AöR 122 (1997), S. 1;

Schulte, Martin, Appellentscheidungen des Bundesverfassungsgerichts, DVBl. 1988, S. 1200;

Schulte, Ist die Aussetzung eines gerichtlichen Verfahrens nach Art. 100 GG mit der Beschwerde anfechtbar?, MDR 1952, S. 520;

Schumann, Ekkehard, Bundesverfassungsgericht, Grundgesetz und Zivilprozess, ZZP 96 (1983), S. 137;

Schuppert, Gunnar Folke, Self-restraints der Rechtsprechung, DVBl. 1988, S. 1191;

Schwenke, Michael, Ist eine „Ergreiferprämie" nach österreichischem Vorbild sinnvoll? – Zum Beschluss des BVerfG vom 10.11.1998, 2 BvR 1057/91, 1226/91, 980/91, DStR 1999, S. 404;

Seegmüller, Robert, Praktische Probleme des Verfassungsbeschwerdeverfahrens, DVBl. 1999, S. 738;

Sendler, Horst, Kammermusik II – Kammerrechtsprechung und gesetzlicher Richter, NJW 1995, S. 3291;

– *ders., Horst,* „Kleine" Revisionsurteile?, DVBl. 1992, S. 240;

– *ders.,* Kammermusik II – Kammerrechtsprechung und gesetzlicher Richter, NJW 1995, S. 3291;

Siedler, Nina-Luisa, Gesetzgeber und Bundesverfassungsgericht, 1999;

Simon, Helmut, Verfassungsgerichtsbarkeit, in: E. Benda/ W. Maihofer (Hg.), Handbuch des Verfassungsrechts, 2. Aufl., 1994, § 34 (zit.: *Simon,* Verfassungsgerichtsbarkeit);

Sodan/ Ziekow, Nomos-Kommentar zur Verwaltungsgerichtsordnung, Loseblattsammlung, Bearbeitungsstand: Januar 2003, Bd. 4 (zit.: *Bearbeiter,* in: Sodan/Ziekow, VwGO);

Söhn, Hartmut, Die abstrakte Normenkontrolle, in: C. Starck (Hg.), Bundesverfassungsgericht und Grundgesetz, 1976, Bd. 1, S. 292;

Söllner, Alfred, Zur Entlastung des BVerfG durch eine „Verfassungsanwaltschaft", ZRP 1997, S. 273;

Sommer, Bertold, Bundesverwaltungsgericht und Bundesverfassungsgericht: Richtervorlagen und Verfassungsbeschwerden (1953 bis 2000), in: E. Schmidt-Aßmann/ D. Sellner/ G. Hirsch/ G.-H. Kemper/ H. Lehmann-Grube, Festgabe 50 Jahre Bundesverwaltungsgericht, 2003, S. 19 (zit.: *Sommer,* BVerwG und BVerfG);

Spindler, Wolfgang, „Offensichtlich unhaltbar" – oder: Von der Kunst einer zulässigen Vorlage, in: Gedächtnisschrift für F.G. Nagelmann, S. 329 (zit.: *Spindler,* Offensichtlich unhaltbar);

Stahl, Rainer, Die Bindung der Staatsgewalten an die höchstrichterliche Rechtsprechung, 1973;

Starck, Christian, Verfassungsgerichtsbarkeit und Fachgerichte, JZ 1996, S. 1033;

- *ders.,* Die Urteilsverfassungsbeschwerde, in: Harald Bogs (Hg.), Urteilsverfassungsbeschwerde zum Bundesverfassungsgericht. Ein Grundrechts-Colloquium, 1999, S. 11 (zit.: *Starck,* Urteilsverfassungsbeschwerde);

- *ders.,* Das Bundesverfassungsgericht in der Verfassungsordnung und im politischen Prozess, in: P. Badura/ H. Dreier (Hg.), Festschrift 50 Jahre Bundesverfassungsgericht, 2001, Bd. 1, S. 1 (zit.: *Starck,* BVerfG);

Steiner, Udo, Wirkung der Entscheidungen des Bundesverfassungsgerichts auf rechtskräftige und unanfechtbare Entscheidungen, in: C. Starck (Hg.), Bundesverfassungsgericht und Grundgesetz, 1976, Bd. 1, S. 628 (zit.: *Steiner,* Wirkung der Entscheidungen);

- *ders.,* Vertrauensschutz als Verfassungsgrundsatz, Tagungsband der 9. Jahrestagung des Europäischen Forums für Außenwirtschaft, Verbrauchsteuern und Zoll e.V. (EEA) am 19. und 20. Juni 1997 in Nürnberg (zit.: *Steiner,* Vertrauensschutz);

- *ders.,* Recht sprechen in Deutschland – Zum Richterstandort Deutschland, ZFIS 1998, S. 3;

- *ders.,* Zum Entscheidungsausspruch und seinen Folgen bei der verfassungsgerichtlichen Normenkontrolle, in: Festschrift für W. Leisner, 1999, S. 569 (zit.: *Steiner,* Zum Entscheidungsausspruch und seinen Folgen);

- *ders.,* Freiheitsrechte in Deutschland – 1848/1998, DVP 1999, S. 3;

- *ders.,* Das Sozialversicherungsrecht in der Rechtsprechung des Bundesverfassungsgerichts, 9. Speyerer Sozialgespräch, 1999, S. 35 (zit.: *Steiner,* Sozialversicherungsrecht);

- *ders.,* Was Karlsruhe wirklich entscheidet, in: D. Klippel (Hg.), Colloquia für D. Schwab (2000), S. 95 (zit.: *Steiner,* Was Karlsruhe wirklich entscheidet);

- *ders.,* Bundesverfassungsgericht und Deutsche Einheit, DVP 2000, S. 223;

- *ders.,* Der Richter als Ersatzgesetzgeber – Richterliche Normenkontrolle – Erfahrungen und Erkenntnisse, NJW 2001, S. 2919;

- *ders.*, Richterliche Grundrechtsverantwortung in Europa, in: M.-E. Geis/ D. Lorenz (Hg.), Festschrift für H. Maurer, 2001, S. 1005 (zit.: *Steiner*, Richterliche Grundrechtsverantwortung);

- *ders.*, Der Richter als Ersatzgeber. Richterliche Normenkontrolle – Erfahrungen und Erkenntnisse, in: U. Karpen (Hg.), Der Richter als Ersatzgesetzgeber, 2002, S. 27 (zit.: *Steiner*, Ersatzgesetzgeber);

- *ders.*, Sozialstaat und Verfassungsrecht, FAZ vom 3.6.2003, S. 7 (zit.: *Steiner*, Sozialstaat und Verfassungsrecht);

- *ders.*, Richter als Legislative – wohin geht die Justiz?, DVP 2004, S. 177;

- *ders.*, Bundesverfassungsgericht, Bundessozialgericht und das deutsche Sozialrecht, in: Festschrift 50 Jahre Bundessozialgericht, 2004, S. 61 ff. (zit.: *Steiner*, BVerfG, BSG und das deutsche Sozialrecht);

Stern, Klaus, Das Bundesverfassungsgericht und die sog. konkrete Normenkontrolle nach Art. 100 Abs. 1 GG, AöR 91 (1966), S. 223;

- *ders.*, Verfassungsgerichtsbarkeit des Bundes und der Länder, Textsammlung mit Einführung, 1978;

- *ders.*, Das Staatsrecht der Bundesrepublik Deutschland, Bd. 2: Staatsorgane, Staatsfunktionen, Finanz- und Haushaltsverfassung, Notstandsverfassung, 1980 (zit.: *Stern*, Staatrecht II);

- *ders.*, Verfassungsgerichtsbarkeit und Gesetzgebung, in: Festschrift für M. Kriele, 1997, S. 411 (zit.: *Stern*, Verfassungsgerichtsbarkeit und Gesetzgebung);

Stettner, Rupert, Verfassungsbindungen des experimentierenden Gesetzgebers, NVwZ 1989, S. 806;

Tietje, Christian, Die Stärkung der Verfassungsgerichtsbarkeit im föderalen System Deutschlands in der jüngeren Rechtsprechung des Bundesverfassungsgerichts, AöR 124 (1999), S. 282;

Thomas/ Putzo, Zivilprozessordnung, 25. Aufl., 2003 (zit.: *Thomas/ Putzo,* ZPO);

Uerpmann, Robert, Annahme der Verfassungsbeschwerde zur Entscheidung, in: P. Badura/ H. Dreier (Hg.), Festschrift 50 Jahre Bundesverfassungsgericht, 2001, Bd. 1, S. 674 (zit.: *Uerpmann*, Annahme der Verfassungsbeschwerde);

Ulsamer, Gerhard, Zulässigkeitsvoraussetzungen des konkreten Normenkontrollverfahrens in der Rechtsprechung des Bundesverfassungsgerichts, BayVBl. 1980, S. 519;

- *ders.,* Neue gesetzliche Regelungen zur Entlastung und Sicherung der Funktionsfähigkeit des Bundesverfassungsgerichts, EuGRZ 1986, S. 110;

Umbach, Dieter C./ Clemens, Thomas, Bundesverfassungsgerichtsgesetz, Mitarbeiterkommentar und Handbuch, 1992 (zit.: *Bearbeiter,* Umbach/ Clemens, BVerfGG);

Völlmeke, Monika, Die Gleichheit, das Unrecht und die Richtervorlage an das BVerfG, NJW 1992, S. 1345;

Vogel, Klaus, Rechtskraft und Gesetzeskraft der Entscheidungen des Bundesverfassungsgerichts, in: C. Starck (Hg.), Bundesverfassungsgericht und Grundgesetz, 1976, Bd. 1, S. 568 (zit.: *Vogel,* Rechtskraft);

- *ders.,* Richtervorlage (Art. 100 Abs. 1 GG) nach zurückverweisendem Urteil, in: H.-D. Horn (Hg.), Festschrift für Walter Schmitt Glaeser, 2003, S. 353 (zit.: *Vogel,* Richtervorlage);

Vosskuhle, Andreas, Theorie und Praxis der verfassungskonformen Auslegung von Gesetzen durch Fachgerichte, AöR 125 (2000), S. 177;

Wahl, Rainer, Vorrang der Verfassung, Der Staat 20 (1981), S. 485;

- *ders.,* Der Vorrang der Verfassung und die Selbständigkeit des Gesetzesrechts, NVwZ 1984, S. 401;

- *ders.,* Elemente der Verfassungsstaatlichkeit, JuS 2001, S. 1041;

Wahl, Rainer/ Wieland, Joachim, Verfassungsrechtsprechung als knappes Gut, JZ 1996, S. 1137;

Walter, Christian, Hüter oder Wandler der Verfassung? Zur Rolle des Bundesverfassungsgerichts im Prozess des Verfassungswandels, AöR 125 (2000), S. 517;

Wank, Rolf, Grenzen richterlicher Rechtsfortbildung, 1978 (zit.: *Wank,* Grenzen);

- *ders.,* Die verfassungsgerichtliche Kontrolle der Gesetzesauslegung und Rechtsfortbildung durch die Fachgerichte, JuS 1908, S. 545 (zit.: *Wank,* Verfassungsgerichtliche Kontrolle);

Wassermann, Rudolf, Probleme des Bundesverfassungsgerichts, RuP 80 (1984), S. 5;

- *ders.,* Zur gegenwärtigen Krise des Bundesverfassungsgerichts, RuP 92 (1996), S. 61;

Wenig, Roland, Die gesetzeskräftige Feststellung einer allgemeinen Regel des Völkerrechts durch das Bundesverfassungsgericht, 1971;

Wernsmann, Rainer, Wer bestimmt den Zweck einer grundrechtseinschränkenden Norm – BVerfG oder Gesetzgeber?, NVwZ 2000, S. 1360;

Weyreuther, Felix, Revisionszulassung und Nichtzulassungsbeschwerde in der Rechtsprechung der obersten Bundesgerichte, 1971 (zit.: *Weyreuther,* Revisionszulassung);

Wieland, Joachim, Das Bundesverfassungsgericht am Scheideweg, KritV 1998, S. 171;

- *ders.,* Die Annahme von Verfassungsbeschwerden, in: Harald Bogs (Hg.), Urteilsverfassungsbeschwerde zum Bundesverfassungsgericht. Ein Grundrechts-Colloquium, 1999, S. 47 (zit.: *Wieland,* Annahme von Verfassungsbeschwerden);

Wimmer, U., Der Richter als Notgesetzgeber. Normabstinenz und richterlicher Entscheidungszwang, in: Der Richter und 40 Jahre Grundgesetz, Justiz und Recht Bd. 7 (1991), S. 39 (zit.: *Wimmer,* Richter als Notgesetzgeber);

Wischermann, Norbert, Rechtskraft und Bindungswirkung verfassungsgerichtlicher Entscheidungen, 1979;

Wöhrmann, Gotthard, Reformvorschläge zum Verfahren des Bundesverfassungsgerichts, in: Festschrift für W. Zeidler (1987), Bd. 2, S. 1343 (zit.: *Wöhrmann,* Reformvorschläge);

- *ders.,* Änderungsnovellen zum Bundesverfassungsgerichtsgesetz und weitere Reformüberlegungen, in: D.C. Umbach/ T. Clemens, Bundesverfassungsgerichtsgesetz, Mitarbeiterkommentar, S. 131 (zit.: *Wöhrmann,* Änderungsnovellen);

Wollweber, Harald, Aktuelle Aspekte der konkreten Normenkontrolle durch das Bundesverfassungsgericht, DÖV 1999, S. 413;

Zeidler, Diskussionsbeitrag zu Roellecke, Verfassungsgerichtsbarkeit, Gesetzgebung und politische Führung, in: Verfassungsgerichtsbarkeit, Gesetzgebung und politische Führung. Ein Cappenberger Gespräch, 1980, S. 43 (zit.: *Zeidler,* Cappenberger Gespräch);

Ziekow, Jan, Die Bindungswirkung der Entscheidungen des Bundesverfassungsgerichts, Jura 1995, S. 522;

Zierlein, Karl-Georg, Zur Prozessverantwortung der Fachgerichte im Lichte der Verwerfungskompetenz des Bundesverfassungsgerichts, in: Festschrift für E. Benda, 1995, S. 457 (zit.: *Zierlein,* Prozessverantwortung);

Zimmermann, Peter, Reform der Staatstätigkeit durch generelle Befristung von Gesetzen - Aspekte einer Problembewältigung mit verfassungswidrigen Mitteln, DÖV 2003, S. 940;

Zippelius, Reinhold, Verfassungskonforme Auslegung von Gesetzes, in. C. Starck (Hg.), Bundesverfassungsgericht und Grundgesetz, 1976, Bd. 2, S. 108 (zit.: *Zippelius,* Verfassungskonforme Auslegung);

Zöller, Richard, Zivilprozessordnung, Kommentar, 24. Aufl., 2004 (zit.: *Bearbeiter,* in: Zöller, ZPO);

Zuck, Rüdiger, Die Stellung des Bundesverfassungsgerichts im Verfassungsgefüge, DVBl. 1979, S. 383;

- *ders.,* Die Wiedereinsetzung in den vorigen Stand im Verfassungsbeschwerdeverfahren, ZRP 1985, S. 299;

- *ders.,* Die Fünfte Novelle zum Bundesverfassungsgerichtsgesetz, NJW 1986, S. 968;

- *ders.,* Das Recht der Verfassungsbeschwerde, 2. Aufl., 1988 (zit.: *Zuck,* Verfassungsbeschwerde);

- *ders.,* Der Zugang zum BVerfG: Was lässt das 5. Änderungsgesetz zum Gesetz über das BVerfG von der Verfassungsbeschwerde noch übrig?, NJW 1993, S. 2641;

- *ders.,* Die Entlastung des Bundesverfassungsgerichts, ZRP 1997, S. 95;

- *ders.,* Das Änderungsgesetz zum Bundesverfassungsgerichtsgesetz, NJW 1998, S. 3028.

Regensburger Beiträge zum Staats- und Verwaltungsrecht

Herausgegeben von Gerrit Manssen

Band 1   Simone Maria Koitek: Windenergieanlagen in der Raumordnung. 2005.

Band 2   Barbara Reil: Reformüberlegungen zur Richtervorlage. Beitrag zur Funktionenverteilung zwischen Bundesverfassungsgericht und Fachgerichtsbarkeiten bei der Kontrolle des parlamentarischen Gesetzgebers. 2005.

www.peterlang.de

Peter Lang · Europäischer Verlag der Wissenschaften

Ulrich Löffler

Instrumentalisierte Vergangenheit?

Die nationalsozialistische Vergangenheit als Argumentationsfigur in der Rechtsprechung des Bundesverfassungsgerichts

Frankfurt am Main, Berlin, Bern, Bruxelles, New York, Oxford, Wien, 2004. 287 S.
Rechtshistorische Reihe. Verantwortlicher Herausgeber: Rainer Schröder. Bd. 292
ISBN 3-631-52681-4 · br. € 51.50*

Die Berufung auf die nationalsozialistische Vergangenheit bei der Lösung aktueller Konflikte ist ein ebenso schwieriges, wie viel diskutiertes Problem. Zwar besteht innerhalb der deutschen Gesellschaft trotz der Verirrung einiger Randgruppen ein Fundamentalkonsens in Bezug auf die Verurteilung der schrecklichen Geschehnisse während der Zeit des Nationalsozialismus. Gleichermaßen ist jedoch umstritten, wie diese Erkenntnis bei der Lösung gegenwärtiger Konflikte fruchtbar gemacht werden kann. Dem Vorwurf, die NS-Vergangenheit werde „instrumentalisiert", steht die Forderung nach einem „Lernen aus der Geschichte" gegenüber. Auch das Bundesverfassungsgericht war und ist mit dieser Problematik bei seiner täglichen Entscheidungspraxis in einem stärkeren Maße konfrontiert, als man zunächst annehmen möchte. Wie geht also das höchste deutsche Gericht mit dieser Problematik um? Analysiert werden Entscheidungen aus fünf Jahrzehnten. Hierbei werden die rechtsmethodischen und zeitgeschichtlichen Rahmenbedingungen skizziert. Der Vorwurf der Instrumentalisierung kommt dadurch ebenso auf den Prüfstand, wie die Wirkungsweise einer derartigen Argumentation und deren Folgen im juristischen und gesellschaftlichen Diskurs.

Aus dem Inhalt: Instrumentalisierung · Nationalsozialistische Vergangenheit · Bundesverfassungsgericht · Totschlagsargumentation · Schwangerschaftsabbruch · Historische Argumentation

Frankfurt am Main · Berlin · Bern · Bruxelles · New York · Oxford · Wien
Auslieferung: Verlag Peter Lang AG
Moosstr. 1, CH-2542 Pieterlen
Telefax 00 41 (0) 32 / 376 17 27

*inklusive der in Deutschland gültigen Mehrwertsteuer
Preisänderungen vorbehalten
Homepage http://www.peterlang.de